普通高等教育"十二五"规划教材

计量经济学基础

刘家国 曹 静 李 根 罗小芳 编

机械工业出版社

本书是普通高等教育"十二五"规划教材，是高等学校经管类专业核心课程教材。全书秉承理论体系完整、推导计算详尽、案例分析贴近生活三大原则，详细介绍了单方程计量经济学模型理论与方法，适当引入了时间序列模型理论与方法以及联立方程计量经济学理论与方法。

本书由易到难，层层深入，每部分理论都有配套的例子，各章均附有习题，适合计量经济学初学者，同时也可供经济管理、人文社会科学研究者参考。

图书在版编目（CIP）数据

计量经济学基础/刘家国等编．—北京：机械工业出版社，2015.6（2021.1重印）
普通高等教育"十二五"规划教材
ISBN 978-7-111-50026-1

Ⅰ．①计… Ⅱ．①刘… Ⅲ．①计量经济学-高等学校-教材 Ⅳ．①F224.0

中国版本图书馆 CIP 数据核字（2015）第 081515 号

机械工业出版社（北京市百万庄大街22号 邮政编码100037）
策划编辑：曹俊玲　责任编辑：曹俊玲　何　洋　商红云
责任校对：陈　越　封面设计：张　静
责任印制：常天培
北京盛通商印快线网络科技有限公司印刷
2021年1月第1版第2次印刷
184mm×260mm·16印张·392千字
标准书号：ISBN 978-7-111-50026-1
定价：32.80元

电话服务	网络服务
客服电话：010-88361066	机 工 官 网：www.cmpbook.com
010-88379833	机 工 官 博：weibo.com/cmp1952
010-68326294	金　书　网：www.golden-book.com
封底无防伪标均为盗版	机工教育服务网：www.cmpedu.com

前　言

诺贝尔经济学奖获得者、著名经济学家克莱因（Klein）说："计量经济学已在经济学科中居最重要的地位。"诚然，随着我国社会主义经济的飞速发展，计量经济学作为经济学研究的基本方法论、经济学实证研究的技术分析工具，已经在国内得到了普遍的重视，并被高等学校列为经济学科及管理学科的重要课程。学好计量经济学，能够帮助人们探索经济系统中各类经济变量之间的依存关系，评估经济政策的实用性，预测经济发展的未来走向，从而揭开经济规律的神秘面纱。计量经济学不仅适用于经济学研究领域，在商业管理、社会学等领域的应用也越来越广泛。

计量经济学发展至今，市面上流通的相关书籍不一而足，大部分著作在内容上更偏重于理论的分析与运用，它们的出版推动了计量经济学的蓬勃发展。然而，在教学实践中，读者需要的教材应该拥有系统完整的理论体系、讲解详尽的推导计算以及来自生活的真实案例。本书的编写正是秉承这三大原则，为读者打造一本真正适合学习的计量经济学教材。因此，本书在内容的编排上由易到难，共分为以下九章：

第1章：绪论。主要介绍了计量经济学的概念、发展历史、内容和目的，以及计量经济学研究问题的步骤与应用领域，帮助读者对计量经济学建立起一个整体概念。

第2章：单方程计量经济学模型。主要介绍了回归分析的含义与特点，将单方程计量经济学模型细分为一元线性回归模型和多元线性回归模型讲解，并介绍了它们的参数估计法、普通最小二乘法以及最大似然估计法。

第3章：单方程计量经济学的统计检验与区间估计。主要介绍了三种统计检验的方法，以及参数估计量和预测值的置信区间的计算方法。

第4章：放松的计量经济学模型。主要介绍了四种常见的放松的计量经济学模型，并分别讲述了它们的产生原因、后果影响以及检验方法，同时系统地讲解了上述四种放松的计量经济学模型的修正原理，并结合相关案例进行了分析。

第5章：特殊单方程模型。主要介绍了单方程计量经济学模型中的两类常见的专门问题：虚拟变量模型和滞后变量模型。重点讲解了如何引入不同类型的虚拟变量来解决相关的定性因素影响的分析问题，以及产生滞后效应的原因、分布滞后模型估计时遇到的主要困难、分布滞后模型的修正估计方法、自回归模型的估计方法。

第6章：时间序列模型。主要介绍了时间序列模型的概念，时间序列平稳性的检验方法以及时间序列的识别、估计与预测。重点介绍了平稳时间序列的一般分析方法。

第7章：非平稳时间序列模型。主要介绍了协整与误差的修正模型、自向量回归模型。详细讲解了协整的检验、误差修正模型的建立、因果关系的检验、VAR模型的参数估计与预测以及如何确定VAR模型阶数。

第8章：经典联立方程计量经济学模型——理论与方法。主要介绍了联立方程计量经济学模型及识别问题，全面、清楚地介绍了模型识别的概念、识别的必要性和识别的方法。

第9章：联立方程模型的估计。主要介绍了联立方程模型的估计方法和检验的问题，对估计式进行了简单推导，详细说明了各种方法的特性和适用条件。

本书附录中提供了一些常用的统计分布表，以供读者查询。在每一章的最后，精心整理了总结与习题，将每一章的知识点悉数归纳，以保证读者学无遗漏，并辅以习题帮助读者反复练习已经学过的知识点，做到温故知新。

此外，本书还具有以下特点：

（1）深入浅出，通俗易懂。计量经济学在实际研究中用途广泛，然而对于数理基础相对薄弱的初学者来说，难免晦涩。本书的编写立志于用最简单易懂的方式诠释经典的计量经济学内容，用最细致详尽的解题思路为读者解开学习的疑惑，最终帮助读者掌握计量经济学的基本理论、基本概念和基本方法，并培养读者建立计量经济学模型的能力。

（2）科学严谨，贴近实际。根据多年的教学实践经验以及对国内外专著的研究所得，本书采用了最贴近生活的实例，让读者领略计量经济学的神奇之处，培养读者举一反三的能力，最终能够将科学理论运用到实际工作中，真正实现这门学科的实用性。

基于这些特点，本书适合高等院校相关专业的本、专科学生和研究生作为教材使用，也可供从事经济、金融研究的工作者参考。另外，与本书对应的计量经济学软件教材《EViews 统计分析在计量经济学中的应用》也由机械工业出版社出版，读者可以根据需要选用。

本书的出版首先要感谢多年来我们所教过的学生们，在计量经济学的教学过程中，他们给予了我们很多启发。在本书的编写过程中，还借鉴了国内外诸多经典计量经济学教材，在此向各位作者表示衷心的感谢！最后，感谢参与编写的各位教师、研究生，特别是王璇同学在稿件汇总中做了大量烦琐的工作，在此致以诚挚的谢意！由于时间仓促，加之编者水平有限，书中难免存在表述不清之处甚至错误，殷切期望有关专家和广大读者批评指正，我们将在以后的版本中予以更正。

编　者

目 录

前言
第1章 绪论 …………………………………… 1
  引言 ……………………………………………… 1
  本章学习目标 …………………………………… 1
  1.1 计量经济学的概念 ………………………… 1
    1.1.1 计量经济学的定义 …………………… 1
    1.1.2 计量经济学的特点 …………………… 1
  1.2 计量经济学的发展历史 …………………… 2
    1.2.1 计量经济学的开端 …………………… 2
    1.2.2 计量经济学的产生 …………………… 2
    1.2.3 计量经济学的发展 …………………… 3
  1.3 计量经济学的内容和目的 ………………… 4
    1.3.1 计量经济学的内容 …………………… 4
    1.3.2 计量经济学的目的 …………………… 4
  1.4 计量经济学研究问题的步骤 ……………… 4
    1.4.1 建立模型 ……………………………… 4
    1.4.2 收集数据 ……………………………… 7
    1.4.3 估计参数 ……………………………… 8
    1.4.4 检验模型 ……………………………… 8
    1.4.5 应用模型 ……………………………… 10
  1.5 计量经济学的应用领域 …………………… 10
    1.5.1 结构分析 ……………………………… 11
    1.5.2 预测 …………………………………… 11
    1.5.3 政策实验室 …………………………… 12
    1.5.4 理论检验与发展 ……………………… 12
  总结与习题 ……………………………………… 12
第2章 单方程计量经济学模型 ……………… 14
  引言 ……………………………………………… 14
  本章学习目标 …………………………………… 14
  2.1 回归分析概述 ……………………………… 14
    2.1.1 回归分析的含义和特点 ……………… 14
    2.1.2 回归分析的基本概念 ………………… 15
  2.2 单方程模型概述 …………………………… 16
    2.2.1 单方程模型的表示 …………………… 16
    2.2.2 变量之间的非线性关系 ……………… 16
    2.2.3 非线性模型线性化方法 ……………… 17

  2.3 一元线性回归模型的估计 ………………… 18
    2.3.1 单方程线性模型建立的假设
          条件 …………………………………… 18
    2.3.2 一元线性回归模型的普通最小
          二乘估计方法 ………………………… 18
    2.3.3 一元线性回归模型估计量的
          性质 …………………………………… 25
  2.4 多元线性回归模型的估计 ………………… 27
    2.4.1 多元线性回归模型的普通最小
          二乘估计方法 ………………………… 27
    2.4.2 多元线性回归模型的结构参数的
          修正 …………………………………… 31
    2.4.3 多元线性回归模型估计量的
          性质 …………………………………… 32
  2.5 最大似然法 ………………………………… 33
    2.5.1 一元线性回归模型的最大
          似然法 ………………………………… 34
    2.5.2 多元线性回归模型的最大
          似然法 ………………………………… 34
  总结与习题 ……………………………………… 35
**第3章 单方程计量经济学的统计检验
       与区间估计** ……………………………… 38
  引言 ……………………………………………… 38
  本章学习目标 …………………………………… 38
  3.1 拟合优度检验 ……………………………… 38
    3.1.1 总离差平方和的分解 ………………… 38
    3.1.2 判定系数 ……………………………… 40
    3.1.3 修正的判定系数 ……………………… 41
  3.2 方程总体线性的显著性检验 ……………… 42
  3.3 变量显著性检验 …………………………… 44
  3.4 参数估计量的置信区间 …………………… 46
  3.5 预测值的置信区间 ………………………… 47
  总结与习题 ……………………………………… 49
第4章 放松的计量经济学模型 ……………… 53
  引言 ……………………………………………… 53
  本章学习目标 …………………………………… 53

4.1 异方差性 ················· 53
  4.1.1 异方差性的基础知识 ······· 53
  4.1.2 异方差性的产生与后果 ····· 55
  4.1.3 异方差性的检验 ·········· 56
  4.1.4 异方差性的修正 ·········· 58
  4.1.5 例题分析 ··············· 60
4.2 序列相关性 ··············· 62
  4.2.1 序列相关性的概念 ········ 62
  4.2.2 序列相关性的分类 ········ 63
  4.2.3 序列相关性的产生与后果 ··· 64
  4.2.4 序列相关性的检验 ········ 66
  4.2.5 序列相关性的修正 ········ 71
  4.2.6 例题分析 ··············· 75
4.3 多重共线性 ··············· 77
  4.3.1 多重共线性的概念 ········ 77
  4.3.2 多重共线性的产生与后果 ··· 78
  4.3.3 多重共线性的检验 ········ 83
  4.3.4 多重共线性的修正 ········ 85
  4.3.5 例题分析 ··············· 89
4.4 随机解释变量 ·············· 93
  4.4.1 随机解释变量的概念 ······ 93
  4.4.2 随机解释变量的产生与后果 ··· 93
  4.4.3 存在随机解释变量时的估计
      方法 ···················· 95
  4.4.4 滞后被解释变量做解释变量 ··· 98
  4.4.5 例题分析 ··············· 99
总结与习题 ····················· 100

第5章 特殊单方程模型 ········ 106
引言 ··························· 106
本章学习目标 ··················· 106
5.1 虚拟变量模型 ············· 106
  5.1.1 虚拟变量的概念 ········· 106
  5.1.2 虚拟变量的设置规则和作用 ··· 107
  5.1.3 虚拟变量的引入方式 ······ 111
  5.1.4 虚拟解释变量的回归模型 ··· 113
  5.1.5 例题分析 ··············· 116
5.2 滞后变量模型 ············· 117
  5.2.1 滞后效应和滞后变量模型 ··· 118
  5.2.2 分布滞后模型的估计 ······ 120
  5.2.3 自回归模型的分类与构建 ··· 124
  5.2.4 自回归模型的估计与检验 ··· 128
  5.2.5 例题分析 ··············· 132

总结与习题 ····················· 134

第6章 时间序列模型 ·········· 139
引言 ··························· 139
本章学习目标 ··················· 139
6.1 时间序列的概念 ············ 139
  6.1.1 随机过程与时间序列 ······ 139
  6.1.2 时间序列的数字特征 ······ 141
  6.1.3 平稳时间序列与非平稳时间
      序列 ···················· 141
  6.1.4 例题分析 ··············· 142
6.2 时间序列平稳性的检验方法 ··· 143
  6.2.1 散点图 ················· 143
  6.2.2 单位根检验 ············· 143
  6.2.3 扩展的迪基-福勒检验 ····· 144
  6.2.4 PP 检验 ················ 145
  6.2.5 例题分析 ··············· 146
6.3 平稳时间序列的识别、估计与
   预测 ······················ 148
  6.3.1 平稳时间序列的识别 ······ 148
  6.3.2 平稳时间序列的估计 ······ 151
  6.3.3 平稳时间序列的预测 ······ 153
  6.3.4 例题分析 ··············· 154
总结与习题 ····················· 159

第7章 非平稳时间序列模型 ····· 163
引言 ··························· 163
本章学习目标 ··················· 163
7.1 协整理论与误差修正模型 ····· 163
  7.1.1 长期均衡关系 ············ 163
  7.1.2 协整理论 ··············· 164
  7.1.3 误差修正模型 ············ 166
  7.1.4 因果关系检验 ············ 167
  7.1.5 例题分析 ··············· 170
7.2 向量自回归模型（VAR(p)） ··· 176
  7.2.1 VAR 模型的一般形式 ····· 176
  7.2.2 简化式 VAR 模型的参数估计 ··· 179
  7.2.3 简化式 VAR 模型的预测 ··· 180
  7.2.4 VAR 模型阶数 p 的确定 ··· 180
  7.2.5 VAR(p) 模型的脉冲响应函数与
      方差分解 ················ 183
  7.2.6 例题分析 ··············· 185
总结与习题 ····················· 188

第8章 经典联立方程计量经济学模型——理论与方法 ··· 193

引言 ··· 193
本章学习目标 ··· 193
8.1 问题的提出 ··· 193
8.2 基本概念和模型 ··· 194
    8.2.1 联立计量经济学模型的基本概念 ··· 194
    8.2.2 联立计量经济学模型 ··· 195
8.3 联立方程计量经济学模型的识别 ··· 199
    8.3.1 识别的概念 ··· 199
    8.3.2 模型的识别 ··· 200
8.4 识别条件 ··· 203
    8.4.1 结构式识别条件 ··· 203
    8.4.2 简化式识别条件 ··· 205
8.5 识别约束 ··· 206
总结与习题 ··· 209

第9章 联立方程模型的估计 ··· 212

引言 ··· 212
本章学习目标 ··· 212
9.1 递归模型的估计：普通最小二乘法 ··· 212
9.2 间接最小二乘法 ··· 213
    9.2.1 间接最小二乘法的适用范围 ··· 214
    9.2.2 间接最小二乘法的步骤 ··· 214
    9.2.3 间接最小二乘法的计量性质 ··· 217
9.3 二阶段最小二乘法 ··· 217
    9.3.1 二阶段最小二乘法的基本思路 ··· 217
    9.3.2 二阶段最小二乘法的主要步骤 ··· 218
    9.3.3 二阶段最小二乘法的基本条件 ··· 220
    9.3.4 二阶段最小二乘法的计量性质 ··· 220
9.4 二阶段最小二乘法的主分量法 ··· 221
    9.4.1 主分量法的基本思路 ··· 221
    9.4.2 主分量法的使用 ··· 223
9.5 三阶段最小二乘法 ··· 223
    9.5.1 三阶段最小二乘法的基本思路 ··· 224
    9.5.2 三阶段最小二乘法的基本步骤 ··· 224
    9.5.3 三阶段最小二乘法的使用条件 ··· 225
    9.5.4 三阶段最小二乘法与二阶段最小二乘法的比较 ··· 226
9.6 有限信息估计方法 ··· 226
    9.6.1 最小方差比法 ··· 226
    9.6.2 有限信息最大似然法 ··· 227
9.7 完全信息最大似然法 ··· 228
    9.7.1 完全信息最大似然法的基本思路 ··· 228
    9.7.2 完全信息最大似然法的基本步骤 ··· 229
9.8 联立方程模型的检验 ··· 230
    9.8.1 单个结构方程的检验 ··· 230
    9.8.2 总体模型的检验 ··· 230
总结与习题 ··· 232

附录 ··· 236

附录A 标准正态分布表 ··· 236
附录B t 分布表 ··· 237
附录C χ^2 分布表 ··· 238
附录D F 分布表 ··· 240
附录E DW 检验临界值表 ··· 245

参考文献 ··· 246

第1章 绪　　论

 引言

　　本章是全书的纲，对计量经济学进行总体介绍，并对计量经济学研究问题的步骤及应用领域进行简要说明。

📝 本章学习目标

　　1. 计量经济学的概念、内容和目的。
　　2. 计量经济学研究问题的步骤及应用领域。

1.1　计量经济学的概念

1.1.1　计量经济学的定义

　　从字面上理解，计量经济学是"经济的度量"。度量是计量经济学的一个重要内容，但计量经济学的内涵要广得多，可根据以下情形来理解：

　　（1）计量经济学是观察经济现象的结果，包含应用数理统计方法分析经济数据以支持建立的数理经济学模型，并得到定量分析结果。

　　（2）计量经济学可以定义为：基于理论和观察的共同发展对实际经济现象的定量分析，与适当的推理方法相关。

　　（3）计量经济学可以定义为社会科学，经济理论、数学、统计推理等均被运用于分析经济现象。

　　（4）计量经济学是关于经济规律的经验判断。

　　（5）计量经济学家们高明之处在于能找到足够具体且足够现实的假设序列，以得出他们所能获得的数据中最有价值的信息。

　　（6）计量经济学有助于帮助消除经济学公开性差的形象（定量或者其他方式）。通过对可观察现象的假设打开经济学的黑匣子，揭示其中的内容。而对这一内容的理解，10个经济学家可能有11种不同的解释。

　　（7）计量经济学研究方法旨在建立经济理论与实际度量之间的联系，统计推理的相关理论和技术是桥墩。

　　……

　　总的来说，计量经济学是经济学中以揭示经济活动中客观存在的数量关系为内容的分支学科，是经济理论、数理经济学、经济统计学和数理统计学的综合。

1.1.2　计量经济学的特点

　　正如前面所指出的，计量经济学是经济理论、数理经济学、经济统计学和数理统计学的

综合，因而计量经济学与经济理论、数理经济学、经济统计学和数理统计学既有联系，又有区别。计量经济学作为一门独立学科，具有以下特点：

（1）计量经济学能给出大部分经济理论的实证内容。例如，微观经济理论中指出，在其他条件保持不变的情况下，一种商品价格上涨将导致这种商品需求量下降，即商品价格与需求量之间是负相关或成反比的关系。但经济理论不能用数字度量这种关系，它不能说明某一程度价格的变化到底能增加或者减少多少需求量，而计量经济学则能给出具体的数量关系。

（2）计量经济学注重经济理论的实证检验，而数理经济学则注重用数学形式（方程）表述经济理论，而不考虑经济理论的可测性及实证检验。计量经济学家使用数理经济学家提出的能实证检验的数学方程，而从数理模型转变为经济模型需要巨大的创造力和实践能力。

（3）计量经济学是用收集到的数据检验经济理论，而经济统计学家只关注经济数据的收集、处理，以及以图、表的形式公布这些数据。经济统计学家的工作是收集 GDP（国内生产总值）、就业人口、失业人口、价格等数据，形成经济分析的原始数据，而计量经济学家则负责进一步分析这些原始数据中包含的经济关系及经济原理。

（4）尽管数理统计学为计量经济学提供了很多分析方法与工具，但是，经济数据不同于试验中获取的数据，其独特性质使得计量经济学家经常使用特殊方法。计量经济学家就像气象学家，使用的方法取决于其不能控制的数据。正如斯潘诺斯（A. Spanos）指出的，在计量经济学中，建立模型的人经常遇到观察到的现象与试验结果相反的情况。这在计量经济学实证研究中有两个重要含义：第一，模型建立者需要使用完全不同的方法来分析试验数据；第二，数据收集者和数据分析者的独立导致模型建立者非常熟悉数据的性质和结构问题。

1.2 计量经济学的发展历史

1.2.1 计量经济学的开端

1926 年，挪威经济学家弗里希（R. Frisch）模仿"biometrics"（生物计量学）提出了"econometrics"（计量经济学），标志着计量经济学的诞生。一般认为，1930 年 12 月 29 日世界计量经济学会成立，以及它创办的刊物《Econometrica》于 1933 年正式出版，才标志着计量经济学作为一门独立学科正式诞生。

1.2.2 计量经济学的产生

计量经济学产生于资本主义世界经济大萧条的背景下。

亚当·斯密以来的古典经济学家认为，现实经济是"看不见的手"支配下的客观存在，市场机制这只"看不见的手"将安排社会上应该生产什么，生产多少，资源如何分配，所得归谁所有等错综复杂的问题。市场具有自我调节和反馈作用，不需要政府干预和国家经济政策。直到 20 世纪 20 年代，西方资产阶级学者还预言在市场的自我调节之下，资本主义社会会长期繁荣。但是，资本主义社会并没有向他们预言的方向发展，1929 年 10 月，爆发了震撼整个资本主义世界的经济大萧条，大批企业破产倒闭，在号称最富饶的美国，每四个劳动力中就有一个失业，市场自我调节和反馈失灵，萧条持续了四年之久。在这种情况下，美国总统罗斯福大力推行"新政"，主张政府干预经济，孕育产生了用国家财政手段和金融手段创造有效需求的凯恩斯学说，国家干预经济的理论成为经济学研究的热点。

西方国家干预经济，制定经济政策不能脱离现实社会，必须对有关经济活动进行测定、分析和研究，以科学的测定方法研究人们经济活动及经济行为的规律，计量经济学因此应运而生。

1.2.3 计量经济学的发展

计量经济学于 20 世纪 20 年代末、30 年代初形成，自诞生以来就显示出极强的生命力，经过 20 世纪 40 年代和 50 年代的大发展，以及 60 年代的大扩张，已经在经济学科中占据极其重要的地位。这表现在以下两个方面：

(1) 在西方，"在大多数大学和学院中，计量经济学的讲授已经成为经济学课程表中最有权威的一部分"。

(2) 从 1969—1989 年的 20 年间，27 位诺贝尔经济学奖获得者中，有 15 位与研究和应用计量经济学有关。著名经济学家、诺贝尔经济学奖获得者萨缪尔森（P. Samuelson）甚至说："第二次世界大战后的经济学是计量经济学时代。"

20 世纪 80 年代之前，计量经济学模型主要应用于经济预测、结构分析和政策评价，其作用领域包括生产、需求、消费、投资及宏观经济模型等。近几十年以来，计量经济学的应用发生了一些重要的转变，主要表现在以下几个方面：

(1) 计量经济学方法与其他经济数学方法的结合应用。计量经济学方法与其他经济数学方法结合应用，既能发挥各自的优势，又能弥补不足之处。例如，计量经济学方法与投入产出方法相结合，用计量经济学方法预测规划期的最终产品，研究直接消耗系数的变化规律，可以建立功能较强的用于综合平衡发展研究的宏观经济模型；计量经济学与最优化方法相结合，建立用于政策评价的经济模型；计量经济学方法与控制论方法相结合，是一种带有方向性的研究，等等。

(2) 计量经济学方法已从主要应用于经济预测转向检验经济理论假设和政策假设。计量经济学的发展起源于经济预测，尤其是短期预测。计量经济学预测是以模拟历史，从已经发生的经济活动中找出各经济变量之间的关系为主要技术手段的，对稳定发展的经济过程具有较好的预测效果，但是对非稳定发展的经济过程和缺乏规范行为理论的经济现象则无能为力。所以，计量经济学在 20 世纪 50—60 年代表现出良好的预测功能，但从 70 年代石油危机以来，其预测功能受到怀疑。与此相反，当代经济学越来越注重实证研究。任何一种新的经济理论，只有当它成功地解释了过去，尤其是成功地解释了历史统计数据之后，才能被普遍接受。新政策也是如此。计量经济学在检验经济理论假设和政策假设方面找到了新的用武之地。

(3) 计量经济学模型的应用已从传统领域转向新的领域。计量经济学应用的传统领域是指几十年以来一直很活跃的应用领域，如生产函数、需求函数、消费函数、投资分析和宏观经济模型等。例如，从 20 世纪 30 年代初柯布-道格拉斯（Cobb-Douglas）生产函数问世，直到 80 年代初三级生产函数模型的建立，均广泛应用了计量经济学模型。但近年来，发达国家在这些领域的应用研究日趋减少，而发展中国家仍有相当多的研究是将计量经济学应用于这些领域的。发达国家计量经济学应用的新兴领域包括货币、工资、就业、福利、国际贸易等。这些领域的应用既反映了发达国家经济生活中人们普遍关心的问题，又与计量经济学已应用于检验经济理论假设和政策假设相关。因此，这些领域的理论研究和政策研究仍是热点。

（4）计量经济学模型的水平高低不再由其规模来决定，人们更倾向于建立一些简单的模型，从总量上和趋势上说明经济现象。计量经济学模型，尤其是宏观经济模型，经历了规模由小到大的发展过程。20世纪50年代初，最大的计量经济学模型是克莱因-戈尔登（Klein-Goldberger）的美国经济年度模型，共包含22个方程；到80年代初，最大的季度模型包含几十个方程。但是，近年来人们不再以规模大小论水平高低，相反，认为规模较小、部门较粗的总量模型更有实用价值。

1.3 计量经济学的内容和目的

1.3.1 计量经济学的内容

计量经济学根据研究对象和内容侧重点不同，可以分为理论计量经济学和应用计量经济学。

理论计量经济学以介绍、研究计量经济学的理论与方法为主要内容，侧重于理论与方法的数学证明与推导，与数理统计联系极为密切。理论计量经济学除了介绍计量经济学模型的数学理论基础和普遍应用的计量经济学模型的参数估计方法之外，还研究特殊模型的估计方法与检验方法，应用了广泛的数学知识。

应用计量经济学则以建立与应用计量经济学模型为主要内容，强调应用模型的经济学和经济统计学基础，侧重于对建立与应用模型过程中实际问题的处理。

本书侧重于理论计量经济学的内容，对应用计量经济学则不做深入的研究。

1.3.2 计量经济学的目的

计量经济学的研究目的有三个：①分析和检验经济理论；②制定经济政策，并预计政策实施将带来的后果；③预测未来的经济变化。在这三个目的中，②和③是政府和大企业极其关注的。许多国家的政府和大企业均投入了大量的人力、物力和时间，发展各式各样的宏观经济模型和微观经济模型。

1.4 计量经济学研究问题的步骤

本节以应用最为普遍的单方程计量经济学模型为例，介绍应用计量经济学方法建立计量经济学模型，并用于研究客观经济现象的步骤。

1.4.1 建立模型

1. 计量经济学模型的引入

模型，是对现实的描述和模拟。计量经济学模型是指揭示经济现象中客观存在的因果关系，并主要采用回归分析方法的经济数学模型。以凯恩斯的消费理论为例说明计量经济学模型。凯恩斯假设边际消费倾向（MPC），即消费变化对单位收入变化（如1美元）的比率，大于0而小于1。为了检验这个理论，计量经济学家可以按如下步骤进行：

尽管凯恩斯假设消费与收入之间存在正相关关系，但他并没有指出二者函数关系的正确形式。为了简单起见，数理经济学家可能提出凯恩斯消费函数的形式为

$$y = \beta_0 + \beta_1 x \tag{1-1}$$

式中，y 表示消费支出；x 表示收入；β_0，β_1 表示常数或参数，其中斜率 β_1 表示 MPC。

式（1-1）说明消费对收入的线性关系，这是数学模型的一个例子。简单地说，模型是一组数学方程。

式（1-1）中给出了消费与收入之间的确定性关系，但一般经济变量之间的关系是不确定的。因此，如果我们取得 5000 个美国家庭的消费支出与可支配收入（扣除税收后）的样本资料，以消费支出作为纵轴，以可支配收入作为横轴，画出这 5000 个家庭的消费支出与可支配收入的图形。这 5000 个观测值绝不会全都恰好落在方程（1-1）的直线上。因为除了收入外，还有其他因素影响消费，如家庭大小、家庭成员年龄等。

为了考虑经济变量之间的不确定性关系，计量经济学家要将确定的消费函数式（1-1）修改为

$$y = \beta_0 + \beta_1 x + \mu \tag{1-2}$$

这里，μ 称为随机误差项或随机扰动项，具有明显的概率性质，代表还没有明确计算的所有影响消费的因素。

式（1-2）是线性计量经济学模型的一个例子。计量经济学的消费函数式（1-2）假设被解释变量 y（消费）与解释变量 x（收入）二者存在线性关系，但两者的关系并不是严格的，y 还受到其他因素的影响。如果模型中只有一个方程，就称为单方程模型；如果不止一个方程，就称为多方程或联立方程模型。

2. 理论模型的设计

对所要研究的经济现象进行深入分析，根据研究的目的，选择模型中将包含的因素，根据数据的可得性选择适当的变量来表征这些因素，并根据经济行为理论和样本数据显示出的变量关系，设定描述这些变量之间关系的数学表达式，即理论模型，也称总体回归模型。例如，消费函数

$$y = \beta_0 + \beta_1 x$$

这是一个理论模型。理论模型的设计主要包含三部分工作：选择变量，确定变量之间的数学关系，拟定模型中待估参数的数值范围。

理论模型的设计必须遵循"从一般到简单"的原则，即作为建模起点的总体模型，必须能够包含所有经过约化得到的"简洁"模型。具体来讲，它应该包含所有对被解释变量产生影响的变量，尽管其中的某些变量会因为显著性不高或者不满足正交性条件等原因而在后面的简化过程中被排除。

（1）确定模型所包含的变量。计量经济学方法归根结底是因果分析法，应定量分析经济活动中各因素之间的因果关系。如果选择了某一变量作为"果"，那么重要的是正确选择作为"因"的变量。在单方程计量经济学模型中，前者被称为被解释变量，后者被称为解释变量。

1) 正确选择变量需要正确理解和把握所研究经济现象中暗含的经济学理论和经济行为规律。例如，经济理论指出，在市场经济条件下，商品需求量 Q 取决于它的价格 P、替代品价格 P_0、消费者的收入 Y 和其他随机因素（包括战争、灾害、消费习惯、天气因素等）。如果写成需求函数的形式为

$$Q = f(P, P_0, Y, \mu)$$

若根据所研究经济体系的特征（某国、某地区、某时期），需求 Q 还受到消费者前期收入 Y_{t-1} 和政府税收政策 G 的影响，而这些经济变量的时间序列数据又是可以直接或间接得到的，则可以初步确定需求函数的形式为

$$Q = f(P, P_0, Y, Y_{t-1}, G, \mu)$$

必须指出，模型中应该包含的变量数目取决于研究对象的性质和研究的目的。

2) 选择变量时要考虑数据的可得性，这要求对经济统计学有透彻的了解。计量经济学模型要在样本数据，即变量的样本观测值的支持下，采用一定的数学方法估计参数，以揭示变量之间的定量关系。所以，所选择的变量必须在统计指标体系中存在，并有可靠的数据来源。如果必须引入个别对被解释变量有重要影响的政策变量、条件变量，则应采用虚拟变量的样本观测值的选择方法。但也不能滥用虚拟变量，造成"人造样本"。

3) 选择变量时要考虑因变量之间的关系，使每个解释变量是独立的。这是计量经济学模型技术所要求的。当然，在开始时要做到这一点是困难的。如果选择的变量中出现相关的变量，可以在建立模型的过程中检验并予以剔除。

4) 在选择变量时，应避免发生以下错误：

① 选择了无关的变量。例如：

出口 = -107.6562 + 0.1288 × 社会商品零售总额 + 0.2214 × 农副产品收购额

社会商品零售总额与出口额无直接关系，并不是出口的"因"。

② 选择了不完全的变量。例如：

出口 = 0.7257 × 轻工业投资 + 0.2080 × 出口 + 0.1806 × 生产消费 + 67.6025 × 进出口政策

轻工业投资作为进口的解释变量，口径太小，应选择固定资产投资，以反映对进口产品的除生产消费之外的需求。

③ 选择了可以用其他解释变量说明的变量。例如：

农业总产值 = 0.7854 + 0.2448 × 粮食产量 + 0.0544 × 农机动力 - 0.2127 × 受灾面积

粮食产量和农业产值都是农业生产成果，可由农机动力、受灾面积来解释。它出现在解释变量中，可引起多重共线性及随机解释变量的问题。

变量的选择不是一次完成的，往往要经过多次反复。

(2) 确定模型的数学形式。选择了适当的变量，接下来就要选择适当的数学形式描述这些变量之间的关系，即建立理论模型。

选择模型数学形式的主要依据是经济行为理论。在数理经济学中，已经对常用的生产函数、需求函数、消费函数、投资函数等模型的数学形式进行了广泛的研究，可以借鉴这些研究成果。需要指出的是，现代经济学尤其注重实证研究，任何建立在一定经济学理论假设基础上的理论模型，如果不能很好地解释过去，尤其是历史统计数据，那么它就不能为人们所接受。这就要求理论模型的建立要在参数估计和模型检验的全过程中反复修改，以得到一种既能较好地解释经济行为，又能反映历史上已经发生的诸变量之间关系的数学模型，忽视任

何一方都是不对的。

可以根据变量的样本数据做出解释变量与被解释变量之间关系的散点图，并将由散点图显示的变量之间的函数关系作为理论模型的数学形式。

在某些情况下，如果无法事先确定模型的数学形式，那么就采用不同的形式进行试模拟，然后选择模拟结果较好的一种。

（3）拟定理论模型中待估参数的理论期望值。模型中待估参数的数值，要待模型估计、检验后才能确定。但对于它们的符号和大小范围，在很多情况下可以根据其经济含义事先加以估计，并用以检验模型的估计结果。

例如，式（1-2）中消费函数形式为

$$y = \beta_0 + \beta_1 x + \mu$$

式中，β_0，β_1 为待估参数。根据其经济学含义，β_0，β_1 需满足下列条件：$\beta_0 > 0$，$0 < \beta_1 < 1$。

1.4.2 收集数据

理论模型建立之后，就需要根据模型中变量的含义、口径收集与整理样本数据，这是建立计量经济学模型过程中最费时费力的工作。能否收集到合适的样本观测值是决定变量取舍的主要因素之一，而样本数据的质量则直接影响模型的质量。

1. 几类常用的样本数据

常用的样本数据有三类：时间序列数据、截面数据和虚拟变量数据。

（1）时间序列数据。时间序列数据是一批按时间先后顺序排列的统计数据。例如，1949—2004年黑龙江省各年粮食总产量、"十二五"期间全国工业总产值都是时间序列数据。时间序列数据一般由统计部门提供，在研究应用计量经济学模型时应充分加以利用，以减少收集数据的工作量。应用时间序列数据作样本时需注意两点：一是数据的统计口径问题，如果在不同样本点上数据的统计口径不一样，需调整为一致的统计口径；二是用时间序列作样本，模型中容易产生随机误差项的序列相关性问题。

（2）截面数据。截面数据是同一时间截面上的调查数据，如人口普查数据、工业普查数据、统计调查数据等。应用截面数据作样本需注意两点：一是样本与总体的关系；二是用截面数据作样本容易产生异方差性。

（3）虚拟变量。虚拟变量也称为二进制数据，一般取 0 和 1。例如，农业生产函数中，设置气候环境为虚拟变量，灾年该虚拟变量取 1，正常年份该虚拟变量取 0。恰当地设置虚拟变量能给研究工作带来很好的效果。

2. 选择样本数据的出发点

选择样本数据时，除了考虑数据的可得性，还必须考虑数据的可用性。

（1）需根据模型研究的目的来选择样本数据。如果模型研究是为了预测，则对参数估计值的最小方差性要求较高；如果研究目的是进行结构分析或政策评价，则参数估计值的无偏性更为重要。存在多组样本数据可供选择时，应比较参数估计值的统计性质以选择较好的样本数据。

（2）需根据模型是长期研究还是短期研究来选择样本数据。一般来说，截面数据适合长期弹性的估计，时间序列数据则更适合短期弹性的估计。另外，由于时间序列数据容易导致序列相关性，截面数据往往出现异方差性，所以样本数据的选择与选用的参数估计方法也有关。一般是先选择样本数据，再选择估计方法。

3. 样本数据的质量要求

样本数据的质量要求大体可以概括为完整性、准确性、可比性和一致性。

（1）完整性。完整性是指模型中所包含的所有变量都必须得到相同容量的样本观测值。这既是模型参数估计的要求，也是经济现象本身应该具有的特征。但是，实际中经常发生"遗失数据"的现象。在出现"遗失数据"时，如果样本容量足够大，样本点之间的联系并不紧密，可以整个去掉"遗失数据"所在的样本点；如果样本容量有限，样本点之间联系紧密，去掉某个样本点会影响模型整体的估计质量，则需要采用特定的技术将"遗失数据"补全。

（2）准确性。准确性包括两个方面的含义：一是数据必须准确反映它所代表的经济主体的状态，即要求统计数据或调查数据本身是准确的；二是它必须是模型中所要求的数据，即要求研究人员准确地选择、应用数据。例如，生产函数是某一生产过程中投入要素与产出量之间关系的定量描述，那么，作为投入要素之一的资本，其数据必须是真正投入到生产过程中的资本的数量，而不是所拥有的资本数量。如果使用固定资产原值作为投入的固定资产要素的数据，则不是准确的数据，因为原值中可能有一部分闲置，并未全部真正投入生产。

（3）可比性。可比性是指数据统计口径要统一。由于统计范围口径的变化和价格口径的变化，人们得到的经济统计数据常常具有较差的可比性，因此，必须进行处理后才能用于研究。

（4）一致性。一致性是指总体与样本应一致。上面在讨论用截面数据作为样本数据时已经做了介绍。违反一致性的情况经常发生。例如，用企业数据作为行业生产函数模型的样本数据，用人均收入与消费的数据作为总量消费函数模型的样本数据，用某些省份的数据作为全国总量模型的样本数据，等等。

1.4.3 估计参数

模型参数的估计方法是计量经济学的核心内容。在建立了理论模型，并收集整理了符合模型要求的样本数据之后，就可以选择适当的方法估计模型，得到模型中待估参数的估计量。在众多估计方法中，最简单、最常用的是普通最小二乘法（Ordinary Least Squares, OLS）。本书将重点介绍普通最小二乘法、加权最小二乘法、广义差分法等常用的参数估计方法。

1.4.4 检验模型

在得到模型的参数估计量之后，可以说一个计量经济学模型就已经初步建立了。但是，模型能否客观反映所研究的经济现象中诸变量之间的关系，能否付诸实践，还要通过检验来决定。一般来讲，计量经济学模型必须通过四级检验，即经济意义检验、统计检验、计量经济学检验和模型预测检验。

1. 经济意义检验

经济意义检验主要是检验模型参数估计量在经济意义上的合理性。其主要方法是将模型参数的估计量与预先拟定的理论期望值进行比较，包括参数估计量的符号、大小、相互之间的关系，以判断其合理性。如果通过检验发现模型参数不符合经济意义，应该找出原因，重建模型。

（1）检验模型参数估计量的符号。例如，有如下消费函数模型

$$c = -1008 + 0.54y$$

式中，c 代表消费；y 代表可支配收入。

该模型中，常数项表示当收入为 0 时，居民的自发消费，应该大于 0。而模型中的常数项小于 0，从经济行为上无法解释该现象，所以此模型不能通过经济意义检验。

（2）检验参数估计量的大小。如果所有参数估计量的符号都正确，则要进一步检验参数估计量的大小。例如，有如下消费函数模型

$$c = 1008 + 2.1y$$

模型中 y 前面的系数是边际消费倾向，即增加的收入中用于增加消费的比率，应该大于 0 小于 1。此模型中参数估计量符号正确，但是数值范围与理论期望值不符，因此不能通过检验。

（3）检验参数之间的关系。即使模型参数估计量的符号正确、数值范围适当，仍然需要进一步检验参数之间的关系。例如，在"中国季度宏观经济模型"中，职工家庭日用品需求方程为

$$\ln GMZC = -3.69 + 1.20\ln SR - 6.40\ln JG$$

式中，GMZC 表示人均购买日用品支出额；SR 和 JG 分别表示人均收入和日用品价格。

SR 和 JG 前面的系数是它们各自的需求弹性，这两个参数估计量的符号是正确的，数值范围大体适当。但是，根据需求方程的齐次性，这两个参数估计量之和应该在 1 左右。显然，该模型不能通过经济意义检验。

只有当模型中的参数估计量通过所有经济意义检验，方可进行下一步检验。模型参数估计量的经济意义检验是一项最基本的检验，经济意义不合理的模型，即使其他检验质量再高，也没有实际应用价值。

2. 统计检验

统计检验是由统计理论决定的，目的在于检验模型的统计学性质。本书后面的内容将详细介绍广泛应用的统计检验准则，如拟合优度检验、变量显著性检验和方程显著性检验等。

3. 计量经济学检验

计量经济学检验目的在于检验模型的计量经济学性质，由计量经济学理论决定。其最主要的检验准则有随机干扰项的序列相关性检验和异方差性检验，解释变量的多重共线性检验等。这些内容后面会详述。

4. 模型预测检验

预测检验主要检验估计值的稳定性以及相对样本容量变化时的灵敏度，确定所建立的模型是否可以用于样本观测值以外的范围，即检验模型所谓的超样本特性。具体检验方法有：

（1）利用扩大了的样本重新估计模型参数，将重新估计值与原来的估计结果进行比较，并检验参数估计值之间差异的显著性。

（2）将所建立的模型用于样本以外某一时期的实际预测，并将预测值和实际观测值进行比较，检验预测值与实际观测值之间差异的显著性。

经历并通过上述步骤的检验后，可以说已经建立了所需要的计量经济学模型，并可以将它应用于预定的目的。

1.4.5 应用模型

翻开国际上的任何一本经济学刊物，计量经济学模型应用研究随处可见。同时，对它的攻击也不绝于耳。应用计量经济学模型的关键是搞清楚计量经济学模型能做什么，不能做什么，即计量经济学模型应用的适用性和局限性问题。

1. 计量经济学模型应用的适用性

所有类型的计量经济学模型，就其应用功能来说，无非是四个方面：结构分析、经济预测、政策评价和理论检验。结构分析旨在揭示经济主体与环境之间的动力学关系，即揭示变量之间的关系，通过对模型结构参数的估计实现；经济预测是利用基于样本建立的模型对样本外经济主体的状态进行预测，曾经是计量经济学模型的主要应用；政策评价是将建立的模型作为"经济政策实验室"，评价各种拟实行的政策的效果；理论检验中，如果模型总体设定是基于先验理论的，那么当模型通过一系列检验以后，就认为该先验理论在一定概率上经受住了样本经验的检验。

随着计量经济学模型应用的发展，经济预测不应该成为主要应用领域。相对于具有"绝对性"要求的经济预测，计量经济学模型对于具有"相对性"要求的政策评价更有用武之地。政策评价，或者称政策试验，应该成为计量经济学模型的主要应用领域。在模型的总体设定、变量设定、数据基础以及统计推断中，稍有不慎，就可能破坏随机扰动项的源生性和正态性，带有系统性偏差。存在系统性偏差的模型，即使"覆盖性的法则"得到满足，如果用于预测，其系统性偏差也是无法消除的，将导致预测失败。如果用于政策评价，需要的是相对的比较，模型系统性偏差并不出现在比较的结果中。另外，经济政策不能试验一直是决策者面临的难题，因此决策失误在所难免。对此，计量经济学模型的"经济政策实验室"功能能够产生巨大的效用。

2. 计量经济学模型应用的局限性

不同的应用目的对模型及模型方法论基础有不同的要求，不可能建立一个能够适用于所有应用目的的模型。用于结构分析的模型必须是结构模型，而具有政策评价功能的模型必须是包含政策变量的结构模型。同样是用于预测，基于截面随机抽样数据建立的结构模型，对于截面非样本个体的预测效果一般较好；而基于时间序列数据建立的结构模型，对于样本外实点的预测效果一般较差。同样以时间序列数据为样本建立预测模型，如果政策有效，则必须建立结构模型；如果政策无效，则可以建立"无条件预测"的随机时序模型。同一个结构模型，如果仅用于结构分析，解释变量需要具备弱外生性；如果用于预测，解释变量需要具备强外生性；如果用于政策分析，作为解释变量的政策变量必须具备超外生性。

另一方面，应用计量经济学模型只能得到随机性结论。试图得到确定性的结论，是计量经济学模型所不能做到的，也是不科学的。

最后需要强调的是，计量经济学应用模型的总体设定是计量经济学模型研究中的重要任务，模型总体设定正确是应用计量经济学模型的前提和基础。

1.5 计量经济学的应用领域

经济系统中的各部分之间、经济过程中的各环节之间和经济活动中的各因素之间，除了存在经济行为理论上的相互联系之外，还存在数量上的相互依存关系。研究客观存在的这些数量关系，是经济研究的一项重要任务，是经济决策的一项基础工作，是发展经济理论的一种重要手段。所以，计量经济学是经济数量分析的最重要的分支学科。

目前，计量经济学的应用领域主要有四个：结构分析、预测、政策实验室、理论检验与发展。

1.5.1 结构分析

经济学中的结构分析不同于人们通常说的产业结构、产品结构、消费结构和投资结构中的结构分析。经济学中的结构分析是对经济现象中变量之间相互关系的研究，研究的是当一个或几个变量发生变化时会对其他变量乃至经济系统产生什么样的影响。所以，我们所进行的经济系统的定量研究工作，说到底就是结构分析。结构分析所采用的主要方法有以下几种：

1. 弹性分析

弹性是经济学中的一个重要概念，是某一变量的变化引起另一变量的相对变化的度量，即变量的变化率之比。在经济研究中，除了需要研究经济系统中变量绝对量之间的关系，还要掌握变量的相对变化所带来的相互影响，以掌握经济活动的数量规律和有效控制经济系统。计量经济学模型结构式揭示了变量之间的直接因果关系，从模型出发，进一步揭示变量相对变化量之间的关系是十分方便的。

2. 乘数分析

乘数也是经济学中的一个重要概念，是某一变量的绝对量变化引起另一变量的绝对量变化的度量，即变量的变化量之比，也称倍数。它直接度量经济系统中变量之间的相互影响，经常被用来研究外生变量的变化对内生变量的影响，对于实现经济系统的调节有重要作用。乘数可以根据计量经济学模型的简化式很方便地求得。

3. 比较静力分析

比较静力分析是比较经济系统的不同平衡位置之间的关系，探索经济系统从一个平衡点到另一个平衡点时变量的变化，研究系统中某个变量或参数的变化对另外变量或参数的影响。显然，弹性分析和乘数分析都是比较静力分析的形式。计量经济学模型为比较静力分析提供了一个基础，如果没有定量描述变量之间关系的计量经济学模型，比较静力分析将无从下手。

不管是过去、现在还是将来，结构分析都是计量经济学的主要应用领域之一。

1.5.2 预测

计量经济学模型作为一类经济数学模型，是从经济预测，特别是短期预测发展起来的。在20世纪50—60年代，计量经济学模型在西方经济预测中不乏成功的实例，成为经济预测的主要模型方法。但是，进入20世纪70年代后，两次"石油危机"的发生，人们对计量经济学模型的预测功能提出了质疑。并不是因为它未能预报"石油危机"的发生，而是几乎所有的模型都无法预测"石油危机"对经济造成的影响。计量经济学模型是以模拟历史，从已经发生的经济活动中找出变化规律为技术手段的。对于非稳定发展的经济过程，对于缺乏规范行为理论的经济活动，计量经济学无能为力。同时还应该看到，20世纪40—60年代甚至后来建立的计量经济学模型都是以凯恩斯理论为经济理论基础的,而经济理论本身已经有了很大的发展,滞后于经济现实与经济理论的模型在应用中自然会遇到障碍。

为了适应经济预测的需要,计量经济学模型技术也在不断发展。将计量经济学模型与其他经济数学模型相结合,是一个重要的发展方向。

1.5.3 政策实验室

计量经济学模型揭示了经济系统中变量之间的相互联系。将经济目标作为被解释变量,经济政策作为解释变量,可以很方便地评价各种不同政策对目标的影响,起到了"政策实验室"的作用。将计量经济学模型与计算机技术结合起来,可以建立名副其实的"经济政策实验室"。

计量经济学模型用于政策评价主要有以下三种方法:

1. 工具—目标法

工具—目标法是指给定目标变量的预期值,即希望达到的目标,通过求解模型,可以得到政策变量的值的一种方法。

2. 政策模拟法

政策模拟法是指将各种不同的政策带入模型,计算各自的目标值,然后比较其优劣,决定政策取舍的一种方法。

3. 最优控制方法

最优控制的方法是指将计量经济学模型与最优化方法结合起来,选择使目标最优的政策或政策组合的一种方法。

1.5.4 理论检验与发展

计量经济学模型提供了一种检验经济理论很好的方法。从建立计量经济学模型的步骤中可见,一个成功的模型必须很好地拟合样本数据,而样本数据则是已经发生的经济活动的客观再现,所以在模型中表现出来经济活动的数量关系,就是经济活动所遵循的规律,即理论的客观再现。于是,就提出了计量经济学模型以下两方面功能:

1. 检验理论

按照某种经济理论去建立模型,然后用已经发生的经济活动的样本数据去拟合,如果拟合得好,则这种经济理论就得到检验。

2. 发现和发展理论

用表现已经发生的经济活动的样本数据去拟合各种模型,拟合最好的模型所表现出来的数量关系,就是经济活动所遵循的经济规律,即理论。

总结与习题

1. 本章小结

本章主要介绍了计量经济学的概念、发展历史、内容和目的,以及计量经济学研究问题的步骤与应用领域,以帮助读者对计量经济学建立起一个整体概念。

2. 知识点归纳

(1) 计量经济学是经济学中以揭示经济活动中客观存在的数量关系为内容的分支学科,

是经济理论、数理经济学、经济统计学和数理统计学的综合。但是，计量经济学作为一门独立学科，与经济理论、数理经济学、经济统计学和数理统计学既有联系，又有区别。

（2）计量经济学根据研究对象和内容侧重点不同，可以分为理论计量经济学和应用计量经济学。

（3）计量经济学研究问题的主要步骤包括：建立模型——收集数据——估计参数——检验模型。

（4）计量经济学的主要应用领域包括结构分析、预测、政策实验室、理论检验与发展。

3. 习题

（1）什么是计量经济学？计量经济学与一般经济数学方法有什么区别？

（2）计量经济学的研究对象和内容是什么？举例说明研究计量经济学的目的。

（3）当代计量经济学发展的动向是什么？

（4）计量经济学的研究对象和内容是什么？计量经济学模型研究的经济关系有哪两个基本特征？

（5）计量经济学研究问题的主要步骤有哪些？具体包括哪些内容？

（6）建立计量经济学模型的基本思想是什么？

（7）试解释单方程模型和联立方程模型的概念，并举例说明两者之间的联系与区别。

（8）估计量和估计值有何区别？哪些类型的关系式不存在估计问题？

（9）模型的检验包括几个方面？其具体含义是什么？分别举出五个时间序列数据和横截面数据，并说明时间序列数据和横截面数据有何异同。

（10）计量经济学的主要应用领域有哪些？各自的原理是什么？

第 2 章 单方程计量经济学模型

引言

单方程计量经济学模型是相对于联立方程计量经济学模型而言的，它以单一经济现象为研究对象，模型中只包含一个方程，通过回归分析揭示因素之间的单向因果关系，是应用最为普遍的一种计量经济学模型。根据方程中变量的数量，单方程计量经济学模型又可分为一元线性回归模型和多元线性回归模型。本章将从回归分析及单方程模型的概念入手，分别介绍一元线性回归模型与多元线性回归模型的估计。

本章学习目标

1. 回归分析的含义与特点。
2. 变量间非线性关系的线性化方法。
3. 单方程线性模型建立的基本假设。
4. 一元线性回归模型的估计方法。
5. 多元线性回归模型的估计方法。

2.1 回归分析概述

2.1.1 回归分析的含义和特点

1. 回归分析的含义

回归分析主要研究非确定性现象间的统计相关关系。

计量经济学主要研究的问题之一就是探寻自然现象和社会现象中各种经济变量之间的相互联系程度、联系方式及其运动规律。各种经济变量之间的关系可分为两类：一类是确定的函数关系；另一类是统计相关关系。

（1）确定的函数关系。确定的函数关系是指确定性现象之间的关系。例如，三角形的底 a，高 h 和面积 S 间的关系：只要给定 a 和 h，与之对应的三角形面积 S 也就能确定：$S = a*h/2$，因而 S 与 a、h 间的关系是确定的函数关系。

（2）统计相关关系。统计相关关系是指非确定性现象之间的关系。例如，消费 c 与可支配收入 y 间的关系：c 随着 y 的变化呈现某种规律性的变化，在适当范围内，c 随 y 的增加而增加，且增加率递减。但与确定的函数关系不同的是，在给定的收入水平 y 下，与之对应的消费 c 并不能确定。其原因是，除了收入，还有消费习惯、社会保障制度、税收等其他许多因素都影响着消费。这时，无法确定消费与收入之间确定的函数关系，但能通过统计计量等方法研究它们之间的统计相关关系。消费 c 为非确定性变量，也称为随机变量。

变量之间的关系不是绝对的，在一定条件下，函数关系与相关关系之间可以相互转化。例如，在确定性现象中如果存在观测误差，则函数关系会通过相关关系表现出来；反之，如果能够一一辨认出非确定现象中影响随机变量的因素,并全部纳入到变量之间的依存关系式中,则变量之间的相关关系就转化为函数关系。

(3) 相关分析与回归分析。相关分析也可以研究变量间的统计关系,相关分析主要研究随机变量之间的相关形式及相关程度。

变量之间的相关形式可以分为线性相关和非线性相关。从图形上来看,线性相关的散点图接近于一条直线。相关分析中,变量之间线性相关程度的大小可通过相关系数来测度。变量 x 与 y 之间的总体相关系数为

$$\rho_{xy} = \frac{\text{Cov}(x, y)}{\sqrt{\text{Var}(x)\text{Var}(y)}} \tag{2-1}$$

式中,$\text{Cov}(x, y)$ 是变量 x 与 y 的协方差;$\text{Var}(x)$ 与 $\text{Var}(y)$ 分别是变量 x 与 y 的方差。

如果给出 x 与 y 的一组样本 (x_i, y_i),$i = 1, 2\cdots, n$,则样本相关系数为

$$r_{xy} = \frac{\sum_{i=1}^{n}(x_i - \bar{x})(y_i - \bar{y})}{\sqrt{\sum_{i=1}^{n}(x_i - \bar{x})^2 \sum_{i=1}^{n}(y_i - \bar{y})^2}} \tag{2-2}$$

式中,$\bar{x}$ 与 $\bar{y}$ 分别表示变量 x 与 y 的样本均值。

多个变量之间的线性相关程度,可以用复相关系数与偏相关系数来度量。

具有相关关系的变量之间有时存在因果关系,这时,可以通过回归分析来研究变量之间的具体依存关系。例如,根据凯恩斯消费理论,消费支出与可支配收入之间不但密切相关,而且还存在因果关系,即可支配收入变化是消费支出变化的原因。这时,不仅可以通过相关分析研究两者间的相关程度,而且可以通过回归分析研究两者之间的具体依存关系,即考察可支配收入一单位变化所引起的消费支出的平均变化。

2. 回归分析的特点

回归分析与相关分析都是研究非确定性变量之间的统计依赖关系,并能度量线性依赖程度的大小。但是,相对于相关分析而言,回归分析具有如下特点:

(1) 回归分析主要研究具有统计相关关系变量之间的因果关系,变量的地位是不对称的,有解释变量与被解释变量之分,而且解释变量往往被假设为非随机变量。而相关分析仅仅是从统计数据上测度变量之间的相关程度,无须考察两者之间是否有因果关系。因此,相关分析中变量的地位是对称的,且都是随机变量。

(2) 回归分析更加关注变量之间的具体依赖关系,因此可以进一步通过解释变量的变化来估计或预测被解释变量的变化,达到深入分析变量之间的依存关系、掌握其运动与变化规律的目的。而相关分析只关注变量之间的联系程度,不关注其具体的依赖关系。

2.1.2 回归分析的基本概念

概括来说,回归分析是研究一个变量关于另一个(或一些)变量的统计相关(依赖)关系的计算方法和理论。其目的在于通过后者的已知值估计和/或预测前者的(总体)均值。前一个变量称为被解释变量(Explained Variable)或因变量(Dependent Variable),后一个变量称为解释变量(Explanatory Variable)或自变量(Independent Variable)。

回归分析是计量经济学方法论的基础,其主要内容包括:

（1）根据样本观察值选择适当的方法，对计量经济学模型进行参数估计，求得回归方程。

（2）对回归方程、参数估计值进行经济学检验和统计学检验。

（3）利用回归方程进行分析、评价与预测。

2.2 单方程模型概述

2.2.1 单方程模型的表示

1. 方程式形式

第1章1.1节中的凯恩斯消费函数式（1-2）是一个一元线性回归模型

$$y = \beta_0 + \beta_1 x + \mu$$

式中，x 为解释变量，y 为被解释变量。

根据一元线性回归模型推出多元线性回归模型的形式

$$y_i = \beta_0 + \beta_1 x_{1i} + \beta_2 x_{2i} + \cdots + \beta_k x_{ki} + \mu_i \tag{2-3}$$

式中，$k+1$ 为解释变量个数，包括常数虚拟变量；i 为观测值下标，$i = 1, 2, \cdots, n$；n 为样本容量。

2. 矩阵形式

用矩阵形式表示单方程计量经济学模型为

$$Y_{n \times 1} = X_{n \times (k+1)} B_{(k+1) \times 1} + U_{n \times 1} \tag{2-4}$$

其中

$$X = \begin{pmatrix} 1 & x_{11} & x_{21} & \cdots & x_{k1} \\ 1 & x_{12} & x_{22} & \cdots & x_{k2} \\ \vdots & \vdots & \vdots & & \vdots \\ 1 & x_{1n} & x_{2n} & \cdots & x_{kn} \end{pmatrix} \quad B = \begin{pmatrix} \beta_0 \\ \beta_1 \\ \vdots \\ \beta_k \end{pmatrix} \quad Y = \begin{pmatrix} y_1 \\ y_2 \\ \vdots \\ y_n \end{pmatrix} \quad U = \begin{pmatrix} \mu_1 \\ \mu_2 \\ \vdots \\ \mu_n \end{pmatrix}$$

2.2.2 变量之间的非线性关系

在实际经济活动中，经济变量之间的线性关系并不多见，大部分是复杂的非线性关系。例如，著名的恩格尔曲线表现为幂函数曲线形式，宏观经济学中的菲利普斯曲线表现为双曲线形式等。宏观经济学中研究的主要非线性关系有以下几类：

1. 倒数模型

例如，商品的需求曲线是一种双曲线形式，商品需求量 Q 与商品价格 P 之间的关系表现为非线性倒数模型关系

$$\frac{1}{Q} = a + b \frac{1}{P} + \mu \tag{2-5}$$

2. 多项式模型

例如，著名拉弗曲线描述的税收 s 和税率 r 的关系是抛物线形式

$$s = a + br + cr^2 + \mu, \ c < 0 \tag{2-6}$$

3. 幂函数模型

例如，著名的柯布-道格拉斯（Cobb-Douglas）生产函数将产出量 Q 与投入要素（K, L）之间的关系描述为幂函数形式

$$Q = AK^{\alpha}L^{\beta}e^{\mu} \tag{2-7}$$

4. 指数函数模型

例如，生产中成本 C 与产量 Q 的关系为指数关系

$$C = ab^{Q}e^{\mu} \tag{2-8}$$

5. 其他复杂函数模型

例如，著名的 CES（Constant Elasticity of Substitution）生产函数将产出量 Q 与投入要素（K, L）之间的关系描述如下

$$Q = A(\delta_1 K^{-\rho} + \delta_2 L^{-\rho})^{-\frac{1}{\rho}} + e^{\mu} \tag{2-9}$$

2.2.3 非线性模型线性化方法

以上五类非线性模型可以通过一些简单的数学处理，转化为数学上的线性关系。主要的模型变化方法包括以下三类：

1. 变量的直接置换法

对于倒数模型、多项式模型等关于变量的非线性形式，可以通过变量的直接置换变换成线性模型。

例如，式（2-5）$\frac{1}{Q} = a + b\frac{1}{P} + \mu$ 中，用 $Y = \frac{1}{Q}$ 和 $X = \frac{1}{P}$ 置换，方程变为

$$Y = a + bX + \mu \tag{2-10}$$

再如，式（2-6）$s = a + br + cr^2 + \mu, c < 0$ 中，用 $X_1 = r$, $X_2 = r^2$ 进行置换，方程变为

$$s = a + bX_1 + cX_2 + \mu, c < 0 \tag{2-11}$$

2. 函数变换法

如果模型是关于参数非线性问题，变量置换方法就无能为力了，函数变换是常用方法。

例如，式（2-7）$Q = AK^{\alpha}L^{\beta}e^{\mu}$ 与式（2-8）$C = ab^{Q}e^{\mu}$ 中，同时分别对方程两边取对数，即形成线性模型，分别为

$$\ln Q = \ln A + \alpha \ln K + \beta \ln L + \mu \tag{2-12}$$

$$\ln C = \ln a + Q \ln b + \mu \tag{2-13}$$

3. 级数展开法

对于其他类型的复杂非线性模型，可以通过级数展开法变换为线性形式。

例如，式（2-9）$Q = A(\delta_1 K^{-\rho} + \delta_2 L^{-\rho})^{-\frac{1}{\rho}} + \mu$ 中，方程两边取对数后得到

$$\ln Q = \ln A - \frac{1}{\rho}\ln(\delta_1 K^{-\rho} + \delta_2 L^{-\rho}) + \mu \tag{2-14}$$

将式（2-14）中的 $\ln(\delta_1 K^{-\rho} + \delta_2 L^{-\rho})$ 在 $\rho = 0$ 处展开泰勒级数，取关于 ρ 的线性项，即得到一个线性近似式。如取零阶、一阶、二阶项，可得

$$\ln Y = \ln A + \delta_1 \ln K + \delta_2 \ln L - \frac{1}{2}\rho\delta_1\delta_2\left[\ln\left(\frac{K}{L}\right)\right]^2 \tag{2-15}$$

当然，并非所有的非线性函数形式都可以线性化。无法线性化模型的一般形式为

$$Y = f(X_1, X_2, \cdots, X_k) + \mu \tag{2-16}$$

其中，$f(X_1, X_2, \cdots, X_k)$ 为非线性函数。例如，$Q = AK^{\alpha}L^{\beta} + \mu$ 的生产函数模型就无法线性化。

2.3 一元线性回归模型的估计

2.3.1 单方程线性模型建立的假设条件

单方程线性模型包括一元线性模型和多元线性模型。其中线性回归模型是线性模型的一种，它的数学基础是回归分析，即用回归分析方法建立的线性模型，以解释经济现象中的因果关系。

一元线性回归模型是最简单的计量经济学模型，在模型中只有一个解释变量。其一般形式为

$$y = \beta_0 + \beta_1 x + \mu \tag{2-17}$$

式中，y 为解释变量；x 为解释变量；β_0 与 β_1 为待估参数；μ 为随机干扰项。

在有 n 个样本观测点 $\{(x_i, y_i): i = 1, 2, \cdots, n\}$ 的情况下，式（2-17）也可写成

$$y_i = \beta_0 + \beta_1 x_i + \mu_i, \quad i = 1, 2, \cdots, n \tag{2-18}$$

多元线性回归模型的一般形式为

$$y = \beta_0 + \beta_1 x_1 + \beta_2 x_2 + \cdots + \beta_k x_k + \mu \tag{2-19}$$

式中，k 为解释变量的个数；$\beta_j (j = 1, 2, \cdots, k)$ 称为回归系数系数。

人们习惯把常数项看作一个虚拟变量的参数，在参数估计过程中该虚拟变量的样本观测值始终取 1，这样，模型中解释变量的数目为 $k+1$。

为了对单方程线性回归模型进行参数估计，并使实际问题达到理论上能够研究分析的地步，同时又不使这种分析研究偏离客观现象的本来面貌，需要对模型做出一些合理的假设。这些基本假设是基于参数估计的，为了保证单方程线性回归模型参数估计具有良好的性质，通常对模型提出若干基本假设。

（1）解释变量 $x_1, x_2, \cdots, x_k$ 是确定性变量，不是随机变量，且解释变量之间不相关。

（2）随机误差项具有零均值和同方差，即

$$E(\mu_i) = 0 \quad i = 1, 2, \cdots, n$$
$$\text{Var}(\mu_i) = \sigma_\mu^2 \quad i = 1, 2, \cdots, n$$

（3）随机误差项在不同样本点之间是独立的，不存在序列相关性，即

$$\text{Cov}(\mu_i, \mu_j) = 0 \quad i \neq j \text{ 且 } i, j = 1, 2, \cdots, n$$

上式表明，随机误差项 μ 在某一时期内所取的值与其他任何时期中所取的值无关。

（4）随机误差项与解释变量之间是不相关的，即

$$\text{Cov}(x_{ij}, \mu_i) = 0 \quad j = 1, 2, \cdots, k \quad i = 1, 2, \cdots, n$$

上式说明 μ 项与 x 不趋于共同变化。

2.3.2 一元线性回归模型的普通最小二乘估计方法

一元线性回归模型的参数估计，是在一组样本观测值 $\{(x_i, y_i): i = 1, 2, \cdots, n\}$ 下，

通过一定的参数估计方法，估计出样本回归线。普通最小二乘法（Ordinary Least Square，OLS）是最为重要的一种估计方法。它通过应用最小二乘准则得到参数估计量，是其他特殊估计方法的基础。应用普通最小二乘法进行参数估计主要有两大任务：一是结构参数的估计，即得出 β_0 和 β_1 的估计值；二是分布参数的估计，即估计随机误差项的分布。

1. 结构参数的估计

现仍以凯恩斯消费函数为例，说明普通最小二乘法的算法。凯恩斯消费函数模型为

$$y_i = \beta_0 + \beta_1 x_i + \mu_i$$

这是 x 与 y 的真实计量经济学模型。为了使用该模型，必须求出参数 β_0 和 β_1 的数值。而要想求出 β_0 和 β_1 的值，需要从这些变量的总体中得到 x、y 和 μ 的所有数值。这实际上是不可能实现的。所以用 x 和 y 观测值的样本，规定随机误差项 μ 的分布，来求出能代表参数真值的估计值。估计的关系式为

$$y_i = \hat{\beta}_0 + \hat{\beta}_1 x_i + e_i \tag{2-20}$$

估计的回归直线为

$$\hat{y}_i = \hat{\beta}_0 + \hat{\beta}_1 x_i \tag{2-21}$$

式中，$\hat{y}_i$ 表示已知 x 的给定值时，y 的估计值；$\hat{\beta}_0$ 表示截距 β_0 真值的估计值；$\hat{\beta}_1$ 表示斜率 β_1 真值的估计值；e_i 表示随机误差项 μ 真值的估计值。

所以，拟合回归直线实际上相当于在直角坐标系上选择一条最能代表 x 与 y 之间相关关系的直线。直角坐标系平面上的直线可以画出很多条，究竟哪一条最好？换句话说，最能代表 x 与 y 相关关系的标准是什么？显然，如果某条直线与全部观测值 y_i（$i = 1, 2, \cdots, n$）的残差平方和都小，则该直线就是最能代表 x 与 y 的直线，这就是 y 对 x 的回归直线（见图 2-1）。采用使残差平方和达到最小作为选择"最好" $\hat{\beta}_0$、$\hat{\beta}_1$ 的标准，根据这种原则所得到的参数 $\hat{\beta}_0$、$\hat{\beta}_1$ 通常称为最小二乘解。

下面，给出一元线性计量经济学模型的普通最小二乘估计式。

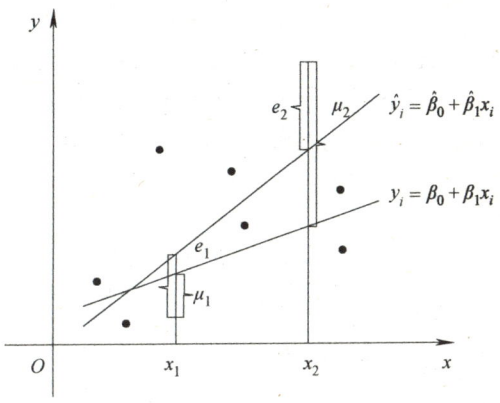

图 2-1 最小二乘准则

观测值 y_i 与估计值 $\hat{y}_i$ 之间的差为

$$e_i = y_i - \hat{y}_i \quad i = 1, 2, \cdots, n \tag{2-22}$$

定义 e_i 为残差。令

$$Q(\hat{\beta}_0, \hat{\beta}_1) = \sum_{i=1}^{n} e_i^2 = \sum_{i=1}^{n} (y_i - \hat{\beta}_0 - \hat{\beta}_1 x_i)^2 \tag{2-23}$$

这里采用符号 $Q(\hat{\beta}_0, \hat{\beta}_1)$，是强调表达式依赖于参数 $\hat{\beta}_0$ 与 $\hat{\beta}_1$。如果 $\hat{\beta}_0$ 与 $\hat{\beta}_1$ 变化，那么 Q 也跟着变化，在 $\hat{\beta}_0$ 与 $\hat{\beta}_1$ 的所有取值中，使 Q 达到最小的 $\hat{\beta}_0$ 与 $\hat{\beta}_1$ 的值，便给出残差平方和达到最小情况下的最优拟合直线。

对于式（2-23），由于 $Q(\hat{\beta}_0, \hat{\beta}_1)$ 是 $\hat{\beta}_0$ 与 $\hat{\beta}_1$ 的二次函数，并且是非负的，所以它一定存在最小值。根据微积分中的极值原理，使 Q 达到最小的待估参数 $\hat{\beta}_0$ 与 $\hat{\beta}_1$ 应该满足

$$\begin{cases} \dfrac{\partial Q}{\partial \hat{\beta}_0} = 0 \\ \dfrac{\partial Q}{\partial \hat{\beta}_1} = 0 \end{cases} \quad (2\text{-}24)$$

即 $Q(\hat{\beta}_0, \hat{\beta}_1)$ 对于 $\hat{\beta}_0$ 与 $\hat{\beta}_1$ 的偏导数等于 0。于是从式 (2-23) 与式 (2-24) 有

$$\begin{cases} \dfrac{\partial Q(\hat{\beta}_0, \hat{\beta}_1)}{\partial \hat{\beta}_0} = \dfrac{\partial}{\partial \hat{\beta}_0}\left[\sum_{i=1}^n (y_i - \hat{\beta}_0 - \hat{\beta}_1 x_i)^2\right] = 0 \\ \dfrac{\partial Q(\hat{\beta}_0, \hat{\beta}_1)}{\partial \hat{\beta}_1} = \dfrac{\partial}{\partial \hat{\beta}_1}\left[\sum_{i=1}^n (y_i - \hat{\beta}_0 - \hat{\beta}_1 x_i)^2\right] = 0 \end{cases} \quad (2\text{-}25)$$

即

$$\begin{cases} \sum_{i=1}^n (y_i - \hat{\beta}_0 - \hat{\beta}_1 x_i)^2 = 0 \\ \sum_{i=1}^n (y_i - \hat{\beta}_0 - \hat{\beta}_1 x_i)^2 = 0 \end{cases} \quad (2\text{-}26)$$

或者

$$\begin{cases} \sum_{i=1}^n (y_i - \hat{y}_i) = 0 \\ \sum_{i=1}^n (y_i - \hat{y}_i) x_i = 0 \end{cases} \quad (2\text{-}27)$$

式 (2-26) 与式 (2-27) 是以 $\hat{\beta}_0$ 与 $\hat{\beta}_1$ 为未知数的方程组, 称为正规方程组。

当假定 $\hat{\beta}_0$ 与 $\hat{\beta}_1$ 的系数构成的行列式的值不为 0 时, 可以应用克莱姆法则求出 $\hat{\beta}_0$ 与 $\hat{\beta}_1$ 的值。例如, 对式 (2-26) 进行求解, 求解 $\hat{\beta}_1$ 有

$$\hat{\beta}_1 = \dfrac{\begin{vmatrix} n & \sum_{i=1}^n y_i \\ \sum_{i=1}^n x_i & \sum_{i=1}^n x_i y_i \end{vmatrix}}{\begin{vmatrix} n & \sum_{i=1}^n x_i \\ \sum_{i=1}^n x_i & \sum_{i=1}^n x_i^2 \end{vmatrix}} = \dfrac{n\sum_{i=1}^n (x_i y_i) - \left(\sum_{i=1}^n x_i\right)\left(\sum_{i=1}^n y_i\right)}{n\sum_{i=1}^n x_i^2 - \left(\sum_{i=1}^n x_i\right)^2}$$

然后将 $\hat{\beta}_1$ 带入式 (2-27) 的第一式中, 求解 $\hat{\beta}_0$ 为

$$\hat{\beta}_0 = \dfrac{1}{n}(y_i - \hat{\beta}_1 x_i)$$

即

$$\begin{cases} \hat{\beta}_0 = \dfrac{1}{n}(y_i - \hat{\beta}_1 x_i) \\ \hat{\beta}_1 = \dfrac{n\sum_{i=1}^n (x_i y_i) - \left(\sum_{i=1}^n x_i\right)\left(\sum_{i=1}^n y_i\right)}{n\sum_{i=1}^n x_i^2 - \left(\sum_{i=1}^n x_i\right)^2} \end{cases} \quad (2\text{-}28)$$

为了减少计算工作量,实际应用中经常采用样本值的离差形式。设

$$\bar{x} = \frac{1}{n}\sum x_i$$

$$\bar{y} = \frac{1}{n}\sum y_i$$

$$\dot{x} = x_i - \bar{x}$$

$$\dot{y} = y_i - \bar{y}$$

由于

$$\sum \dot{x}_i = \sum (x_i - \bar{x}) = \sum x_i - \sum \bar{x} = \sum x_i - n\bar{x} = 0$$

$$\sum \dot{y}_i = \sum (y_i - \bar{y}) = \sum y_i - n\bar{y} = 0$$

所以

$$n\sum_{i=1}^{n} x_i y_i - \left(\sum_{i=1}^{n} x_i\right)\left(\sum_{i=1}^{n} y_i\right) = n\left[\sum_{i=1}^{n}(\dot{x}_i + \bar{x})(\dot{y}_i + \bar{y})\right] - \sum_{i=1}^{n}(\dot{x}_i + \bar{x})\sum_{i=1}^{n}(\dot{y}_i + \bar{y})$$

$$= n\sum_{i=1}^{n} \dot{x}_i \dot{y}_i + n^2 \bar{x}\bar{y} - n^2 \bar{x}\bar{y} = n\sum_{i=1}^{n} \dot{x}_i \dot{y}_i$$

$$n\sum_{i=1}^{n} x_i^2 - \left(\sum_{i=1}^{n} x_i\right)^2 = n\sum_{i=1}^{n}(\dot{x}_i + \bar{x})^2 - \left[\sum_{i=1}^{n}(\dot{x}_i + \bar{x})\right]^2$$

$$= n\sum_{i=1}^{n} \dot{x}_i^2 + n^2 \bar{x}^2 - n^2 \bar{x}^2 = n\sum_{i=1}^{n} \dot{x}_i^2$$

式(2-28)的离差形式为

$$\begin{cases} \hat{\beta}_0 = \bar{y} - \hat{\beta}_1 \bar{x} \\ \hat{\beta}_1 = \dfrac{\sum_{i=1}^{n} \dot{x}_i \dot{y}_i}{\sum_{i=1}^{n} \dot{x}_i^2} \end{cases} \tag{2-29}$$

这就是利用普通最小二乘法求得的拟合直线的参数。因此,该直线方程为

$$\hat{y} = \hat{\beta}_0 + \hat{\beta}_1 x \tag{2-30}$$

当 x 和 y 以及 n 为已知时,可求出 $\hat{\beta}_0$ 与 $\hat{\beta}_1$ 的估计值,唯一地确定一条使残差平方和最小的拟合直线,估计结构参数的任务完成。

2. 分布参数的估计

参数估计的第二项任务是估计随机误差项的分布参数,随机误差项服从期望为0的正态分布。由于

$$y_i = \beta_0 + \beta_1 x_i + \mu_i$$

所以有

$$\bar{y} = \beta_0 + \beta_1 \bar{x} + \bar{\mu} \tag{2-31}$$

两式相减得

$$\dot{y}_i = \beta_1 \dot{x}_i + (\mu_i - \bar{\mu}) \tag{2-32}$$

考虑到

$$y_i = \hat{\beta}_0 + \hat{\beta}_1 x_i + e_i$$

用此式减式（2-29）中的上式，得

$$\dot{y}_i = \hat{\beta}_1 \dot{x}_i + e_i$$

则

$$e_i = \dot{y}_i - \hat{\beta}_1 \dot{x}_i \tag{2-33}$$

将式（2-32）代入式（2-33），得

$$e_i = \beta_1 \dot{x}_i + (\mu_i - \bar{\mu}) - \hat{\beta}_1 \dot{x}_i = (\mu_i - \bar{\mu}) - (\hat{\beta}_1 - \beta_1)\dot{x}_i \tag{2-34}$$

将上式整理后，两边各自平方，再加总得

$$\sum e_i^2 = (\beta_1 - \hat{\beta}_1)^2 \sum \dot{x}_i^2 + \sum (\mu_i - \bar{\mu})^2 - 2(\hat{\beta}_1 - \beta_1)\sum \dot{x}_i(\mu_i - \bar{\mu}) \tag{2-35}$$

两边同时取期望

$$E(\sum e_i^2) = \sum \dot{x}_i^2 E(\beta_1 - \hat{\beta}_1)^2 + E[\sum(\mu_i - \bar{\mu})^2] - 2E[(\beta_1 - \hat{\beta}_1)\sum \dot{x}_i(\mu_i - \bar{\mu})]$$
$$= A + B + C \tag{2-36}$$

下面分别推导 A，B，C 的值。

对于 A，由于

$$\hat{\beta}_1 = \frac{\sum \dot{x}_i \dot{y}_i}{\sum \dot{x}_i^2} = \frac{\sum \dot{x}_i(y_i - \bar{y})}{\sum \dot{x}_i^2} = \frac{\sum \dot{x}_i y_i}{\sum \dot{x}_i^2} - \frac{\bar{y}\sum \dot{x}_i}{\sum \dot{x}_i^2}$$

$$= \sum \frac{\dot{x}_i}{\sum \dot{x}_i^2} y_i = \sum k_i y_i \quad \left(k_i = \frac{\dot{x}_i}{\sum \dot{x}_i^2}\right)$$

$$\hat{\beta}_1 = \sum k_i y_i = \sum k_i(\beta_0 + \beta_1 x_i + \mu_i) = \beta_1 + \sum k_i \mu_i \tag{2-37}$$

由于

$$\sum k_i = 0, \sum k_i x_i = 1, \sum k_i^2 = \frac{1}{\sum \dot{x}_i^2}$$

所以

$$E(\hat{\beta}_1) = \beta_1 + E(\sum k_i \mu_i) = \beta_1 + \sum k_i E(\mu_i) = \beta_1$$

由定义

$$\text{Var}(\hat{\beta}_1) = E[\hat{\beta}_1 - E(\hat{\beta}_1)]^2 = E[\hat{\beta}_1 - \beta_1]^2 = E[\sum k_i \mu_i]^2$$
$$= E[k_1^2 \mu_1^2 + k_2^2 \mu_2^2 + \cdots + k_n^2 \mu_n^2 + 2k_1 k_2 \mu_1 \mu_2 + \cdots + 2k_{n-1} k_n \mu_{n-1} \mu_n]$$

根据多元线性计量经济学模型的基本假设

$$E(\sum \mu_i^2) = \sigma_\mu^2, E(\mu_i \mu_j) = 0(i \neq j), i,j = 1,2,\cdots,n$$

则有

$$A = \sum \dot{x}_i^2 \text{Var}(\hat{\beta}_1)^2 = \sum \dot{x}_i^2 \times \sigma_\mu^2 \sum k_i^2 = \sum \dot{x}_i^2 \sigma_\mu^2 \times \frac{1}{\sum \dot{x}_i^2} = \sigma_\mu^2 \tag{2-38}$$

对于 C，由于

$$E[(\hat{\beta}_1-\beta_1)\sum \dot{x}_i(\mu_i-\bar{\mu})] = E[(\hat{\beta}_1-\beta_1)(\sum \mu_i\dot{x}_i - \sum \dot{x}_i\bar{\mu})] = E[(\sum k_i\mu_i)(\sum \mu_i\dot{x}_i - \bar{\mu}\sum \dot{x}_i)]$$

$$= E[(\sum k_i\mu_i)(\sum \mu_i\dot{x}_i)] = E\left[\left(\sum \frac{\dot{x}_i}{\sum \dot{x}_i^2}\cdot \mu_i\right)\sum \mu_i\dot{x}_i\right] =$$

$$E\left[\frac{(\sum \dot{x}_i\mu_i)^2}{\sum \dot{x}_i^2}\right]$$

$$= E\left[\frac{\sum \dot{x}_i^2\mu_i^2 + 2\sum_{i\neq j}(\dot{x}_i\dot{x}_j)(\mu_i\mu_j)}{\sum \dot{x}_i^2}\right] = \frac{\sum \dot{x}_i^2 E(\mu_i^2) + 2\sum_{i\neq j}(\dot{x}_i\dot{x}_j)E(\mu_i\mu_j)}{\sum \dot{x}_i^2}$$

$$= \frac{\sum \dot{x}_i^2 \sigma_\mu^2}{\sum \dot{x}_i^2} = \sigma_\mu^2$$

所以
$$C = -2E(\hat{\beta}_1-\beta_1)\sum \dot{x}_i(\mu_i-\bar{\mu}) = -2\sigma_\mu^2 \tag{2-39}$$

对于 B,有

$$B = E(\sum(\mu_i-\bar{\mu})^2) = E(\sum(\mu_i^2+\bar{\mu}^2-2\mu_i\bar{\mu})) = E(\sum \mu_i^2 + \sum(\bar{\mu}^2-2\mu_i\bar{\mu}))$$

$$= E(\sum \mu_i^2 - n\bar{\mu}^2) = E\left[\sum \mu_i^2 - n\left[\frac{\sum \mu_i}{n}\right]^2\right] = E\left[\sum \mu_i^2 - \frac{\sum \mu_i^2 + 2\sum_{i\neq j}\mu_i\mu_j}{n}\right]$$

$$= \frac{n-1}{n}E(\sum \mu_i^2) - \frac{2}{n}\left[\sum_{i\equiv j}(\mu_i\mu_j)\right] = (n-1)\sigma_\mu^2 \tag{2-40}$$

将式 (2-38)~式 (2-40) 分别代入式 (2-36),得

$$E(\sum e_i^2) = A + B + C = \sigma_\mu^2 + (n-1)\sigma_\mu^2 - 2\sigma_\mu^2 = (n-2)\sigma_\mu^2$$

由此得出

$$\sigma_\mu^2 = \frac{E(\sum e_i^2)}{n-2}$$

定义 $\hat{\sigma}_\mu^2 = \sum e_i^2/(n-2)$,所以有 $E(\hat{\sigma}_\mu^2) = \sigma_\mu^2$,因此 $\hat{\sigma}_\mu^2 = \sum e_i^2/(n-2)$ 是 σ_μ^2 的无偏估计,从而有 $\mu_i \sim N(0, \hat{\sigma}_\mu^2)$。至此,参数估计的第二个任务已经完成。

例2-1 消费与收入模型

消费量是由什么决定的? 在现实生活中,影响各个家庭消费的因素很多,如收入水平、商品价格水平、利率水平、收入分配状况、消费者偏好、家庭财产状况、消费信贷状况、消费者年龄构成、社会保障制度、风俗习惯等。在凯恩斯理论中,他认为这些因素中有决定意义的是家庭收入。为此,可从诸多因素中抽出这单一因素单独分析。经调查某地区一部分家庭的消费与收入状况,得到一组样本数如表2-1中的 y_i、x_i (y_i 表示消费,x_i 表示可支配收入,单位:元)。试估计该地区消费与收入的一元线性回归模型。

以 x_i 为横坐标,y_i 为纵坐标,画出散点图。由散点图可知该地区消费与收入存在线性相关关系。运用普通最小二乘法对该模型进行估计:①分别得出参数 β_0、β_1 的估计值 $\hat{\beta}_0$、$\hat{\beta}_1$;②得出随机误差项 μ_i 的分布。

表 2-1 参数估计的计算表

	x_i	y_i	$\dot{x}_i$	$\dot{y}_i$	$\dot{x}_i\dot{y}_i$	$\dot{x}_i^2$	$\hat{y}_i$
1	800	638	−1350	−945	1275750	1822500	678
2	1100	935	−1050	−648	680400	1102500	879
3	1400	1155	−750	−428	321000	562500	1080
4	1700	1254	−450	−329	148050	202500	1281
5	2000	1408	−150	−175	26250	22500	1482
6	2300	1650	150	67	10050	22500	1683
7	2600	1925	450	342	153900	202500	1844
8	2900	2068	750	485	363750	562500	2085
9	3200	2266	1050	683	717150	1102500	2286
10	3500	2530	1350	947	1278450	1822500	2487
求和	21500	15829			4974750	7425000	15785
平均	2150	1583					

具体计算如下：

解 将消费与收入间的关系用一元线性回归模型可以表示为

$$\hat{y}_i = \beta_0 + \beta_1 x_i + \mu_i$$

利用已知的 x_i、y_i 数据，得出 $\bar{x}$、$\bar{y}$

$$\bar{x} = \frac{\sum x_i}{10} = 2150$$

$$\bar{y} = \frac{\sum y_i}{10} = 1583$$

分别计算出 $\dot{x}_i$、$\dot{y}_i$ 的值（分别如表 2-1 中第 4、5 列），计算公式为

$$\dot{x}_i = x_i - \bar{x}$$
$$\dot{y}_i = y_i - \bar{y}$$

然后分别计算出 $\dot{x}_i\dot{y}_i$、$\dot{x}_i^2$（分别如表 2-1 中第 6、7 列）。

由式（2-29）计算得

$$\hat{\beta}_1 = \frac{\sum \dot{x}_i\dot{y}_i}{\sum \dot{x}_i^2} = \frac{4974750}{7425000} = 0.670$$

$$\hat{\beta}_0 = \bar{y} - \hat{\beta}_1\bar{x} = 1583 - 0.670 \times 2150 = 142.4$$

所以，所估计的一元线性回归模型为

$$\hat{y}_i = 142.4 + 0.670 x_i$$

随机误差项的方差估计为（$\hat{y}_i$ 的值如表 2-1 中第 8 列）

$$\hat{\sigma}_\mu^2 = \frac{\sum e_i^2}{n-2} = \frac{\sum (y_i - \hat{y}_i)^2}{n-2} = \frac{26754}{8} = 3344.25$$

则随机误差项的分布为 $\mu \sim N(0, 3344.25)$。

2.3.3 一元线性回归模型估计量的性质

运用普通最小二乘法对一元线性回归模型进行参数估计,得出 $\hat{\beta}_0$ 和 $\hat{\beta}_1$ 的值。在满足基本假设的前提下,普通最小二乘估计量是具有最小方差的线性无偏估计量。

1. 线性性

线性性是指估计量 $\hat{\beta}_0$ 和 $\hat{\beta}_1$ 是 y_i 的线性组合。

在前面推导随机误差项的方差估计量的过程中,有

$$\hat{\beta}_1 = \sum k_i y_i \quad k_i = \frac{\dot{x}_i}{\sum \dot{x}_i^2} \tag{2-41}$$

由式(2-41)可知,$\hat{\beta}_1$ 是 y_i 的线性函数。

同理,对于 $\hat{\beta}_0$,由式(2-29)第一式得

$$\hat{\beta}_0 = \bar{y} - \hat{\beta}_1 \bar{x}$$

将 $\hat{\beta}_1 = \sum k_i y_i$ 代入得到

$$\hat{\beta}_0 = \bar{y} - \sum k_i y_i \bar{x} = \frac{1}{n} \sum y_i - \sum k_i \bar{x} y_i = \sum \left(\frac{1}{n} - k_i \bar{x} \right) y_i$$

假设 $\omega_i = \frac{1}{n} - k_i \bar{x}$,则

$$\hat{\beta}_0 = \sum \omega_i y_i \tag{2-42}$$

这说明 $\hat{\beta}_0$ 是 y_i 的线性函数。

2. 无偏性

无偏性是指估计量 $\hat{\beta}_0$ 与 $\hat{\beta}_1$ 的均值(期望)等于总体回归参数 β_0 与 β_1。即

$$E(\hat{\beta}_0) = \beta_0$$
$$E(\hat{\beta}_1) = \beta_1$$

由式(2-41)与基本假设得到

$$E(\hat{\beta}_1) = E\left(\sum k_i y_i\right) = E\left(\sum k_i (\beta_0 + \beta_1 x_i + \mu_i)\right) = E\left(\beta_0 \sum k_i + \beta_1 \sum k_i x_i + \sum k_i \mu_i\right)$$

因为 $\sum k_i = \frac{1}{\sum \dot{x}_i^2} \cdot \sum \dot{x}_i = 0$,$\sum k_i x_i = \sum \left(\frac{\dot{x}_i}{\sum \dot{x}_i^2} \cdot x_i \right) = \sum \left(\frac{\dot{x}_i}{\sum \dot{x}_i^2} \cdot (\dot{x}_i + \bar{x}) \right) = \sum \left(\frac{\dot{x}_i^2}{\sum \dot{x}_i^2} + \frac{\bar{x}\dot{x}_i}{\sum \dot{x}_i^2} \right) = 1$,所以

$$E(\hat{\beta}_1) = \beta_1 + E\left(\sum k_i \mu_i\right) = \beta_1 + \sum E(k_i \mu_i) = \beta_1 + \sum k_i E(\mu_i)$$

由基本假设有 $E(\mu_i) = 0$,故有

$$E(\hat{\beta}_1) = \beta_1$$

同样,容易得出

$$E(\hat{\beta}_0) = E\left(\beta_0 + \sum \omega_i \mu_i\right) = \beta_0 + \sum E(\omega_i \mu_i) = \beta_0$$

3. 有效性

有效性又称最小方差性,是指在所有线性无偏估计量中,普通最小二乘估计量 $\hat{\beta}_0$ 与 $\hat{\beta}_1$

具有最小方差。

根据方差的定义，有 $\mathrm{Var}(\hat{\beta}_1) = E(\hat{\beta}_1 - \beta_1)^2$，由前面推导 $E(\sum e_i^2)$ 的过程中，可知

$$\mathrm{Var}(\hat{\beta}_1) = \sigma_\mu^2 \cdot \sum k_i^2 = \sigma_\mu^2 \cdot \sum \left(\frac{\dot{x}_i}{\sum \dot{x}_i^2}\right)^2 = \sigma_\mu^2 \cdot \frac{1}{\sum \dot{x}_i^2}$$

又根据式 (2-42)，有

$$\hat{\beta}_0 = \sum \left(\left(\frac{1}{n} - k_i\bar{x}\right)y_i\right) = \sum \left(\left(\frac{1}{n} - k_i\bar{x}\right)(\beta_0 + \beta_1 x_i + \mu_i)\right)$$

$$= \sum \left(\frac{\beta_0}{n} + \frac{\beta_1}{n}x_i + \frac{\mu_i}{n} - \beta_0\bar{x}k_i - \beta_1\bar{x}k_i x_i - \bar{x}k_i\mu_i\right)$$

$$= \sum \left(\frac{\beta_0}{n} + (-\bar{x}k_i\mu_i) + \frac{\mu_i}{n}\right) = \beta_0 + \sum \left(\left(\frac{1}{n} - \bar{x}k_i\right)\mu_i\right)$$

$$\mathrm{Var}(\hat{\beta}_0) = E\left(\left(\hat{\beta}_0 - E(\beta_0)\right)^2\right) = E\left(\left(\hat{\beta}_0 - \beta_0\right)^2\right) = E\left[\sum \left(\left(\frac{1}{n} - \bar{x}k_i\right)\mu_i\right)^2\right]$$

$$= E\left[\sum \left(\left(\frac{1}{n} - \bar{x}k_i\right)^2 \mu_i^2\right)\right] = \sigma_\mu^2 E\left(\sum \left(\frac{1}{n} - \bar{x}k_i\right)^2\right) = \sigma_\mu^2 E\left(\sum \left(\frac{1}{n^2} - \frac{2\bar{x}}{n}k_i + \bar{x}^2 k_i^2\right)\right)$$

$$= \sigma_\mu^2 \left(\frac{1}{n} + \bar{x}^2 \sum k_i^2\right) = \sigma_\mu^2 \left(\frac{1}{n} + \frac{\bar{x}^2}{\sum \dot{x}_i^2}\right) = \sigma_\mu^2 \left(\frac{\sum \dot{x}_i^2 + n\bar{x}^2}{n\sum \dot{x}_i^2}\right) = \sigma_\mu^2 \frac{\sum x_i^2}{n\sum \dot{x}_i^2}$$

对于协方差有

$$\mathrm{Cov}(\hat{\beta}_0, \hat{\beta}_1) = E((\hat{\beta}_0 - \beta_0)(\hat{\beta}_1 - \beta_1))$$

根据式 (2-41) 及式 (2-42) 得

$$\mathrm{Cov}(\hat{\beta}_0, \hat{\beta}_1) = E\left[\left(\sum \left(\frac{1}{n} - \bar{x}k_i\right)\mu_i\right)\left(\sum k_i\mu_i\right)\right]$$

$$= E\left[\left(\left(\frac{1}{n} - \bar{x}k_i\right)\mu_1 + \left(\frac{1}{n} - \bar{x}k_2\right)\mu_2 + \cdots + \left(\frac{1}{n} - \bar{x}k_n\right)\mu_n\right)(k_1\mu_1 + \cdots + k_n\mu_n)\right]$$

$$= E\left(\sum \left(\frac{1}{n} - \bar{x}k_i\right)k_i\mu_i^2 + \sum_{i\neq j}\left(\frac{1}{n} - \bar{x}k_i\right)k_j\mu_i\mu_j\right) = \sigma_\mu^2 \sum \left(\frac{1}{n} - \bar{x}k_i\right)k_i = -\frac{\bar{x}}{\sum \dot{x}_i^2}\sigma_\mu^2$$

现在考察 $\hat{\beta}_0$ 和 $\hat{\beta}_1$ 的最小方差性质。假设模型式 (1-2) 有一个任意估计值 $\hat{\tilde{\beta}}_1$，且具有线性性特征，则有

$$\hat{\tilde{\beta}}_1 = \sum c_i y_i$$

令这里的 $c_i = k_i + d_i$，d_i 为任一常数且不全为 0，k_i 则由式 (2-41) 确定。将式 (1-2) 代入，有

$$\hat{\tilde{\beta}}_1 = \sum c_i y_i = \sum c_i(\beta_0 + \beta_1 x_i + \mu_i)$$

两边同时取期望

$$E(\hat{\tilde{\beta}}_1) = E\left(\sum c_i\beta_0 + \sum c_i\beta_1 x_i + \sum c_i\mu_i\right)$$

$$= E\left(\sum c_i\beta_0\right) + E\left(\sum c_i\beta_1 x_i\right) + E\left(\sum c_i\mu_i\right)$$

$$= \beta_0 \sum c_i + \beta_1 \sum c_i x_i$$

显然，只有 $\sum c_i = 0$ 及 $\sum c_i x_i = 1$ 时，估计值 $\overset{\approx}{\beta}_1$ 才是无偏估计值。

根据假设有

$$\sum c_i = \sum k_i + \sum d_i$$

$$\sum c_i x_i = \sum (k_i + d_i) x_i = \sum k_i x_i + \sum d_i x_i$$

因为 $\sum k_i = 0$，所以，如果要使 $\sum c_i = 0$，则必有 $\sum d_i = 0$。因为 $\sum k_i x_i = 1$，所以，要使 $\sum c_i x_i = 1$，则就必有 $\sum d_i x_i = 0$。这就是说，$\sum d_i \dot{x}_i = \sum d_i x_i - \bar{x} \sum d_i$，$\overset{\approx}{\beta}_1$ 若是一个无偏估计值，那么必有 $\sum d_i = 0$，$\sum d_i x_i = d_i \dot{x}_i = 0$。

假设 $\overset{\approx}{\beta}_1$ 的方差为

$$\mathrm{Var}\left(\overset{\approx}{\beta}_1\right) = E\left(\sum c_i \mu_i\right)^2 = \sigma_\mu^2 \sum c_i$$

因为 $c_i = k_i + d_i$，所以 $\sum c_i^2 = \sum (k_i + d_i)^2 = \sum k_i^2 + \sum d_i^2 + 2 \sum k_i d_i$。

由于 $\sum k_i d_i = \sum \dot{x}_i d_i / \sum \dot{x}_i^2$，假设 $\overset{\approx}{\beta}_1$ 是无偏估计值，$\sum d_i \dot{x}_i$ 必等于0，因此有 $\sum d_i k_i = 0$。故

$$\sum c_i^2 = \sum k_i^2 + \sum d_i^2$$

$$\mathrm{Var}\left(\overset{\approx}{\beta}_1\right) = \sigma_\mu^2 \left(\sum k_i^2 + \sum d_i^2\right) = \sigma_\mu^2 \sum k_i^2 + \sigma_\mu^2 \sum d_i^2$$

根据 $\mathrm{Var}\left(\hat{\beta}_1\right) = \sigma_\mu^2 \sum k_i^2$，所以 $\mathrm{Var}\left(\overset{\approx}{\beta}_1\right) = \mathrm{Var}\left(\hat{\beta}_1\right) + \sigma_\mu^2 \sum d_i^2$。估计值 $\overset{\approx}{\beta}_1$ 方差的表达式中的第二项 $\sigma_\mu^2 \sum d_i^2$ 必大于0，则有

$$\mathrm{Var}\left(\overset{\approx}{\beta}_1\right) > \mathrm{Var}\left(\hat{\beta}_1\right)$$

这说明在线性无偏估计值中，普通最小二乘估计值 $\hat{\beta}_1$ 的方差一定小于任何其他估计值的方差。

同理可证明，在线性无偏估计值中，普通最小二乘估计值 $\hat{\beta}_0$ 的方差一定小于任何其他估计值的方差。

这就证明了普通最小二乘估计值 $\hat{\beta}_0$ 与 $\hat{\beta}_1$ 的有效性。

通过讨论普通最小二乘估计值的性质可以看出，普通最小二乘估计值满足线性性、无偏性及方差最小的条件。因此，普通最小二乘估计值是最优的线性无偏估计值。

2.4 多元线性回归模型的估计

2.4.1 多元线性回归模型的普通最小二乘估计方法

同一元线性回归模型的参数估计一样，多元线性回归模型参数估计的任务仍有两项：一是求得反映变量之间数量关系的结构参数的估计量 $\hat{\beta}_j (j = 0, 1, \cdots, k)$；二是求得随机干扰

项的方差估计 $\hat{\sigma}_\mu^2$。普通最小二乘估计法仍是多元线性回归模型的主要估计方法。

1. 结构参数的估计

对于多元线性回归模型

$$Y = XB + U$$

如果得到参数估计量 $\hat{B}$，则有

$$\hat{Y} = X\hat{B} \tag{2-43}$$

那么，所选择的估计方法应该使得估计值 $\hat{Y}$ 与观测值 Y 之间的残差在所有样本点上达到最小，即

$$Q = \sum_i e_i^2 = e'e = (Y - \hat{Y})'(Y - \hat{Y}) = (Y - X\hat{B})'(Y - X\hat{B}) \tag{2-44}$$

达到最小。式中

$$e = (e_1, e_2, \cdots, e_n)' \tag{2-45}$$
$$e_i = y_i - \hat{y}_i \tag{2-46}$$

根据微积分原理，Q 取最小值的条件为

$$\frac{\partial}{\partial B}(Y - X\hat{B})'(Y - X\hat{B}) = \frac{\partial}{\partial B}(Y' - \hat{B}'X')(Y - X\hat{B})$$
$$= \frac{\partial}{\partial B}(Y'Y - Y'X\hat{B} - \hat{B}'X'Y + \hat{B}'X'X\hat{B}) = \frac{\partial}{\partial B}(Y'Y - 2\hat{B}'X'Y + \hat{B}'X'X\hat{B})$$
$$= -2X'Y + 2X'XB = 0$$

则

$$X'Y = X'X\hat{B} \tag{2-47}$$
$$\hat{B} = (X'X)^{-1}X'Y \tag{2-48}$$

2. 分布参数的估计

在得到 $\hat{B}$ 后，进一步可计算 U 的分布参数。U 服从期望为 0 的正态分布，其方差估计量为

$$\hat{\sigma}_\mu^2 = \frac{e'e}{n - k - 1} \tag{2-49}$$

具体推导过程为：由于估计值 $\hat{Y}$ 与观测值 Y 之间的残差

$$\begin{aligned}e &= Y - X\hat{B} = XB + U - X(X'X)^{-1}X'(XB + U) = XB + U - XB - X(X'X)^{-1}X'U \\ &= (I - X(X'X)^{-1}X')U = MU\end{aligned} \tag{2-50}$$

令 $M = I - X(X'X)^{-1}X'$，残差平方和为

$$e'e = (MU)'MU = U'M'MU \tag{2-51}$$

因为 M 是对称等幂矩阵，即

$$M' = (I - X(X'X)^{-1}X')' = I - X[(X'X)^{-1}]'X' = I - X(X'X)^{-1}X' = M$$
$$\begin{aligned}M^2 &= M \cdot M = (I - X(X'X)^{-1}X')(I - X(X'X)^{-1}X') \\ &= I - 2X(X'X)^{-1}X' + X(X'X)^{-1}X'X(X'X)^{-1}X' \\ &= I - X(X'X)^{-1}X' = M\end{aligned}$$

所以有

$$e'e = U'MU$$

两边同时取期望

$$E(e'e) = E(U'MU) = E(U'(I - X(X'X)^{-1}X')U) = E(\text{tr}(U'(I - X(X'X)^{-1}X')U))$$
$$= E(\text{tr}((I - X(X'X)^{-1}X')UU')) = \text{tr}(E((I - X(X'X)^{-1}X')UU'))$$
$$= \text{tr}((I - X(X'X)^{-1}X')E(UU'))$$

由于

$$E(UU') = E\begin{pmatrix} \mu_1^2 & \mu_1\mu_2 & \cdots & \mu_1\mu_n \\ \mu_2\mu_1 & \mu_2^2 & \cdots & \mu_2\mu_n \\ \vdots & \vdots & & \vdots \\ \mu_n\mu_1 & \mu_n\mu_2 & \cdots & \mu_n^2 \end{pmatrix} = \begin{pmatrix} E(\mu_1^2) & E(\mu_1\mu_2) & \cdots & E(\mu_1\mu_n) \\ E(\mu_2\mu_1) & E(\mu_2^2) & \cdots & E(\mu_2\mu_n) \\ \vdots & \vdots & & \vdots \\ E(\mu_n\mu_1) & E(\mu_n\mu_2) & \cdots & E(\mu_n^2) \end{pmatrix}$$

$$= \begin{pmatrix} \sigma_\mu^2 & 0 & \cdots & 0 \\ 0 & \sigma_\mu^2 & \cdots & 0 \\ 0 & 0 & \cdots & \sigma_\mu^2 \end{pmatrix} = \sigma_\mu^2 I_n$$

$$\text{tr}(I_n) = n$$
$$\text{tr}(X(X'X)^{-1}X') = \text{tr}((X'X)^{-1}X'X) = \text{tr}(I_{k+1}) = k + 1$$

所以有

$$E(e'e) = (n - (k + 1))\sigma_\mu^2$$

所以

$$\sigma_\mu^2 = \frac{E(e'e)}{n - (k + 1)} \tag{2-52}$$

取 $\hat{\sigma}_\mu^2 = \dfrac{e'e}{n - k - 1}$,则 $\hat{\sigma}_\mu^2$ 是 σ_μ^2 的无偏估计量。

由于

$$e'e = (Y - X\hat{B})'(Y - X\hat{B}) = (Y' - \hat{B}'X')(Y - X\hat{B})$$
$$= Y'Y - Y'X\hat{B} - \hat{B}'X'Y + \hat{B}'X'X\hat{B}$$
$$= Y'Y - 2\hat{B}'X'Y + \hat{B}'X'X\hat{B} \tag{2-53}$$
$$= Y'Y - 2\hat{B}'X'Y + \hat{B}'(X'X)(X'X)^{-1}X'Y$$
$$= Y'Y - \hat{B}'X'Y$$

所以,$\hat{\sigma}_\mu^2$ 又可以表示为

$$\hat{\sigma}_\mu^2 = \frac{Y'Y - \hat{B}'X'Y}{n - k - 1} \tag{2-54}$$

例 2-2 校内水果超市利润预测

为了方便校园师生的日常生活,哈尔滨工程大学电子商务专业大三学生杨立乾在大学生创业基金的资助下,于 2013 年在启航学生活动中心开设了一家水果超市。为了提高水果店的服务质量和销售水平,杨立乾选取了店内客流量 X_1、水果品种数量 X_2 两个主要因素作为解释变量,对水果店的日常销售进行计量经济学模拟。为此,在 9 月开学的第一周里,杨立乾对自己的水果店展开了数据收集工作。经过五天的观察,他得到的观测数据如表 2-2 所示。

表 2-2 水果超市销售额调查

日 期	当日利润（Y）/100 元	当日店内客流量（X_1）/10 人	水果品种数量（X_2）/种
9.1	3	3	5
9.2	1	1	4
9.3	8	5	6
9.4	3	2	4
9.5	5	4	6

根据课堂所学知识，杨立乾同学决定选取多元线性回归模型 $\hat{Y}=X\hat{B}$ 对水果店的利润变动进行模拟分析。运用普通最小二乘法，计算出参数估计值 $\hat{B}'=(4\ \ 2.5\ \ -1.5)$，则有 $\hat{Y}=4+2.5X_1-1.5X_2$。从模型中可以看出：变量 X_1 与 $\hat{Y}$ 呈正相关，说明随着店内客流量的增加，当日利润是递增的；变量 X_2 与 $\hat{Y}$ 呈负相关，说明随着水果品种数量的增加，当日利润是递减的。这是由于在小规模的经营中，水果品种数量的增加会在一定程度上导致销售周期延长，而水果保质期较短，销售过程中腐烂变质的水果将无法继续出售，从而导致利润的降低。由该模型可得到对利润的估计量。然而在水果店的实际经营中，利润除了受这两个解释变量的系统性影响外，还受其他未包括在模型中的诸多因素的随机性影响。例如，模型设定的误差（真实的经济模型较为复杂很难完全表述）、观测数据中的误差以及一些不可定量描述的随机现象（如天气现象）等。因此，还需要对现实中的扰动因素做出定量分析。杨立乾同学设定 μ 为这些影响因素的综合代表，计算出 μ 的正态分布 $\mu\sim N(0,0.75)$。至此，杨立乾同学得到了一个完整的计量经济学估计模型，具体的计算过程如下：

解 列出 X、Y 矩阵

$$X=\begin{pmatrix}1 & 3 & 5\\1 & 1 & 4\\1 & 5 & 6\\1 & 2 & 4\\1 & 4 & 6\end{pmatrix}\quad Y=\begin{pmatrix}3\\1\\8\\3\\5\end{pmatrix}$$

$$X'X=\begin{pmatrix}1 & 1 & 1 & 1 & 1\\3 & 1 & 5 & 2 & 4\\5 & 4 & 6 & 4 & 6\end{pmatrix}\begin{pmatrix}1 & 3 & 5\\1 & 1 & 4\\1 & 5 & 6\\1 & 2 & 4\\1 & 4 & 6\end{pmatrix}=\begin{pmatrix}5 & 15 & 25\\15 & 55 & 81\\25 & 81 & 129\end{pmatrix}$$

再来求 $X'X$ 的逆矩阵，有

$$(X'X)^{-1}=\begin{pmatrix}26.7 & 4.5 & -8\\4.5 & 1 & -1.5\\-8 & -1.5 & 2.5\end{pmatrix}$$

$$X'Y=\begin{pmatrix}1 & 1 & 1 & 1 & 1\\3 & 1 & 5 & 2 & 4\\5 & 4 & 6 & 4 & 6\end{pmatrix}\begin{pmatrix}3\\1\\8\\3\\5\end{pmatrix}=\begin{pmatrix}20\\76\\109\end{pmatrix}$$

应用普通最小二乘法,有

$$\hat{B} = (X'X)^{-1}X'Y$$

$$= \begin{pmatrix} 26.7 & 4.5 & -8 \\ 4.5 & 1 & -1.5 \\ -8 & -1.5 & 2.5 \end{pmatrix} \begin{pmatrix} 20 \\ 76 \\ 109 \end{pmatrix}$$

$$= \begin{pmatrix} 4 \\ 2.5 \\ -1.5 \end{pmatrix}$$

$$e'e = Y'Y - B'X'Y$$

$$= (3 \quad 1 \quad 8 \quad 3 \quad 5) \begin{pmatrix} 3 \\ 1 \\ 8 \\ 3 \\ 5 \end{pmatrix} - \begin{pmatrix} 4 \\ 2.5 \\ -1.5 \end{pmatrix} \begin{pmatrix} 20 \\ 76 \\ 109 \end{pmatrix}$$

$$= 1.5$$

其方差估计量为

$$\hat{\sigma}_\mu^2 = \frac{e'e}{n-k-1} = \frac{1.5}{5-2-1} = 0.75$$

所以,所求的计量经济学模型为

$$\hat{Y} = 4 + 2.5X_1 - 1.5X_2$$

随机误差项的分布为 $\mu \sim N(0, 0.75)$。

2.4.2 多元线性回归模型的结构参数的修正

进一步,可将多元线性回归模型的结构参数表示为离差形式。

在式(2-47)所表示的正规方程组中,将 $Y = X\hat{B} + E$ 代入,得

$$X'X\hat{B} = X'X\hat{B} + X'E$$

于是

$$X'E = 0 \tag{2-55}$$

或

$$\begin{cases} \sum_i e_i = 0 \\ \sum_i x_{ij}e_i = 0 \end{cases}, \quad j = 1, 2, \cdots, k$$

式(2-55)是多元线性回归模型正规方程组的另一种写法,由此容易得到多元线性回归模型的离差形式

$$\dot{Y} = \dot{X}\hat{B} + E \tag{2-56}$$

其中

$$\dot{Y} = \begin{pmatrix} \dot{y}_1 \\ \dot{y}_2 \\ \vdots \\ \dot{y}_n \end{pmatrix}, \dot{X} = \begin{pmatrix} \dot{x}_{11} & \dot{x}_{12} & \cdots & \dot{x}_{1k} \\ \dot{x}_{21} & \dot{x}_{22} & \cdots & \dot{x}_{2k} \\ \vdots & \vdots & & \vdots \\ \dot{x}_{n1} & \dot{x}_{n2} & \cdots & \dot{x}_{nk} \end{pmatrix}, \hat{B} = \begin{pmatrix} \hat{\beta}_0 \\ \hat{\beta}_1 \\ \vdots \\ \hat{\beta}_k \end{pmatrix}$$

于是容易得出，离差形式下参数的普通最小二乘估计结果

$$\begin{cases} \hat{B} = (\dot{X}'\dot{X})^{-1}\dot{X}'\dot{Y} \\ \hat{\beta}_0 = \bar{y} - \hat{\beta}_1 \bar{x}_1 - \cdots - \hat{\beta}_k \bar{x}_k \end{cases} \tag{2-57}$$

2.4.3 多元线性回归模型估计量的性质

对于多元线性回归模型普通最小二乘估计量，线性性、无偏性、有效性以及一致性是评价其性质的标准。

1. 线性性

通过前面的推导，可得

$$\hat{B} = (X'X)^{-1}X'Y$$

根据基本假设，X 是确定型变量，因此 $\hat{B}$ 是 Y 的线性变换，即

$$\hat{B} = WY \tag{2-58}$$

其中

$$W = (X'X)^{-1}X'$$

2. 无偏性

对于 $\hat{B} = (X'X)^{-1}X'Y$ 的两边同时取期望，则有

$$\begin{aligned} E(\hat{B}) &= E[(X'X)^{-1}X'Y] = E[(X'X)^{-1}X'(XB+U)] = E(B + (X'X)^{-1}X'U) \\ &= E(B) + E[(X'X)^{-1}X'U] = B + (X'X)^{-1}X'E(U) = B \quad (E(U)=0) \end{aligned} \tag{2-59}$$

3. 有效性

对于 $\hat{B}$ 的协方差和协方差矩阵用 $\mathrm{Cov}(\hat{B})$ 表示，其为

$$\begin{aligned} \mathrm{Cov}(\hat{B}) &= E[(\hat{B}-E(\hat{B}))(\hat{B}-E(\hat{B}))'] = E[(\hat{B}-B)(\hat{B}-B)'] \\ &= E[(B+(X'X)^{-1}X'U-B)(B+(X'X)^{-1}X'U-B)] \\ &= E[((X'X)^{-1}X'U)((X'X)^{-1}X'U)'] \\ &= E[(X'X)^{-1}X'UU'X(X'X)^{-1}] \end{aligned} \tag{2-60}$$

因此有

$$\mathrm{Cov}(\hat{B}) = (X'X)^{-1}X'E(UU')X(X'X)^{-1} = \sigma_\mu^2 (X'X)^{-1} = \sigma_\mu^2 V \ (令 \ V = (X'X)^{-1}) \tag{2-61}$$

下面证明方差最小的特性：

令 C 是一个 $(k \times 1)$ 阶常数列向量，$C'\hat{B}$ 是 $C'B$ 的另一个无偏估计式，即 $E(C'\hat{B}) = C'B$，那么其方差为

$$\begin{aligned} \mathrm{Cov}(C'\hat{B}) &= E[(C'\hat{B}-E(C'\hat{B}))(C'\hat{B}-E(C'\hat{B}))'] = E[(C'\hat{B}-C'B)(C'\hat{B}-C'B)'] \\ &= E[C'(\hat{B}-B)(\hat{B}-B)'C] = \sigma_\mu^2 C'VC \end{aligned} \tag{2-62}$$

设 $b = a'Y$ 也是 $C'B$ 的一个线性无偏估计值,那么其期望值和方差为

$$E(b) = E(a'Y) = E[a'(XB+U)] = E[a'XB + a'U] = a'XB = C'B \quad (2\text{-}63)$$

$$\begin{aligned}
\text{Cov}(b) &= E[(b-E(b))(b-E(b))'] \\
&= E[(b-C'B)(b-C'B)'] = E[(a'Y-C'B)(a'Y-C'B)'] \\
&= E[(a'XB+a'U-C'B)(a'XB+a'U-C'B)'] = E[a'UU'a] = \sigma_\mu^2 a'a \quad (2\text{-}64)
\end{aligned}$$

由 $a'XB = C'B$,知 $a'X = C'$
所以

$$\text{Cov}(C'\hat{B}) = \sigma_\mu^2 a'XVX'a$$

于是

$$\text{Cov}(b) - \text{Cov}(C'\hat{B}) = \sigma_\mu^2 a'a - \sigma_\mu^2 a'XVX'a = \sigma_\mu^2 a'(I - XVX')a = \sigma_\mu^2 a'Ma \quad (2\text{-}65)$$

这里 $M = (I - X(X'X)^{-1}X')$。

因为 M 为对称等幂矩阵,而且是正定的 ($e'e = U'MU$,而 $e'e \geq 0$,所以 M 是一个半正定矩阵)。因此有

$$\text{Cov}(b) - \text{Cov}(C'\hat{B}) \geq 0 \quad (2\text{-}66)$$

这就说明,多元线性回归模型的普通最小二乘估计式 $C'\hat{B}$ 的方差要小于或等于任何其他线性无偏估计式的方差。

4. 一致性

一般来说,参数估计量完全达到无偏性、有效性这两个标准是比较困难的。通常情况下需要关注的是样本容量增大时,这两个标准是否满足,于是提出了一致性,即当样本容量增大时,估计量依概率具有

$$Plim(\hat{B}) = B$$
$$Plim\text{Var}(\hat{B}) = 0$$

2.5 最大似然法

最大似然法(Maximum Likelihood,ML)又称极大似然法或最大或然法,是不同于普通最小二乘法的另一种参数估计方法,是从最大似然原理出发发展起来的其他估计方法的基础。虽然它的应用没有普通最小二乘法普遍,但在计量经济学理论中仍占据很重要的位置。因为最大似然原理比最小二乘原理更本质地揭示了通过样本估计总体参数的内在机理。计量经济学理论的发展,更多的是以最大似然原理为基础,对于一些特殊的计量经济学模型,只有最大似然方法才是最有效的估计方法。

对于普通最小二乘法,当从模型总体随机抽取 n 组样本观测值后,最合理的参数估计量应该使得模型能最好地拟合样本数据;而对于最大似然法,当从模型总体随机抽取 n 组样本观测值后,最合理的参数估计量应该使得从模型中抽取该 n 组样本观测值的概率最大。显然,这是从不同原理出发的两种参数估计方法。

从总体中经过 n 次随机抽取得到样本容量为 n 的样本观测值,在任一次随机抽取中,样本观测值都以一定的概率出现。如果已经知道总体的参数,由变量的频率函数可以计算其概率。如果只知道总体服从某种分布,但不知道其分布参数,通过随机样本可以求出总体的参数估计量。以正态分布为例,每个总体都有自己的分布参数的期望和方差。如果已经得到 n

组样本观测值,在这些可供选择的总体中,哪个总体最可能产生已经得到的 n 组样本观测值呢?显然,要对每个可能的正态总体估计取得 n 组样本观测值的联合概率,然后选择其参数能使观测值的联合概率最大的那个总体。将样本观测值联合概率函数称为变量的似然函数。在已经取得样本观测值的情况下,使似然函数取最大值的总体分布参数所代表的总体具有最大的概率取得这些样本观测值,该总体参数即为所要求的参数。通过似然函数最大化以求得总体参数估计量的方法称为最大似然法。

2.5.1 一元线性回归模型的最大似然法

在满足基本假设条件下,一元线性回归模型

$$y_i = \beta_0 + \beta_1 x_i + \mu_i \quad i = 1, 2, \cdots, n$$

$$E(\mu_i) = 0$$

$$\text{Var}(\mu_i) = \sigma_\mu^2$$

已经得到样本观测值 (y_i, x_i),$i = 1, 2, \cdots, n$,那么在假设

$$\mu_i \sim N(0, \sigma_\mu^2)$$

时,y_i 服从如下正态分布

$$y_i \sim N(\hat{\beta}_0 + \hat{\beta}_1 x_i, \sigma_\mu^2)$$

其中,$\hat{\beta}_0$ 和 $\hat{\beta}_1$ 为待求的参数估计量。似然函数,即 y 的所有样本观测值的联合概率为

$$L(\hat{\beta}_0, \hat{\beta}_1, \sigma_\mu^2) = P(y_1, y_2, \cdots, y_n) = \frac{1}{(2\pi)^{n/2} \sigma_\mu^n} e^{-\frac{1}{2\sigma_\mu^2} \sum (y_i - \hat{\beta}_0 - \hat{\beta}_1 x_i)^2}$$

由于 L 的最大化与 $\ln(L)$ 的最大化是等价的,所以取对数似然函数为

$$L^* = \ln(L) = -n\ln(\sqrt{2\pi} \cdot \sigma_\mu) - \frac{1}{2\sigma_\mu^2} \sum (y_i - \hat{\beta}_0 - \hat{\beta}_1 x_i)^2$$

对 L^* 求最大值,等价于对 $\sum (y_i - \hat{\beta}_0 - \hat{\beta}_1 x_i)^2$ 取最小值,即

$$\begin{cases} \dfrac{\partial}{\partial \hat{\beta}_0} \sum (y_i - \hat{\beta}_0 - \hat{\beta}_1 x_i)^2 = 0 \\ \dfrac{\partial}{\partial \hat{\beta}_1} \sum (y_i - \hat{\beta}_0 - \hat{\beta}_1 x_i)^2 = 0 \end{cases}$$

解得

$$\begin{cases} \hat{\beta}_0 = \bar{y} - \hat{\beta}_1 \bar{x} \\ \hat{\beta}_1 = \dfrac{\sum \dot{x}_i \dot{y}_i}{\sum \dot{x}_i^2} \end{cases}$$

即只有当 β_0 与 β_1 分别取 $\hat{\beta}_0$ 与 $\hat{\beta}_1$ 时,$y_i = \beta_0 + \beta_1 x_i + \mu_i$ 抽取 n 组样本观测值 (y_i, x_i),$i = 1, 2, \cdots, n$ 的概率最大。换句话说,只有 β_0 与 β_1 取上述估计值时,模型才能最好地拟合样本观测值。从上述参数估计结果看,对于一元线性回归模型,参数的 ML 估计量与 OLS 估计量是相同的。

2.5.2 多元线性回归模型的最大似然法

对于多元线性回归模型

$$Y = XB + U$$
$$\mu_i \sim N(0, \sigma_\mu^2)$$

Y 的每一个观测值 y_i 服从如下正态分布

$$y_i \sim N(x_i \hat{B}, \sigma_\mu^2)$$

式中，x_i 表示解释变量 $X = (X_0, X_1, \cdots, X_k)$ 的第 i 次观测值。

Y 的所有 n 组样本观测值的联合概率为

$$L(\hat{B}, \sigma_\mu^2) = P(y_1, y_2, \cdots, y_n) = P(y_1)P(y_2)\cdots P(y_n)$$

$$= \frac{1}{\sqrt{2\pi}\sigma_\mu}e^{-\frac{(y_1-x_1\hat{B})^2}{2\sigma_\mu^2}} \frac{1}{\sqrt{2\pi}\sigma_\mu}e^{-\frac{(y_2-x_2\hat{B})^2}{2\sigma_\mu^2}} \cdots \frac{1}{\sqrt{2\pi}\sigma_\mu}e^{-\frac{(y_n-x_n\hat{B})^2}{2\sigma_\mu^2}}$$

$$= \frac{1}{\sqrt{2\pi}\sigma_\mu^n}e^{-\frac{1}{2\sigma_\mu^2}\sum(y_i-\hat{y}_i)^2} = \frac{1}{\sqrt{2\pi}\sigma_\mu^n}e^{-\frac{1}{2\sigma_\mu^2}(Y-X\hat{B})'(Y-X\hat{B})}$$

这就是变量 Y 的似然函数。

对似然函数 L 求最大值，就可以得到一组 $\hat{B}$，使得取得 n 组样本观测值的联合概率为最大。显然，L 达到最大，即

$$(Y - XB)'(Y - XB)$$

达到最小。对该式取最小值，得到

$$\hat{B} = (X'X)^{-1}X'Y$$

是与 OLS 估计量等价的估计量。

对于多元线性回归模型而言，由于 ML 估计量与 OLS 估计量等价，所以它们也都具备无偏性、有效性和一致性。

总结与习题

1. 本章小结

本章在介绍回归分析的含义与特点、变量间非线性关系线性化方法的基础上，讨论了单方程线性模型的两个专题。

第一个专题是一元线性回归模型的普通最小二乘估计方法与最大似然估计方法。

第二个专题是多元线性回归模型的普通最小二乘估计方法与最大似然估计方法。

2. 知识点归纳

（1）回归分析是研究一个变量关于另一个（或一些）变量的统计相关（依赖）关系的计算方法和理论。其目的在于通过后者的已知值估计和/或预测前者的（总体）均值。

（2）对于倒数模型、多项式模型、幂函数模型、指数函数模型及其他复杂函数模型等非线性模型，可以通过变量的直接置换法、函数变换法、级数展开法等方法转化为线性模型。

（3）单方程线性模型根据自变量的数量可以分为一元线性回归模型和多元线性回归模型。单方程线性模型参数估计中，应用得最多的方法是普通最小二乘法。单方程线性模型参数估计包括结构参数的估计与分布参数的估计两大任务。

（4）通过似然函数最大化以求得总体参数估计量的方法称为最大似然法。

3. 习题

（1）单方程线性模型的基本假设有哪些？

(2) 单方程线性模型的普通最小二乘估计量具有什么性质？

(3) 单方程线性模型的最大似然估计量具有什么性质？

(4) 判断正误并说明理由：

1) 随机误差项 μ_i 与残差项 e_i 是一回事。

2) 总体回归函数给出了对应于每一个自变量的因变量的值。

3) 线性回归模型意味着变量是线性的。

4) 在线性回归模型中，解释变量是原因，被解释变量是结果。

5) 随机变量的条件均值与非条件均值是一回事。

(5) 令 kids 表示一名妇女生育孩子的数目，educ 表示该妇女受教育的年数，生育率对受教育年数的简单回归模型为

$$\text{kids} = \beta_0 + \beta_1 \text{educ} + \mu$$

1) 随机扰动项 μ 包含什么样的因素？它们可能与教育水平相关吗？

2) 上述简单回归分析能够揭示受教育年数对生育率在其他条件不变下的影响吗？请解释。

(6) 已知回归模型 $E = \alpha + \beta N + \mu$，式中 E 为某类公司一名新员工的起始薪金（单位：元），N 为所受教育水平（单位：年）。随机扰动项 μ 的分布未知，其他所有假设都满足。

1) 从直观及经济角度解释 α 和 β。

2) OLS 估计量 $\hat{\alpha}$ 和 $\hat{\beta}$ 满足线性性、无偏性及有效性吗？请简单陈述理由。

3) 对参数的假设检验还能进行吗？请简单陈述理由。

(7) 表 2-3 给出了 1988 年 9 个工业国的名义利率（Y）与通货膨胀率（X）的统计数据。

表 2-3 1988 年 9 个工业国的名义利率与通货膨胀率的统计数据

国　家	Y（%）	X（%）	国　家	Y（%）	X（%）
澳大利亚	11.9	7.7	墨西哥	66.3	51.0
加拿大	9.4	4.0	瑞典	2.2	2.0
法国	7.5	3.1	英国	10.3	6.8
德国	4.0	1.6	美国	7.6	4.4
意大利	11.3	4.8			

（资料来源：原始数据来自国际货币基金组织出版的《国际金融统计》。）

要求：

1) 以利率为纵轴、通货膨胀率为横轴作图。

2) 用 OSL 进行回归分析，写出求解步骤。

3) 如果实际利率不变，则名义利率与通货膨胀率的关系如何？

(8) 某公司 2010—2014 年的销售额和广告投入的统计数据如表 2-4 所示。

表 2-4 某公司 2010—2014 年的销售额和广告投入的统计数据　（单位：万元）

年　份	2010	2011	2012	2013	2014
销售额	3	5	6	7	9
广告投入	2	3	3	4	5

试分别用普通最小二乘法、最大似然法估计销售额对虚拟变量1和广告投入的线性回归模型，并比较两种估计方法的参数估计量。

（9）研究者有10组关于 Y、X_2、X_3 的观测值，有关计算矩阵为

$$X'Y = \begin{pmatrix} 20 \\ 59 \\ 88 \end{pmatrix} \quad X'X = \begin{pmatrix} 10 & 30 & 40 \\ 30 & 92 & 119 \\ 40 & 119 & 163 \end{pmatrix} \quad Y'Y = 88.2$$

请分别用普通最小二乘法、最大似然法估计 Y 对 X_2、X_3 的线性回归模型，并比较两种估计方法的参数估计量。

（10）试证明：

1) $\sum e_i = 0$，从而 $\bar{e} = 0$。

2) $\sum e_i x_i = 0$。

3) $\sum e_i \hat{Y}_i = 0$，即残差 e_i 与 Y_i 的估计值之积的和为 0。

第 3 章 单方程计量经济学的统计检验与区间估计

引言

通过第 2 章的学习，已经掌握了应用普通最小二乘法来估计模型的参数，从而得到一个多元线性计量经济学模型。那么，所得到的线性计量经济学模型是否可以应用，还需要进行统计检验。统计检验就是根据统计学原理，确定参数估计值的统计可靠性。统计检验主要包括拟合优度检验（R^2 检验）、回归模型的显著性检验（F 检验）和变量显著性检验（t 检验）。同时，也将了解到通过计量经济学模型得出的参数估计值和预测值并不是一个绝对的数值，它们都是以一定的概率出现在某个数值区间中，而如何计算出参数估计值和预测值的估计区间（置信区间）正是这一章学习的重点。

本章学习目标

1. 统计检验的意义。
2. 拟合优度检验的意义和步骤。
3. 方程显著性检验的意义和步骤。
4. 变量显著性检验的意义和步骤。
5. 计算参数估计值的置信区间。
6. 计算预测值的置信区间。

3.1 拟合优度检验

拟合优度检验是检验模型（回归方程）对样本观测值的拟合程度。在检验过程中，构造一个可以用来表示拟合度的指标，并称之为统计量。从检验对象中计算出统计量的数值，然后与某一标准进行比较，最后得出检验结论。

3.1.1 总离差平方和的分解

以一元线性回归方程为例来介绍拟合优度检验的原理。现有一组样本观测值 (x_i, y_i) $(i=1,2,\cdots,n)$，得到如下样本回归直线

$$\hat{y}_i = \hat{\beta}_0 + \hat{\beta}_1 x_i \tag{3-1}$$

将 y 的第 i 个观测值与样本均值 $\bar{y}$ 离差称为总离差，记为 $\dot{y}_i = y_i - \bar{y}$。总离差可以分解为两部分，即

$$\dot{y}_i = y_i - \bar{y} = (y_i - \hat{y}_i) + (\hat{y}_i - \bar{y}) = e_i + \hat{\dot{y}} \tag{3-2}$$

第一部分，$e_i = y_i - \hat{y}_i$ 为观测值与回归值之差，称为残差，它是回归方程不可解释的部分；第二部分，$\hat{\dot{y}} = \hat{y}_i - \bar{y}$ 为回归值与平均值之差，它是回归方程可解释的部分。

观察图 3-1 可知，当观测值 y_i 落在样本回归线上时，表明模型在该点处实现完全拟合。

第3章 单方程计量经济学的统计检验与区间估计

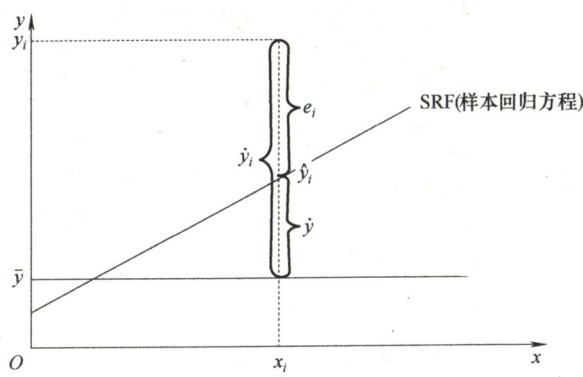

图 3-1 离差分解示意图

对于所有样本点，都有 $\text{TSS} = \sum_i (y_i - \bar{y})^2$ 称为总离差平方和（Total Sum of Squares），$\text{ESS} = \sum_i (\hat{y}_i - \bar{y})^2$ 称为回归平方和（Explained Sum of Squares），$\text{RSS} = \sum_i (y_i - \hat{y}_i)^2$ 称为残差平方和（Residual Sum of Squares）。

$$\begin{aligned}
\text{TSS} &= \sum_i (y_i - \bar{y})^2 \\
&= \sum_i ((y_i - \hat{y}_i) + (\hat{y}_i - \bar{y}))^2 \\
&= \sum_i (y_i - \hat{y}_i)^2 + 2\sum_i (y_i - \hat{y}_i)(\hat{y}_i - \bar{y}) + \sum_i (\hat{y}_i - \bar{y})^2
\end{aligned} \tag{3-3}$$

其中，可证明 $\sum_i (y_i - \hat{y}_i)(\hat{y}_i - \bar{y}) = 0$。证明过程为

$$\begin{aligned}
&\sum_i (y_i - \hat{y}_i)(\hat{y}_i - \bar{y}) \\
&= \sum_i \hat{y}_i (y_i - \hat{y}_i) - \bar{y} \sum_i (y_i - \hat{y}_i) \\
&= \sum_i (\hat{\beta}_0 + \hat{\beta}_1 x_{1i} + \cdots + \hat{\beta}_k x_{ki})(y_i - \hat{y}_i) - \bar{y} \sum_i (y_i - \hat{y}_i) \\
&= \hat{\beta}_0 \sum_i (y_i - \hat{y}_i) + \hat{\beta}_1 \sum_i (y_i - \hat{y}_i)x_{1i} + \cdots + \hat{\beta}_k \sum_i (y_i - \hat{y}_i)x_{ki} - \bar{y} \sum_i (y_i - \hat{y}_i)
\end{aligned} \tag{3-4}$$

对于多元线性计量经济学模型

$$y_i = \beta_0 + \beta_1 x_{1i} + \beta_2 x_{2i} + \cdots + \beta_k x_{ki} + \mu_i \tag{3-5}$$

若已经得到参数估计量，所以估计的计量经济学模型为

$$\hat{y}_i = \hat{\beta}_0 + \hat{\beta}_1 x_{1i} + \hat{\beta}_2 x_{2i} + \cdots + \hat{\beta}_k x_{ki} \tag{3-6}$$

其残差平方和

$$\begin{aligned}
Q &= \sum e_i^2 = \sum (y_i - \hat{y}_i)^2 \\
&= \sum (y_i - \hat{\beta}_0 - \hat{\beta}_1 x_{1i} - \hat{\beta}_2 x_{2i} - \cdots - \hat{\beta}_k x_{ki})^2
\end{aligned} \tag{3-7}$$

要使残差平方和最小，必须使

$$\begin{cases} \dfrac{\partial Q}{\partial \hat{\beta}_0} = 2\sum(y_i - \hat{y}_i)(-1) = 0 \\ \dfrac{\partial Q}{\partial \hat{\beta}_1} = 2\sum(y_i - \hat{y}_i)(-x_{1i}) = 0 \\ \vdots \\ \dfrac{\partial Q}{\partial \hat{\beta}_k} = 2\sum(y_i - \hat{y}_i)(-x_{ki}) = 0 \end{cases} \quad (3\text{-}8)$$

即

$$\begin{cases} \sum(y_i - \hat{y}_i) = 0 \\ \sum(y_i - \hat{y}_i)x_{1i} = 0 \\ \vdots \\ \sum(y_i - \hat{y}_i)x_{ki} = 0 \end{cases} \quad (3\text{-}9)$$

此式为正规方程组。

将正规方程组代入式（3-4），则有

$$\sum_i (y_i - \hat{y}_i)(\hat{y}_i - \bar{y}) = 0 \quad (3\text{-}10)$$

所以有

$$\begin{aligned} \text{TSS} &= \sum_i (y_i - \hat{y}_i)^2 + \sum_i (\hat{y}_i - \bar{y}_i)^2 \\ &= \text{RSS} + \text{ESS} \end{aligned} \quad (3\text{-}11)$$

式中，RSS 是总离差平方和中未被回归方程解释的部分，由解释变量 x 中未包含的一切因素对被解释变量 y 的影响而造成的；ESS 是总离差平方和中由回归方程解释的部分。

总离差平方和分解公式表明 y 的变化由两部分组成：一部分是模型中解释变量引起的变化；另一部分是模型之外其他因素引起的变化。

3.1.2 判定系数

总离差平方和分解公式表明，在总离差中，被样本回归模型解释的部分越多，则模型的拟合误差相对来说就越小。对于一组确定的样本数据，总离差平方和是一个确定的数值。因此，在总离差平方和中，如果回归平方和所占比例越大，则残差平方和所占比例越小，表明回归直线与样本点 (x_i, y_i) 拟合得越好。把回归平方和与总离差平方和之比作为衡量模型对样本拟合优度的指标，称为判定系数或可决系数，用 R^2 表示，即

$$R^2 = \frac{\text{ESS}}{\text{TSS}} = 1 - \frac{\text{RSS}}{\text{TSS}} \quad (3\text{-}12)$$

$0 \leqslant R^2 \leqslant 1$，若 $R^2 = 1$，说明全部样本观测值均在估计的回归直线上，观测值 y_i 与回归值 $\hat{y}_i$ 完全拟合，即 $y_i = \hat{y}_i$，然而这种情况在现实中很少发生；若 $R^2 = 0$，说明完全不拟合，即被解释变量 $y_i \neq \hat{y}_i$，线性回归模型完全不能解释 y_i 的变动；R^2 越接近 1，说明回归直线与样本观测值的拟合程度越高。

3.1.3 修正的判定系数

当已经求得回归方程参数估计量后,计算 R^2 是很方便的。从 R^2 的计算中可以看出,如果在方程中增加一个解释变量,方程的解释能力增强,ESS 也会增大。由此可见,R^2 与方程中解释变量的个数有关。这就会引导学习者进入一个误区:若要使得拟合优度提高,就必须增加解释变量。但是在现实中,增加解释变量的个数引起的 R^2 增大与拟合好坏无关。因此,在多元线性回归模型之间比较拟合优度,就不能简单地依靠 R^2 进行判定,还需做出适当的修正。

在样本容量 n 一定的情况下,增加解释变量必定引起自由度减少。调整方法是用残差平方和与总离差平方和分别除以各自的自由度,排除变量个数对拟合优度的影响,从而达到以下两个目的:

(1) 使得拟合优度检验指标能够反映已被解释的离差与总离差的关系。
(2) 使得拟合优度检验指标能够反映自由度的个数。

采用 $\bar{R}^2$ 表示修正的判定系数

$$\bar{R}^2 = 1 - \frac{\mathrm{RSS}/(n-k-1)}{\mathrm{TSS}/(n-1)} \tag{3-13}$$

式中,$n-k-1$ 为残差平方和的自由度;$n-1$ 为总离差平方和的自由度。

显然,如果增加的解释变量没有解释能力,则对残差平方和的减小没有多大帮助,但增加待估参数的个数,从而使 $\bar{R}^2$ 有较大幅度的下降。

修正的判定系数与未经修正的判定系数存在如下关系

$$\bar{R}^2 = 1 - (1 - R^2)\frac{n-1}{n-k-1} \tag{3-14}$$

推导过程如下:对于多元线性计量经济学模型 $Y = XB + U$,由于

$$\hat{B} = (X'X)^{-1}X'Y$$
$$\mathrm{RSS} = e'e = Y'Y - \hat{B}'X'Y \tag{3-15}$$
$$\mathrm{TSS} = \sum_i (y_i - \bar{y})^2 = \sum_i y_i^2 - n\bar{y}^2 = Y'Y - n\bar{y}^2$$

所以,$\bar{R}^2$ 又可以表示成

$$\begin{aligned}\bar{R}^2 &= 1 - \frac{\frac{1}{n-k-1}(Y'Y - \hat{B}'X'Y)}{\frac{1}{n-1}(Y'Y - n\bar{y}^2)} \\ &= 1 - \frac{(n-1)(Y'Y - \hat{B}'X'Y)}{(n-k-1)(Y'Y - n\bar{y}^2)} \\ &= 1 - \frac{n-1}{n-k-1}(1 - R^2)\end{aligned} \tag{3-16}$$

特殊情况:当多元线性模型中只有一个解释变量时,它也称为一元线性模型。在计算判定系数时,可以不必考虑解释变量个数对拟合优度的影响,直接使用未经修正的判定系数即可。

例 3-1 对水果店经营模型的拟合优度检验

在第 2 章例 2-2 中,杨立乾同学为自己的水果店建立了计量经济学模型用来模拟水果店利润的变动情况。为了评估所建模型与他所收集的样本数据是否拟合,以及拟合程度的高

低，杨立乾同学决定对模型进行一次拟合优度检验。根据课堂所学知识进行计算，他得到的拟合优度为 0.893。可以说模型拟合的结果是令人满意的，但还没有达到完全拟合的程度，仍存在部分样本点不能被模型解释的情况，说明该模型还存在改进空间。具体计算过程如下：

解 由例 2-2 可得

$$(X'X)^{-1} = \begin{pmatrix} 26.7 & 4.5 & -8 \\ 4.5 & 1 & -1.5 \\ -8 & -1.5 & 2.5 \end{pmatrix}$$

$$\hat{\sigma}^2 = 0.75$$

$$\text{RSS} = e'e = Y'Y - \hat{B}'X'Y = 108 - 106.5 = 1.5$$

$$\text{TSS} = Y'Y - n\bar{y}^2 = 108 - 5 \times 4^2 = 28$$

拟合优度的计算

$$R^2 = \frac{\text{ESS}}{\text{TSS}} = 1 - \frac{\text{RSS}}{\text{TSS}} = 1 - \frac{1.5}{28} \approx 0.9464$$

$$\bar{R}^2 = 1 - \frac{\dfrac{1}{n-k-1}\text{RSS}}{\dfrac{1}{n-1}\text{TSS}} = 1 - \frac{\dfrac{1}{5-3} \times 1.5}{\dfrac{1}{5-1} \times 28} = 0.893$$

修正的判定系数为 0.893，说明模型对样本拟合得比较好，能够解释当日利润 89.3% 的变化。若想使模型更加拟合样本，需对模型做出进一步的检验，找出影响模型拟合的因素。

3.2 方程总体线性的显著性检验

对于多元线性计量经济学模型，拟合优度检验只能说明模型对样本数据的近似情况。拟合优度高，则解释变量对被解释变量的解释程度就高，可以推测总体线性成立；反之，推测总体线性不成立。但这只是一种模糊的推测，因为对不同的样本容量，ESS 和 RSS 是不同的。所以，对于给定样本，利用 ESS/RSS 对总体线性情况进行推断，必须进行统计检验，从而得出一个在统计意义上严格的结论。回归方程总体线性的显著性检验，目的在于对模型中被解释变量与解释变量之间的线性关系在总体上是否显著成立做出推断。方程的显著性检验采用数理统计学中的假设检验。

这里先简单复习一下假设检验的过程：首先，分析问题并提出一个论断，称为统计假设，记为 H_0；然后，根据样本的有关信息，对 H_0 的真伪进行判断，做出拒绝 H_0 或接受 H_0 的决策。在原假设 H_0 下构造一个事件，这个事件在"原假设 H_0 正确"的条件下是一个小概率事件。随机抽取一组容量为 n 的样本观测值，进行该事件的实验。如果这个不该出现的小概率事件发生了，则说明"假设 H_0 正确"是错误的，应该拒绝原假设 H_0；如果没有不合理现象出现，则不能认为原假设不正确，应该接受原假设 H_0。

对 ESS、RSS，应用数理统计知识可以证明它们服从各自自由度的 χ^2 分布，即

$$\text{ESS} \sim \chi^2(k)$$

$$\text{RSS} \sim \chi^2(n-k-1)$$

因此，统计量

$$F = \frac{\text{ESS}/k}{\text{RSS}/(n-k-1)} \tag{3-17}$$

服从第1个自由度为 k，第2个自由度为 $(n-k-1)$ 的 F 分布。于是，可以利用统计量 F 对回归方程的总体显著性进行检验，这就是应用普遍的 F 检验。

现有多元线性回归方程模型

$$Y_i = \beta_0 + \beta_1 x_{i1} + \beta_2 x_{i2} + \cdots + \beta_k x_{ik} + \mu_i, \quad i = 1, 2, \cdots, n$$

方程的显著性检验（F 检验）步骤如下：

(1) 提出假设 $H_0: \beta_1 = \beta_2 = \cdots = \beta_k = 0$。

(2) 根据样本观测值及回归值计算统计量 F。给定显著性水平 α，查 F 分布表，得到临界值 $F_\alpha(k, n-k-1)$。

(3) 如果 $F > F_\alpha$，则拒绝 H_0，判定回归方程总体线性关系在 $(1-\alpha)$ 概率水平下显著成立；如果 $F \leq F_\alpha$，则接受 H_0，判定回归方程在 $(1-\alpha)$ 的概率下无显著意义。

那么，F 检验与拟合优度检验都是对回归方程显著性的检验，它们之间有何区别与联系呢？事实上，F 检验与拟合优度检验都是把总离差平方和分解为回归平方和与残差平方和，并在此基础上构造统计量进行的检验。区别在于，前者是从样本观测值出发检验模型总体线性关系的显著性；后者是从已经得到估计的模型出发，检验模型对样本观测值的拟合程度。一般来说，模型对观测值的拟合程度越高，模型总体线性关系的显著性就越强。

F 统计量与判定系数 R^2 和修正的判定系数 $\overline{R}^2$ 之间有如下关系

$$F = \frac{\text{ESS}/k}{\text{RSS}/(n-k-1)} = \frac{n-k-1}{k} \cdot \frac{\text{ESS}}{\text{TSS} - \text{RSS}} = \frac{n-k-1}{k} \cdot \frac{\text{ESS}/\text{TSS}}{1 - \text{ESS}/\text{TSS}} = \frac{n-k-1}{k} \cdot \frac{R^2}{1 - R^2} \tag{3-18}$$

由上式可知，F 与 R^2 同方向变化：当 $R^2 = 0$ 时，$F = 1$；R^2 越大，F 值也越大；当 $R^2 = 1$ 时，F 为无穷大。由此可知，原假设 $H_0: \beta_1 = \beta_2 = \cdots = \beta_k = 0$ 等价于检验 $R^2 = 0$ 这一虚拟假设。

$$R^2 = \frac{kF}{(n-k-1) + kF} \tag{3-19}$$

将式 (3-16) 代入上式，得

$$\overline{R}^2 = 1 - \frac{n-1}{(n-k-1) + kF} \tag{3-20}$$

可以看出，伴随着判定系数 R^2 和修正的判定系数 $\overline{R}^2$ 的增加，F 统计量的值将不断增加；反过来也是如此。这说明两者之间具有一致性。但是，判定系数和修正的判定系数只能提供一个模糊的推测，它们的值要达到多大才算模型通过了检验，并没有确定的界限。而 F 检验则不同，它可以在给定的显著性水平下，给出统计意义上严格的结论。

例 3-2 对水果店经营模型的 F 检验

在例3-1中，杨立乾同学对水果店的计量经济学模型进行了拟合优度检验，检验结果为 0.893，拟合程度较好，但是还存在改进空间。于是，他决定继续对模型进行方程总体线性的显著性检验（F 检验），检测在 95% 的置信水平下的模型中选取的两个解释变量"当日客户流量"及"水果品种数量"联合起来对被解释变量"当日利润"有无显著影响。根据课堂所学知识，杨立乾同学对既有模型提出了一个假设 $H_0: \beta_1 = \beta_2 = 0$，经过计算得到 $F < F_{0.05}$。这说明，在95%的概率水平下，回归方程的线性关系不是显著成立的，模型中选取的两个解释变量"当日客户流量"及"水果品种数量"联合起来对被解释变量"当日利润"没有显著影响。所以，为了检测出到底是哪一个解释变量选取得不恰当，他可以继续进行变量的显著性检验。F 检验的具体计算过程如下：

解 提出假设：$H_0: \beta_1 = \beta_2 = 0$

计算统计量

$$F = \frac{\text{ESS}/k}{\text{RSS}/(n-k-1)} = \frac{(\text{TSS} - \text{RSS})/k}{\text{RSS}/(n-k-1)} = \frac{(28-1.5)/2}{1.5/(5-2-1)} = 17.7$$

在 $\alpha = 0.05$ 的显著性水平下，查 F 分布表得

$$F_\alpha = F_{0.05}(k, n-k-1) = F_{0.05}(2, 2) = 19.00$$

显然

$$F < F_{0.05}$$

3.3 变量显著性检验

对于多元线性回归方程，如果模型通过了 F 检验，则表明模型中所有解释变量对被解释变量的"总体影响"是显著的，但这并不意味着模型中的每一个解释变量对被解释变量都有着重要影响，或者说并不是每一个解释变量的单独影响都是显著的。如果某个解释变量对被解释变量的影响并不显著，则可以将它从方程中剔除，重新建立更为简单的方程。因此，需要对线性回归方程中的解释变量进行显著性检验。

在线性回归方程中，检验变量 x_j 的显著性等价于对假设 $\beta_j = 0$ 进行检验。如拒绝该假设，则 x_j 是显著的；如接受该假设，则 x_j 不显著。

通过前面的学习，我们已经推导出参数估计量的方差为

$$\text{Var}(\hat{\boldsymbol{\beta}}) = \sigma_\mu^2 (\boldsymbol{X}'\boldsymbol{X})^{-1}$$

以 $c_{j,j}$ 代表矩阵 $(\boldsymbol{X}'\boldsymbol{X})^{-1}$ 的主对角线上的第 j 元素，则有

$$\text{Var}(\hat{\beta}_j) = \sigma_\mu^2 c_{j,j}, \quad j = 0, 1, 2, \cdots, k \tag{3-21}$$

因为 $\hat{\beta}_j$ 为无偏估计量，$E(\hat{\beta}_j) = \beta_j$，因此 $\hat{\beta}_j$ 服从如下正态分布

$$\hat{\beta}_j \sim N(\hat{\beta}_j, \sigma_\mu^2 c_{j,j}) \tag{3-22}$$

即

$$\frac{\hat{\beta}_j - \beta_j}{\sqrt{\sigma_\mu^2 c_{j,j}}} \sim N(0, 1) \tag{3-23}$$

可以证明，当以 $\sigma_\mu^2 = \dfrac{e'e}{n-k-1}$ 代替 σ^2 后，可构造统计量 t

$$t = \frac{\hat{\beta}_j - \beta_j}{\sqrt{c_{j,j} \dfrac{e'e}{n-k-1}}} \sim t(n-k-1) \tag{3-24}$$

可令

$$\sqrt{c_{j,j}\frac{e'e}{n-k-1}}=S_{\hat{\beta}_j} \qquad (3\text{-}25)$$

该统计量 t 服从自由度为 $(n-k-1)$ 的 t 分布。通过构造 t 统计量来检验假设 $\beta_j=0$ 的方法称为 t 检验，它是变量显著性检验中应用最多的一种方法。

变量显著性检验的步骤如下：

(1) 提出假设 $H_0: \beta_j=0$。

(2) 计算统计量 $t=\dfrac{\hat{\beta}_j-\beta_j}{S_{\hat{\beta}_j}}$。给定显著性水平 α，查自由度为 $(n-k-1)$ 的 t 分布表，得到临界值 $t_{\alpha/2}(n-k-1)$。

(3) 若 $|t|>t_{\alpha/2}(n-k-1)$，则拒绝原假设 H_0，判定 β_j 在显著性水平 $(1-\alpha)$ 下不为 0，也就是解释变量 x_j 对被解释变量的影响是显著的；反之，若 $|t|\leqslant t_{\alpha/2}(n-k-1)$，则接受原假设 H_0，解释变量 x_j 对被解释变量的影响是不显著的。

例 3-3 对水果店经营模型的 t 检验

在例 3-2 中，杨立乾同学对水果店的计量经济学模型进行了在 95% 的概率水平下的 F 检验，检验结果为 $F<F_{0.05}$，回归方程的线性关系不是显著成立的。为了检测出到底是哪一个解释变量选取得不恰当，他继续对模型进行变量的显著性检验（t 检验），检测一下在 80% 的概率水平下模型中选取的两个解释变量"当日客户流量"及"水果品种数量"分别对被解释变量"当日利润"有无显著影响。根据课堂所学知识，杨立乾同学对两个解释变量分别提出了假设 $H_0: \beta_1=0$ 和 $H_0: \beta_2=0$。对于 X_1，经过计算得到 $|t|>t_{\alpha/2}(2)$。这说明在 80% 的概率水平下，解释变量"当日客户流量"对被解释变量"当日利润"的影响是显著的，该解释变量可以继续存在于模型中。对于 X_2，经过计算得到 $|t|<t_{\alpha/2}(2)$。这说明在 80% 的概率水平下，解释变量"水果品种数量"对被解释变量"当日利润"的影响是不显著的。这时可以综合"当日客户流量"对"当日利润"的经济方面影响，考虑是否剔除这一变量。具体计算过程如下：

解 分别对 X_1 和 X_2 进行显著性检验。

对于 X_1，提出假设：

$$H_0: \beta_1=0$$

计算统计量

$$t=\frac{\hat{\beta}_1}{S_{\hat{\beta}_1}}=\frac{2.5}{\sqrt{0.75\times 1}}=2.887$$

在 $\alpha=0.20$ 的显著性水平下

$$t_{\alpha/2}(n-k-1)=t_{0.2/2}(2)=1.886$$

得到

$$|t|>t_{\alpha/2}(2)$$

对于 X_2，提出假设 $H_0: \beta_2=0$。

计算统计量

$$t=\frac{\hat{\beta}_2}{S_{\hat{\beta}_2}}=\frac{-1.5}{\sqrt{0.75\times 2.5}}=-1.10$$

$$t_{\alpha/2}(n-k-1) = t_{0.1}(2) = 1.886$$

得到

$$|t| < t_{\alpha/2}(2)$$

特殊情况：在一元线性回归中，t 检验与 F 检验是一致的。

在实际计量经济学模型中，一般情况下应用显著性检验来决定是否剔除某个解释变量。但更重要的是，具体问题要具体分析。显著性检验只是对解释变量对被解释变量是否起到显著影响做出验证，同时也要考虑解释变量在模型应用中是否起到重要作用，而不能只依靠单一的显著性检验对解释变量做出是否剔除的决定。例如，利用模型进行政策评价，而有关的政策变量又没有通过 t 检验，此时，即便 $|t|$ 偏低，也要保留该政策变量。

3.4 参数估计量的置信区间

通过上面的学习，我们证实了 $E(\hat{\beta}_j) = \beta_j$。在多次的重复抽样中，每一次所得的样本观测值不可能完全相同，这就导致每一次进行参数估计都会得到不同的 $\hat{\beta}_i$。那么，应该如何定量地描述 $\hat{\beta}_i$ 与 β_i 的接近程度？解决这个问题的方法是构造一个描述 β_i 的区间，以 $\hat{\beta}_i$ 为中心，该区间以一定的概率（统计上称为置信水平）包含 β_i，我们称这个区间为置信区间。

通过上面的学习，已知

$$t = \frac{\hat{\beta}_j - \beta_j}{S_{\hat{\beta}_j}} \sim t(n-k-1) \tag{3-26}$$

若给定置信水平 $(1-\alpha)$，根据 t 分布表，得到临界值 $t_{\alpha/2}$，那么，t 落在 $(-t_{\alpha/2}, t_{\alpha/2})$ 的概率是 $(1-\alpha)$。

$$P\{-t_{\alpha/2} < t < t_{\alpha/2}\} = 1-\alpha$$

$$P\left\{-t_{\alpha/2} < \frac{\hat{\beta}_j - \beta_j}{S_{\hat{\beta}_j}} < t_{\alpha/2}\right\} = 1-\alpha$$

$$P\{\hat{\beta}_j - t_{\alpha/2}S_{\hat{\beta}_j} < \beta_j < \hat{\beta}_j + t_{\alpha/2}S_{\hat{\beta}_j}\} = 1-\alpha$$

根据上述推导过程可知，在 $(1-\alpha)$ 置信水平下，β_j 的置信区间是

$$(\hat{\beta}_j - t_{\alpha/2}S_{\hat{\beta}_j}, \hat{\beta}_j + t_{\alpha/2}S_{\hat{\beta}_j}) \tag{3-27}$$

例 3-4　计算水果店经济模型中各个参数的置信区间

在例 2-2 中，杨立乾同学为水果店建立的计量经济学模型为 $\hat{Y} = 4 + 2.5X_1 - 1.5X_2$，其中的参数 β_0、β_1 和 β_2 是利用普通最小二乘法原理估算出来的。现在，他想知道这三个估算出来的参数分别与各自的真实值相差多少。于是，他计算出每一个参数在置信水平为 90% 的置信区间，得到结果：β_0 的置信区间是 $(-9.052, 17.0524)$；β_1 的置信区间是 $(-0.0404, 5.0404)$；β_2 的置信区间是 $(-5.5004, 2.5004)$。可以看出，在这三个参数的置信区间比较中，β_1 的置信区间最小，说明 β_1 在三者中最为接近它本身的真实值。具体计算过程如下：

解　已有多元线性回归模型

$$\hat{Y} = 4 + 2.5X_1 - 1.5X_2$$

根据

$$S_{\hat{\beta}_j} = \sqrt{\hat{\sigma}^2 c_{j,j}}$$

可计算出 $S_{\hat{\beta}_0} = 4.47$，$S_{\hat{\beta}_1} = 0.87$，$S_{\hat{\beta}_2} = 1.37$。

给定置信水平为90%，可知 $\alpha = 0.1$，又有已知的样本容量 $n = 5$，$k = 2$，查 t 分布表可得

$$t_{\alpha/2}(n-k-1) = t_{0.1/2}(5-2-1) = t_{0.05}(2) = 2.920$$

根据

$$(\hat{\beta}_j - t_{\alpha/2}S_{\hat{\beta}_j},\ \hat{\beta}_j + t_{\alpha/2}S_{\hat{\beta}_j})$$

在90%的置信水平下：

β_0 的置信区间是 $(4 - 2.920 \times 4.47,\ 4 + 2.920 \times 4.47)$，即 $(-9.052,\ 17.0524)$。

β_1 的置信区间是 $(2.5 - 2.920 \times 0.87,\ 2.5 + 2.920 \times 0.87)$，即 $(-0.0404,\ 5.0404)$。

β_2 的置信区间是 $(-1.5 - 2.920 \times 1.37,\ -1.5 + 2.920 \times 1.37)$，即 $(-5.5004,\ 2.5004)$。

在实际问题中，置信区间越小，参数的估计值就越接近参数的真实值，适当地缩小置信区间有利于提高模型的精确度。那么，如何才能缩小置信区间呢？

(1) 增大样本容量 n。在同样的置信度下，样本容量 n 越大，临界值 $t_{\alpha/2}$ 越小，并且在一般情况下，增大样本容量可使 $S_{\hat{\beta}_j} = \sqrt{c_{j,j} \dfrac{e'e}{n-k-1}}$ 减小。

(2) 提高模型的拟合优度。可以试想若残差平方和为0，模型完全拟合时，参数的估计值与真实值相等，那么置信区间的长度也为0。

(3) 提高样本观测值的分散度。样本观测值越分散，则 $c_{j,j}$ 越小。

(4) 降低对置信度的要求。在其他情况不变时，置信度越高，临界值 $t_{\alpha/2}$ 越大，置信区间越大。所以，适当降低置信度也可以达到缩小置信区间的目的。

3.5 预测值的置信区间

给定一组样本以外的解释变量的值，根据模型计算出被解释变量的值，这组数值实际上是被解释变量预测值的估计值。由于模型中参数估计量的不确定性以及随机误差项的影响，被解释变量预测值并不是确定的、无误的。当给定一组解释变量 X_0 时，被解释变量的真实值 y_0 是以一定的概率（置信水平）出现在某个区间（置信区间）中的。运用计量经济学的方法来找出这一区间，即实现了计量经济学模型在实际问题中的一个重要应用——经济预测。

在影响被解释变量预测值准确性的两个因素中，参数估计量的不确定性体现在：根据样本的观测值计算出的参数估计值会以一定的概率（置信水平）出现在一个以参数真实值为中心的区间（置信区间）中，并且重复抽取不同的样本观测值，其区间也是不同的。

建立多元线性计量经济学的模型

$$\hat{Y} = \hat{X}B$$

给定一组样本外的解释变量的观测值 $X_0 = (1,\ x_{01},\ x_{02},\ \cdots,\ x_{0k})$，可以得到

$$\hat{y}_0 = \hat{\beta}_0 + \hat{\beta}_1 x_{01} + \hat{\beta}_2 x_{02} + \cdots + \hat{\beta}_k x_{0k}$$

$\hat{y}_0$ 即为预测值的估计值。

预测误差为
$$e_0 = y_0 - \hat{y}_0$$

推导预测值的置信区间过程如下

$$\begin{aligned} E(e_0) &= E(y_0 - \hat{y}_0) \\ &= E(X_0\beta + \mu_0 - X_0\hat{\beta}) \\ &= E(\mu_0 + X_0\beta - X_0(X'X)^{-1}X'Y) \\ &= E(\mu_0 + X_0\beta - X_0(X'X)^{-1}X'(X\beta + \mu)) \\ &= E(\mu_0 + X_0\beta - X_0\beta - X_0(X'X)^{-1}X'\mu) \\ &= 0 \end{aligned} \tag{3-28}$$

$$\begin{aligned} \mathrm{Var}(e_0) &= E(e_0 - E(e_0))^2 \\ &= E(e_0^2) \\ &= E(\mu_0 - X_0(X'X)^{-1}X'\mu)^2 \\ &= \sigma^2(1 + X_0(X'X)^{-1}X_0') \end{aligned} \tag{3-29}$$

e_0 服从正态分布

$$e_0 \sim N(0, \sigma^2(1 + X_0(X'X)^{-1}X_0')) \tag{3-30}$$

于是有

$$\frac{e_0 - 0}{\sqrt{\sigma^2(1 + X_0(X'X)^{-1}X_0')}} \sim N(0, 1) \tag{3-31}$$

即

$$\frac{y_0 - \hat{y}_0}{\sqrt{\sigma^2(1 + X_0(X'X)^{-1}X_0')}} \sim N(0, 1) \tag{3-32}$$

由随机干扰项的样本估计量 $\hat{\sigma}^2$,可得 e_0 的方差的估计量

$$\hat{\sigma}_{e_0}^2 = \sigma^2(1 + X_0(X'X)^{-1}X_0') \tag{3-33}$$

构造 t 统计量

$$t = \frac{y_0 - \hat{y}_0}{\hat{\sigma}_{e_0}^2} \sim t(n - k - 1) \tag{3-34}$$

统计量服从自由度为 $(n-k-1)$ 的 t 分布。给定置信水平为 $(1-\alpha)$,可得置信区间

$$\hat{y}_0 - t_{\alpha/2}\hat{\sigma}\sqrt{1 + X_0(X'X)^{-1}X_0'} < y_0 < \hat{y}_0 + t_{\alpha/2}\hat{\sigma}\sqrt{1 + X_0(X'X)^{-1}X_0'} \tag{3-35}$$

结论:当给定解释变量值 X_0 后,严格地说,只能得到被解释变量值 y_0 以 $(1-\alpha)$ 的概率出现在置信区间 $\left(\hat{y}_0 - t_{\alpha/2}\hat{\sigma}\sqrt{1 + X_0(X'X)^{-1}X_0'}, \hat{y}_0 + t_{\alpha/2}\hat{\sigma}\sqrt{1 + X_0(X'X)^{-1}X_0'}\right)$。

例 3-5 计算水果店计量经济学模型预测值的置信区间

在例 2-2 中,杨立乾同学为水果店建立的计量经济学模型为 $\hat{Y} = 4 + 2.5X_1 - 1.5X_2$。该模型为估计模型,所以由它得出的被解释变量的值为估计值。现在,他想知道由这个估计模型计算出来的估计值与实际情况中的真实值相差多少。于是,他又选取了一天的观测数据

$X_0 = (1 \quad 10 \quad 10)$，并根据课堂所学知识，计算出对应的预测值的估计值置信区间为 $(3.66, 24.34)$。这说明当"当日客户流量"为 100 人，"水果品种数量"为 10 种时，"当日利润"最低不少于 366 元，最高不超过 2434 元。具体计算过程如下：

解 由例 2-2 可知

$$(X'X)^{-1} = \begin{pmatrix} 26.7 & 4.5 & -8 \\ 4.5 & 1 & -1.5 \\ -8 & -1.5 & 2.5 \end{pmatrix}$$

$$\hat{\sigma}^2 = 0.75$$

$$\hat{B} = \begin{pmatrix} 4 \\ 2.5 \\ -1.5 \end{pmatrix}$$

所以有

$$X_0(X'X)^{-1}X_0' = (1 \quad 10 \quad 10)\begin{pmatrix} 26.7 & 4.5 & -8 \\ 4.5 & 1 & -1.5 \\ -8 & -1.5 & 2.5 \end{pmatrix}\begin{pmatrix} 1 \\ 10 \\ 10 \end{pmatrix} = 6.7$$

$$\hat{y}_0 = X_0\hat{B} = (1 \quad 10 \quad 10)\begin{pmatrix} 4 \\ 2.5 \\ -1.5 \end{pmatrix} = 14$$

给出显著性水平 $\alpha = 1 - 0.95 = 0.05$，查 t 分布表，可得

$$t_{\alpha/2}(n - k - 1) = t_{0.05/2}(5 - 2 - 1) = 4.303$$

在 95% 的置信水平下，y_0 的置信区间为

$$\left(\hat{y}_0 - t_{\alpha/2}\hat{\sigma}\sqrt{1 + X_0(X'X)^{-1}X_0'}, \hat{y}_0 + t_{\alpha/2}\hat{\sigma}\sqrt{1 + X_0(X'X)^{-1}X_0'}\right)$$

$$\left(14 - 4.303 \times \sqrt{1 + 6.7} \times \sqrt{0.75}, 14 + 4.303 \times \sqrt{1 + 6.7} \times \sqrt{0.75}\right)$$

即

$$(3.66, 24.34)$$

总结与习题

1. 本章小结

本章在得到模型参数估计的基础上，对模型进行了统计检验：拟合优度检验（R^2 检验）、回归模型的总体显著性检验（F 检验）和回归系数的显著性检验（t 检验）。在 3.4、3.5 小节中解释了参数估计值和预测值为什么不是固定的数值，并推导了应该如何计算它们的置信区间。

2. 知识点归纳

（1）拟合优度检验是利用总离差平方和、残差平方和、回归平方和三者之间的关系来检验模型与观测值之间的拟合程度。回归平方和在总离差平方和中所占比例越大，模型拟合程度越高。

（2）F 检验利用数理统计学中的假设检验对方程总体线性的显著性进行检验，所利用

的思想来自总离差平方和的分解式：TSS = ESS + RSS。

（3）t 检验是针对模型中每个解释变量对被解释变量是否有显著影响做出的检验。对于影响不显著的变量，需要综合考虑它在经济关系中的作用重要与否，再决定是否剔除。

（4）计算参数估计量置信区间的目的是定量地表述参数估计值在一定的置信水平下距离参数真实值的远近程度。

（5）预测值并不是一个确定的数值，它受参数估计量的不确定性及随机干扰项的两方面影响，在一定的置信水平下出现在某个置信区间中。

3. 习题

（1）什么是判定系数？判定系数 R^2 与总体线性关系显著性 F 检验之间有什么关系？

（2）试述修正的判定系数 $\bar{R}^2$ 及其作用。

（3）在多元线性回归分析中，t 检验与 F 检验有何不同？在一元线性回归分析中二者是否有等价的作用？

（4）为什么从计量经济学模型得到的预测值不是一个确定的值？预测值的置信区间和置信度的含义是什么？在相同的置信度下如何才能缩小置信区间？为什么？

（5）设货币需求方程式总体模型为

$$\ln(M_t/P_t) = b_0 + b_1 \ln(r_t) + b_2 \ln(\text{RGDP}_t) + \mu_t$$

式中，M 为名义货币需求量；P 为物价水平；r 为利率，RGDP 为实际国内生产总值。

假定根据容量为 $n = 19$ 的样本，用普通最小二乘法估计出如下样本回归模型

$$\ln(M_t/P_t) = 0.03 - 0.26 \ln(r_t) + 0.54 \ln(\text{RGDP}_t) + e_t$$

$$t = (13) \qquad (3)$$

$$R^2 = 0.9 \qquad \text{DW} = 0.1$$

其中，括号内的数值为系数估计的 t 统计值，e_t 为残差。

从经济意义上考察估计模型的合理性：

1）在 5% 的显著性水平上，分别检验参数 b_1 与 b_2 的显著性。

2）在 5% 的显著性水平上，检验模型的整体显著性。

（6）表 3-1 给出了三变量模型的回归结果。

表 3-1　三变量模型的回归结果

方差来源	平方和（SS）	自由度（d.f.）	平方和的均值（MSS）
来自回归（ESS）	65965	—	—
来自残差（RSS）	—	—	—
总离差（TSS）	66042	14	

要求：

1）样本容量是多少？

2）求 RSS。

3）ESS 和 RSS 的自由度各是多少？

4）求 R^2 和 $\bar{R}^2$。

5）检验假设：X_2 和 X_3 对 Y 无影响。选用什么假设检验？为什么？

6）根据以上信息，能否确定 X_2 和 X_3 各自对 Y 的贡献？

（7）以企业研发支出（R&D）占销售额的比重为被解释变量（Y），以企业销售额（X_1）与利润占销售额的比重（X_2）为解释变量，一个有 32 容量的样本企业的估计结果如下

$$Y = 0.472 + 0.32\ln(X_1) + 0.05X_2$$
$$\quad\quad (1.37) \quad\;\; (0.22) \quad\quad (0.046)$$
$$R^2 = 0.099$$

其中，括号中为系数估计值的标准差。

1）针对研发支出强度随销售额的增加而提高这一备择假设，检验它不随 X_1 而变化的假设，分别在 5% 和 10% 的显著性水平上进行这个检验。

2）利润占销售额的比重 X_2 对研发支出强度 Y 是否在统计上有显著的影响？

（8）经研究发现，学生用于购买书籍及课外读物的支出与本人受教育年限和其家庭收入水平有关。对 18 名学生进行调查的统计资料如表 3-2 所示。

表 3-2　学生购书支出与家庭收入统计表

学生序号	购买书籍及课外读物支出（Y）/(元/年)	受教育年限（X_1）/年	家庭可支配收入（X_2）/(元/月)
1	450.5	4	171.2
2	507.7	4	174.2
3	613.9	5	204.3
4	563.4	4	218.7
5	501.5	4	219.4
6	781.5	7	240.4
7	541.8	4	273.5
8	611.1	5	294.8
9	1222.1	10	330.2
10	793.2	7	333.1
11	660.8	5	366.0
12	792.7	6	350.9
13	580.8	4	357.9
14	612.7	5	359.0
15	890.8	7	371.9
16	1121.0	9	435.3
17	1094.2	8	523.9
18	1253.0	10	604.1

要求：

1）试求出学生购买书籍及课外读物的支出 Y 与受教育年限 X_1 和家庭收入水平 X_2 的估计的回归方程：$\hat{Y} = \hat{\beta}_0 + \hat{\beta}_1 X_1 + \hat{\beta}_2 X_2$。

2）计算 R^2 和 $\overline{R}^2$。

3）对 β_1 与 β_2 的显著性进行 t 检验。

4）假设有一学生的受教育年限 $X_1 = 10$ 年，家庭收入水平 $X_2 = 480$ 元/月，试预测该学生全年购买书籍及课外读物的支出，并求出相应的预测区间（$\alpha = 0.05$）。

（9）下面给出依据 15 个观测值计算得到的数据：

$\overline{Y} = 367.693$，$\overline{X}_2 = 402.760$，$\overline{X}_3 = 8.0$，$\sum y_i^2 = 66042.269$

$\sum x_{2i}^2 = 84855.096$，$\sum x_{3i}^2 = 280.0$，$\sum y_i x_{2i} = 74778.346$

$\sum y_i x_{3i} = 4250.9$，$\sum x_{2i} x_{3i} = 4796.0$

其中，小写字母代表了各值与其样本均值的离差。

要求：

1）估计三个多元回归系数。
2）估计它们的标准差，并求出 R^2 与 $\overline{R}^2$。
3）估计 B_2 与 B_3 95% 的置信区间。
4）在 $\alpha = 5\%$ 下，检验估计的每个回归系数的统计显著性。

第 4 章　放松的计量经济学模型

引言

前述计量经济学模型的回归分析，是在对线性回归模型提出若干基本假定的条件下，应用普通最小二乘法得到了无偏且有效的参数估计量。但是，在实际的计量经济学问题中，完全满足这些基本假定的情况并不多见。不满足基本假定的情况称为基本假定违背，主要包括：随机干扰项序列存在异方差性；随机干扰项序列存在序列相关性；解释变量之间存在多重共线性；解释变量是随机变量且与随机干扰项相关。除此之外，还有模型设定有偏误和解释变量的方差随着样本容量的增加而不断增加这两类基本假定违背。本章主要讨论前四种情形。

本章学习目标

1. 掌握放松的计量经济学模型常见类型：异方差性、序列相关性、多重共线性、随机解释变量。
2. 掌握上述四种放松的计量经济学模型的概念、后果及检验方法。
3. 掌握上述四种放松的计量经济学模型的修正原理。

4.1　异方差性

4.1.1　异方差性的基础知识

1. 异方差性的定义

在前几章的学习中，为了保证回归参数估计量具有良好的统计性质，经典线性回归模型都有一个重要的假定：总体回归函数中的随机误差项满足同方差性，即它们都有相同的方差。但是在实际应用中，随机误差项往往并不满足假定的条件，一般都具有不同的方差。这种情况就称线性回归模型存在异方差性。这种存在异方差性的线性回归模型也称为放松的计量经济学模型。

对于模型

$$Y_i = \beta_0 + \beta_1 X_{1i} + \beta_2 X_{2i} + \cdots + \beta_k X_{ki} + \mu_i \tag{4-1}$$

如果出现

$$\mathrm{Var}(\mu_i) = \sigma_i^2$$

即对于不同的样本点，随机误差项的方差不再是常数，而互不相同，则认为出现了异方差性（Heteroscedasticity）。

2. 异方差性的经济背景

随机误差项包含众多因素对被解释变量的影响，如果其中某一因素或一些因素随着解释变量观测值的变化而对被解释变量产生不同的影响,则往往产生异方差性。下面举一些例子说明产生异方差性的经济背景。

例4-1 需求函数

从某一时间截面上不同收入组的数据为样本研究需求函数,其计量经济模型为

$$q_i = f(I_i, K_i, L_i, \cdots) + \mu_i$$

μ_i 作为随机误差项,包含了模型解释变量中未包含的一些因素对需求量 q_i 的影响,如消费习惯、气候等因素。μ_i 的方差表示这些因素的影响可能使得 q_i 偏离均值的程度。如果建立服装的需求函数,显然,对于高收入的消费者,在气候异常时可能拿出较多的钱来购买,而低收入的消费者对异常气候的适应能力则很有限。于是,对于不同的收入 I_i,q_i 偏离均值的程度是不同的,即 μ_i 偏离均值的程度是不同的,K_i 与 L_i 不为常数,随着 I_i 的增加而增大。

例4-2 时间序列数据的生产函数

以时间序列数据为样本建立生产函数模型

$$y_t = f(K_t, L_t) + \mu_t$$

如果观测误差是 μ_t 中的主要成分,由于不同时间的观测技术是不同的,往往随着时间的推移,一方面生产规模扩大了,即 K_t 与 L_t 增大,但由于观测技术的进步,观测误差减少,那么引起 μ_t 偏离均值的程度即 $Var(\mu_t)$ 随着 K_t 与 L_t 的增加而减少。

例4-3 截面数据的生产函数

以某一时间截面上不同地区的数据为样本,研究某行业的产出随投入要素的变化关系,即建立生产函数模型

$$y_i = f(K_i, L_i) + \mu_i$$

μ_i 包含了资本 K 与劳动 L 以外的因素对产出 y_i 的影响,如地理条件、政策因素等。显然,对于不同地区 i,这些因素对产出的影响程度是不同的,因而引起 μ_i 偏离均值的程度不同,出现了异方差,且 $Var(\mu_i)$ 随着 K_i 与 L_i 的增加呈现无规律的变化。

从以上例子中看出,引起异方差性的原因很多,但在一般情况下,用截面数据作样本时出现异方差的可能性较大,或者说一般存在异方差性;另外还可以看到,存在异方差性时,随机性的方差往往与主要的解释变量之间存在某种联系。

3. 异方差的类型

异方差一般可归结为以下三种类型:

(1) 单调递增型。σ_i^2 随 X 的增大而增大(见图4-1b)。

(2) 单调递减型。σ_i^2 随 X 的增大而减小(见图4-1c)。

(3) 复杂型。σ_i^2 与 X 的变化呈复杂形式(见图4-1d)。

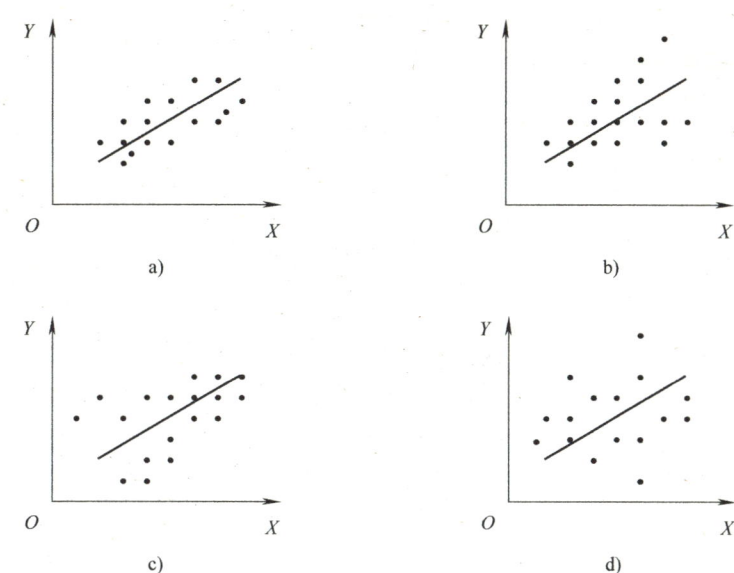

图 4-1 方差的类型
a）同方差 b）单调递增型 c）单调递减型 d）复杂型

4.1.2 异方差性的产生与后果

1. 异方差性产生的原因

（1）某些重要解释变量的省略。假设正确的计量模型是

$$Y_i = \beta_0 + \beta_1 X_{1i} + \beta_2 X_{2i} + \beta_3 X_{3i} + \mu_i \tag{4-2}$$

假如略去 X_{3i}，而采用

$$Y_i = \beta_0 + \beta_1 X_{1i} + \beta_2 X_{2i} + \mu_i^* \tag{4-3}$$

当被略去的 X_{3i} 与 X_{2i} 有呈同方向或反方向变化的趋势时，随 X_{2i} 的有规律的变化会体现在式（4-3）的 μ_i^* 中。

（2）模型的设定误差。模型的设定主要包括变量的选择和模型数学形式的确定。模型中略去了重要的解释变量，常常会导致异方差性，实际就是模型设定问题。除此以外，模型的函数形式不正确，如把变量之间本来为非线性的关系设定为线性，也可能导致异方差性。

（3）数据的观测误差。样本数据的观测误差有可能随研究范围的扩大而增加，或随时间的推移逐步积累，也可能随着观测技术的提高而逐步减小。

（4）截面数据中总体各单位的差异。通常认为，截面数据较时间序列数据更容易产生异方差性。这是因为同一时点不同对象的差异，一般说来会大于同一对象不同时间的差异。不过，在时间序列数据发生较大变化的情况下，也可能出现比截面数据更严重的异方差性。

2. 异方差性的后果

计量经济学模型一旦出现异方差性，如果仍采用 OLS 估计模型参数，会产生下列不良后果：

（1）参数估计值虽是无偏的，但不是有效的，也不满足渐近有效性。

对于无偏性，以一元线性计量经济学模型为例

$$y_i = \beta_0 + \beta_1 x_i + \mu_i \tag{4-4}$$

β_1 的普通最小二乘估计值是

$$\hat{\beta}_1 = \frac{\sum \dot{x}_i \dot{y}_i}{\sum \dot{x}_i^2} = \beta_1 + \frac{\sum \dot{x}_i \mu_i}{\sum \dot{x}_i^2} \tag{4-5}$$

所以取期望值为

$$E(\hat{\beta}_i) = \beta_1 + E\left[\frac{\sum \dot{x}_i \mu_i}{\sum \dot{x}_i^2}\right] = \beta_1 \tag{4-6}$$

同理，对 β_0 也有类似的结果。这些结果是显然的，因为在推导参数的普通最小二乘估计式时并没有用到同方差性假设，无偏性自然得证。

对于有效性，不再具有最小方差。由普通最小二乘估计量的最小方差性的证明可以看清楚，在证明中应用了同方差性，即

$$E(UU') = \sigma_\mu^2 I \tag{4-7}$$

在大样本计算时，即 $n \to \infty$ 时，渐近方差也不相同，显然也不满足渐近有效性。

(2) 变量的显著性检验失去意义。在变量的显著性检验中，构造了 t 统计量 $t = \frac{\hat{\beta}_j}{S_{\hat{\beta}_j}}$。它是建立在 σ^2 不变而正确估计了参数方差 $S_{\hat{\beta}_j}$ 的基础之上的。如果出现了异方差性，估计的 $S_{\hat{\beta}_j}$ 出现偏误（偏大或偏小），t 检验就失去意义。其他检验也是如此。

(3) 模型的预测失效。一方面，由于上述后果，使得模型不具有良好的统计性质；另一方面，在预测值的置信区间中也包含有参数方差的估计量 $S_{\hat{\beta}_j}$。所以，当模型出现异方差性时，参数 OLS 估计值的变异程度增大，从而造成对 Y 的预测误差变大，预测精度降低，预测功能失效。

4.1.3 异方差性的检验

对于异方差性的检验，不少计量经济学家进行了大量的研究，提出了十多种检验方法，很难说哪一种方法是最好的。目前主要用以下几种方法来进行检验：图示检验法、帕克检验与戈里瑟检验、戈德菲尔德-匡特检验、怀特检验等。各种方法虽然不同，但存在一个共同的思路：设法检验 μ_i 的估计量 e_i 来实现这一检验。如果存在相关性，则原模型存在异方差性。

1. 图示检验法

(1) X-Y 的散点图。画出 X-Y 的散点图进行判断，看是否存在明显的散点扩大、缩小或复杂型趋势（即不在一个固定的带型域中）。

(2) $X \sim \bar{e}_i^2$ 图。画出 $X \sim \bar{e}_i^2$ 图进行判断，看是否形成一条斜率为 0 的直线。

设一元线性回归模型为

$$Y_i = \beta_1 + \beta_2 X_i + \mu_i$$

运用 OLS 法估计，得样本回归模型为

$$\hat{Y}_i = \hat{\beta}_1 + \hat{\beta}_2 X_i \tag{4-8}$$

由上两式得残差

$$e_i = Y_i - \hat{Y}_i \tag{4-9}$$

在这里采用 $\tilde{e}_i$ 表示随机误差项的方差,称为近似估计量。
$$\mathrm{Var}(\mu_i) = E(\mu_i^2) \approx \tilde{e}_i^2$$

绘制出 $X_i \sim \tilde{e}_i$ 图(见图 4-2)。如果 μ_i 不随 X_i 而变化,则表明不存在异方差;如果 μ_i 随 X_i 而变化,则表明存在异方差。

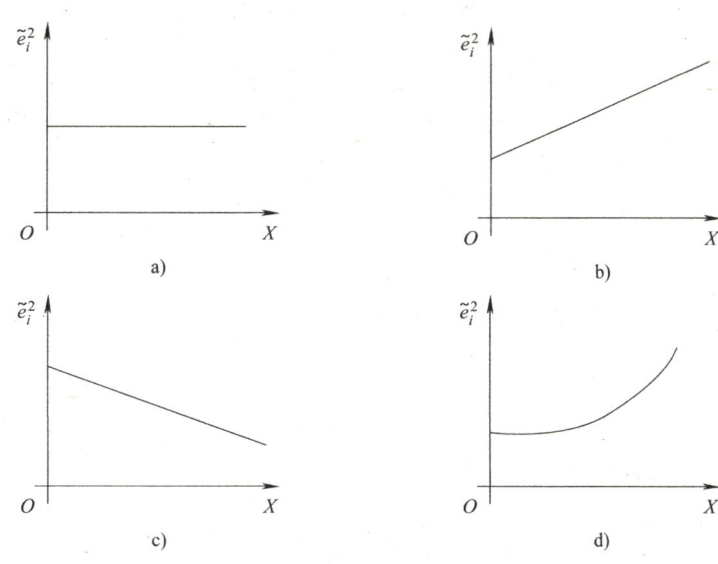

图 4-2 $X \sim \tilde{e}_i^2$ 图

a) 同方差 b) 单调递增型异方差 c) 单调递减型异方差 d) 复杂型异方差

2. 帕克(Park)检验与戈里瑟(Gleiser)检验

(1) 基本思想:检验变量 X 是否与随机误差项 μ 存在相关关系。

(2) 具体步骤

1) 尝试建立方程
$$e_i^2 = f(X_i) + \varepsilon_i \text{ 或 } |e_i| = f(X_i) + \varepsilon_i$$

2) 选择关于变量 X 的不同的函数形式,对方程进行估计并进行显著性检验。如果存在某一种函数形式使得方程显著成立,则说明原模型存在异方差性。

例如,帕克检验常用的函数形式
$$f(X_i) = \sigma^2 X_i^{\alpha} e^{e_i} \text{ 或 } \ln(e_i^2) = \ln\sigma^2 + \alpha\ln X_i + \varepsilon_i$$

若 α 在统计上是显著的,则表明存在异方差性。

3. 戈德菲尔德-匡特(Goldfeld-Quandt)检验

戈德菲尔德-匡特检验以 F 检验为基础,适用于样本容量较大、异方差递增或递减的情况。

(1) 基本思想。先按某一解释变量(通常是可能引起异方差的解释变量)对样本排序,再将排序后的样本一分为二,对子样 1 和子样 2 分别做回归,然后利用两个子样的残差平方和之比构造统计量进行异方差检验。由于该统计量服从 F 分布,因此假如存在单调递增型异方差,则 F 远大于 1;反之就会等于 1(同方差)或小于 1(单调递减型异方差)。

(2) 具体步骤

1) 将 n 组样本观测值 (X_i, Y_i) 按观测值 X_i 的大小排序。

2）将序列中间的 $c=n/4$ 个观测值除去，并将剩下的观测值划分为较小与较大的相同的两个子样本，每个子样本容量均为 $(n-c)/2$。

3）对每个子样分别进行 OLS 回归，并计算各自的残差平方和；分别用 $\sum e_{i1}^2$ 与 $\sum e_{i2}^2$ 表示较小与较大的残差平方和（自由度均为 $\frac{n-c}{2}-k-1$）。

4）在同方差性假定下，构造如下满足 F 分布的统计量

$$F = \frac{\sum e_{i2}^2 / \left(\frac{n-c}{2}-k-1\right)}{\sum e_{i1}^2 / \left(\frac{n-c}{2}-k-1\right)} \sim F\left(\frac{n-c}{2}-k-1, \frac{n-c}{2}-k-1\right) \tag{4-10}$$

5）给定显著性水平 α，确定临界值 $F_\alpha(n_1, n_2)$，若 $F > F_\alpha(n_1, n_2)$，则拒绝同方差性假设，表明存在异方差性。

当然，还可以根据两个残差平方和对应的子样本的顺序判断是单调递增型异方差还是单调递减型异方差。

4. 怀特（White）检验

怀特检验不需要排序，且适合任何形式的异方差。

怀特检验的基本思想与步骤（以二元为例）

$$Y_i = \beta_0 + \beta_1 X_{1i} + \beta_2 X_{2i} + \mu_i \tag{4-11}$$

先对该模型做 OLS 回归，得到 $\tilde{e}_i^2$；然后做如下辅助回归

$$\tilde{e}_i^2 = \alpha_0 + \alpha_1 X_{1i} + \alpha_2 X_{2i} + \alpha_3 X_{1i}^2 + \alpha_4 X_{2i}^2 + \alpha_5 X_{1i} X_{2i} + \varepsilon_i \tag{4-12}$$

可以证明，在同方差假设下

$$nR^2 \stackrel{.}{\sim} \chi^2(k) \tag{4-13}$$

式中，R^2 为可决系数；k 为解释变量的个数；$\stackrel{.}{\sim}$ 表示渐近服从某分布。

注意：辅助回归仍是检验与解释变量可能的组合的显著性，因此，辅助回归方程中还可引入解释变量的更高次方。

如果存在异方差性，则表明 e_i^2 确实与解释变量的某种组合有显著的相关性，这时往往显示出有较高的可决系数以及某一参数的 t 检验值较大。

当然，在多元回归中，由于辅助回归方程中可能有太多解释变量，从而使自由度减少，有时可去掉交叉项。

4.1.4 异方差性的修正

1. 模型变换法

以一元线性回归模型为例

$$Y_i = \beta_1 + \beta_2 X_i + \mu_i$$

经检验，μ_i 存在异方差，且

$$\text{Var}(\mu_i) = \sigma_i^2 = \sigma^2 f(X_i) \tag{4-14}$$

式中，σ^2 是常数；$f(X_i)$ 是 X_i 的某种函数。

变换模型时，用 $\sqrt{f(X_i)}$ 除以模型的两端，得

$$\frac{Y_i}{\sqrt{f(X_i)}} = \frac{\beta_1}{\sqrt{f(X_i)}} + \beta_2 \frac{X_i}{\sqrt{f(X_i)}} + \frac{\mu_i}{\sqrt{f(X_i)}} \quad (4\text{-}15)$$

$$Y_i^* = \frac{Y_i}{\sqrt{f(X_i)}};\ X_i^* = \frac{X_i}{\sqrt{f(X_i)}};\ \beta_1^* = \frac{\beta_1}{\sqrt{f(X_i)}};\ v_i = \frac{\mu_i}{\sqrt{f(X_i)}} \quad (4\text{-}16)$$

则有

$$Y_i^* = \beta_1^* + \beta_2 X_i^* + v_i \quad (4\text{-}17)$$

随机误差项 v_i 的方差为

$$\text{Var}(v_i) = \text{Var}\left(\frac{\mu_i}{\sqrt{f(X_i)}}\right) = \frac{1}{f(X_i)}\text{Var}(\mu_i) = \sigma^2 \quad (4\text{-}18)$$

经变换的模型的随机误差项 $v_i = \dfrac{\mu_i}{\sqrt{f(X_i)}}$ 已是同方差，$f(X_i)$ 常见的设定形式及对应情况如表 4-1 所示。

表 4-1 常见函数的设定形式及对应情况

函数形式	$\text{Var}(\mu_i)$	v_i	$\text{Var}(v_i)$
X_i	$\sigma^2 X_i$	$\dfrac{\mu_i}{\sqrt{X_i}}$	σ^2
X_i^2	$\sigma^2 X_i^2$	$\dfrac{\mu_i}{X_i}$	σ^2
$(\alpha_0 + \alpha_1 X_i)^2$	$\sigma^2 (\alpha_0 + \alpha_1 X_i)^2$	$\dfrac{\mu_i}{\alpha_0 + \alpha_1 X_i}$	σ^2

2. 加权最小二乘法（Weighted Least Squares，WLS）

以一元线性回归模型为例

$$Y_i = \beta_1 + \beta_2 X_i + \mu_i$$

经检验，μ_i 存在异方差，且

$$\text{Var}(\mu_i) = \sigma_i^2 = \sigma^2 f(X_i) \quad (4\text{-}19)$$

式中，σ^2 是常数；$f(X_i)$ 是 X_i 的某种函数。

（1）基本思路。区别对待不同的 σ_i^2。对较小的 e_i^2 给予较大的权数，对较大的 e_i^2 给予较小的权数，从而使 $\sum e_i^2$ 能更好地反映 σ_i^2 对残差平方和的影响。

（2）具体做法如下：

1）选取权数并求出加权的残差平方和。通常取权数 $w_i = 1/\sigma_i^2$（$i = 1, 2, \cdots, n$）。当 w_i 越小时，σ_i^2 越大；当 w_i 越大时，σ_i^2 越小。将权数与残差平方相乘以后再求和，得到加权的残差平方和

$$\sum w_i e_i^2 = \sum w_i (Y_i - \beta_1^* - \beta_2^* X_i)^2 \quad (4\text{-}20)$$

求使满足 $\min \sum w_i e_i^2$ 的 β_i^*。

2）根据普通最小二乘原理，若使得加权残差平方和最小，则

$$\hat{\beta}_1^* = \bar{Y}^* - \hat{\beta}_2^* \bar{X}^*$$

$$\hat{\beta}_2^* = \frac{\sum w_i(X_i - \bar{X}^*)(Y_i - \bar{Y}^*)}{\sum w_i(X_i - \bar{X}^*)^2} \quad (4\text{-}21)$$

其中

$$\bar{X}^* = \frac{\sum w_i X_i}{\sum w_i}, \quad \bar{Y}^* = \frac{\sum w_i Y_i}{\sum w_i}$$

一般来讲，对于模型

$$Y = XB + U$$

存在

$$E(U) = 0$$
$$E(UU') = \sigma^2 W$$

$$W = \begin{pmatrix} W_1 & & & \\ & W_2 & & \\ & & \ddots & \\ & & & W_n \end{pmatrix}$$

即存在异方差，设

$$W = DD'$$

用 D^{-1} 左乘 $Y = XB + U$ 的两边，有

$$D^{-1}Y = D^{-1}XB + D^{-1}U$$

令其为

$$Y^* = X^*B + U^*$$

因为

$$E(U^*U^{*\prime}) = E(D^{-1}UU'D^{-1\prime})$$
$$= D^{-1}E(UU')D^{-1\prime}$$
$$= D^{-1}\sigma^2 DD'D^{-1\prime}$$
$$= \sigma^2$$

即模型 $Y^* = X^*B + U^*$ 存在同方差性，可以用 OLS 估计其参数。参数估计量为

$$\hat{B} = (X^{*\prime}X^*)^{-1}X^{*\prime}Y^*$$
$$= (X'D^{-1\prime}D^{-1}X)^{-1}X'D^{-1\prime}D^{-1}Y \quad (4\text{-}22)$$
$$= (X'W^{-1}X)^{-1}X'W^{-1}Y$$

式（4-22）即为模型 $Y = XB + U$ 的 WLS 估计量。关于 W 的获得，如果从其他先验知识得到，可以直接代入上式。一般地，对原模型首先使用 OLS，以得到 μ_i 的近似估计量 e_i，利用

$$\text{Var}(\mu_i) = E(\mu_i^2) = e_i^2$$

求得 W 的估计值，代入上式即为 $Y = XB + U$ 的 WLS 估计量。它克服了异方差性带来的问题。

4.1.5 例题分析

哈尔滨某公司近年来广告投入（x_i）和利润（y_i）数据如表 4-2 所示。

表 4-2 样本观测值

年 份	2011	2012	2013	2014
广告投入 (x_i)/亿元	1	2	5	10/3
利润 (y_i)/亿元	1	4	6	6

假设该问题的计量模型为 $y_i = \alpha + \beta x_i + \mu_i$，发现样本存在异方差性，且异方差形式为 $\mathrm{Var}(\mu_i) = \sigma^2 x_i^2$。试用适当的方法重新估计该回归模型。

解 原模型 $y_i = \alpha + \beta x_i + \mu_i$，其中 $\mathrm{Var}(\mu_i) = \sigma^2 x_i^2$，模型存在异方差性。为消除异方差性，模型两边同除以 x_i，得

$$\frac{y_i}{x_i} = \frac{\alpha}{x_i} + \beta + \frac{\mu_i}{x_i}$$

令 $y^* = \dfrac{y_i}{x_i}$，$x^* = \dfrac{1}{x_i}$，$v_i = \dfrac{\mu_i}{x_i}$，得

$$y_i^* = \alpha x_i^* + \beta + v_i$$

此时 $\mathrm{Var}(v_i) = \mathrm{Var}\left(\dfrac{\mu_i}{x_i}\right) = \dfrac{1}{x_i^2}\mathrm{Var}(\mu_i) = \dfrac{1}{x_i^2}(\sigma^2 x_i^2) = \sigma^2$，所以新模型不存在异方差性。

列表计算如表 4-3 所示。

表 4-3 样本计算值

序 号	x_i	y_i	x^*	y^*	$\dot{x}^*$	$\dot{y}^*$	$\dot{x}^* \times \dot{y}^*$	$\dot{x}^{*2}$
1	1	1	1	1	0.5	−0.5	−0.25	0.25
2	2	4	0.5	2	0	0.5	0	0
3	5	6	0.2	1.2	−0.3	−0.3	0.09	0.09
4	10/3	6	0.3	1.8	−0.2	0.3	−0.06	0.04
求和			$\bar{x}^* = 0.5$	$\bar{y}^* = 1.5$			−0.22	0.38

所以

$$\hat{\alpha} = \frac{\sum \dot{x}^* \dot{y}^*}{\sum \dot{x}^{*2}} = -0.22 \div 0.38 = -0.58$$

$$\hat{\beta} = \bar{y}^* - \hat{\alpha}\bar{x}^* = 1.5 + 0.58 \times 0.5 = 1.79$$

所以原模型为

$$\hat{y} = -0.58 + 1.79x$$

用矩阵表示如下：
由于 $\mathrm{Var}(\mu_i) = \sigma^2 x_i^2$，所以 $\boldsymbol{W}$ 为

$$\boldsymbol{W} = \begin{pmatrix} 1 & & & \\ & 4 & & \\ & & 25 & \\ & & & 100/9 \end{pmatrix}$$

则

$$W^{-1} = \begin{pmatrix} 1 & & & \\ & 1/4 & & \\ & & 1/25 & \\ & & & 9/100 \end{pmatrix}$$

则由 WLS 得

$$\hat{B} = (X'W^{-1}X)^{-1}X'W^{-1}Y$$

而

$$X'W^{-1}X = \begin{pmatrix} 1 & 1 & 1 & 1 \\ 1 & 2 & 5 & 10/3 \end{pmatrix} \begin{pmatrix} 1 & & & \\ & 1/4 & & \\ & & 1/25 & \\ & & & 9/100 \end{pmatrix} \begin{pmatrix} 1 & 1 \\ 1 & 2 \\ 1 & 5 \\ 1 & 10/3 \end{pmatrix} = \begin{pmatrix} 69/50 & 2 \\ 2 & 4 \end{pmatrix}$$

则

$$(X'W^{-1}X)^{-1} = \begin{pmatrix} 50/19 & -25/19 \\ -25/19 & 69/76 \end{pmatrix}$$

$$X'W^{-1}Y = \begin{pmatrix} 1 & 1 & 1 & 1 \\ 1 & 2 & 5 & 10/3 \end{pmatrix} \begin{pmatrix} 1 & & & \\ & 1/4 & & \\ & & 1/25 & \\ & & & 9/100 \end{pmatrix} \begin{pmatrix} 1 \\ 4 \\ 6 \\ 6 \end{pmatrix} = \begin{pmatrix} 139/50 \\ 6 \end{pmatrix}$$

所以

$$\hat{B} = \begin{pmatrix} 50/19 & -25/19 \\ -25/19 & 69/76 \end{pmatrix} \begin{pmatrix} 139/50 \\ 6 \end{pmatrix} = \begin{pmatrix} -11/19 \\ 34/19 \end{pmatrix}$$

即 $\hat{\alpha} = -11/19$，$\hat{\beta} = 34/19$。所以模型为

$$\hat{y} = -11/19 + 34/19 x$$

4.2 序列相关性

4.2.1 序列相关性的概念

对于前面研究的模型

$$Y_t = \beta_0 + \beta_1 X_{1i} + \beta_2 X_{2i} + \cdots + \beta_k X_{ki} + \mu_t, \quad i = 1, 2, 3, \cdots, n \tag{4-23}$$

随机项互不相关的基本假设表现为

$$\text{Cov}(\mu_i, \mu_j) = 0, \quad i \neq j, \quad i, j = 1, 2, 3, \cdots, n \tag{4-24}$$

如果对于不同的样本点，随机误差项之间不再是不相关的，而是存在某种相关性，则认为出现了序列相关性，即意味着

$$E(\mu_i \mu_j) \neq 0 \tag{4-25}$$

如果仅存在 $E(\mu_i \mu_{i+1}) \neq 0$，$i = 1, 2, 3, \cdots, n$，称为一阶列相关或自相关（Autocorrelation）。自相关往往可写成如下形式

$$\mu_i = \rho \mu_{i-1} + \varepsilon_i, \quad -1 < \rho < 1 \tag{4-26}$$

式中，ρ 称为自协方差系数（Coefficient of Autocovariance）或一阶自相关系数（First-order

Coefficient of Autocorrelation）；ε_i 是满足以下标准的 OLS 假定的随机干扰项

$$E(\varepsilon_i)=0, D(\varepsilon_i)=\sigma^2, \text{Cov}(\varepsilon_i\varepsilon_{i-s})=0 \tag{4-27}$$

自相关性是相关的一种特殊情况。自相关不是指两个（或更多）不同变量之间的关系，而是指同一变量的逐次项之间的关系。因此，自相关较多地表现在时间序列数据中，即各期随机扰动项不是随机独立的。本节将用下标 t 代表 i。自相关是序列相关性的一种，即指随机变量的时间与其滞后项之间的相关，这里主要是 μ_t 与其滞后项的相关关系。

4.2.2 序列相关性的分类

自相关按形式可分为两类，即一阶自回归形式和高阶自回归形式。

1. 一阶自回归形式

线性回归模型 $Y_t=\beta_0+\beta_1X_t+\mu_t$ 其中存在自相关。如果 μ_t 的取值只与它的前一期的取值相关，即 $\mu_t=f(\mu_{t-1})$，这种自相关称为一阶自相关回归。最简单的线性函数形式是

$$\mu_t=\beta_1\mu_{t-1}+\nu_t \tag{4-28}$$

式中，β_1 是一个取常数值的参数。

式（4-28）相当于 μ_t 对 μ_{t-1} 的回归方程，而且两者只相差一期，所以称为一阶线性自回归形式，记为 AR（1）。β_1 也称为自回归系数。ν_t 是满足线性回归模型古典假设及具有零均值、同方差和非自相关等假定的随机扰动项。通过下列推导，可以看出 μ_t 和 μ_{t-1} 的自回归系数与 μ_t 和 μ_{t-1} 的自相关系数相等。

根据普通最小二乘法原理，式（4-28）中的 β_1 的 OLS 估计式为（大样本情况）

$$\hat{\beta}_1=\frac{\sum\mu_t\mu_{t-1}}{\sum\mu_{t-1}^2} \tag{4-29}$$

而若把 μ_t 和 μ_{t-1} 看作两个变量，则 μ_t 和 μ_{t-1} 之间的相关系数 ρ 为

$$\rho=\frac{\sum_{t=2}^{T}\mu_t\mu_{t-1}}{\sqrt{\sum_{t=2}^{T}\mu_t^2}\sqrt{\sum_{t=2}^{T}\mu_{t-1}^2}} \tag{4-30}$$

对于大样本显然有

$$\sum\mu_t^2\approx\sum\mu_{t-1}^2$$

$$\rho=\frac{\sum\mu_t\mu_{t-1}}{\sqrt{\sum\mu_t^2}\sqrt{\sum\mu_{t-1}^2}}\approx\frac{\sum\mu_t\mu_{t-1}}{\sum\mu_{t-1}^2}=\hat{\beta}_1 \tag{4-31}$$

因而对于总体参数有 $\rho=\hat{\beta}_1$，即一阶自回归形式的自回归系数等于该两个变量的相关系数。因此，原回归模型中随机误差项 μ_t 的一阶自回归形式（见回归模型式（4-28））可表示为

$$\mu_t=\rho\mu_{t-1}+\nu_t \tag{4-32}$$

ρ 为自相关系数，$-1<\rho<1$。当 $\rho>0$ 时，称 μ_t 存在正自相关；当 $\rho<0$ 时，称 μ_t 存在负自相关；$\rho=0$ 时，称 μ_t 不存在自相关。

2. 高阶自回归形式

若 μ_t 的取值不仅与前一期值有关，而且与以前若干期的取值有关，即 $\mu_t=f(\mu_{t-1},\mu_{t-2},$

…, μ_{t-s}),则称 μ_t 具有高阶自回归形式。如果式（4-32）中的随机误差项 ν_t 是不满足古典假设的误差项，即 ν_t 含有 μ_t 的成分，例如包含 μ_{t-1} 的影响，则需将 μ_{t-2} 包含在回归模型中，即

$$\mu_t = \rho_1 \mu_{t-1} + \rho_2 \mu_{t-2} + \nu_t \tag{4-33}$$

式中，ρ_1 是一阶自相关系数；ρ_2 为二阶自相关系数；ν_t 是满足古典假设的误差项。

式（4-33）称为二阶自回归形式，记为 AR（2）。一般的，如果 $\mu_1, \mu_2, \cdots, \mu_t$ 之间的关系为

$$\mu_t = \rho_1 \mu_{t-1} + \rho_2 \mu_{t-2} + \cdots + \rho_s \mu_{t-s} + \nu_t \tag{4-34}$$

式中，ν_t 为满足古典假设的误差项。

式（4-34）称为 s 阶自回归，记为 AR（s）。

4.2.3 序列相关性的产生与后果

1. 序列相关性的产生

随机误差项之间存在序列相关性的原因很多，但主要是由经济变量的自身特点、数据处理、变量选择以及模型形式选择所引起的。

（1）经济变量自身特点引起随机误差项序列相关性。经济变量是对经济现象的客观反映。任何一种经济现象都有其历史的延续性与继承性，现在的状况是从过去的基础上演进而来的，过去的发展水平、速度、特征都会对现在的状况产生重要影响。同一经济变量，在前期与后续时期总存在一定的相关性，不可能互不相关。大多数经济时间序列都有一个明显的特点，就是它的惯性，如国民生产总值、价格指数、就业和失业、消费和投资等。当经济复苏、宏观经济从谷底开始上升时，大多数经济变量一般会持续上升，在向上移动的过程中，序列某一点的值会大于其前期值。这种向上的"动力"存在，直到经济开始衰退。当宏观经济从高涨的顶峰开始紧缩下降时，这类经济变量一般会持续减小，其值可能会小于前期值。这种"阻力"存在，直到经济开始复苏。因此，利用时间序列资料建立模型时，经济发展的惯性使得模型存在序列相关性。随机误差项作为模型中的一个特殊经济变量，虽然包含的具体内容很多，不具有单一的经济含义，但它与模型中独立出现的解释变量相类似，不同观测期的取值也不可能完全互不相关，总存在一定的相关性。

此外，经济变量的运行往往表现在时间前后期的相互关联上所形成的惯性。例如，一个企业固定资产的形成，不仅与当期固定资产投资有关，还与前期多年固定资产投资相关；农作物的单位面积产量，不仅取决于当年投入的生产要素的数量与质量，而且还与往年投入物的数量与质量有关。如果模型忽略了这些前后关联的因素的影响，误差项的系统性影响就会在模型中体现出来，产生序列相关性问题。

（2）解释变量选择引起随机误差项序列相关性。在现实经济活动中，某一经济现象的发展变化往往是多种因素综合作用的结果。利用计量经济模型研究经济变量的变化规律或者测度经济变量之间的数量依存关系，只能将重要的影响因素作为独立的解释变量在模型中列示，而将那些次要的影响因素予以舍弃。但这些被略去的次要因素的影响力在模型中并不会消失，它们的综合影响会在随机误差项中反映出来。进入模型随机误差项的次要因素在不同观测期的值可能是高度相关的，这就会带来随机误差项的序列相关性。例如，在商品需求函数中，如果解释变量只有收入和商品自身的价格，则随机误差项中将包含其他商品价格对该

商品需求的影响，价格变量一般是逐期相关的，从而使模型产生了序列相关性。

（3）模型函数形式设定偏误引起随机误差项序列相关性。在对实际经济问题的研究中，用于分析与测度经济变量之间数量依存关系的模型，是研究者根据一定的经济理论和实践经验确定的。由于研究对象自身的复杂性、经济理论的局限性以及人们对研究对象认识的片面性，都可能导致对模型形式选择的失准。如果模型形式不能正确反映经济变量之间内在真实的数量依存关系，就会造成随机误差项的序列相关性。比如，边际成本与产量之间的函数关系式应为

$$Y_t = \beta_0 + \beta_1 X_t + \beta_2 X_t^2 + \mu_t \tag{4-35}$$

式中，Y_t 表示边际成本；X_t 表示产量。

由于认识上的偏误，结果设成了线性形式

$$Y_t = \beta_0 + \beta_1 X_t + \varepsilon_t \tag{4-36}$$

这时，由于 $\varepsilon_t = \beta_2 X_t^2 + \mu_t$ 中包含了带有 X_t^2 对边际成本的系统影响，使得 ε_t 之间很可能出现序列相关性。

（4）观测数据的处理引起随机误差项序列相关性。在计量经济分析中使用的时间数据序列，由于多种原因在代表性上存在某些缺陷，为增强数据的代表性或弥补其他方面的缺陷，往往需要对原始观测数据进行内插或平滑处理。经这样处理后的时序数据与原始时间序列数据之间的差异便会在随机误差项中反映出来，并引起随机误差项的序列相关性。例如，在回归分析建模中，经常要对原始数据进行一些处理，如在具有季节性时序资料的建模中，必须消除季节性影响，对数据做修匀处理。但如果采用了不恰当的数据变换，就会带来序列的自相关性。

2. 序列相关性的后果

当一个线性回归模型的随机误差项存在序列相关性时，就违背了线性回归方程设定的基本假设，如果直接用普通最小二乘法估计未知参数，将会造成严重后果。

（1）模型参数估计值不具最优性。当模型存在序列相关性时，OLS 估计仍然是无偏估计，但不再具备有效性。这与存在异方差性时的情况一样，说明存在其他的参数估计方法，其估计误差小于 OLS 估计的误差。也就是说，对于存在序列相关性的模型，应该改用其他方法估计模型中的参数。

1）参数估计值仍然是无偏的。以一元线性回归模型为例，其模型为

$$Y_t = \beta_0 + \beta_1 X_t + \mu_t, \quad t = 1, 2, \cdots, n \tag{4-37}$$

设随机误差项 μ_t 具有零均值、齐异方差，且与 X_t 独立，但存在序列相关性。在普通最小二乘法下计算得到 $\hat{\beta}_0$ 与 $\hat{\beta}_1$，且有 $\hat{\beta}_1 = \beta_1 + \sum k_t \mu_t$。因此，$E(\hat{\beta}_1) = \beta_1 + \sum k_t \, E(\mu_t) = \beta_1$。这表明 $\hat{\beta}_1$ 满足无偏性。同理，可以证明 $\hat{\beta}_0$ 是 β_0 的无偏估计量。这个结果说明只要随机误差项 μ_t 与解释变量 X_t 相互独立，无论随机误差项 μ_t 之间是否存在序列相关性，对参数的普通最小二乘估计值的无偏性都没有影响。

2）参数估计值不再具有最小方差性。参数 β_1 的普通最小二乘估计值 $\hat{\beta}_1$ 的方差为

$$\begin{aligned}
\mathrm{Var}(\hat{\beta}_1) &= E[\hat{\beta}_1 - E(\hat{\beta}_1)]^2 = E(\hat{\beta}_1 - \beta_1)^2 \\
&= E(\sum k_t \mu_t)^2 = E[\sum k_t^2 \mu_t^2 + 2\sum_{k \neq s} k_t k_s \mu_t \mu_s] \\
&= \sum k_t^2 E(\mu_t^2) + 2\sum_{k \neq s} k_t k_s E(\mu_t \mu_s)
\end{aligned} \tag{4-38}$$

在随机误差项 μ_t 不存在序列相关性的假定下，$E(\mu_t\mu_s)=0(t\neq s)$，参数 β_1 的估计值 $\hat{\beta}_1$ 的方差为

$$\text{Var}(\hat{\beta}_1) = \sum k_t^2 E(\mu_t^2) = \sigma^2 \sum k_t^2 = \frac{\sigma^2}{\sum(X-\bar{X})^2} \tag{4-39}$$

在随机误差项 μ_t 存在序列相关性的情形下，$E(\mu_t\mu_s)\neq 0(t\neq s)$。令参数 β_1 的估计值用 $\hat{\beta}_1^*$ 表示，此时

$$\text{Var}(\hat{\beta}_1^*) = \sum k_t^2 E(\mu_t^2) + 2\sum_{k\neq s} k_t k_s E(\mu_t\mu_s) = \text{Var}(\hat{\beta}_1) + 2\sum_{k\neq s} k_t k_s E(\mu_t\mu_s) \tag{4-40}$$

如果随机误差项存在正的序列相关性，即 $E(\mu_t\mu_s)>0\ (t\neq s)$，那么

$$\text{Var}(\hat{\beta}_1^*) > \text{Var}(\hat{\beta}_1) \tag{4-41}$$

大多数时间序列数据由于受到经济波动规律的影响，一般随着时间的推移有向上或向下的变动趋势，所以往往表现出正的序列相关性。因而，$\hat{\beta}_1^*$ 的方差往往会大于 $\hat{\beta}_1$ 的方差，此时参数估计的最小方差性将不再能得到保证。如果随机误差项 μ_t 存在序列相关性，仍然用普通最小二乘法估计参数，就很有可能低估了参数估计值的真实方差。同理，可以证明 $\hat{\beta}_0$ 也有类似结果。

（2）模型参数的统计检验失效。在随机误差项 μ_t 存在序列相关性的情形下，如果仍然用普通最小二乘法来估计模型参数，则会低估了参数估计值的真实方差，从而低估了参数估计值的标准误差 $s(\hat{\beta}_1) = \sqrt{\dfrac{\sigma^2}{\sum(X-\bar{X})^2}}$。而 $s(\hat{\beta}_1)$ 的低估将直接导致 $t=\dfrac{\hat{\beta}_1}{s(\hat{\beta}_1)}$ 统计量被过高估计，从而得出回归参数统计检验为显著的结论，但实际上可能是并不显著的。同样，在进行 F 检验时，由于参数估计值方差的低估，导致 F 统计量虚增，使得 F 检验失效。

（3）模型的预测及经济分析功能失效。在随机误差项 μ_t 存在序列相关性的情形下，用普通最小二乘法估计模型参数，其估计值不再具有最小方差性，失去了最优性，使得模型的样本估计式失准。估计值真实方差的低估将导致统计检验的失效以及预测区间的可信度降低，用此模型进行预测和结构分析，将会带来较大的偏差甚至错误的解释。

4.2.4 序列相关性的检验

如果回归模型的随机误差项之间存在序列相关性，将对模型的参数估计、统计检验以及模型预测的可靠性带来严重的影响。因此，在采用普通最小二乘法对模型进行估计之前，必须检验模型是否存在序列相关性。常见检验方法如下：

1. 图示法

图示法是一种很直观的检验方法，是通过对残差散点图的分析来判断随机误差项的序列相关性。对给定的回归模型直接用普通最小二乘法估计参数，求出残差项 e_t，并把 e_t 作为随机误差项 μ_t 的估计值，画出 e_t 的散点图。由于把残差项 e_t 作为随机误差项 μ_t 的估计值，随机误差项 μ_t 的性质也应该能在残差 e_t 中反映出来。

（1）按时间顺序绘制残差图。如果残差 e_t，$t=1,2,\cdots,T$，随着时间 t 的变化而呈现有规律的变动，则 e_t 存在相关性，进而可以推断随机误差项 μ_t 之间存在序列相关性。如果

随着时间 t 的变化，e_t 并不频繁地改变符号，而是取几个正值后又连续地取几个负值（或者与之相反，取几个连续的负值后紧跟着取几个正值），则表明随机误差项 μ_t 存在正序列相关性（见图 4-3）；如果随着时间 t 的变化，e_t 不断地改变符号，那么随机误差项 μ_t 之间存在负序列相关性（见图 4-4）。

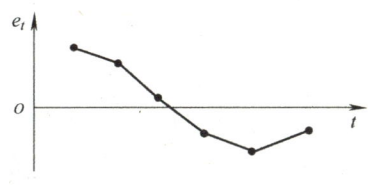
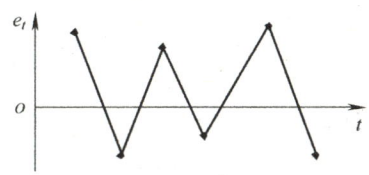

图 4-3　正序列相关性（一）　　　　　图 4-4　负序列相关性（一）

（2）绘制散点图。计算 e_t 和 e_{t-1}，以 e_t 为纵轴，e_{t-1} 为横轴，绘制 (e_{t-1}, e_t)，$t=1$，2，$\cdots$，T 的散点图。如果大部分点落在第 I、III 象限，表明随机误差项 μ_t 存在正序列相关性（见图 4-5）；如果大部分点落在第 II、IV 象限，表明随机误差项 μ_t 存在负序列相关性（见图 4-6）。

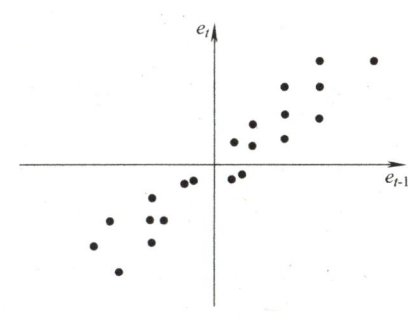
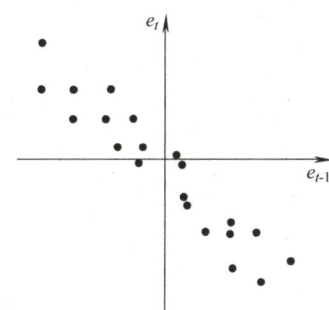

图 4-5　正序列相关性（二）　　　　　图 4-6　负序列相关性（二）

2. D-W 检验

（1）D-W 检验法的适用条件。杜宾-瓦特森检验简称 D-W 检验，是杜宾（J. Durbin）和瓦特森（G. S. Watson）于 1951 年提出的一种适用于小样本的序列相关性的检验方法。D-W 检验是目前检验序列相关性最为常用的一种方法，但它只适用于检验随机误差项具有一阶自回归形式的序列相关性问题。在使用该方法时，必须注意该方法的适用条件：回归模型含有截距项，即截距项不为 0；解释变量 X 是非随机的；随机误差项 μ_t 为一阶自相关，即 $\mu_t = \rho \mu_{t-1} + \varepsilon_t$；回归模型中不应含有滞后内生变量作为解释变量，即不应出现下列形式

$$Y_t = \beta_0 + \beta_1 X_t + \beta_2 Y_{t-1} + \mu_t$$

式中，Y_{t-1} 为 Y_t 的滞后一期变量，无缺失数据。

当上述条件均得到满足时，可以利用 D-W 方法检验序列相关性问题。

（2）D-W 检验法的具体过程

1) 提出假设。$H_0: \rho = 0$，即不存在序列相关性，$H_1: \rho \neq 0$，即存在序列相关性。

2) 定义 D-W 检验统计量。为了检验上述假设，构造 D-W 检验统计量，首先要求出回归估计式的残差 e_t。定义 D-W 统计量为

$$DW = \frac{\sum\limits_{t=2}^{n}(e_t - e_{t-1})^2}{\sum\limits_{t=1}^{n} e_t^2} \tag{4-42}$$

式中，$e_t = Y_t - \hat{Y}_t$，$t = 1, 2, \cdots n$。

当求得模型参数估计量后，很容易求得 DW 的值。为什么可以通过 DW 的值检验自相关的存在呢？从直观上看，如果模型存在自相关，即对于相邻的样本点，e_t 都较大或较小，此时 $|e_t - e_{t-1}|$ 较小，DW 值的分子较小，DW 值较小；若存在负自相关，即对于相邻的样本点，若 e_t 大，则 e_{t-1} 小，若 e_t 小，则 e_{t-1} 大，此时 $|e_t - e_{t-1}|$ 较大，DW 值也较大；若不存在自相关，则 e_t 与 e_{t-1} 呈随机相关，$|e_t - e_{t-1}|$ 较为适中，DW 取一个适中值。从数学上也容易证明，展开 DW 统计量

$$DW = \frac{\sum\limits_{t=2}^{n} e_t^2 + \sum\limits_{t=2}^{n} e_{t-1}^2 - 2\sum\limits_{t=2}^{n} e_t e_{t-1}}{\sum\limits_{t=1}^{n} e_t^2} \tag{4-43}$$

当 n 较大时，$\sum\limits_{t=1}^{n} e_t^2$、$\sum\limits_{t=2}^{n} e_t^2$ 与 $\sum\limits_{t=2}^{n} e_{t-1}^2$ 只有一次观测之差，故可认为近似相等，则由式（4-43）得

$$DW \approx \frac{2\sum\limits_{t=2}^{n} e_{t-1}^2 - 2\sum\limits_{t=2}^{n} e_t e_{t-1}}{\sum\limits_{t=2}^{n} e_{t-1}^2} = 2\left[1 - \frac{\sum\limits_{t=2}^{n} e_t e_{t-1}}{\sum\limits_{t=2}^{n} e_{t-1}^2}\right] \tag{4-44}$$

随机误差序列 $\mu_1, \mu_2, \cdots, \mu_n$ 的自相关系数定义为

$$\rho = \frac{\sum\limits_{t=2}^{n} \mu_t \mu_{t-1}}{\sqrt{\sum\limits_{t=2}^{n} \mu_t^2} \sqrt{\sum\limits_{t=2}^{n} \mu_{t-1}^2}} \tag{4-45}$$

在实际应用中，随机误差序列的真实值是未知的，需要用估计值 e_t 代替。在 $\sum\limits_{t=2}^{n} e_t^2 \approx \sum\limits_{t=2}^{n} e_{t-1}^2$ 的假定下，得到自相关系数的估计值为

$$\hat{\rho} = \frac{\sum\limits_{t=2}^{n} e_t e_{t-1}}{\sqrt{\sum\limits_{t=2}^{n} e_t^2} \sqrt{\sum\limits_{t=2}^{n} e_{t-1}^2}} \approx \frac{\sum\limits_{t=2}^{n} e_t e_{t-1}}{\sum\limits_{t=2}^{n} e_{t-1}^2} \tag{4-46}$$

所以，式（4-44）可以写成

$$DW \approx 2(1 - \hat{\rho}) \tag{4-47}$$

3) 检验序列相关性。因为自相关系数 $\hat{\rho}$ 的值介于 $-1 \sim 1$，所以 $0 \leq DW = 2(1 - \hat{\rho}) \leq 4$，

而且有 DW 值与 $\hat{\rho}$ 的对应关系如表 4-4 所示。

表 4-4　DW 值与 $\hat{\rho}$ 的对应关系表

$\hat{\rho}$ 值	DW 值	随机误差项的序列相关性	$\hat{\rho}$ 值	DW 值	随机误差项的序列相关性
-1	4	完全负序列相关性	(0, 1)	(0, 2)	正序列相关性
$(-1, 0)$	(2, 4)	负序列相关性	1	0	完全正序列相关性
0	2	无序列相关性			

从表 4-4 中，可以知道当 DW 值显著地接近 0 或者 4 时，则存在序列相关性；而接近 2 时，则不存在序列相关性。这样只要知道 DW 统计量的概率分布，在给定的显著性水平下，根据临界值的位置就可以对原假设 H_0 进行检验。但是 DW 统计量的概率分布很难确定，作为一种变通的处理方法，杜宾和瓦特森在 5% 和 1% 的显著水平下，找到了上限临界值 d_U 和下限临界值 d_L，并编制了 DW 检验的上、下限表。上、下限只与样本的大小 n 和解释变量的个数 k 有关，而与解释变量的取值无关。具体的判别规则为：

1）$0 \leq \mathrm{DW} \leq d_L$，拒绝 H_0，表明随机误差项 μ_t 之间存在正的序列相关性。

2）$4 - d_L \leq \mathrm{DW} \leq 4$，拒绝 H_0，表明随机误差项 μ_t 之间存在负的序列相关性。

3）$d_U \leq \mathrm{DW} \leq 4 - d_U$，接受 H_0，即认为随机误差项 μ_t 之间不存在序列相关性。

4）$d_L < \mathrm{DW} < d_U$ 或 $4 - d_U < \mathrm{DW} < 4 - d_L$，不能判定是否存在序列相关性。

上述四条判别规则可用图 4-7 表示。

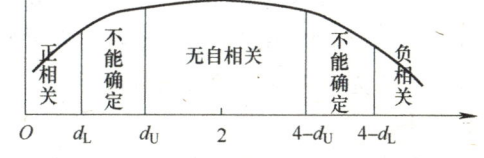

图 4-7　时间序列相关性 DW 检验判断

（3）D-W 检验的特点

1）D-W 检验法的优点

① 由于其计算简单、应用方便，目前已成为最常用的序列相关性检验的方法。

② EViews 软件在输出回归分析结果中直接给出了 DW 值，并且人们也习惯将 DW 值作为常规的检验统计量，连同 R^2、t 值等一起在报告回归分析的计算结果时表明。

2）D-W 检验的局限性

① D-W 检验不适用于随机误差项具有高阶序列相关性的检验。

② D-W 检验有两个无法判别的区域，一旦 DW 值落入这两个区域，必须调整样本容量或采取其他的检验方法。

③ 这一方法不适用于对联立方程模型中各单一方程随机误差项序列相关性的检验，也不适用于模型中含有滞后的被解释变量的情况。

3. 回归检验法

（1）回归检验法的定义。回归检验法适用于任一随机变量序列相关性的检验，并能提供序列相关性的具体形式及相关系数的估计值。

（2）回归检验法的具体步骤

1）依据模型变量的样本观测数据，应用 OLS 法求出模型 $Y_t = \beta_0 + \beta_1 X_t + \mu_t$ 的样本估计式，并计算出随机误差项 μ_t 的估计值 e_t。

2）建立 e_t 与 e_{t-1}、e_{t-2} 的相互关系模型，由于它们相互关系的形式和类型是未知的，需要用多种函数形式进行试验。常用的函数形式主要有

$$e_t = \rho e_{t-1} + \varepsilon_t$$
$$e_t = \rho e_{t-1}^2 + \varepsilon_t$$
$$e_t = \rho_1 e_{t-1} + \rho_2 e_{t-2} + \varepsilon_t$$
$$e_t = \rho \sqrt{e_{t-1}} + \varepsilon_t$$
$$e_t = \rho / \sqrt{e_{t-1}} + \varepsilon_t$$

3) 对不同形式的 e_t 与 e_{t-1}、e_{t-2} 的相互关系模型，先用普通最小二乘法进行参数估计，得出回归估计式，再对估计式进行统计检验。如果检验的结果是每一种估计式都不显著，就表明 e_t 与 e_{t-1}、e_{t-2} 是不相关的，随机误差项 μ_t 之间不存在序列相关性；如果通过检验发现某一个估计式是显著的（若有多个估计式显著，就选择最为显著的），就表明 e_t 与 e_{t-1}、e_{t-2} 是相关的，随机误差项 μ_t 之间存在序列相关性，相关的形式就是统计检验显著的回归估计式，相关系数就是该估计式的参数估计值。

回归检验法不仅能够探明模型扰动项是否存在序列相关性，而且还能提供序列相关性的具体形式的信息，从而给出位置参数自回归系数的估计值。利用这种估计值对原始模型进行变换，以削弱、克服序列相关性是完全必要的。但是，回归检验法需要用多种形式的回归模型对 e_t 与 e_{t-1}、e_{t-2} 的相关性进行试验分析，工作量大、计算复杂，显得极为烦琐。

线性回归模型中随机误差项序列相关性的检验，在计量经济学的研究中是一个很重要的问题。但目前应用的检验方法都存在一些缺陷和局限，还不能对这一问题进行完全、有效的检验，更为完善的检验方法有待于进一步研究。有关高阶序列相关性的检验，可以参考相关教科书。

4. 拉格朗日乘数（Lagrange Multiplier）检验

拉格朗日乘数检验克服了 D-W 检验的缺陷，适合于高阶序列相关性以及模型中存在滞后被解释变量的情形。它是由布劳殊（Breusch）与戈弗雷（Godfrey）于 1978 年提出的，也被称为 GB 检验。

对于模型

$$Y_t = \beta_0 + \beta_1 X_{1t} + \beta_2 X_{2t} + \cdots + \beta_k X_{kt} + \mu_t \tag{4-48}$$

如果怀疑随机扰动项存在 p 阶序列相关性

$$\mu_t = \rho_1 \mu_{t-1} + \rho_2 \mu_{t-2} + \cdots + \rho_p \mu_{t-p} + \nu_t \tag{4-49}$$

GB 检验可用来检验如下受约束回归方程

$$Y_t = \beta_0 + \beta_1 X_{1t} + \beta_2 X_{2t} + \cdots + \beta_k X_{kt} + \rho_1 \mu_{t-1} + \rho_2 \mu_{t-2} + \cdots + \rho_p \mu_{t-p} + \nu_t \tag{4-50}$$

具体步骤：

1) 原假设 $H_0: \rho_1 = \rho_2 = \cdots = \rho_p = 0$，即不存在任何阶数的序列相关性。
2) 用 OLS 法估计模型，得到残差序列 e_t。
3) 进行如下回归，得出回归的可决系数 R^2

$$e_t = \beta_0 + \beta_1 X_{1t} + \beta_2 X_{2t} + \cdots + \beta_k X_{kt} + \rho_1 e_{t-1} + \cdots + \rho_p e_{t-p} + \nu_t \tag{4-51}$$

4) 构造检验统计量：

约束条件 H_0 为真时，大样本下

$$\text{LM} = (n-p)R^2 \sim \chi^2(p) \tag{4-52}$$

式中，n 为样本容量。

5）判断：

给定 α，查临界值 $\chi_\alpha^2(p)$，与 LM 值比较，做出判断：如果 $(n-p)R^2 > \chi^2(p)$，则拒绝原假设，认为至少有一个 p 不为 0；如果 $(n-p)R^2 < \chi^2(p)$，则接受原假设。

GB 假设的一个不足在于，滞后长度 p 值事先不能确定，只能进行多次试验。往往可以采用 AIC 和 SC 准则来确定滞后长度。

4.2.5 序列相关性的修正

如果检验发现随机误差项之间存在序列相关性，应当首先分析序列相关性产生的原因。引起序列相关性的原因不同，修正序列相关性的方法也不同。如果是回归模型变量选用不当，则应对模型中包含的解释变量进行调整，去掉无关的以及非重要的变量，引入重要的变量；如果是模型的形式选择不当，则应重新确定正确的模型形式；如果以上两种方法都不能消除序列相关性，则需要采用其他数学方法进行处理以消除序列相关性，然后再对模型中的未知参数进行估计。克服序列相关性的方法主要有以下几种：

1. 差分法

差分法将原模型变换为差分模型，用增量数据代替原来的样本数据。差分法分为一阶差分法和广义差分法。

（1）一阶差分法。一阶差分法适用于原模型存在较高程度的一阶自相关的情况。

设线性回归模型为

$$Y_t = \beta_0 + \beta_1 X_t + \mu_t \tag{4-53}$$

若经检验，μ_t 存在一阶自相关形式

$$\mu_t = \rho \mu_{t-1} + \nu_t \tag{4-54}$$

而且 ν_t 是满足古典线性回归模型基本假设的随机扰动项，即其具有零均值、同方差和非相关等假定。即

$$E(\nu_t) = 0,\ E(\nu_t^2) = \sigma_\nu^2,\ E(\nu_t \nu_{t-1}) = 0,\ \mathrm{Cov}(\mu_{t-1}, \nu_t) = 0,\ t = 1, 2, \cdots, T$$

可得

$$Y_{t-1} = \beta_0 + \beta_1 X_{t-1} + \mu_{t-1} \tag{4-55}$$

两边同时乘以 ρ，得

$$\rho Y_{t-1} = \rho \beta_0 + \rho \beta_1 X_{t-1} + \rho \mu_{t-1} \tag{4-56}$$

式（4-53）减去式（4-56），得

$$Y_t - \rho Y_{t-1} = (\beta_0 - \rho \beta_0) + \beta_1 (X_t - \rho X_{t-1}) + (\mu_t - \rho \mu_{t-1}) \tag{4-57}$$

令

$$Y_t^* = Y_t - \rho Y_{t-1},\ X_t^* = X_t - \rho X_{t-1},\ \beta_0^* = \beta_0(1 - \rho),\ \nu_t = \mu_t - \rho \mu_{t-1}$$

则式（4-57）可优化为

$$Y_t^* = \beta_0^* + \beta_1 X_t^* + \nu_t \tag{4-58}$$

$$(n-p)R^2 > \chi^2(p)$$

当 $\rho = 1$ 时

$$Y_t - Y_{t-1} = \beta_1 (X_t - X_{t-1}) + \nu_t \tag{4-59}$$

如果原模型存在完全一阶正相关,即 $\mu_t = \mu_{t-1} + \nu_t$(其中 ν_t 不存在序列相关性),那么差分模型满足应用普通最小二乘法的基本假设。用增量数据 ΔY_t 和 ΔX_t 为样本,采用 OLS 法得到的参数估计值,即为原模型参数的无偏、有效估计值。

(2) 广义差分法。一阶差分法仅适用于随机误差项的自相关系数 $\rho = 1$ 的情形。但在一般情况下,完全一阶正相关的情况并不多见。在这种情况下,随机误差项的序列相关性就要用广义差分法进行修正。

对于多元线性回归模型,广义差分法也同样适用,设模型

$$Y_t = \beta_0 + \beta_1 X_{1t} + \beta_2 X_{2t} + \cdots + \beta_k X_{kt} + \mu_t, \ t = 1, 2, \cdots, n \quad (4\text{-}60)$$

$$\mu_t = \rho \mu_{t-1} + \nu_t \quad (4\text{-}61)$$

其中 ρ 已知,ν_t 满足经典回归的基本假设。式 (4-60) 滞后一项并乘以 ρ,得

$$\rho Y_{t-1} = \rho \beta_0 + \rho \beta_1 X_{1(t-1)} + \rho \beta_2 X_{2(t-1)} + \cdots + \rho \beta_k X_{k(t-1)} + \rho \mu_{t-1} \quad (4\text{-}62)$$

式 (4-60) 减去式 (4-62),得

$$\begin{aligned} Y_t - \rho Y_{t-1} = {} & \beta_0 (1 - \rho) + \beta_1 (X_{1t} - \rho X_{1(t-1)}) + \beta_2 (X_{2t} - \rho X_{2(t-1)}) + \cdots \\ & + \beta_k (X_{kt} - \rho X_{k(t-1)}) + (\mu_t - \rho \mu_{t-1}) \end{aligned} \quad (4\text{-}63)$$

在 ρ 为已知的情况下,可以式 (4-63) 进行如下变换

$$\begin{cases} Y_t^* = Y_t - \rho Y_{t-1} \\ \beta_0^* = \beta_0 (1 - \rho) \\ X_{1t}^* = X_{1t} - \rho X_{1(t-1)} \\ X_{2t}^* = X_{2t} - \rho X_{2(t-1)} \quad (t = 2, 3, \cdots, n) \\ \vdots \\ X_{kt}^* = X_{kt} - \rho X_{k(t-1)} \\ \nu_t = \mu_t - \rho \mu_{t-1} \end{cases} \quad (4\text{-}64)$$

则有

$$Y_t^* = \beta_0^* + \beta_1 X_{1t}^* + \beta_2 X_{2t}^* + \cdots + \beta_k X_{kt}^* + \nu_t \quad (4\text{-}65)$$

故可以对上式应用普通最小二乘法进行估计。上式通常被称为拟一阶差分或者广义差分变换。应当注意,这里讲的方法和前面讲述的一阶差分法有所不同:由于变换只剩下 $(n-1)$ 个观测值,损失了一个观测值。为了避免这一损失,凯迪雅勒等人提出对第一个观测值做如下变换

$$Y_1^* = Y_1 \sqrt{1 - \rho^2}, \ X_1^* = X_1 \sqrt{1 - \rho^2} \quad (4\text{-}66)$$

这样变换的目的是使相应误差项 μ_1 与其他误差项 $\mu_2, \mu_3, \cdots, \mu_t$ 的方差保持相等

$$\mu_1^* = \mu_1 \sqrt{1 - \rho^2} \quad (4\text{-}67)$$

$$\text{Var}(\mu_1^*) = (1 - \rho^2) \text{Var}(\mu_1) = \sigma_u^2$$

采用差分法将原模型存在序列相关性的模型变换成满足基本假设的模型。该方法都是在假设已知 ρ 的情况下进行的,然而实际上人们并不知道 ρ 的具体值,为此必须对 ρ 的值进行估计。估计方法在下面进行详细介绍。

2. 自相关系数 ρ 的估计方法

在上面进行差分变换时,需要先知道 ρ 的值,但是 ρ 通常是未知的,因此需要先估计出

ρ 的值。对 ρ 的估计一般可以采用以下几种方法：

(1) 反复迭代法。反复迭代法是用 ρ 逐步逼近的办法求的估计值。下面举一个简单的例子：

对于模型
$$Y_t = \beta_0 + \beta_1 X_t + \mu_t$$

假设
$$\mu_t = \rho \mu_{t-1} + \nu_t$$

1) 利用 OLS 法估计模型 $Y_t = \beta_0 + \beta_1 X_t + \mu_t$，计算出残差 e_t。

2) 根据上一步计算出的残差 e_t，计算 ρ 的估计值 $\hat{\rho}$。即
$$Y_t = \hat{\beta}_0 + \hat{\beta}_1 X_t + e_t, \quad e_t = Y_t - \hat{\beta}_0 - \hat{\beta}_1 X_t \tag{4-68}$$

$$\hat{\rho} = \frac{\sum_{t=2}^{n} e_t e_{t-1}}{\sum_{t=2}^{n} e_{t-1}^2} \tag{4-69}$$

3) 利用上一步求得的 $\hat{\rho}$ 值对 $Y_t = \beta_0 + \beta_1 X_t + \mu_t$ 式进行广义差分变换
$$Y_t^* = Y_t - \rho Y_{t-1}, \quad X_t^* = X_t - \rho X_{t-1} \tag{4-70}$$
$$Y_t - \hat{\rho} Y_{t-1} = \beta_0 (1 - \hat{\rho}) + \beta_1 (X_t - \hat{\rho} X_{t-1}) + (\mu_t - \hat{\rho} \mu_{t-1}) \tag{4-71}$$

并得到广义差分模型
$$Y_t^* = \beta_0 (1 - \hat{\rho}) + \beta_1 X_t^* + \nu_t \tag{4-72}$$

4) 再利用 OLS 法估计 $Y_t^* = \beta_0 (1 - \hat{\rho}) + \beta_1 X_t^* + \nu_t$，计算出残差 $\hat{e}_t$。根据残差 $\hat{e}_t$，计算 ρ 的第二次逼近值 $\hat{\rho}^*$。即

$$\hat{\rho}^* = \frac{\sum_{t=2}^{n} \hat{e}_t \hat{e}_{t-1}}{\sum_{t=2}^{n} (\hat{e}_{t-1})^2} \tag{4-73}$$

5) 重复执行 3)、4) 步骤，直到 ρ 的前后两次估计值比较接近，即估计误差小于事先给定的精度 δ：$|\hat{\rho}^* - \hat{\rho}| < \delta$。此时，以 $\hat{\rho}^*$ 作为 ρ 的估计值，并用广义差分法进行变换，得到回归系数的估计值。

(2) 利用 D-W 的统计量估计 $\rho_1 = \rho_2$。前面讲到 D-W 的统计量 DW 与 $\hat{\rho}$ 之间的关系，即 $DW = 2(1 - \hat{\rho})$。在进行 DW 检验时，需要求出 DW 的值。经检验后，若存在自相关，则可利用 DW 值求出 $\hat{\rho}$ 值

$$\hat{\rho} = 1 - \frac{DW}{2} \tag{4-74}$$

但是使用这种方法必须注意：这种方法只适用样本较大的情况。因为关系式 $\hat{\rho} = 1 - \frac{DW}{2}$ 只针对大样本渐进有效，对于小样本来说往往不适用。在小样本情况下，泰尔（Theil）和纳加（Nagar）建议采用如下关系式

$$\hat{\rho} = \frac{n^2 (1 - DW/2) + k^2}{n^2 - k^2} \tag{4-75}$$

式中，n 为观测数据总数目，即样本容量；DW 为 D-W 统计量；k 为待估计参数个数（包含

常数项）。

（3）高阶的自相关形式的扰动项。例如，对于具有二阶自相关形式的扰动项

$$\mu_t = \rho_1 \mu_{t-1} + \rho_2 \mu_{t-2} + \nu_t \tag{4-76}$$

首先根据原始观测值应用 OLS 法，计算出 μ 的估计值 e。然后对函数

$$e_t = \hat{\rho}_1 e_{t-1} + \hat{\rho}_2 e_{t-2} \tag{4-77}$$

应用普通最小二乘法，求得 ρ 的第一次估计量值 $\hat{\rho}_1$、$\hat{\rho}_2$。然后利用 $\hat{\rho}_1$、$\hat{\rho}_2$ 进行变换原始观测值，进行第二次迭代。如此进行下去，直到 ρ 的估计值收敛为止。

若 μ_k 具有 k 阶自回归形式，需要注意的是：对二阶自回归形式做广义差分变换后，要损失两个观测值；对 k 阶自回归形式，做广义差分变换后，将损失 k 个观测值。

3. 杜宾两步法

进行广义差分变换的前提是已知 ρ 的值。但 ρ 是随机误差项的自相关系数，μ_t 的值不可观测，使得 ρ 的值也是未知的。所以，利用广义差分法处理序列相关性时，首先需要估计出 ρ 的值。这可以用杜宾（Durbin）两步估计法，这种方法适用于任何高阶自回归形式的扰动项。

以一元线性回归模型为例，对于模型

$$Y_t = \beta_0 + \beta_1 X_t + \mu_t \tag{4-78}$$

如果随机误差项 μ_t 存在 k 阶自回归形式的序列相关性，即

$$\mu_t = \rho_1 \mu_{t-1} + \rho_2 \mu_{t-2} + \cdots + \rho_k \mu_{t-k} + \nu_t \quad (k<n) \tag{4-79}$$

当 $E(\nu_t) = 0$，$\mathrm{Var}(\nu_t) = \sigma_\nu^2$，$E(\nu_t \nu_{t-1}) = 0$ 时，便可利用杜宾两步法对 μ_t 的相关系数 ρ 进行估计。

具体步骤如下：

1）对式（4-78）进行差分变换，可得

$$\begin{aligned} Y_t - \rho_1 Y_{t-1} - \rho_2 Y_{t-2} - \cdots - \rho_k Y_{t-k} =& \beta_0(1 - \rho_1 - \rho_2 - \cdots - \rho_k) \\ &+ \beta_1(X_t - \rho_1 X_{t-1} - \rho_2 X_{t-2} - \cdots - \rho_k X_{t-k}) \\ &+ (\mu_t - \rho_1 \mu_{t-1} - \rho_2 \mu_{t-2} - \cdots - \rho_k \mu_{t-k}) \end{aligned} \tag{4-80}$$

2）应用普通最小二乘法对包含被解释变量及解释变量的滞后变量在内的模型式进行估计，求出 μ_t 随机误差项的自相关系数 $\rho_1, \rho_2, \cdots, \rho_k$ 的估计值 $\hat{\rho}_1, \hat{\rho}_2, \cdots, \hat{\rho}_k$。再将 $\hat{\rho}_1, \hat{\rho}_2, \cdots, \hat{\rho}_k$ 代入式（4-80），可得

$$\begin{aligned} Y_t - \hat{\rho}_1 Y_{t-1} - \hat{\rho}_2 Y_{t-2} - \cdots - \hat{\rho}_k Y_{t-k} =& \beta_0(1 - \hat{\rho}_1 - \hat{\rho}_2 - \cdots - \hat{\rho}_k) \\ &+ \beta_1(X_t - \hat{\rho}_1 X_{t-1} - \hat{\rho}_2 X_{t-2} - \cdots - \hat{\rho}_k X_{t-k}) + \nu_t \end{aligned} \tag{4-81}$$

式（4-81）的随机误差项 ν_t 具有零均值、方差齐性、不存在序列相关性的特点。在 $\hat{\rho}_1, \hat{\rho}_2, \cdots, \hat{\rho}_k$ 已知的情况下，可以用普通最小二乘法对式（4-81）进行估计，分别求出参数 β_0 和 β_1 的估计值 $\hat{\beta}_0$、$\hat{\beta}_1$。此方法也适用于多元线性回归模型。杜宾两步法不仅求出了自相关系数 ρ 的估计值 $\hat{\rho}$，而且也得出了模型参数的估计值。

例如，随机误差项有如下二阶自相关形式

$$\mu_t = \rho_1 \mu_{t-1} + \rho_2 \mu_{t-2} + \nu_t \tag{4-82}$$

对原模型进行滞后一期后，式子两边同时乘以 ρ_1，得

$$\rho_1 Y_{t-1} = \rho_1 \beta_0 + \rho_1 \beta_1 X_{t-1} + \rho_1 \mu_{t-1} \tag{4-83}$$

然后再将原模型滞后两期后，式子两边同时乘以 ρ_2，得
$$\rho_2 Y_{t-2} = \rho_2\beta_0 + \rho_2\beta_1 X_{t-2} + \rho_2\mu_{t-2} \tag{4-84}$$
然后式（4-78）分别减去式（4-83）和式（4-84），变换后得
$$Y_t - \rho_1 Y_{t-1} - \rho_2 Y_{t-2} = \beta_0(1-\rho_1-\rho_2) + \beta_1(X_t - \rho_1 X_{t-1} - \rho_2 X_{t-2}) + (\mu_t - \rho_1\mu_{t-1} - \rho_2\mu_{t-2}) \tag{4-85}$$

移项得
$$Y_t = \beta_0(1-\rho_1-\rho_2) + \rho_1 Y_{t-1} + \rho_2 Y_{t-2} + \beta_1(X_t - \rho_1 X_{t-1} - \rho_2 X_{t-2}) + v_t \tag{4-86}$$

用普通最小二乘法求式（4-86）中的 ρ_1 和 ρ_2 的估计值 $\hat{\rho}_1$ 和 $\hat{\rho}_2$。

将 $\hat{\rho}_1$ 和 $\hat{\rho}_2$ 代入式（4-85）中，并令
$$Y_t^* = Y_t - \hat{\rho}_1 Y_{t-1} - \hat{\rho}_2 Y_{t-2}, \quad X_t^* = X_t - \hat{\rho}_1 X_{t-1} - \hat{\rho}_2 X_{t-2}$$

于是
$$Y_t^* = \beta_0(1-\hat{\rho}_1-\hat{\rho}_2) + \beta_1 X_t^* + v_t \tag{4-87}$$

用普通最小二乘法可直接估计 $\hat{\beta}_0^* = \beta_0(1-\hat{\rho}_1-\hat{\rho}_2)$ 及 $\hat{\beta}_1$，从而得到
$$\hat{\beta}_0 = \frac{\hat{\beta}_0^*}{1-\hat{\rho}_1-\hat{\rho}_2} \tag{4-88}$$

4. 广义最小二乘法（GLS）

广义最小二乘法适用于各种情况的单方程多元线性计量经济学模型，前面讲过的普通最小二乘法和加权最小二乘法（WLS）是它的特殊情形。对模型
$$Y = XB + U$$
如果存在序列相关性，同时存在异方差，即有
$$\mathrm{Cov}(\mu,\mu') = E(\mu\mu') = \begin{pmatrix} \sigma_{11}^2 & \sigma_{12} & \cdots & \sigma_{1n} \\ \sigma_{21} & \sigma_{22}^2 & \cdots & \sigma_{2n} \\ \vdots & \vdots & & \vdots \\ \sigma_{n1} & \sigma_{n2} & \cdots & \sigma_{nn}^2 \end{pmatrix} = \sigma^2 \boldsymbol{\Omega} \tag{4-89}$$

即
$$E(UU') = \sigma^2 \boldsymbol{\Omega}$$

其中，$\boldsymbol{\Omega}$ 为 n 阶正定矩阵，那么该模型的 GLS 估计量是
$$\hat{B} = (X'\boldsymbol{\Omega}^{-1}X)^{-1}X'\boldsymbol{\Omega}^{-1}Y \tag{4-90}$$

当 $\boldsymbol{\Omega}$ 为对角阵时，即为 WLS 估计量。

当模型存在序列相关性时
$$Y = XB + U$$
$$E(U) = 0, \quad E(UU') = \sigma^2 \boldsymbol{\Omega}$$
若 $\boldsymbol{\Omega}$ 为非对角阵，则存在序列相关性，令
$$\boldsymbol{\Omega} = DD'$$
用 D^{-1} 左乘模型，得到的新模型不存在序列相关，可以采用 OLS 估计参数，得到式（4-90）的参数估计量。

4.2.6 例题分析

经济理论指出，商品进口主要是由进口国的经济发展水平，以及商品进口价格指数与国

内价格指数对比因素决定的。由于无法取得中国商品进口价格指数，我们主要研究中国商品进口与国内生产总值的关系，如表4-5所示。

表4-5 1988—2011年中国商品进口与国内生产总值

年份	国内生产总值（GDP）/亿元	进口商品（M）/亿美元	年份	国内生产总值（GDP）/亿元	进口商品（M）/亿美元
1988	15042.82	552.7	2000	99214.55	2250.9
1989	16992.32	591.4	2001	109655.17	2436.1
1990	18667.82	533.5	2002	120332.69	2951.7
1991	21781.5	637.9	2003	135822.76	4127.6
1992	26923.48	805.9	2004	159878.34	5612.29
1993	35333.92	1039.6	2005	184937.37	6599.53
1994	48197.86	1156.1	2006	216314.43	7914.6
1995	60793.73	1320.8	2007	265810.31	9561.16
1996	71176.59	1388.3	2008	314045.43	11325.67
1997	78973.03	1423.7	2009	340902.81	10059.23
1998	84402.28	1402.4	2010	401512.8	13962.44
1999	89677.05	1657	2011	473104.05	17434.83

（1）通过OLS法建立如下中国商品进口方程

$$\hat{M}_t = -728.68 + 0.367 \text{GDP}_t$$
$$(-3.27) \quad (31.32)$$
$$R^2 = 0.978 \quad SE = 729.83 \quad DW = 0.85$$

（2）进行DW检验。取 $\alpha = 5\%$，由于 $n = 24$，$k = 2$（包含常数项），查表得：$d_L = 1.27$，$d_U = 1.45$。由于 $DW = 0.85 < d_L$，故存在正自相关。

二阶滞后

$$\tilde{e}_i = 40.827 - 0.000421 \text{GDP}_t + 0.6\tilde{e}_{t-1} - 0.064\tilde{e}_{t-2}$$
$$(-0.21) \quad (0.403) \quad (2.595) \quad (-0.27)$$
$$R^2 = 0.30$$

于是，$LM = 22 \times 0.30 = 6.60$。取 $\alpha = 5\%$，χ^2 分布的临界值 $\chi^2_{0.05}(2) = 5.991$，$LM > \chi^2_{0.05}(2)$，故存在正自相关。

三阶滞后

$$\tilde{e}_i = 43.258 + 0.000445 \text{GDP} + 0.6\tilde{e}_{t-1} - 0.0554\tilde{e}_{t-2} - 0.018\tilde{e}_{t-3}$$
$$(-0.21) \quad (0.38) \quad (2.49) \quad (-0.184) \quad (-0.054)$$
$$R^2 = 0.3$$

于是 $LM = 21 \times 0.3 = 6.3$。取 $\alpha = 5\%$，χ^2 分布的临界值 $\chi^2_{0.05}(3) = 7.815$，$LM < \chi^2_{0.05}(3)$，说明不存在三阶序列相关性。

（3）运用广义差分法进行自相关的处理。

首先，采用杜宾两步法估计。

第一步，估计模型

$$M_t = \beta_0^* + \rho_1 M_{t-1} + \rho_2 M_{t-2} + \beta_1^* \text{GDP}_t + \beta_2^* \text{GDP}_{t-1} + \beta_3^* \text{GDP}_{t-2} + v_t$$

$$\hat{M}_t = -357.40 + 0.86 M_{t-1} - 0.25 M_{t-2} + 0.10 \text{GDP}_t - 0.149 \text{GDP}_{t-1} + 0.060 \text{GDP}_{t-2}$$

$$(-2.33) \quad (4.30) \quad (-1.9) \quad (10.22) \quad (-6.30) \quad (2.92)$$

$$R^2 = 0.9965 \quad DW = 2.489$$

第二步，做差分变换

$$M_t^* = M_t - (0.86 M_{t-1} - 0.25 M_{t-2})$$

$$\text{GDP}_t^* = \text{GDP}_t - (0.86 \text{GDP}_{t-1} - 0.25 \text{GDP}_{t-2})$$

则 M^* 关于 GDP^* 的 OLS 估计结果为

$$\hat{M}_t^* = -463.30 + 0.0391 \text{GDP}_t^*$$

$$(-2.24) \quad (16.7)$$

$$R^2 = 0.933 \quad DW = 2.54$$

取 $\alpha = 5\%$，$DW > d_U = 1.43$（样本容量为 $24 - 2 = 22$），表明已不存在自相关。

为了 OLS 估计结果对比，计算 $\hat{\beta}_0$

$$\hat{\beta}_0 = \hat{\beta}_0^*/(1 - \hat{\rho}_1 - \hat{\rho}_2) = -463.3/(1 - 0.86 + 0.25) = -1187.95$$

于是，原模型为

$$\hat{M}_t = -1187.95 + 0.0391 \text{GDP}_t$$

与 OLS 估计结果的差别只在截距项：$\hat{M}_t = -728.68 + 0.0367 \text{GDP}_t$。其次，采用科克伦-奥科特迭代法估计 ρ。

二阶广义差分的结果为

$$\hat{M}_t = -1144.54 + 0.0387 \text{GDP}_t + 0.5875 \text{AR}(1) - 0.027 \text{AR}(2)$$

$$R^2 = 0.9855 \quad DW = 1.996$$

取 $\alpha = 5\%$，$DW > d_U = 1.66$（样本容量为 22），表明广义差分模型已不存在序列相关性。

可以验证：仅采用一阶广义差分，变换后的模型仍存在一阶自相关性；采用三阶广义差分，变换后的模型不再有自相关性。

4.3 多重共线性

4.3.1 多重共线性的概念

对于模型

$$Y_i = \beta_0 + \beta_1 X_{1i} + \beta_2 X_{2i} + \cdots + \beta_k X_{ki} + \mu_i, \quad i = 1, 2, \cdots, n \tag{4-91}$$

其基本假设之一是解释变量是互相独立的。

如果某两个或多个解释变量之间出现了相关性，则称为多重共线性（Multicollinearity）。

如果存在不全为 0 的数 $\lambda_1, \lambda_2, \cdots, \lambda_k$ 使得

$$\lambda_1 X_{1i} + \lambda_2 X_{2i} + \cdots + \lambda_k X_{ki} = 0, \quad i = 1, 2, \cdots, n \tag{4-92}$$

即某一个解释变量可以用其他解释变量的线性组合表示，则解释变量 $X_1, X_2, \cdots, X_k$ 之间存在完全多重共线性（Perfect-Multicollinearity）。

完全多重共线性还可以用矩阵形式加以描述。设解释变量矩阵 X 为

$$X = \begin{pmatrix} 1 & x_{11} & x_{21} & \cdots & x_{k1} \\ 1 & x_{12} & x_{22} & \cdots & x_{k2} \\ \vdots & \vdots & \vdots & & \vdots \\ 1 & x_{1n} & x_{2n} & \cdots & x_{kn} \end{pmatrix}$$

所谓完全多重共线性，就是$|X'X|=0$或者$\text{rank}(X)<k+1$，表明在矩阵X中，至少有一个列向量可以由其余的列向量线性表示。

实际中完全多重共线性的情况并不多，一般出现的是一定程度上的共线性，或者说近似线性关系，即

$$\lambda_1 X_{1i} + \lambda_2 X_{2i} + \cdots + \lambda_k X_{ki} + v_i = 0, \quad i=1, 2, \cdots, n \tag{4-93}$$

式中，λ_k不全为0；v_i是随机变量。式（4-93）表明解释变量X_1，X_2，$\cdots$，X_k之间存在近似的线性关系，即不完全多重共线性。这里"共线性"表示存在线性相关关系，"多重"意味着相关关系有多个组合。

需要指出的是，多重共线性是指解释变量之间的线性关系，并不是指它们之间的非线性关系。例如，对于下面回归模型

$$Y_i = \beta_0 + \beta_1 X_{1i} + \beta_2 X_{1i}^2 + \beta_3 X_{1i}^3 + \mu_i \tag{4-94}$$

式中，Y_i为生产总成本；X_{1i}为产量。

变量X_{1i}^2（产量的平方）和X_{1i}^3（产量的立方）显然是X_{1i}的函数，但这仅是非线性关系，该模型并不违反无多重共线性的假设。

4.3.2 多重共线性的产生与后果

1. 多重共线性产生的原因

经济现象的变化涉及多个影响因素，而影响因素之间常常存在一定的相关性。多重共线性产生原因主要有以下几种：

（1）经济变量之间的内在联系。例如，在农业生产函数中，影响农产品产量Y的因素有耕地面积X_1和施肥量X_2等因素，其模型可以写为$Y_i = \beta_0 + \beta_1 X_{1i} + \beta_2 X_{2i} + \mu_i$。一般来说，土地面积与施肥量有密切关系，面积越大，施肥量就越多，二者存在一定的线性依存关系。又如，在研究企业的生产量时，企业的资金和劳动力总是高度相关的，因为一般来说大型企业的资金和劳动力都较多，而小型企业的资金和劳动力都较少，这些截面数据中常常存在多重共线性。

（2）经济变量相关的共同趋势。

1）时间序列数据。一般而言，经济变量的时间序列数据通常会出现基本相同的变化趋势。例如，经济繁荣时期，各基本经济变量（收入、消费、投资、价格）都趋于增长；衰退时期，这些变量的增长速度又同时趋于下降。这时的时间序列数据很可能呈现一定程度的多重共线性。

2）横截面数据。利用截面数据建模时，许多变量变化与发展规模相关，会呈现出共同增长的趋势。例如，资本、劳动力、科技、能源等投入与产出的规模相关，这时容易出现多重共线性。有时如果出现部分因素的变化与另一部分因素的变化相关程度较高时，也容易出现共线性。例如，对粮食产量与化肥用量、浇水地面积、农业投入资金建立回归模型，发现回归效率较差，原因是农业资金的影响已经通过化肥用量和浇水地面积两个因素体现出来了。

（3）滞后变量的引入。在经济计量经济模型中，往往需要引入滞后变量，以反映动态性。例如，消费函数理论研究表明，人的消费水平与当期收入 X_t 和以前若干期的收入水平相关，在建立模型时，就需要引入过去收入 X_{t-1}、X_{t-2} 等滞后变量，这些滞后的收入变量 X_{t-1} 和 X_{t-2} 等与当期收入 X_t 之间存在高度相关性，因此导致模型出现多重共线性。又如，固定资产存量不仅与本期资本投资有关，还与以前资本投资有关。同一变量的前后期值可能高度线性相关。

（4）多项式项的引入。在微观经济学中，企业的生产成本与产量之间是类似立方形的曲线关系，实证研究中为反映成本与产量的这种关系，常常在成本模型中引进了解释变量的多项式作为新的解释变量，如模型 $Y_i = \beta_0 + \beta_1 X_{1i} + \beta_2 X_{1i}^2 + \beta_3 X_{1i}^3 + \mu_i$。在这种模型中，解释变量之间可能存在一定程度的多重共线性。

（5）样本数据本身的局限性。完全符合理论模型所需要的样本数据是很难收集的，只能被动接受；而且样本总是有限的，在计量经济学的实际应用中，一般只有一组样本。如果这一组样本又具有某种程度的共线性，则这种共线性就是样本数据自身的局限所导致的共线性。如在医疗研究中，可能只有少数病人，却要收集大量变量的信息，这些变量之间就会出现相关性。从方程的角度看，是方程个数少于变量的个数，则方程组有无数组解，其中部分解可以用其他线性表示，即变量之间存在相关性。但是，如果在实际应用中有足够多的样本，解释变量的多重共线性就会大大降低。这就再次说明，多重共线性本质上是样本问题。

2. 多重共线性产生的后果

如果模型中存在多重共线性，会产生以下后果：

（1）完全多重共线性产生的后果

1）参数估计量不确定，如

$$Y = X\beta + \mu \tag{4-95}$$

OLS 估计量为

$$\hat{\beta} = (X'X)^{-1}X'Y \tag{4-96}$$

如果存在完全共线性，则 $(X'X)^{-1}$ 不存在，无法得到回归系数 $\hat{\beta}$ 的唯一估计值。这里以两个解释变量的回归模型 $Y_i = \beta_0 + \beta_1 X_{1i} + \beta_2 X_{2i} + \mu_i$ 为例，说明完全多重共线性的影响。采用离差形式表示的两个解释变量的回归模型为

$$\hat{y}_i = \hat{\beta}_1 x_{1i} + \hat{\beta}_2 x_{2i} \tag{4-97}$$

得到其 OLS 估计式为

$$\hat{\beta}_1 = \frac{\left(\sum y_i x_{1i}\right)\left(\sum x_{2i}^2\right) - \left(\sum y_i x_{2i}\right)\left(\sum x_{1i} x_{2i}\right)}{\left(\sum x_{1i}^2\right)\left(\sum x_{2i}^2\right) - \left(\sum x_{1i} x_{2i}\right)^2} \tag{4-98}$$

$$\hat{\beta}_2 = \frac{\left(\sum y_i x_{2i}\right)\left(\sum x_{1i}^2\right) - \left(\sum y_i x_{1i}\right)\left(\sum x_{1i} x_{2i}\right)}{\left(\sum x_{1i}^2\right)\left(\sum x_{2i}^2\right) - \left(\sum x_{1i} x_{2i}\right)^2} \tag{4-99}$$

假设 $x_{1i} = \lambda x_{2i}$，这里 λ 是一非零常数，将其分别代入式（4-98）和式（4-99），可得

$$\hat{\beta}_1 = \frac{\left(\lambda \sum y_i x_{2i}\right)\left(\sum x_{2i}^2\right) - \left(\sum y_i x_{2i}\right)\left(\lambda \sum x_{2i} x_{2i}\right)}{\left(\lambda^2 \sum x_{2i}^2\right)\left(\sum x_{2i}^2\right) - \lambda^2 \left(\sum x_{2i} x_{2i}\right)^2} = \frac{0}{0} \tag{4-100}$$

$$\hat{\beta}_2 = \frac{\left(\sum y_i x_{2i}\right)\left(\lambda^2 \sum x_{2i}^2\right) - \left(\lambda \sum y_i x_{2i}\right)\left(\lambda \sum x_{2i}^2\right)}{\left(\lambda^2 \sum x_{2i}^2\right)\left(\sum x_{2i}^2\right) - \lambda^2 \left(\sum x_{2i}^2\right)^2} = \frac{0}{0} \tag{4-101}$$

式（4-100）和式（4-101）都是不定式，这说明当 $x_{1i} = \lambda x_{2i}$ 时，参数估计是不确定的。

从回归模型的建模思想来看，在回归模型中回归系数 $\hat{\beta}_1$ 的含义是在保持 X_2 不变的情况下，当 X_1 每变动一个单位时 Y 的平均变化；回归系数 $\hat{\beta}_2$ 的含义是在保持 X_1 不变的情况下，当 X_2 每变动一个单位时 Y 的平均变化。如果 X_1 与 X_2 完全共线，就没有办法能在保持 X_1 不变的情况下，分析 X_2 对 Y 的影响。或者说，没有办法能从所给的样本中把 X_1 和 X_2 各自的影响分解开来。

2）参数估计值的方差无限大。还是以只有两个解释变量的回归模型 $Y_i = \beta_0 + \beta_1 X_{1i} + \beta_2 X_{2i} + \mu_i$ 为例，容易导出参数估计式 $\hat{\beta}_1$ 和 $\hat{\beta}_2$ 的方差为

$$\text{Var}(\hat{\beta}_1) = \frac{\sum x_{2i}^2}{\left(\sum x_{1i}^2\right)\left(\sum x_{2i}^2\right) - \left(\sum x_{1i} x_{2i}\right)^2} \sigma^2 \tag{4-102}$$

$$\text{Var}(\hat{\beta}_2) = \frac{\sum x_{1i}^2}{\left(\sum x_{1i}^2\right)\left(\sum x_{2i}^2\right) - \left(\sum x_{1i} x_{2i}\right)^2} \sigma^2 \tag{4-103}$$

在完全共线的情况下，将 $x_{1i} = \lambda x_{2i}$ 代入式（4-102）和式（4-103），得

$$\text{Var}(\hat{\beta}_1) = \frac{\sum x_{2i}^2}{\left(\lambda^2 \sum x_{2i}^2\right)\left(\sum x_{2i}^2\right) - \left(\lambda \sum x_{2i} x_{2i}\right)^2} \sigma^2 = \frac{\sum x_{2i}^2}{0} \sigma^2 = \infty$$

同理

$$\text{Var}(\hat{\beta}_2) = \frac{\lambda^2 \sum x_{2i}^2}{\left(\lambda^2 \sum x_{2i}^2\right)\left(\sum x_{2i}^2\right) - \left(\lambda \sum x_{2i} x_{2i}\right)^2} \sigma^2 = \frac{\sum x_{1i}^2}{0} \sigma^2 = \infty$$

这表明，在解释变量之间存在完全的共线性的时候，参数估计值的方差将变成无穷大。

（2）不完全多重共线性下产生的后果。完全多重共线性只不过是一种极端情形，通常，解释变量之间并不一定是完全的线性关系。如果模型中存在不完全的多重共线性，这种情况下 $(X'X)^{-1}$ 也存在，可以得到参数的估计值，但是对计量经济分析可能会产生一系列的影响。

1）参数估计值的方差增大。还是以二元回归模型 $Y_i = \beta_0 + \beta_1 X_{1i} + \beta_2 X_{2i} + \mu_i$ 为例，X_1 与 X_2 的不完全共线性关系为

$$X_{1i} = \lambda X_{2i} + v_i \tag{4-104}$$

其中，$\lambda \neq 0$ 并且 v_i 为随机扰动项，并且假定 $\sum v_i = 0$，$\sum X_{ki} v_i = 0$，即 X_{2i} 与 v_i 不相关，则有 $x_{1i} = \lambda x_{2i} + v_i$，$\sum x_{ki} v_i = 0$。在这种情况下，还是可以用 OLS 法估计回归系数 β_1 和 β_2。

若将式（4-104）代入式（4-98）和式（4-99），得

$$\hat{\beta}_1 = \frac{\left[\sum y_i (\lambda x_{2i} + v_i)\right]\left(\sum x_{2i}^2\right) - \left(\sum y_i x_{2i}\right)\left[\sum (\lambda x_{2i} + v_i) x_{2i}\right]}{\left[\sum (\lambda x_{2i} + v_i)^2\right]\left(\sum x_{2i}^2\right) - \left[\sum (\lambda x_{2i} + v_i) x_{2i}\right]^2}$$

$$= \frac{\left(\lambda \sum y_i x_{2i} + \sum y_i \nu_i\right)\left(\sum x_{2i}^2\right) - \left(\sum y_i x_{2i}\right)\left(\lambda \sum x_{2i}^2\right)}{\left(\lambda^2 \sum x_{2i}^2 + \sum \nu_i^2\right)\left(\sum x_{2i}^2\right) - \left(\sum \lambda x_{2i}^2\right)^2} \tag{4-105}$$

$$= \frac{\left(\sum y_i \nu_i\right)\left(\sum x_{2i}^2\right)}{\left(\sum \nu_i^2\right)\left(\sum x_{2i}^2\right)} = \frac{\left(\sum y_i \nu_i\right)}{\left(\sum \nu_i^2\right)}$$

$$\hat{\beta}_2 = \frac{\left(\sum y_i x_{2i}\right)\left[\sum (\lambda x_{2i} + \nu_i)^2\right] - \left[\sum y_i (\lambda x_{2i} + \nu_i)\right]\left[\sum (\lambda x_{2i} + \nu_i) x_{2i}\right]}{\left[\sum (\lambda x_{2i} + \nu_i)^2\right]\left(\sum x_{2i}^2\right) - \left[\sum (\lambda x_{2i} + \nu_i) x_{2i}\right]^2} \tag{4-106}$$

$$= \frac{\left(\sum y_i x_{2i}\right)\left(\lambda^2 \sum x_{2i}^2 + \sum \nu_i^2\right) - \left(\lambda \sum y_i x_{2i} + \sum y_i \nu_i\right)\left(\lambda \sum x_{2i}^2\right)}{\left(\lambda^2 \sum x_{2i}^2 + \sum \nu_i^2\right)\left(\sum x_{2i}^2\right) - \lambda^2 \left(\sum x_{2i}^2\right)^2}$$

由上面两个表达式可以得出，在 X_1 与 X_2 近似共线性时，$\hat{\beta}_1$ 和 $\hat{\beta}_2$ 还是可以估计的。但是，如果 X_1 与 X_2 共线程度越高，ν_i 会充分得小，以至于非常接近0，此时 $\hat{\beta}_2$ 会越加趋于不确定。

在 X_1 与 X_2 为不完全的共线性时，X_1 与 X_2 的相关系数的平方用离差形式可表示为

$$r_{12}^2 = \frac{\left(\sum x_{1i} x_{2i}\right)^2}{\sum x_{1i}^2 \sum x_{2i}^2} \tag{4-107}$$

将式（4-107）代入式（4-102）和式（4-103），容易证明

$$\mathrm{Var}(\hat{\beta}_1) = \frac{\sum x_{2i}^2}{\left(\sum x_{1i}^2\right)\left(\sum x_{2i}^2\right) - \left(\sum x_{1i} x_{2i}\right)^2} \sigma^2$$

$$= \frac{1}{\sum x_{1i}^2 \left[1 - \frac{\left(\sum x_{1i} x_{2i}\right)^2}{\sum x_{1i}^2 \sum x_{2i}^2}\right]} \sigma^2 \tag{4-108}$$

$$= \frac{\sigma^2}{\sum x_{1i}^2 (1 - r_{12}^2)}$$

同样可得

$$\mathrm{Var}(\hat{\beta}_2) = \frac{\sigma^2}{\sum x_{2i}^2 (1 - r_{12}^2)} \tag{4-109}$$

$$\mathrm{Cov}(\hat{\beta}_1, \hat{\beta}_2) = \frac{-r_{12} \sigma^2}{(1 - r_{12}^2) \sqrt{\sum x_{1i}^2 \sum x_{2i}^2}} \tag{4-110}$$

若 $r_{12} = 0$，则 $\mathrm{Var}(\hat{\beta}_1) = \frac{\sigma^2}{\sum x_{1i}^2}$；若 $r_{12} \neq 0$，则 $\mathrm{Var}(\hat{\beta}_1) = \frac{\sigma^2}{\sum x_{1i}^2} \cdot \frac{1}{1 - r_{12}^2}$。

因为 $-1 < r_{12} < 1$，故有 $0 < 1 - r_{12}^2 < 1$，从而 $\mathrm{Var}(\hat{\beta}_1) > \frac{\sigma^2}{\sum x_{1i}^2}$。由此可见，由于多重共

线性而使方差增大,且随 X_{1i} 和 X_{2i} 线性相关程度的增加而急剧增大,当 X_1 和 X_2 高度相关时(即 $r_{12}^2 \to 1$),便有 $\mathrm{Var}(\hat{\beta}_1) = \dfrac{\sigma^2}{\sum x_{1i}^2} \cdot \dfrac{1}{1-r_{12}^2} \to \infty$。由于方差增大,从而降低估计值的可靠程度。同样的,其协方差在绝对值上也增大。

由式(4-108)~式(4-110)可以看出,方差和协方差增大的速度取决于方差扩大因子(VIF)或者称为方差膨胀因子。VIF 定义为

$$\mathrm{VIF} = \frac{1}{1-r_{12}^2} \tag{4-111}$$

VIF 表明,参数估计量的方差是由于多重共线性的增加而"膨胀"起来的,当 r_{12}^2 趋于 1 时,甚至可以变至无穷大。而当没有共线性时,VIF 将是 1。由式(4-108)和式(4-109)可以知道,$\hat{\beta}_1$ 和 $\hat{\beta}_2$ 的方差同 VIF 成正比。

从表 4-6 可以看出,当 $r_{12}^2 = 0.8$ 时,$\mathrm{Var}(\hat{\beta}_1)$ 是 $r_{12}^2 = 0$ 时的 5 倍;当 $r_{12}^2 > 0.9$ 时,方差便呈现急剧增大的趋势。

表 4-6 多重共线性对参数估计方差的影响

r_{12}^2	0	0.5	0.8	0.9	0.95	0.96	0.97	0.98	0.99	0.999
VIF	1	2	5	10	20	25	33	50	100	1000

2)对参数区间估计时,置信区间趋于变大。由于存在多重共线性,参数估计值的方差增大,其标准误差也增大,导致总体参数的置信区间也随之变大。例如,当 σ^2 已知时,给定显著性水平 α,参数 β_j 的 $(1-\alpha)100\%$ 置信区间为 $[\hat{\beta}_j - t_{\alpha/2} S_{\hat{\beta}_j},\ \hat{\beta}_j + t_{\alpha/2} S_{\hat{\beta}_j}]$,此置信区间将随 $S_{\hat{\beta}_j}$ 的增大而增大。而置信区间的值越大,对真值的估计越不准确。

3)严重多重共线时,统计检验时容易删掉重要解释变量而造成模型设定误差。存在严重共线性时,首先参数的置信区间扩大,会使得接受一个本应拒绝的假设的概率增大。在对参数进行显著性检验时,检验统计量为

$$t = \frac{\hat{\beta}_j}{S_{\hat{\beta}_j}} = \frac{\hat{\beta}_j}{\sqrt{\mathrm{Var}(\hat{\beta}_j)}}$$

当多重共线性增加时,由于 $\mathrm{Var}(\hat{\beta}_j)$ 也会随之增加,t 统计量将会减小。这样,很可能本应否定原假设 $H_0: \beta_j = 0$,却由于 t 值减小而错误地接受了原假设,即认为解释变量 X_j 对 Y 的影响不显著,从模型中错误地剔除掉。在这种情况下,将会造成剔除重要解释变量的设定误差。

4)参数估计量及其标准误差对于样本波动非常敏感。从二元线性回归模型中可以看出,当 $r_{12}^2 \to 1$ 时,则有 $1 - r_{12}^2 \to 0$,$1/(1-r_{12}^2) \to \infty$,故当样本数据轻微变动引起 r_{12}^2 大的轻微变动时,$1/(1-r_{12}^2)$ 将会发生较大的变动,即 $\mathrm{Var}(\hat{\beta}_j)$ 将会发生较大的变动。

从以上论述可以看出,当模型中存在多重共线性时,利用 OLS 估计会带来许多严重的后果。不过应当说明,如果研究目的仅在于预测 Y 的未来值,而各个解释变量 X 之间的多重共线性关系的性质在未来将继续保持,这时虽然无法精确估计个别的回归系数,但可以估计这些系数的某些线性组合,因此多重共线性可能并不是严重问题。

4.3.3 多重共线性的检验

多重共线性表现为解释变量之间具有相关关系，所以用于多重共线性的检验方法主要是统计方法，如判定系数检验法、逐步回归检验法等。多重共线性检验的任务是：

(1) 检验多重共线性是否存在。

(2) 估计多重共线性的范围，即判断哪些变量之间存在共线性。

1. 简单相关系数检验法

简单相关系数检验法是指利用解释变量之间的线性相关程度去判断是否存在严重多重共线性的一种简便方法。一般而言，如果每两个解释变量的简单相关系数（零阶相关系数）比较高，如大于0.8，则可认为存在严重的多重共线性。如果线性回归模型中有 k 个解释变量，两个解释变量 x_i 和 x_j 的相关系数记作 r_{ij}，那么其两两简单相关系数矩阵如下

$$\begin{pmatrix} r_{11} & r_{12} & \cdots & r_{1k} \\ r_{21} & r_{22} & \cdots & r_{2k} \\ \vdots & \vdots & & \vdots \\ r_{k1} & r_{k2} & \cdots & r_{kk} \end{pmatrix} = \begin{pmatrix} 1 & r_{12} & \cdots & r_{1k} \\ r_{21} & 1 & \cdots & r_{2k} \\ \vdots & \vdots & & \vdots \\ r_{k1} & r_{k2} & \cdots & 1 \end{pmatrix}$$

其中，对角线元素全为1，因为每个解释变量与自身的相关系数恒等于1。

由于 $r_{ij} = r_{ji}$，所以简单相关矩阵是一个对称矩阵。经验证明，若 $r_{ij}^2 > R^2$，则这两个解释变量 x_i 和 x_j 之间的共线性是较为严重的。但要注意的是，较高的简单相关系数是多重共线性存在的充分条件，而不是必要条件。特别是在多于两个解释变量的回归模型中，有时较低的简单相关系数也可能存在多重共线性。因此，并不能简单地依据相关系数进行多重共线性的准确判断。

2. 判定系数法

(1) 解释变量之间的判定系数检验法。使模型中每一个解释变量分别与其他解释变量进行回归计算，并计算相应的判定系数 R^2（即拟合优度），其中 R^2 较大者说明该解释变量可以用其他解释变量的线性组合代替，即存在多重共线性。假设模型中包含 k 个解释变量，即 $X_1, X_2, \cdots, X_k$，那么利用这 k 个解释变量可以构造出 k 个回归式

$$X_1 = f(X_2, X_3, \cdots, X_k)$$
$$X_2 = f(X_1, X_3, \cdots, X_k)$$
$$\vdots$$
$$X_j = f(X_1, X_2, \cdots, X_{j-1}, X_{j+1}, \cdots, X_k)$$
$$\vdots$$
$$X_k = f(X_1, X_2, \cdots, X_{k-1})$$

对上面 k 个回归式分别进行估计，并且计算出相应的判定系数 $R_1^2, R_2^2, \cdots, R_j^2, \cdots, R_k^2$。如果这些判定系数中最大的接近于1，譬如说 R_j，那么就可以判别解释变量 x_j 与其他解释变量中的一个或者多个之间的相关程度高，有可能导致

$$Y = f(X_1, X_2, \cdots, X_k)$$

出现严重的多重共线性。

(2) 利用不包含某个解释变量的判定系数检验。用被解释变量分别对 ($k+1$) 个解释

变量和 k 个解释变量进行回归计算，并计算相应的 R^2，如果二者非常接近，说明被省略的变量与其他变量之间存在多重共线性。

假设回归模型

$$Y = f(X_1, X_2, \cdots, X_k)$$

包含 k 个解释变量，其判定系数为 R^2。为了检验多重共线性，可以分别构造不包括其中某个解释变量 X_i 的 k 个回归式

$$Y_1 = f(X_2, X_3, \cdots, X_k)$$
$$Y_2 = f(X_1, X_3, \cdots, X_k)$$
$$\vdots$$
$$Y_j = f(X_1, X_2, X_{j-1}, X_{j+1}, \cdots, X_k)$$
$$\vdots$$
$$Y_k = f(X_1, X_2, \cdots, X_{k-1})$$

应用普通最小二乘法可以分别求出上述各回归式的判定系数 $R_1^2, R_2^2, \cdots, R_j^2, \cdots, R_k^2$。如果 R_j^2，$j = 1, 2, \cdots, k$ 中最大的一个，譬如 R_3^2 与 R^2 相比十分接近，则表明 X_3 可能是其他解释变量的线性组合，在解释变量中包含 X_3，就有可能引起严重的多重共线性。

3. 方差膨胀因子检验

对于多元线性回归模型来说，如果分别以每个解释变量为被解释变量对其他解释变量做的回归称为辅助回归，那么解释变量 X_j 参数估计值 $\hat{\beta}_j$ 的方差可表示成

$$\mathrm{Var}(\hat{\beta}_1) = \frac{\sigma^2}{\sum x_j^2} \cdot \frac{1}{1 - R_j^2} = \frac{\sigma^2}{\sum x_j^2} \mathrm{VIF}_j$$

其中，VIF_j 是变量 X_j 的方差扩大因子，即

$$\mathrm{VIF}_j = \frac{1}{1 - R_j^2} \tag{4-112}$$

注意：这里的 VIF_j 是多个解释变量辅助回归确定多重可决系数 R_j^2 的基础上计算的方差扩大因子，是式（4-111）只有两个解释变量情况的拓展。

由于 R_j^2 度量了 X_j 与其他解释变量的线性相关程度，这种相关程度越强，说明变量之间多重共线性越严重，VIF_j 也就越大；反之，线性相关程度弱，说明变量之间的多重共线性越弱，VIF_j 也就越接近于 1。因此，可以用 VIF_j 的大小作为衡量多重共线性的严重程度。一般的，当 $\mathrm{VIF}_j > 10$（此时 $R_j^2 > 0.9$）时，认为模型存在较严重的多重共线性，且这种多重共线性可能会过度影响普通最小二乘估计。

另一个与 VIF_j 等价的指标是"容许度"（TOL）。其定义为

$$\mathrm{TOL}_j = 1 - R_j^2 = \frac{1}{\mathrm{VIF}_j} \tag{4-113}$$

显然，$0 \leq \mathrm{TOL}_j \leq 1$，当 X_j 与其他解释变量高度相关时，$\mathrm{TOL}_j \to 0$。因此，一般当 $\mathrm{TOL}_j < 0.1$ 时，认为模型存在较严重的多重共线性。

4. 逐步回归检测法

逐步回归的基本思想是将变量逐个地引入模型，每引入一个解释变量后都要进行 F 检验，并对已经选入的解释变量逐个进行 t 检验，根据 R^2 的变化决定新引入的变量是否可以

用其他解释变量的线性组合代替,而不作为独立的解释变量。如果 R^2 变化显著,则应引入;如 R^2 无显著变化,表明可能出现引起较严重多重共线性的变量,应经多方面的对比,保留最优的变量,将无需引入或者将引起严重多重共线性的变量剔除,以确保每次引入新的变量之前回归方程中只包含显著的变量。这是一个反复的过程,直到既没有显著的解释变量选入回归方程,也没有不显著的解释变量从回归方程中剔除为止,以确保最后得到的解释变量集是最优的。

5. 特征值检验

考察解释变量的样本数据矩阵

$$X = \begin{pmatrix} 1 & x_{11} & x_{21} & \cdots & x_{k1} \\ 1 & x_{12} & x_{22} & \cdots & x_{k2} \\ \vdots & \vdots & \vdots & & \vdots \\ 1 & x_{1n} & x_{2n} & \cdots & x_{kn} \end{pmatrix}$$

当模型完全存在多重共线性时,$\text{rank}(X) < k+1$,$|X'X| = 0$;而当模型存在严重多重共线性时,$|X'X| \approx 0$。根据矩阵代数知识,若 $\lambda_1, \lambda_2, \cdots, \lambda_{k-1}$ 为矩阵 $X'X$ 的 $(k+1)$ 个特征值,则有

$$|X'X| = \lambda_1 \lambda_2 \cdots \lambda_{k+1} \approx 0$$

这表明特征值 $\lambda_i (i=1, 2, \cdots, k+1)$ 中至少有一个近似地等于 0。设 λ 是矩阵 $X'X$ 的一个近似地等于 0 的特征值,c 是对应于特征值 λ 的单位特征向量,则

$$X'Xc = \lambda c \approx 0, \quad c'X'Xc \approx 0, \quad Xc \approx 0, \quad c_0 X_0 + c_1 X_1 + \cdots + c_k X_k \approx 0$$

这说明矩阵 X 列向量之间存在多重共线性。更具体的为

$$c_0 + c_1 X_{1i} + \cdots + c_k X_{ki} \approx 0 (i=1, 2, \cdots, n)$$

这就是前面定义的多重共线性,并且这些多重共线性关系的系数向量就等于接近于 0 的那个特征值对应的特征向量。因此,可以利用 $X'X$ 的特征值来检验模型的多重共线性。

利用特征值构造两个用于检验多重共线性的指标:病态数 K(Condition Number)和病态指数 CI(Condition Index)。其指标定义为

$$K = \frac{\text{最大特征值}}{\text{最小特征值}}$$

$$\text{CI} = \sqrt{K}$$

这两个指标都反映了特征值的离散程度,数值越大,表明多重共线性越严重。一般 $K > 1000$(或 $\text{CI} > 30$)时,就认为存在严重的多重共线性。

4.3.4 多重共线性的修正

在设定计量经济模型时,在考虑多个影响因素的情况下,难免产生多重共线性问题。在已判断确实存在多重共线性的情况下,应当寻求一定的办法消除或者减弱它的影响。不过在处理多重共线性之前,应该明确以下几点:

(1)多重共线性的主要后果是无法区分每个解释变量的单独影响。因此,如果建立模型的目的是预测,只要模型的拟合度较高,并且解释变量的相关类型在预测期保持不变,就可以忽略多重共线性问题。但如果建立模型的目的是进行结构分析或政策评价,就需要处理

多重共线性问题。

（2）引起多重共线性的原因是模型中存在相关的解释变量，所以处理多重共线性最简单、最直接的方法就是从模型中剔除引起多重共线性的变量。但是直接剔除解释变量会产生新的问题。模型的经济意义不合理，比如生产函数中资金与劳动者人数通常是高度相关的，从中剔除任何一个因素都不适合。如果剔除的是重要的解释变量，则这些变量的影响将反映在随机误差项中，使得模型产生异方差或自相关。若剔除不当，还会产生设定误差的问题，造成参数估计严重有偏。因此，为了处理多重共线性问题，剔除变量时应全面、慎重考虑。这里介绍几种常用的降低多重共线性的方法：

1. 剔除变量法

在设定计量经济模型时，其中有些可能是无显著影响的次要因素，还有些可以用模型中的其他变量来代替。次要变量可以通过被解释变量和解释变量的相关系数检验等统计分析加以鉴别；可替代变量可以利用辅助回归模型来检验。对于这两类变量，如果它们是引起多重共线性的原因，就可以直接剔除。

一般而言，在选择回归模型时，可以将回归系数的显著性检验、方差扩大因子的多重共线性检验与解释变量经济含义（通过经济分析确定变量的相对重要性）结合起来考虑，以剔除不重要的变量。不过，采用这种方法的时候一定要注意，如果剔除的变量是重要变量，可能引起模型的设定误差。然而，"先验信息法"是指根据经济理论及实际的统计资料所获得的解释变量之间的关系。如果已经知道模型存在着多重共线性，而且也知道解释变量之间的关系，便可以把这种关系考虑到模型中去，以消除多重共线性。

例如，消费函数模型为

$$Y_i = \beta_0 + \beta_1 X_{1i} + \beta_2 X_{2i} + \mu_i \tag{4-114}$$

式中，Y_i 为消费支出；X_{1i} 为收入；X_{2i} 为财产。

容易理解，收入 X_1 和财产 X_2 之间是高度相关的，所以式（4-114）存在多重共线性。

如果事先已知 β_2 大约是 β_1 的 1/10，即

$$\beta_2 = 0.1\beta_1 \tag{4-115}$$

利用这一信息，式（4-114）可以转化为

$$Y_i = \beta_0 + \beta_1(X_{1i} + 0.1X_{2i}) + \mu_i \tag{4-116}$$

若是令 $Z_i = X_{1i} + 0.1X_{2i}$，则有

$$Y_i = \beta_0 + \beta_1 Z_i + \mu_i \tag{4-117}$$

显然式（4-117）已经消除了多重共线性。这样通过式（4-117）可以估计 β_1，然后由式（4-115）可以求出 β_2 的估计值。

2. 增大样本容量

造成多重共线性的直接原因是参数 OLS 估计量的标准误差增大，而且参数估计的方差随着多重共线性的严重程度的增加而增大。增加样本容量 n 时，样本数据的平方和 $\sum_{i=1}^{n} x_{1i}^2$ 和 $\sum_{i=1}^{n} x_{2i}^2$ 也会增大，由于

$$\text{Var}(\hat{\beta}_1) = \frac{\sigma^2}{\sum_{i=1}^{n} x_{1i}^2 (1 - r_{12}^2)}$$

$$\text{Var}(\hat{\beta}_2) = \frac{\sigma^2}{\sum_{i=1}^{n} x_{2i}^2 (1 - r_{12}^2)}$$

这时可以导致回归参数的方差和标准误差减小，t 检验值也随之增大。因此，尽可能地收集足够多的数据可以改进模型参数的估计，提高参数估计的精度和假设检验的有效性。增大样本容量虽然没有消除模型中的多重共线性，但却能消除多重共线性造成的影响。

3. 变换模型形式

对原设定的模型做适当的变化，可以有效地消除或减弱原模型中解释变量之间的相关性，从而减弱多重共线性的影响。一般的变换方式包括：①变换模型的函数形式，如将线性模型转换成对数模型、半对数模型、多项式模型等；②变换模型的变量形式，如引入差分变量、相对数变量等。

例如，某商品的需求函数为

$$Y_i = \beta_0 + \beta_1 X_i + \beta_2 P_i + \beta_3 P_i^* + \mu_i \tag{4-118}$$

式中，Y_i 为需求量；X_i 为居民收入；P_i 为商品价格；P_i^* 为代替商品价格。

在实际资料中，P 和 P^* 常呈同方向变动或某种连锁反应，所以它们之间是高度相关的，式（4-118）存在多重共线性。

如果只要求知道两种商品的相对价格（P_i/P_i^*）变动对需求量的影响，并不一定要求分析商品价格的绝对变动对需求的影响，则可把需求函数变换为

$$Y_i = \alpha_0 + \alpha_1 X_i + \alpha_2 \frac{P_i}{P_i^*} + \mu_i \tag{4-119}$$

从而式（4-119）避免了 P 和 P^* 严重多重共线性的影响。但要注意的是，这时参数的意义发生了变化。

以差分变换为例，对变量进行差分可以减弱多重共线性，因为增量之间的相关性往往要低于水平值之间的相关性。

例如，原模型为

$$Y_i = \beta_0 + \beta_1 X_{1i} + \beta_2 X_{2i} + \cdots + \beta_k X_{ki} + \mu_i$$

对变量进行差分后的模型变为

$$\Delta Y_i = \beta_1 \Delta X_{1i} + \beta_2 \Delta X_{2i} + \cdots + \beta_k \Delta X_{ki} + \Delta \mu_i$$

因为差分变量之间的相关性要比差分前弱得多，所以差分后的模型可以有效地降低多重共线性的可能性。不难看出，这种差分变换的回归模型仅仅是增量之间的回归关系，而不是水平变量之间的回归关系。

4. 逐步回归法

根据前面讲到的逐步回归的思想，可通过逐步回归筛选并剔除引起严重多重共线性的变量。其具体步骤如下：先用被解释变量对每一个所考虑的解释变量做简单回归，从而得到所有的基本回归方程式，并对每一个基本回归方程进行统计检验，分析其估计结果，从中选择最适合的基本回归方程；然后再逐一增加其他解释变量，重新再做回归，并根据统计分析做如下分类判断：

（1）如果新引入的解释变量改进了 $\bar{R}^2$ 值和 F 检验，比如 $\bar{R}^2$ 增加，且其他回归参数的 t 检验在统计上仍是显著的，那么就可以认为这个新引入的解释变量是有用的，作为模型中的

解释变量予以保留。

(2) 如果新引入的解释变量未能明显改进 $\bar{R}^2$ 值和 F 检验，且对其他回归参数估计值的 t 检验也未带来影响，则认为该变量是多余的，则不作为解释变量。

(3) 如果新引入的解释变量不仅明显改进了 $\bar{R}^2$ 值和 F 检验，且显著地影响了其他回归参数估计值数值或符号，以至于某些回归系数通不过 t 检验，则可以断言出现了严重的多重共线性，说明这个新引入的解释变量可能是重要的。但由于它与其他解释变量存在着线性相关关系，普通最小二乘法估计失效，所以不能盲目地剔除这个变量，否则会造成随机扰动项与模型中的解释变量相关。可以通过对各个引入新变量模型多方面的综合比较，保留 $\bar{R}^2$ 改进最大，且不影响原有变量的显著性。经逐步回归，使得最后保留在模型中的解释变量既是重要的，又没有严重的多重共线性。

5. 岭回归估计法

岭回归估计法是由霍尔（A. E. Hoerl）于1962年提出的一种能统一诊断和处理多重共线性问题的特殊方法。在多重共线性十分严重的情况下，两个共线变量系数之间的二维联合分布在一个山岭状的曲面上，曲面上的每一个点均对应一种残差平方和，点的位置越高，相应的残差平方和越小。因此，山岭的最高点和残差平方和的极小值相对应，相应的参数便是参数的OLS估计值。由于有多重共线性存在时OLS估计量已不适用，一个自然的想法就是应寻找其他更适合的估计量。这种估计量既要具有较小的方差，又不能使残差平方和过分偏离其极小值。在参数的联合分布曲面上，能满足这种要求的点只能沿着山岭寻找，这就是岭回归估计法。

(1) 岭回归估计的含义。设线性回归模型为

$$Y = X\beta + U \tag{4-120}$$

参数 β 的普通最小二乘估计为

$$\hat{\beta} = (X'X)^{-1}X'Y \tag{4-121}$$

如果解释变量之间存在较强的多重共线性，即 $|X'X| \approx 0$，则 $E[(\hat{\beta}-\beta)(\hat{\beta}-\beta)'] = \sigma^2(X'X)^{-1}$ 会随之增大，这对参数的估计十分不利。因此，人们设想给 $X'X$ 加上一个正常数矩阵 $\lambda I(\lambda > 0)$。I 为单位矩阵，那么构造 $(X'X + \lambda I)^{-1}$ 使得 $|X'X + \lambda I| \approx 0$ 的可能性比 $|X'X| \approx 0$ 的可能性更小，从而有效地避免了因 $|X'X| \approx 0$ 造成 $\hat{\beta}$ 的方差变大。故岭回归估计为

$$\hat{\beta}(\lambda) = (X'X + \lambda I)^{-1}X'Y \tag{4-122}$$

称 $\hat{\beta}(\lambda)$ 为 β 的岭回归估计量，λ 为岭回归参数。当 $\lambda = 0$ 时，$\hat{\beta}(\lambda) = \hat{\beta}$，就是普通最小二乘估计；当 $\lambda \to \infty$ 时，所有的系数估计值都向0趋近。λ 一般在 (0, 1) 之间取值。

(2) 岭回归估计量的性质

1) 从式 (4-122) 可以看出，在岭回归参数 λ 与 Y 无关的情况下，$\hat{\beta}(\lambda)$ 是普通最小二乘估计的线性变换，也是理论值 Y 的线性函数。

2) 岭回归估计量 $\hat{\beta}(\lambda)$ 不再是 β 的无偏估计，即

$$E[\hat{\beta}(\lambda)] = (X'X + \lambda I)^{-1}X'E(Y) = (X'X + \lambda I)^{-1}X'X\beta$$

可以看出，当 $\lambda \neq 0$ 时，$E[\hat{\beta}(\lambda)] \neq \beta$。

3) 岭回归估计值 $\hat{\beta}(\lambda)$ 的方差比普通最小二乘估计值 $\hat{\beta}$ 的方差要小，即 $\hat{\beta}(\lambda)$ 的方

差为

$$\begin{aligned}
\mathrm{Var}[\hat{\beta}(\lambda)] &= E\{\hat{\beta}(\lambda) - E[\hat{\beta}(\lambda)]\}\{\hat{\beta}(\lambda) - E[\hat{\beta}(\lambda)]\}' \\
&= E[(X'X + \lambda I)^{-1} X'Y - (X'X + \lambda I)^{-1} X'X\beta] \\
&\quad [(X'X + \lambda I)^{-1} X'Y - (X'X + \lambda I)^{-1} X'X\beta]' \\
&= E[(X'X + \lambda I)^{-1} X'(Y - Y\beta)][(X'X + \lambda I)^{-1} X'(Y - Y\beta)]' \\
&= E[(X'X + \lambda I)^{-1} X'U][(X'X + \lambda I)^{-1} X'U]' \\
&= \sigma^2 (X'X + \lambda I)^{-1} X'X (X'X + \lambda I)^{-1}
\end{aligned} \quad (4\text{-}123)$$

而 $\hat{\beta}$ 的方差

$$\mathrm{Var}(\hat{\beta}) = \sigma^2 (X'X)^{-1}$$

可以证明，$\lambda \geq 0$ 时，$\mathrm{Var}(\hat{\beta}) - \mathrm{Var}[\hat{\beta}(\lambda)]$ 为非负定矩阵，即 $\mathrm{Var}[\hat{\beta}(\lambda)]$ 要比 $\mathrm{Var}(\hat{\beta})$ 小。

由此可以得出，运用岭回归估计参数时，λ 越大，虽然 $\mathrm{Var}[\hat{\beta}(\lambda)]$ 越小，但是 $E[\hat{\beta}(\lambda)]$ 的偏误同时也增大，所以只能寻找一个 λ，使 $\mathrm{Var}[\hat{\beta}(\lambda)] < \mathrm{Var}(\hat{\beta})$。也就是说，运用岭回归估计参数是牺牲了无偏性来寻求参数估计的最小方差性，或者说，岭回归估计未知参数的最小方差性是建立在有偏估计的基础上的。从某种意义上讲，该方法为人们寻求参数估计的最小方差性提供了新的思路。

关于如何选择 λ，霍尔和肯纳德（Kennard）于 1975 年提出一种估计方法。该方法首先对原模型的解释变量与被解释变量进行标准化处理

$$X_{ki}^* = \frac{X_{ki} - \overline{X}_k}{\sqrt{\sum (X_{ki} - \overline{X}_k)^2}}, \quad Y_i^* = \frac{Y_i - \overline{Y}}{\sqrt{\sum (Y_i - \overline{Y})^2}} \quad (4\text{-}124)$$

得到下列模型

$$Y_i^* = \beta_1^* X_{1i}^* + \beta_2^* X_{2i}^* + \cdots + \beta_k^* X_{ki}^* + \mu_i^* \quad (i = 1, 2, \cdots, n) \quad (4\text{-}125)$$

用 OLS 法估计该模型，得到参数与随机误差项方差的估计值 $\hat{\beta}_1^*, \hat{\beta}_2^*, \cdots, \hat{\beta}_k^*$ 和 $\hat{\sigma}^2$。选择

$$\hat{\lambda} = \frac{(k-1)\hat{\sigma}^2}{\sum_{j=1}^{k} (\hat{\beta}_j^*)^2} \quad (4\text{-}126)$$

作为式（4-122）中的 λ 的估计值。

目前还没有公认的选择回归参数的最优方法，在实际应用中，可考虑使用逐步搜索的方法，即开始给定较小的 λ 的值，然后逐渐增加 λ 的取值进行试验，直至岭估计量 $\hat{\beta}(\lambda)$ 的值趋于稳定为止。显然，用逐步搜索的方法确定的 λ 值仍缺乏令人信服的理论依据，具有一定的主观性，是一种将定性分析与定量分析相结合的方法。

岭回归估计是解决多重共线性有效的方法。但是，它也存在不足，即岭回归系数的确定比较麻烦。

4.3.5 例题分析

根据理论和经验可以分析，影响居民服装需求 C_d 的主要因素有可支配收入 Y、流动资

产拥有量 L、服装类价格指数 P_c 和总物价指数 P_o。表 4-7 给出了有关统计资料。

表 4-7　服装需求函数有关统计资料

序号	服装需求 C_d	可支配收入 Y	流动资产拥有量 L	服装类价格指数 P_c	物价总指数 P_o
1	8.4	82.9	17.1	92	94
2	9.6	88.0	21.3	93	96
3	10.4	99.9	25.1	96	97
4	11.4	105.3	29.0	94	97
5	12.2	117.7	34.0	100	100
6	14.2	131.0	40.0	101	101
7	15.8	148.0	44.0	105	104
8	17.9	161.8	49.0	112	109
9	19.3	174.2	51.0	112	111
10	20.8	184.7	53.0	112	111

设服装需求函数为

$$C_d = b_0 + b_1 Y + b_2 L + b_3 P_c + b_4 P_o + \mu_i \tag{4-127}$$

1. 参数估计

运用 OLS 估计方法对式（4-127）中的参数进行估计，结果如下

$$\hat{C}_d = -13.20442 + 0.097836Y + 0.014448L - 0.19722P_c + 0.334132P_o$$

$$t = (-1.761428)(3.707635)(0.295116)(-2.204878)(2.239056)$$

$$R^2 = 0.998046 \quad \overline{R}^2 = 0.996482 \quad DW = 3.359692 \quad F = 638.3684$$

2. 分析

给定显著性水平 $\alpha = 0.05$，查 F 分布表，得临界值 $F_{0.05}(4, 5) = 5.19$。$F > F_{0.05}$，表明模型从总体上看，服装需求量与解释变量之间线性关系显著。

3. 多重共线性检验

（1）相关系数检验。计算解释变量之间的简单相关系数，如图 4-8 所示。

	Correlation Matrix				
	CD	Y	L	PC	PO
CD	1.000000	0.997791	0.983359	0.975480	0.988705
Y	0.997791	1.000000	0.988264	0.980416	0.987785
L	0.983359	0.988264	1.000000	0.969962	0.969477
PC	0.975480	0.980416	0.969962	1.000000	0.991796
PO	0.988705	0.987785	0.969477	0.991796	1.000000

图 4-8　相关系数矩阵

可见每个因素都与服装需求高度相关，而且解释变量之间也是高度相关的。

（2）辅助回归模型检验。建立每个解释变量与其余解释变量的辅助回归模型，即

$$\hat{Y} = -221.5036 + 1.526361L + 1.053973P_c + 3.946661P_o$$

$$t = (-3.0501175)(3.544921)(-0.801344)(2.386769)$$

$$R^2 = 0.992164 \quad \overline{R}^2 = 0.988246 \quad DW = 2.25151 \quad F = 253.242$$

$$\hat{L} = 52.51751 + 0.443431Y + 0.733129P_c - 1.45181P_o$$
$$t = (0.894373)(3.544921)(1.073073)(-1.326844)$$
$$R^2 = 0.981982 \quad \overline{R}^2 = 0.972972 \quad DW = 1.640034 \quad F = 108.9972$$
$$\hat{P}_c = -31.25207 - 0.091728Y + 0.219625L + 1.341507P_o$$
$$t = (-0.984417)(-0.801344)(1.073073)(3.313063)$$
$$R^2 = 0.986309 \quad \overline{R}^2 = 0.979463 \quad DW = 2.818167 \quad F = 144.0798$$
$$\hat{P}_o = 42.70115 + 0.123404Y - 0.156257L + 0.481972P_c$$
$$t = (3.953038)(2.386769)(-1.326844)(3.313063)$$
$$R^2 = 0.992102 \quad \overline{R}^2 = 0.988153 \quad DW = 2.612393 \quad F = 251.2234$$

从以上辅助回归模型中的 $\overline{R}^2$、F 统计量的数值可以看出，解释变量 Y、P_c、P_o 和 L 之间存在较为严重的多重共线性。

（3）方差膨胀因子检验。从以上辅助回归模型可知，$VIF_1 = 127.6$，$VIF_2 = 55.5$，$VIF_3 = 73.0$，$VIF_4 = 126.6$，明显大于 10，因而解释变量 Y、P_c、P_o 和 L 之间存在较为严重的多重共线性。

4. 多重共线性的修正：逐步回归法

（1）对服装需求 C_d 分别关于 Y、L、P_c、P_o 建立一元线性回归模型，即
$$\hat{C}_d = -1.248873 + 0.117888Y$$
$$t = (-3.361814)(42.48604)$$
$$R^2 = 0.995588 \quad \overline{R}^2 = 0.995036 \quad DW = 2.638544 \quad F = 1805.063$$
$$\hat{C}_d = 2.118167 + 0.326873L$$
$$t = (2.585761)(15.30956)$$
$$R^2 = 0.966994 \quad \overline{R}^2 = 0.962869 \quad DW = 0.46838 \quad F = 234.3827$$
$$\hat{C}_d = -38.51904 + 0.516411P_c$$
$$t = (-9.16819)(12.53628)$$
$$R^2 = 0.951562 \quad \overline{R}^2 = 0.945507 \quad DW = 2.401329 \quad F = 157.1583$$
$$\hat{C}_d = -53.65081 + 0.663243P_o$$
$$t = (-14.77097)(18.6585)$$
$$R^2 = 0.977537 \quad \overline{R}^2 = 0.974729 \quad DW = 2.17201 \quad F = 348.1394$$

根据理论分析，可支配收入应该是服装需求最主要的影响因素，相关系数检验也表明，可支配收入与服装需求的相关性最强。所以，以 $C_d = b_0 + b_1 Y + \mu$ 作为最基本的模型。

（2）加入服装价格指数 P_c，对服装需求 C_d 关于 Y、P_c 建立二元回归模型，结果如图 4-9 所示。
$$\hat{C}_d = 1.526237 + 0.126162Y - 0.03781P_c$$
$$t = (0.314253)(8.570373)(-0.573229)$$
$$R^2 = 0.995785 \quad \overline{R}^2 = 0.994581 \quad DW = 2.533749 \quad F = 826.9501$$

可以看出，加入 P_c 后，$\overline{R}^2$ 稍微有所减少，参数估计值的符号也正确，并没有 Y 系数的显著性，所以在模型中保留 P_c。

(3) 加入流动资产 L，对服装需求 C_d 关于 Y、L、P_c 建立三元回归模型，结果如图 4-10 所示。回归模型为

$$\hat{C}_d = 1.063384 + 0.139069Y - 0.037762L - 0.036178P_c$$
$$t = (0.208468)(5.695997)(-0.679042)(-0.52664)$$
$$R^2 = 0.996086 \quad \overline{R}^2 = 0.994129 \quad DW = 3.162207 \quad F = 509.0113$$

```
Dependent Variable: CD
Method: Least Squares
Date: 05/02/14   Time: 18:20
Sample: 1 10
Included observations: 10

Variable       Coefficient   Std. Error   t-Statistic   Prob.
C              1.526237      4.856721     0.314253      0.7625
Y              0.126162      0.014721     8.570373      0.0001
PC            -0.037810      0.065959    -0.573229      0.5844

R-squared              0.995785    Mean dependent var     14.00000
Adjusted R-squared     0.994581    S.D. dependent var      4.301163
S.E. of regression     0.316618    Akaike info criterion   0.781082
Sum squared resid      0.701728    Schwarz criterion       0.871858
Log likelihood        -0.905412    F-statistic             826.9501
Durbin-Watson stat     2.533749    Prob(F-statistic)       0.000000
```

图 4-9　回归结果（一）

居民的服装需求量与其流动资产在理论上应该是同方向变化的。可以看出，加入 L 后，调整后拟合优度不但没有增加，反而减小，L 参数估计值的符号不正确，并且 L 和 P_c 系数均不显著，因此，在模型中略去 L，保留 P_c（流动资产与居民可支配收入等存在多重共线性，L 用可支配收入代替）。

(4) 加入服装类价格指数 P_o，对服装需求 C_d 关于 Y、P_c、P_o 建立回归模型，结果如图 4-11 所示。

```
Dependent Variable: CD
Method: Least Squares
Date: 05/02/14   Time: 18:40
Sample: 1 10
Included observations: 10

Variable   Coefficient   Std. Error   t-Statistic   Prob.
C          1.063384      5.100955     0.208468      0.8418
Y          0.139069      0.024415     5.695997      0.0013
L         -0.037762      0.055611    -0.679042      0.5224
PC        -0.036178      0.068696    -0.526640      0.6173

R-squared              0.996086    Mean dependent var   14.00000
Adjusted R-squared     0.994129    S.D. dependent var    4.301163
S.E. of regression     0.329558    Akaike info criterion 0.907043
Sum squared resid      0.651649    Schwarz criterion     1.028077
Log likelihood        -0.535213    F-statistic           509.0113
Durbin-Watson stat     3.162207    Prob(F-statistic)     0.000000
```

```
Dependent Variable: CD
Method: Least Squares
Date: 05/02/14   Time: 18:42
Sample: 1 10
Included observations: 10

Variable   Coefficient   Std. Error   t-Statistic   Prob.
C         -12.44565      6.483924    -1.919462     0.1033
Y           0.104243     0.013813     7.546991     0.0003
PC         -0.186628     0.075440    -2.473848     0.0482
PO          0.313156     0.120821     2.591900     0.0411

R-squared              0.998012    Mean dependent var   14.00000
Adjusted R-squared     0.997018    S.D. dependent var    4.301163
S.E. of regression     0.234896    Akaike info criterion 0.229828
Sum squared resid      0.331057    Schwarz criterion     0.350862
Log likelihood         2.850861    F-statistic           1003.869
Durbin-Watson stat     3.495692    Prob(F-statistic)     0.000000
```

图 4-10　回归结果（二）　　　　　图 4-11　回归结果（三）

$$\hat{C}_d = -12.44565 + 0.104243Y - 0.186628P_c + 0.313156P_o$$
$$t = (-1.919462)(7.546991)(-2.473848)(2.59190)$$

$$R^2 = 0.998012 \quad \overline{R}^2 = 0.997018 \quad DW = 3.496692 \quad F = 1003.869$$

可以看出，加入 P_0 后，调整后的拟合优度有所增加，系数均显著符号为正。因此，在模型中略去 L，保留 P_0。在这个模型中，虽然解释变量之间仍然存在线性关系，但多重共线性并没有造成不利后果，所以该模型是较好的服装消费方程。以上模型为最终确定的服装需求函数。

4.4 随机解释变量

4.4.1 随机解释变量的概念

随机解释变量是指随机变量作为解释变量。

对于模型

$$Y_i = \beta_0 + \beta_1 X_{1i} + \beta_2 X_{2i} + \cdots + \beta_k X_{ki} + \mu_i$$

基本假设：解释变量 X_1，X_2，$\cdots$，X_k 是确定性变量。

如果存在一个或多个随机变量作为解释变量，则称原模型出现随机解释变量问题。假设 X_2 为随机解释变量，对于随机解释变量问题，分三种不同情况：

（1）随机解释变量与随机误差项独立（Independent），即

$$\text{Cov}(X_2, \mu) = E(x_2 \mu) = E(x_2) E(\mu) = 0$$

（2）随机解释变量与随机误差项同期无关（Contemporaneously Uncorrelated），但异期相关，即

$$\text{Cov}(X_{2i}, \mu_i) = E(x_{2i} \mu_i) = 0$$
$$\text{Cov}(X_{2i}, \mu_{i-s}) = E(x_{2i} \mu_{i-s}) \neq 0 \quad s \neq 0$$

（3）随机解释变量与随机误差项同期相关（Contemporaneously Correlated），即

$$\text{Cov}(X_{2i}, \mu_i) = E(x_{2i} \mu_i) \neq 0$$

4.4.2 随机解释变量的产生与后果

1. 随机解释变量的经济背景

对于多元线性计量经济学模型

$$Y_i = \beta_0 + \beta_1 X_{1i} + \beta_2 X_{2i} + \cdots + \beta_k X_{ki} + \mu_i$$

在前面的基本假设中，假定解释变量为确定型变量，它意味着解释变量和随机扰动项是不相关的，即

$$\text{Cov}(x_{ji}, \mu_i) = 0 \quad (j = 1, 2, \cdots, k; i = 1, 2, \cdots, n)$$

但在实际问题中，经常会遇到违背这一假设的情况。

滞后被解释变量经常对被解释变量产生不可忽略的影响，它们常常以解释变量的身份出现在模型中。例如，在需求函数研究中，除了以收入、价格作为解释变量外，前期的需求量作为消费习惯、商品短缺程度等因素的综合代表，会对现期的需求产生较大的影响；在投资函数的研究中，由于投资具有延续性，必然使现期投资不仅取决于现期的国民收入，而且取决于前期投资额的大小。滞后被解释变量是随机变量，违背了基本假设。

经济变量常常不能用控制实验的方法进行观测，其取值也就不可能是确定的。另外，观

测误差的存在也会使解释变量的观测值出现不确定性。

凡此种种，都会造成随机解释变量问题。其中以滞后被解释变量作为解释变量最为常见，有一些著名的计量经济学模型都属于这种情况。

2. 随机解释变量的后果

计量经济学模型一旦出现随机解释变量，且与随机扰动项相关的话，如果仍采用 OLS 法估计模型参数，不同性质的随机解释变量会产生不同的后果。下面以一元线性回归模型为例进行说明，即

$$Y = \beta_0 + \beta_1 X + U \tag{4-128}$$

并假设 U 的均值为 0，方差为 σ_μ^2。当 X 是一个随机解释变量时，可以分为以下三种情况：

(1) X 与 U 不相关，即 $\text{Cov}(x_t, \mu_t) = 0$，则普通最小二乘估计量 $\hat{\beta}_0$、$\hat{\beta}_1$ 是 β_0、β_1 的无偏估计量。

以下仅对 $\hat{\beta}_1$ 是 β_1 的无偏估计量进行证明，应用 OLS 法对式（4-128）进行估计，得

$$\hat{\beta}_1 = \beta_1 + \sum k_t \mu_t$$

式中，$k_t = \dfrac{x_t - \bar{x}}{\sum (x_t - \bar{x})^2}$。利用 $\sum k_t = 0$，可得

$$\hat{\beta}_1 = \beta_1 + \sum k_t (\mu_t - \bar{\mu})$$

或者

$$\hat{\beta}_1 = \beta_1 + \frac{\sum (x_t - \bar{x})(\mu_t - \bar{\mu})}{\sum (x_t - \bar{x})^2}$$

对上式进行差分变换，$\dot{x}_t = x_t - \bar{x}$，$\dot{\mu}_t = \mu_t - \bar{\mu}$，得

$$\hat{\beta}_1 = \beta_1 + \frac{\sum \dot{x}_t \dot{\mu}_t}{\sum \dot{x}_t^2}$$

对 $\hat{\beta}_1$ 取期望值可得

$$E(\hat{\beta}_1) = \beta_1 + \frac{\sum E(\dot{x}_t \dot{\mu}_t)}{\sum \dot{x}_t^2}$$

当随机变量 X 与随机误差项 U 不相关时，此时有

$$E(X'U) = 0$$
$$E(\hat{\beta}_1) = \beta_1$$

(2) 在小样本下

$$E(X'U) \neq 0$$

而在大样本下

$$\text{Plim}(X'U/n) = 0$$

这说明普通最小二乘估计 $\hat{\beta}_0$、$\hat{\beta}_1$ 在小样本下是 β_0、β_1 的有偏估计，而在大样本下是一致估计量。

由于在小样本下 $E(X'U) \neq 0$，所以 $E(\hat{\beta}_1) = \beta_1 + \sum E(\dot{x}_t \dot{\mu}_t) / \sum \dot{x}_t^2 \neq \beta_1$，即普通最小二乘估计 $\hat{\beta}_1$ 在小样本下不是无偏的。

利用在大样本下渐近无关，即

$$P\lim_{n\to\infty}\hat{\beta}_1 = \beta_1 + P\lim_{n\to\infty}\frac{\sum \dot{x}_t \mu_t}{\sum \dot{x}_t^2} = \beta_1 + \frac{P\lim_{n\to\infty}\frac{1}{n}\sum \dot{x}_t \mu_t}{P\lim_{n\to\infty}\frac{1}{n}\sum \dot{x}_t^2} = \beta_1$$

这表明参数估计 $\hat{\beta}_1$ 在大样本下是 β_1 的一致估计量。

(3) X 与 U 高度相关

$$P\lim(X'U/n) \neq 0$$

这说明普通最小二乘估计 $\hat{\beta}_0$、$\hat{\beta}_1$ 是 β_0、β_1 的有偏估计量，且是不一致的估计量。

将式 (4-128) 写成离差的形式，可得

$$\dot{y}_i = \beta_1 \dot{x}_i + \mu_i \tag{4-129}$$

对其进行普通最小二乘估计，则有

$$\hat{\beta}_1 = \frac{\sum \dot{x}_i \dot{y}_i}{\sum \dot{x}_i^2} \tag{4-130}$$

把式 (4-129) 代入式 (4-130)，得

$$\hat{\beta}_1 = \frac{\sum \dot{x}_i(\beta_1 \dot{x}_i + \mu_i)}{\sum \dot{x}_i^2} = \beta_1 + \frac{\sum \dot{x}_i \mu_i}{\sum \dot{x}_i^2} \tag{4-131}$$

于是有

$$E(\hat{\beta}_1) = \beta_1 + \frac{E(\sum \dot{x}_t \mu_i)}{E(\sum \dot{x}_i^2)} \tag{4-132}$$

假设 $\text{Var}(x) = \sigma_x^2$，$\text{Var}(\mu) = \sigma_\mu^2$，$x$ 和 μ 之间的相关系数为 ρ，则对式 (4-131) 取概率极限为

$$\begin{aligned} P\lim\hat{\beta}_1 &= \beta_1 + P\lim\frac{\sum \dot{x}_i \mu_i}{\sum \dot{x}_i^2} = \beta_1 + \frac{P\lim(1/n)\sum \dot{x}_i \mu_i}{P\lim(1/n)\sum \dot{x}_i^2} \\ &= \beta_1 + \frac{\text{Cov}(x,\mu)}{\text{Var}(x)} = \beta_1 + \rho\frac{\sigma_\mu}{\sigma_x} \end{aligned} \tag{4-133}$$

可见，如果 ρ 很高，只有当 $\dfrac{\sigma_\mu}{\sigma_x}$ 很小时，式 (4-133) 中的渐近偏差才是可以忽略的；否则，普通最小二乘估计将存在很大的偏差。

4.4.3 存在随机解释变量时的估计方法

从前面的分析可以看出，当存在随机解释变量时，如果其与随机误差项高度相关，仍采

用 OLS 估计就会产生很大的偏误。解决这一问题的主要方法是工具变量法。

工具变量法（Instrument Variable，IV）的基本思想是：当解释变量 X 与随机扰动项高度相关时，设法找到另外一个变量 Z，使它与 X 高度相关而与其他解释变量和随机扰动项 U 无关。用 Z 替换 X，使 $E(\sum z_i \mu_i) = 0$，从而可以得到参数的一致性估计。变量 Z 称为工具变量。

1. 选择工具变量的要求

作为工具变量的变量必须满足以下条件：
（1）必须是有明确经济含义的外生变量。
（2）与所替代的随机解释变量高度相关，与随机误差项不相关。
（3）与模型中其他解释变量不相关，以避免出现多重共线性。
（4）模型中多个工具变量不相关。

2. 工具变量的应用

对于一元线性回归模型

$$y_i = \beta_0 + \beta_1 x_i + \mu_i$$

其离差形式为

$$\dot{y}_i = \beta_1 \dot{x}_i + \mu_i$$

若 x 与 μ 不相关，μ 满足所有的统计假定，应用 OLS 法，利用微分求极值的方法求出正规方程

$$\sum \dot{x}_i \dot{y}_i = \beta_1 \sum \dot{x}_i^2$$

$$\bar{y}_i = \beta_0 + \beta_1 \bar{x}_i$$

现采用另外一种方法导出 OLS 正规方程。以 $\dot{x}_i$ 同乘 $\dot{y}_i = \beta_1 \dot{x}_i + \mu_i$ 两边，得 n 个式子，求和得

$$\sum \dot{x}_i \dot{y}_i = \beta_1 \sum \dot{x}_i^2 + \sum \dot{x}_i \mu_i$$

因为 x 与 μ 不相关，可以略去 $\sum \dot{x}_i \mu_i = 0$，就得到了 OLS 正规方程。

如果 x 与 μ 相关，则 $\sum \dot{x}_i \mu_i \neq 0$，不能采用 OLS 法来估计参数。现在需要寻找一个工具变量 Z，Z 与 X 高度相关而与 U 无关，用 z_i 乘 $\dot{y}_i = \beta_1 \dot{x}_i + \mu_i$ 两边，得

$$z_i \dot{y}_i = \beta_1 z_i \dot{x}_i + z_i \mu_i$$

于是有

$$\sum z_i \dot{y}_i = \beta_1 \sum z_i \dot{x}_i + \sum z_i \mu_i \tag{4-134}$$

由于 Z 独立于 U，从而有

$$E(\sum z_i \mu_i) = \sum E(z_i \mu_i) = 0$$

略去 $\sum z_i \mu_i$ 得 β_1 的估计值为

$$\hat{\beta}_1 = \frac{\sum z_i \dot{y}_i}{\sum z_i \dot{x}_i} \tag{4-135}$$

把式（4-129）代入式（4-135），得

$$\hat{\beta}_1 = \frac{\sum z_i(\beta_1 \dot{x}_i + \mu_i)}{\sum z_i \dot{x}_i} = \beta_1 + \frac{\sum z_i \mu_i}{\sum z_i \dot{x}_i} \tag{4-136}$$

取概率极限，得

$$P\lim(\hat{\beta}_1) = \beta_1 + \frac{P\lim \frac{1}{n}\sum z_i \mu_i}{P\lim \frac{1}{n}\sum z_i \dot{x}_i} \tag{4-137}$$

根据对 Z 的假设有

$$P\lim \frac{1}{n}\sum z_i \mu_i = \mathrm{Cov}(z, \mu) = 0$$

$$P\lim \frac{1}{n}\sum z_i x_i = \mathrm{Cov}(z, x) \neq 0$$

所以有 $\sum z_i \dot{y}_i = \beta_1 \sum z_i \dot{x}_i$ 称为拟正规方程。从而求得

$$\begin{cases} \hat{\beta}_1 = \dfrac{\sum z_i \dot{y}_i}{\sum z_i \dot{x}_i} \\ \hat{\beta}_0 = \bar{y} - \hat{\beta}_1 \bar{x} \end{cases}$$

同时还求得

$$P\lim(\hat{\beta}_1) = \beta_1$$

因此，$\hat{\beta}_1$ 是 β_1 的一致性估计。对于 $\hat{\beta}_0$ 也有类似的结果。

对于时间序列数据，如果被解释变量 y_t、随机解释变量 x_t、随机误差项 μ_t 三者之间的关系为有 $\mathrm{Cov}(x_t, \mu_t) \neq 0$，但是 $\mathrm{Cov}(x_{t-1}, \mu_t) = 0$，$\mathrm{Cov}(y_{t-1}, \mu_t) = 0$，则可用 x_{t-1} 或者 y_{t-1} 作为 x_t 的工具变量。对于 k 元线性回归模型

$$y_t = b_0 + b_1 x_{1t} + b_2 x_{2t} + \cdots + b_k x_{kt} + \mu_t$$

其矩阵形式为

$$Y = XB + U$$

假设 x_{1t} 和 x_{kt} 为随机变量且与 μ_t 高度相关，μ_t 满足普通最小二乘法的其他假定条件：解释变量之间无多重共线性。工具变量法的工作步骤为：

（1）寻找工具变量 z_{1t} 和 z_{kt}。工具变量满足上面讲到的四个基本条件。

（2）写出工具变量矩阵。将矩阵 X 中的 x_{1t} 和 x_{kt} 分别换为 z_{1t} 和 z_{kt}，其他解释外生变量和常数项均由其自身作工具变量得矩阵 Z

$$Z = \begin{pmatrix} 1 & z_{11} & x_{21} & \cdots & z_{k1} \\ 1 & z_{12} & x_{22} & \cdots & z_{k2} \\ \vdots & \vdots & \vdots & & \vdots \\ 1 & z_{1n} & x_{2n} & \cdots & z_{kn} \end{pmatrix}$$

(3) 求出工具变量估计量 $\hat{B}_{IV}$，沿上述思路，用 Z' 同乘 $Y = XB + U$ 的两边，得

$$Z'Y = Z'XB + Z'U$$

由于 Z 与 U 无关，所以

$$P\lim \frac{1}{n} Z'U = 0$$

$$\hat{B}_{IV} = (Z'X)^{-1} Z'Y$$

式中，$\hat{B}_{IV}$ 是 B 的一致估计量。

3. 工具变量法注意事项

(1) 在小样本下，工具变量法估计量仍是有偏的，即

$$E\left(\frac{1}{\sum z_i x_i} \sum z_i \mu_i \right) \neq E\left(\frac{1}{\sum z_i x_i} \right) E\left(\sum z_i \mu_i \right) = 0$$

(2) 工具变量并没有替代模型中的解释变量，只是在估计过程中作为"工具"被使用。上述工具变量法估计过程可等价地分解成下面的两步 OLS 回归：

1) 用 OLS 法进行 X 关于工具变量 Z 的回归

$$\hat{X}_i = \hat{\alpha}_0 + \hat{\alpha}_1 Z_i$$

2) 以第一步的得到的 $\hat{X}_i$ 为解释变量，进行如下 OLS 回归

$$\hat{Y}_i = \tilde{\beta}_0 + \tilde{\beta}_1 \hat{X}_i$$

容易验证仍有 $\tilde{\beta}_1 = \dfrac{\sum z_i y_i}{\sum z_i x_i}$。因此，工具变量法仍是 Y 对 X 的回归，而不是对 Z 的回归。

(3) 如果模型中有两个以上的随机解释变量与随机误差项相关，就必须找到两个以上的工具变量。但是，一旦选定工具变量，它们在估计过程被使用的次序不影响估计结果。

(4) OLS 估计法可以看作工具变量法的一种特殊情况。根据工具变量的原理可以知道，利用 $\text{Cov}(z_i, \mu_i) = 0$ 克服 $\text{Cov}(x_i, \mu_i) \neq 0$ 产生的对模型参数估计的不利影响，形成有效的正规方程组并最终获得模型参数的估计量。从这一原理去理解，OLS 估计法也可以看作是一种工具变量法，即利用模型中的各解释变量作为它们自身的工具变量。

(5) 如果一个随机解释变量可以找到多个互相独立的工具变量，人们希望充分利用这些工具变量的信息，就形成了广义矩方法（Generalized Method of Moments，GMM）。在 GMM 中，矩条件大于待估参数的数量，于是如何求解成为它的核心问题。工具变量法是 GMM 的一个特例。

(6) 要找到与随机扰动项不相关而又与随机解释变量相关的工具变量并不是一件容易的事。可以用 X_{t-1} 或者 Y_{t-1} 作为原解释变量 X_t 的工具变量。

4.4.4 滞后被解释变量做解释变量

滞后被解释变量做解释变量，解释变量中便包含了随机变量，这是计量经济学模型中最常见的一类随机解释变量的问题。这里对这类问题的估计进行专门的讨论。

考虑模型

$$y_t = \beta_0 + \beta_1 x_t + \beta_2 y_{t-1} + \mu_t$$

模型中的解释变量包含了滞后被解释变量 y_{t-1}。为了研究这类模型的估计问题，把随机

扰动项 μ_t 按有关可能划分成两种情况：一是无序列相关性，相互之间独立；二是存在序列相关性，相互之间不独立。下面讨论在不同情况下的估计问题：

当随机扰动项 μ_t 无序列相关性时，滞后被解释变量 $y_{t-s}(s>0)$ 虽然为随机变量，但通常只与 μ_{t-s} 相关，而与 μ_t 不相关，所以仍可用 OLS 估计。即使有时 μ_{t-s} 与 μ_t 存在一定的相关关系，即 $E(y_{t-s},\mu_t)\neq 0$，如果应用 OLS 估计，在小样本时估计是有偏的，在大样本时估计将是渐近无偏和渐近有效的，估计结果也还满足一致性。

当随机扰动项 μ_t 存在序列相关性时，滞后被解释变量与 μ_t 高度相关，OLS 估计不能得到无偏或渐近无偏的估计量。此时既需要解决随机解释变量与随机扰动项的相关，又需要解决随机扰动项自身的系列相关，问题就比较复杂。在这种情况下，可以采用的参数估计方法包括工具变量法和最大似然法等。

4.4.5 例题分析

表 4-8 是国内生产总值（GDP）、消费（CS）、投资（IV）的样本观测值。试分析消费（CS）关于国内生产总值（GDP）的线性回归关系，即

$$CS_t = b_0 + b_1 GDP_t + \mu_t$$

表 4-8 国内生产总值、消费与投资数据 （单位：亿元）

序 号	GDP	CS	IV	序 号	GDP	CS	IV
1	7164.3	4694.5	2468.6	9	25863.6	15952.1	9636.0
2	8792.1	5773.0	3386.0	10	34500.6	20182.1	12988.0
3	10132.8	6542.0	3846.0	11	47110.9	27216.2	19260.6
4	11784.0	7451.2	4322.0	12	58510.5	33635.0	23877.0
5	14704.0	9360.1	5495.0	13	68330.4	40003.9	26867.2
6	16466.0	10556.5	6095.0	14	74894.3	43579.4	28457.6
7	18319.5	11365.2	6444.0	15	79853.3	46405.9	30396.0
8	21280.4	13145.9	7515.0				

对于上述关系采用普通最小二乘法得如下结果

$$\hat{CS}_t = 852.3928 + 0.568763 GDP_t$$
$$t = (6.987171)(193.3664)$$
$$R^2 = 0.999652 \quad DW = 1.302775 \quad F = 37390.57$$

模型中，CS 是随机变量。因为 CS 是 GDP 的一个重要组成部分，所以 GDP 也应该是随机变量，这就违背了模型中解释变量非随机的假定。估计结果还显示模型存在严重的自相关，所以应该选择一个工具变量设法替代变量 GDP。IV 是 GDP 的一部分，自然与 GDP 高度相关。经计算，上述模型的残差与 IV 的相关系数为 -0.0342，这在一定程度上说明 IV 与误差项 μ 不相关。基于上述理由，选择 IV 作为 GDP 的工具变量，得

$$\hat{b}_1 = \frac{\sum_{t=1}^{n} IV_t \cdot CS_t - n \cdot \overline{IV} \cdot \overline{CS}}{\sum_{t=1}^{n} IV_t \cdot GDP_t - n \cdot \overline{IV} \cdot \overline{GDP}} = 0.5684$$

$$\hat{b}_0 = \overline{CS} - \hat{b}_1 \cdot \overline{GDP} = 864.4425$$

式中，$n=15$；$\overline{IV}$、$\overline{CS}$、$\overline{GDP}$ 分别为 IV、CS、GDP 的均值。

回归模型为

$$\hat{CS}_t = 864.4425 + 0.5684 GDP_t$$

总结与习题

1. 本章小结

本章主要讨论了放松的计量经济学模型常见的四种类型（异方差性、序列相关性、多重共线性、随机解释变量）；讲述了四种放松的计量经济学模型的概念、产生的原因和后果以及检验方法；同时，讲述了上述四种放松的计量经济学模型的修正原理，并对相关案例进行了分析。

异方差是模型随机干扰项的方差不同时产生的一类现象。在异方差存在的情况下，OLS 估计尽管是无偏、一致的，但通常的假设检验却不再可靠，这时仍采用 t 检验或者 F 检验有可能导致错误的结论。同样的，由于随机干扰项异方差的存在而导致的参数估计值的标准差的偏误，也会使采用模型的预测变得无效。对模型的异方差有若干种检测方法，如图示法、帕克与戈里瑟检验法、戈德菲尔德-匡特检验法以及怀特检验法等。当模型存在异方差时，通常用模型变换法、加权最小二乘法进行修正的估计。

序列相关性也是模型随机干扰项出现序列相关时产生的一类现象。与异方差的情形类似，在序列相关性存在的情况下，OLS 估计量仍具有无偏性与一致性，但通常的假设检验不再可靠，预测也变得无效。序列相关性的检测方法有若干种，如图示法、回归检验法、D-W 检验法以及拉格朗日乘数检验法等。存在序列相关性时，修正的估计方法有差分法、自相关系数估计法、杜宾两步法、广义最小二乘法等。

多重共线性是多元回归模型中可能存在的一类现象，分为完全共线性和近似共线性两种。大多模型的多个解释变量之间出现完全共线性时，模型的参数无法估计。更多的情况则是近似共线性，这时由于不违背所有的基本假定，模型参数的估计仍然是无偏、一致且有效的，但估计的参数的标准差往往较大，从而使得 t 统计值减小，参数的显著性下降，导致某些本应存在于模型中的变量被排除，甚至出现参数正负号方面的一些混乱。显然，近似多重共线性使得模型偏回归系数的特征不再明显，从而很难对单个系数的经济含义进行解释。多重共线性检验方法包括简单相关系数法、判定系数法、方差膨胀因子检验、逐步回归检验、特征值检验等方法。修正多重共线性的方法主要有剔除变量法、增大样本容量法、变换模型形式、逐步回归法等。

当模型中的变量是随机解释变量时，需要区分三种类型：随机解释变量与随机干扰项独立；随机解释变量与随机干扰项同期无关但异期相关；随机解释变量与随机干扰项同期相关。第一种类型不会对 OLS 估计带来任何问题；第二种类型则往往导致模型估计的有偏性，但随着样本容量的增大，偏误会逐渐减小，因而具有一致性，扩大样本容量是克服偏误的有效途径；第三种类型的 OLS 估计则是有偏的，也是非一致的，需要采用工具变量法来加以克服。

2. 知识点归纳

（1）如果出现异方差问题，造成的后果是模型的 OLS 估计量虽仍满足线性性、无偏性，但不再是有效的。

（2）如果忽略异方差的存在，仍使用 OLS 法估计参数、进行假设检验和建立置信区间，所得估计值的方差增大，从而导致 t 检验失效、置信区间加大而降低估计精度的后果。

（3）对模型的异方差有若干种检测方法，如图示法、帕克与戈里瑟检验法、戈德菲尔德-匡特检验法和怀特检验法等。当模型存在异方差时，通常用模型变换法、加权最小二乘法进行修正的估计。

（4）如果残差序列中 $\text{Cov}(\mu_i, \mu_j) \neq 0 (i \neq j)$，则意味着残差序列违背了无自相关的基本假设，出现了自相关问题。自相关有纯自相关和非纯自相关之别。

（5）在序列相关性存在的情况下，仍使用 OLS 法估计，虽然 B 仍为无偏估计量，但其方差变大，有效性降低。S_e^2 对 σ_μ^2 的估计量往往偏低、统计推断失效。

（6）序列相关性的检测方法有若干种，如图示法、回归检验法、D-W 检验法以及拉格朗日乘数检验法等。存在序列相关性时，修正的估计方法有差分法、自相关系数估计法、杜宾两步法、广义最小二乘法等。

（7）存在较高多重共线性时，虽然可以估计单个回归系数，OLS 估计量仍保持线性、无偏估计的性质，但参数估计结果不稳定，且误差很大。

（8）多重共线性是一种样本现象，其所产生的危害只是程度问题，目前还没有一个被普遍接受的真正意义的检验多重共线性的统计量。多重共线性检验方法包括简单相关系数法、判定系数法、方差膨胀因子检验、逐步回归检验、特征值检验等方法。修正多重共线性的方法主要有剔除变量法、增大样本容量法、变换模型形式、逐步回归法等。

（9）如果回归分析的唯一目的是预测，则多重共线性问题无须处理。

（10）多元线性回归模型对解释变量 X 的基本假定之一是解释变量为固定变量，如果为随机变量，则与随机扰动项无关。这条假设在实际中往往不成立。

（11）如果随机解释变量与随机扰动项高度相关，采用 OLS 法估计模型参数，得到的参数估计量在小样本下是有偏的，在大样本下也不具有渐近无偏性。

（12）利用工具变量法可以解决随机变量问题。选取工具变量的条件是：工具变量具有实际意义；与所替代的随机解释变量呈高度相关而与随机扰动项不相关；与模型中的其他解释变量不相关，以免出现多重共线性。

（13）工具变量法应用时有时具有局限性。工具变量的选取存在很大的随意性，不同的工具变量所得到的估计结果具有较大差异。

3. 习题

（1）什么是异方差性？简要说明异方差性产生的原因和后果，试举例说明经济现象中的异方差性。

（2）什么是序列相关性？简要说明序列相关性产生的原因和后果，以及如何克服序列相关性。

（3）什么是多重共线性？简要说明多重共线性产生的原因和后果，以及如何克服多重共线性。

（4）产生随机解释变量的原因是什么？随机解释变量会造成哪些后果？

（5）判断下列说法是否正确，并简要说明理由：

1）当异方差出现时，普通最小二乘估计是有偏的且不具有最小方差特征。

2）当异方差出现时，常用的 t 检验和 F 检验失效。

3) 在异方差情况下，通常 OLS 估计一定高估了估计量的标准差。
4) 如果 OLS 回归的残差表现出系统性，则说明数据中异方差性。
5) 如果回归模型遗漏一个重要变量，则 OLS 残差必定表现出明显的趋势。
6) 在异方差情况下，通常预测失效。
7) 当存在序列相关性时，OLS 估计量是有偏的并且也是无效的。
8) 消除序列相关性的一阶差分变换假定自相关系数 ρ 必须等于 1。
9) 两个模型，一个是一阶差分形式，另一个是水平形式，则这两个模型的 R^2 的值是不可以直接比较的。
10) 存在多重共线性时，模型参数无法估计。
11) 存在多重共线性时，一定会使参数估计值的方差增大，从而造成估计效率的损失。
12) 一旦模型中解释变量是随机变量，则违背了基本假设，使得模型的 OLS 估计量有偏且不一致。

（6）某地区的储蓄 S_i 与收入 X_i 的关系可以用计量经济学模型描述为

$$S_i = \alpha + \beta X_i + \mu_i$$

现有最近 6 年的样本数据如表 4-9 所示。

表 4-9 某地区最近 6 年储蓄与收入的样本数据　　　　　（单位：万元）

年　　份	2009	2010	2011	2012	2013	2014
储蓄（S_i）	264	105	101	131	122	107
收入（X_i）	8777	9210	9954	10508	10979	11912

考虑到模型存在形式为 $\sigma_i^2 = X_i^2$ 的异方差性，使用加权最小二乘法估计参数模型。

（7）对于计量经济学模型

$$y = \beta_0 + \beta_1 x + \mu$$

有样本数据如表 4-10 所示。

表 4-10 样本数据

序　号	1	2	3	4	5
x	8	7	5	4	3
y	50	65	90	100	110

经 OLS 估计，得如下参数估计值：$\beta_0 = 147.67$，$\beta_1 = -11.97$。据分析，模型存在异方差性。为了克服异方差性，进一步采用加权最小二乘法估计模型的参数。

（8）现有 10 个家庭的年收入和消费支出资料如表 4-11 所示。

表 4-11 10 个家庭的年收入和消费支出资料　　　　　（单位：千元）

家庭序号	年收入额	年消费支出	家庭序号	年收入额	年消费支出
1	22.3	19.9	6	6.2	6.1
2	32.2	31.2	7	44.2	38.6
3	36.6	31.8	8	26.1	25.5
4	12.1	12.1	9	10.3	10.3
5	42.3	40.7	10	40.2	38.8

解决如下问题：
1）用普通最小二乘法估计家庭消费函数：$y_t = \beta_0 + \beta_1 x_t + \mu_t$。
2）用戈德菲尔德-匡特检验进行异方差性检验。
3）用怀特检验、戈里瑟检验和帕克检验进行异方差性检验。
4）用加权最小二乘法估计家庭消费函数。

（9）对于计量经济学模型
$$y = \alpha + \beta x + \mu$$

有样本数据

$$Y = \begin{pmatrix} 50 \\ 51 \\ 56 \\ 66 \\ 63 \\ 68 \end{pmatrix} \quad X = \begin{pmatrix} 1 & 17 \\ 1 & 17 \\ 1 & 19 \\ 1 & 31 \\ 1 & 26 \\ 1 & 26 \end{pmatrix}$$

据分析，随机误差项存在一阶序列相关性，其关系为
$$\mu_t = 0.8\mu_{t-1} + V_t$$

其中，V_t 为随机误差项，满足 $E(V_t) = 0$，$E(V_t V_{t-1}) = 0$。试用广义差分法估计模型的参数。

（10）某多元线性计量经济学模型有 3 个解释变量，其被解释变量的样本值和估计值如下
$Y = (37 \ 40 \ 37 \ 42 \ 41 \ 45 \ 45 \ 48 \ 47 \ 50 \ 56 \ 56 \ 57 \ 59 \ 65 \ 65)'$
$\hat{Y} = (36 \ 39 \ 38 \ 40 \ 46 \ 44 \ 46 \ 47 \ 47 \ 54 \ 55 \ 59 \ 58 \ 51 \ 66 \ 68)'$
试用 D-W 检验法检验此模型在 5% 的显著水平下的一阶序列相关性。

（11）有如下回归方程
$$\hat{y}_t = 1.3 + 9.23x_{1t} + 1.8x_{2t} - 4.8x_{3t} + 11.9x_{4t}, \quad DW = 0.95$$

共 95 个样本点。写出 D-W 检验法的步骤，并根据给出的数值判断该模型是否存序列相关性。

（12）对于计量经济学模型

$$Y = \begin{pmatrix} 25 \\ 28 \\ 32 \\ 30 \\ 34 \\ 38 \\ 40 \end{pmatrix} \quad X = \begin{pmatrix} 12 & 9 \\ 13 & 8 \\ 15 & 6 \\ 17 & 5 \\ 18 & 3 \\ 18 & 2 \\ 20 & 2 \end{pmatrix}$$

为了克服序列相关性和多重共线性的影响，试用一阶差分法估计模型的参数。

（13）利用以下给定的 DW 统计数据进行序列相关性检验（k 为自变量数目，n 为样本容量）。
1）$DW = 0.81$，$k = 3$，$n = 21$，显著水平 $\alpha = 0.05$。
2）$DW = 3.48$，$k = 2$，$n = 15$，显著水平 $\alpha = 0.05$。
3）$DW = 1.56$，$k = 5$，$n = 30$，显著水平 $\alpha = 0.05$。

4) DW = 2.64, $k=4$, $n=30$, 显著性水平 $\alpha = 0.05$。
5) DW = 1.75, $k=1$, $n=45$, 显著性水平 $\alpha = 0.05$。
6) DW = 0.91, $k=2$, $n=28$, 显著性水平 $\alpha = 0.05$。

(14) 在研究生产中的劳动附加值所占份额的变动时，根据美国的数据，对初级金属工业得到如下结果（其中 y_t 为劳动份额，t 为时间）

$$\hat{y}_t = 0.4529 - 0.0041t$$

模型 A

$$t = (-3.9608)$$
$$R^2 = 0.5284 \quad DW = 0.8252$$
$$\hat{y}_t = 0.4786 - 0.0127t + 0.0005t^2$$

模型 B

$$t = (-3.2724)(2.7777)$$
$$R^2 = 0.6629 \quad DW = 1.82$$

请回答下列问题：

1) 模型 A 和模型 B 哪个存在序列相关性（$\alpha = 0.05$）？
2) 如果模型 A 存在序列相关性，而模型 B 并不存在，则前者存在序列相关性的原因是什么？
3) 这个例子告诉人们：在序列相关性的检验中，DW 统计量有哪些优点？

(15) 对于线性回归模型

$$Y = XB + U$$

其普通最小二乘估计量

$$\hat{B} = (X'X)^{-1}X'Y$$

1) 当 X 之间出现不完全多重共线性时，$\hat{B}$ 会出现什么情况？
2) 用什么方法检验不完全多重共线性？

(16) 在研究生产函数时，得到以下两种结果

$$\ln\hat{Q} = -5.04 + 0.887\ln K + 0.893\ln L$$
$$s = (1.40) \quad (0.087) \quad (0.137) \tag{4-138}$$
$$R^2 = 0.878 \quad n = 21$$
$$\ln\hat{Q} = -8.57 + 0.027t + 0.460\ln K + 1.285\ln L$$
$$s = (2.99) \quad (0.0204) \quad (0.333) \quad (0.324) \tag{4-139}$$
$$R^2 = 0.889 \quad n = 21$$

式中，Q 为产量；K 为资本；L 为劳动时数；t 为时间（技术指标）；n 为样本容量。

请回答以下问题：

1) 证明在模型式（4-138）中所有的系数在统计上都是显著的（$\alpha = 0.05$）。
2) 证明在模型式（4-139）中 t 和 $\ln K$ 的系数在统计上是不显著的（$\alpha = 0.05$）。
3) 可能是什么原因造成模型式（4-139）中的 $\ln K$ 的不显著性？
4) 如果 t 和 $\ln K$ 之间的相关系数为 0.98，你将从中得出什么结论？
5) 模型式（4-138）中规模报酬为多少？

(17) 某地区供水部门利用近 15 年的用水年度数据得出如下估计模型

$$y = -326.9 + 0.305x_1 + 0.363x_2 - 0.005x_3 - 17.87x_4 - 1.123x_5$$
$$(-1.7)\quad(0.9)\quad(1.4)\quad(-0.6)\quad(-1.2)\quad(-0.8)$$
$$\overline{R}^2 = 0.93 \quad F = 38.9$$

式中，y 为用水总量；x_1 为用户总数；x_2 为总人口；x_3 为人均收入；x_4 为价格；x_5 为降雨量。

1）根据经济理论和直觉，请估计回归系数的符号是什么（不包括常量）。为什么？观察符号与你的直觉符号相符吗？

2）在 10% 的显著性水平下，请进行变量的 t 检验与方程的 F 检验。t 检验与 F 检验的结果有相互矛盾的现象吗？

3）你认为估计值是有偏的或无效的或不一致的吗？请阐述理由。

（18）以变量 z 作为模型 $y_t = b_0 + b_1 x_t + \mu_t$ 中 x 的工具变量，要求：

1）说明 z 应具备什么条件。

2）写出工具变量法估计参数的正规方程组。

3）说明普通最小二乘法是一种特殊的工具变量法。

（19）某国的政府税收（T）、国内生产总值（GDP）和汽车数量（Z）的观测数据如表 4-12 所示。

表 4-12　某国政府税收、GDP 和汽车数量观测数据

序　号	1	2	3	4	5	6	7	8	9
T/百万美元	3	2	5	6	4	5	7	9	9
GDP/10 亿美元	4	1	7	8	5	7	8	11	10
Z/百万辆	5	2	6	7	5	6	6	7	7

以汽车数量作为 GDP 的工具变量，估计税收函数：$T_t = b_0 + b_1 \text{GDP}_t + \mu_t$。

第 5 章 特殊单方程模型

引言

在前面的章节中,主要介绍了经典线性回归模型及其在若干基本假定下的估计问题,并分析了一个或多个假定不满足时所产生的后果及其可能的改进措施。然而,上述方法并不能解决经济生活中遇到的全部问题。例如,如何考察性别对收入的影响,某变量的过去行为又是怎样影响变量的当前变动路线的,等等。这些问题需要建立专门的模型来进行研究。本章将主要介绍单方程计量经济学模型中两类常见的专门问题:虚拟变量模型和滞后变量模型。

本章学习目标

1. 虚拟变量的概念、设置规则。
2. 虚拟变量的构造。
3. 虚拟变量的回归模型。
4. 滞后变量的概念和滞后效应。
5. 滞后变量的类型。
6. 分布滞后模型的类型和估计。
7. 自回归模型的分类、构建、估计和检验。

5.1 虚拟变量模型

在回归分析中,影响被解释变量的因素除量的因素外,还有质的因素。这些质的因素可能会使回归模型中的参数发生变化。为了顾及质的因素产生的影响,需要引入一种特殊的变量——虚拟变量。

5.1.1 虚拟变量的概念

变量分为两大类:定量变量和定性变量。定量变量也称尺度变量,可以计算比率,也可以差分,如 GDP、价格、身高等;定性变量又称名义变量,不可计算比率,也不可差分,如性别、教育水平、居民类别等。

虚拟变量(Dummy Variable)就是定性变量,又称虚设变量、名义变量或哑变量,用以反映质的属性的一个人工变量,是量化了的自变量,通常取值为 0 或 1。引入哑变量虽使线形回归模型变得更复杂,但对问题描述更简明,使一个方程能起到两个方程的作用,而且接近现实。

许多经济变量是可以定量度量的,但有些影响经济的因素,如职业、性别、民族、地区、文化程度、季节、战争、自然灾害等,无法定量度量。为了能够在模型中反映这些因素的影响,并提高模型的精度,需要将它们量化。这种"量化"是通过引入"虚拟变量"来完成的,虚拟变量通常记为 D。例如,反映人口组成的虚拟变量可以表示为

$$D_i = \begin{cases} 1, & 城镇居民 \\ 0, & 农村居民 \end{cases}$$

5.1.2 虚拟变量的设置规则和作用

1. 虚拟变量的设置规则

在计量经济学中引入虚拟变量,可以同时兼顾定量因素和定性因素的影响和作用。但是,在设置虚拟变量的过程中,还应遵循虚拟变量的设置规则,以免使虚拟变量产生多重共线性。

(1) 一个定性因素多个属性的情况。当一个定性因素含有 m 个相互排斥的属性时,应向模型引入 $m-1$ 个虚拟变量。

例 5-1 年薪模型(一)

员工工资可以说是人们最为关切、议论最多的部分,因此也常常是最受重视的部分。

一般说来,现代企业的工资具有补偿职能、激励职能、调节职能、效益职能。科学合理的工资制度是激励员工劳动积极性、提高劳动效率的重要手段。因此,若能正确运用工资的杠杆作用,在调动员工积极性方面会起到事半功倍的效果。

某公司人力资源部门为了使公司的薪酬制度制定得更加合理,取得更高的员工满意度,进而留住员工,特意对国内十几家著名企业的薪酬制度进行了调查。调查结果显示,各公司在制定薪酬制度时,不仅考虑员工的工作绩效和职位状况,员工的工龄和教育水平等也会对年薪产生影响。设公司员工的年薪(Y)和工龄(X)和教育水平(D)相关。学历分成三种类型:高中以下、高中、大学及其以上(一个定性因素,三个不同属性)。为了反映"教育水平"这个定性因素的影响,应该设置两个虚拟变量

$$D_1 = \begin{cases} 1, & 高中 \\ 0, & 其他 \end{cases}; \quad D_2 = \begin{cases} 1, & 大学及其以上 \\ 0, & 其他 \end{cases}$$

可以将年薪函数模型写成

$$Y_t = \beta_0 + \beta_1 X_t + \beta_2 D_{1t} + \beta_3 D_{2t} + \mu_t \tag{5-1}$$

该模型实际上描述了高中以下、高中、大学及其以上三类年薪函数的差异情况:

(1) 高中以下(即 $D_1 = D_2 = 0$)的年薪函数

$$Y_t = \beta_0 + \beta_1 X_t + \mu_t \tag{5-2}$$

(2) 高中(即 $D_1 = 1, D_2 = 0$)的年薪函数

$$Y_t = (\beta_0 + \beta_2) + \beta_1 X_t + \mu_t \tag{5-3}$$

(3) 大学及其以上(即 $D_1 = 0, D_2 = 1$)的年薪函数

$$Y_t = (\beta_0 + \beta_3) + \beta_1 X_t + \mu_t \tag{5-4}$$

通过检验 a_1 和 a_2 的显著性,可以判断学历层次对员工的年薪是否有显著影响。但在此例中,若引入 $m=3$ 个虚拟变量

$$D_1 = \begin{cases} 1, & 高中 \\ 0, & 其他 \end{cases}; \quad D_2 = \begin{cases} 1, & 大学及其以上 \\ 0, & 其他 \end{cases}; \quad D_3 = \begin{cases} 1, & 高中以下 \\ 0, & 其他 \end{cases}$$

则对于每一个员工,只能使某一个 $D_i = 1$,其他的等于 0,即 $D_1 + D_2 + D_3 = 1$,模型存在完全多重共线性,无法利用 OLS 估计其参数,从而陷入"虚拟变量陷阱"。由此可见,所谓的

"虚拟变量陷阱"的实质是出现完全多重共线性。所以,虚拟变量有其积极作用的一面,也有不良影响的一面。引入的虚拟变量适当,则发挥了积极的作用;引入的虚拟变量过度,则会带来负面的影响。

因此,对于有 m 个不同属性类型的定性因素,应设置 $(m-1)$ 个虚拟变量来反映该因素的影响。

(2) 多个定性因素两个属性的情况。如果有 m 个定性因素,且每个因素各有两个不同的属性类型,则引入 m 个虚拟变量。

例 5-2 年薪模型(二)

随着女性对自身权利的认识越来越深刻,她们也在社会各个角落发出了自己的声音。某公司有时候在招聘时会有明显的性别区别对待,导致很多女性的才能没有得以充分发挥。该公司在调查薪酬影响因素的同时,也特别对性别因素进行了研究。设公司员工的年薪(Y)、工龄(X)和教育水平(D)及性别相关。为了反映"教育水平"和"性别"这两个定性因素的影响,应该设置两个虚拟变量

$$D_1 = \begin{cases} 1, & 男 \\ 0, & 女 \end{cases}; \quad D_2 = \begin{cases} 1, & 大学及其以上 \\ 0, & 大学以下 \end{cases}$$

可以将年薪函数模型写成

$$Y_t = \beta_0 + \beta_1 X_t + \beta_2 D_{1t} + \beta_3 D_{2t} + \mu_t \tag{5-5}$$

该模型实际上描述了四种不同类型职员的年薪情况:

(1) 女员工大学以下学历(即 $D_1 = D_2 = 0$)的年薪函数

$$Y_t = \beta_0 + \beta_1 X_t + \mu_t \tag{5-6}$$

(2) 男员工大学以下学历(即 $D_1 = 1$,$D_2 = 0$)的年薪函数

$$Y_t = (\beta_0 + \beta_2) + \beta_1 X_t + \mu_t \tag{5-7}$$

(3) 女员工大学及其以上学历(即 $D_1 = 0$,$D_2 = 1$)的年薪函数

$$Y_t = (\beta_0 + \beta_3) + \beta_1 X_t + \mu_t \tag{5-8}$$

(4) 男员工大学及其以上学历的(即 $D_1 = 1$,$D_2 = 1$)的年薪函数

$$Y_t = (\beta_0 + \beta_2 + \beta_3) + \beta_1 X_t + \mu_t \tag{5-9}$$

因此,如果有 m 个定性因素,且每个因素各有两个不同的属性类型,则应该引入 m 个虚拟变量。推广到更一般的情况,如果有些因素有多个属性水平,则可以参照"一个因素多种类型"的设置原则来设置虚拟变量。

(3) 虚拟变量的取值应该从研究的目的出发。定性因素的变化通常表现为某种属性或特征是否存在,因而通常赋予它们"0"或"1"的人工变量来进行量化。一般来讲,"1"表示这种属性或特征存在,"0"表示这种属性或特征不存在;从理论上讲,虚拟变量取"0"值通常代表为比较的基础类型,而虚拟变量取"1"值通常代表为被比较的类型。换句话说,肯定和被比较的类型取值 1,否定和基础的类型取值 0。例如前面说的性别变量,如果研究是以男性为研究基准,则样本为男性,D 取值为 0

$$D_i = \begin{cases} 1, & 比较类型;女性 \\ 0, & 基础类型;男性 \end{cases}$$

(4) 定性变量不可按照状态赋值。例如，表示居民对某种服务的满意程度，分五种状态：非常不满意、一般不满意、无所谓、一般满意、非常满意。在模型中，按照状态分别赋值 0，1，2，3，4 或者 -2，-1，0，1，2。这种按照状态赋值的方法被经常采用，尤其是在管理学、社会学研究领域。但是实际上，赋值的方法等于是对虚拟变量方法中的各个虚拟变量的参数施加了约束，而这种约束经常被检验为错误的。

正确的方法是：①设置多个虚拟变量；②以定性变量为研究对象，构造多元排序离散选择模型，然后以模型结果对定性变量的各种状态赋值。前者理论上正确，但是会带来自由度损失；后者则需要更多的信息支持。在实际应用中，可根据实际需要进行选择。

(5) 虚拟变量在单一方程中可以作为解释变量，也可作为被解释变量。虚拟解释变量和虚拟因变量有其不同的统计性质，其估计方法和推断性质也有差异，需要分别讨论。

2. 虚拟变量的作用

在计量经济模型中加入虚拟变量，可以同时兼顾定量因素和定性因素的影响，能够比较准确地反映经济变量之间的相互关系，提高模型的精度。总的来说，虚拟变量发挥的作用可以总结为以下几方面：

(1) 可以描述和测量定性（或属性）因素的影响。例如，为了反映甲、乙两种不同的工艺过程对产量的影响，可以在生产函数中引入描述甲、乙两种不同工艺过程的虚拟变量 D_i

$$\ln Q = \ln A + \alpha \ln L + \beta \ln K + \gamma D_i + \mu_i \tag{5-10}$$

式中，Q 为产量；K 为资金投入；L 为劳动投入；$D_i = \begin{cases} 1, & \text{由甲工艺过程生产} \\ 0, & \text{由乙工艺过程生产} \end{cases}$。

通过对模型中 γ 的显著性检验，来确定甲、乙两种不同的工艺过程是否对产量有影响。如果 γ 在统计上是显著的，就说明不同的工艺过程对产量有影响。

(2) 可以测量变量在不同时期的影响，进行季节调整，利用季节资料建立模型时，经常存在着季节波动。例如，利用季度数据分析某公司利润 Y 与销售收入 X 之间的相互关系时，为研究四个季度对利润的季节性影响，引入三个虚拟变量

$$D_i = \begin{cases} 1, & \text{第 } I+1 \text{ 季度 } (I=1,2,3) \\ 0, & \text{其他季度} \end{cases}$$

取利润函数为

$$Y_i = \beta_0 + \beta_1 X_i + \beta_2 D_{1i} + \beta_3 D_{2i} + \beta_4 D_{3i} + \varepsilon_i \tag{5-11}$$

系数分别反映了第一、二、三、四季度对利润的平均影响，根据这些系数的 t 检验，可以判断季节因素对利润是否存在影响。

(3) 可以实现分段回归，研究斜率、截距的变动，或比较两个回归模型的结构差异。在实际经济问题的研究中，有些经济关系需要用分段回归加以描述：当解释变量 X 低于某个已知的临界水平 X^* 时，Y 与 X 之间是某种线性相关关系，而大于这个临界水平时，又是另一种线性相关关系。

例如，假设某企业的成本和产量呈线性关系，产量超过一个值后，成本会急速上升，解决办法之一是进行分段回归，但也带来问题。

可以取虚拟变量为

$$D_i = \begin{cases} 1, & x \geq x^* \\ 0, & x < x^* \end{cases}$$

将分段回归模型设置成

$$Y_t = \beta_0 + \beta_1 X_t + \beta_2 (X_t - X^*) D_i + \mu_t \tag{5-12}$$

这样就将各段的奖金函数表示为

（4）检验模型结构的稳定性。利用不同的样本数据估计同一形式的计量经济模型，可能会得到不同的估计结果。如果估计的参数之间存在显著差异，则称模型结构是不稳定的；反之，则认为是稳定的。

例如，可以利用我国改革开放前后的统计资料建立储蓄函数，通过比较两个时期的回归方程，可以分析改革开放前后居民的储蓄行为是否发生了明显变化。又如，利用我国发达地区和不发达地区 GDP 和投资的资料分别建立模型，可以比较不同地区投资对经济增长影响的差异情况。

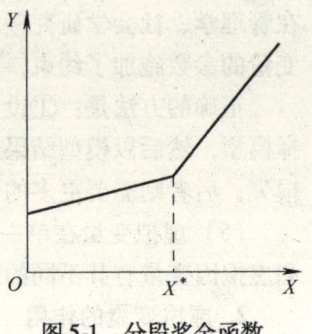

图 5-1 分段奖金函数

可以用邹氏（Chow）检验法，也可以用虚拟变量来进行检验。

设两个样本估计的回归模型分别为：

样本 1

$$Y_t = \beta_0 + \beta_1 X_t + \mu_t \tag{5-13}$$

样本 2

$$Y_t = \beta_0' + \beta_1' X_t + \mu_t \tag{5-14}$$

设置虚拟变量

$$D_i = \begin{cases} 1 \\ 0 \end{cases}, 1 \text{ 指样本 } 2, 0 \text{ 为样本 } 1$$

将样本 1 和样本 2 的数据合并，估计以下模型

$$Y_t = \beta_0 + \beta_1 X_t + \beta_2 D_i + \beta_3 XD_t + \mu_t \tag{5-15}$$

式中，$XD_t = X_t \cdot D_i$。利用 t 检验判断 D 和 XD_t 系数的显著性。

（5）可以用来处理异常数据。现实经济中常常存在这样的情况：一些突发事件或变化对经济活动、经济关系造成短暂却显著的冲击，这些影响既不能被看作微小的随机扰动，又不会决定或改变长期的经济关系，或者说经济规律。这就会使数据表现为一个脱离基本趋势的异常值，从而使模型的误差项在相应时点存在均值非 0 的问题。

当样本资料中存在异常数据时，一般有三种处理方式：一是在样本容量较大的时候直接剔除异常数据；二是用平均数方式修匀异常数据；三是设置虚拟变量。

例如，变量 Y 和 X 在长期中基本满足线性回归模型的各个假设，但在 i_0 时刻有一个突发情况，使得 Y 出现一个 k 单位的暂时性波动。如果用线性回归模型

$$Y_t = \beta_0 + \beta_1 X_t + \mu_t \tag{5-16}$$

分析这两个变量的关系，其随机误差项的均值是 $E(\mu_i) = \begin{cases} 0 & \text{当 } i \neq i_0 \\ k & \text{当 } i = i_0 \end{cases}$，显然，$E(\mu_i) = 0$ 不是对任意 i 都成立，也就是回归模型的基本假设 1 是不成立的。解决的办法是引入一个有针对性的虚拟变量，其定义为 $D_i = \begin{cases} 0 & \text{当 } i \neq i_0 \\ 1 & \text{当 } i = i_0 \end{cases}$。把这个虚拟变量引入原来的模型，得到一个新的回归模型

$$Y_t = \beta_0 + \beta_1 X_t + kD_t + \mu_t \qquad (5\text{-}17)$$

注意，由于两个模型的随机误差项之间的关系为 $v_i = \mu_i - kD_i$，因此

$$E(v_i) = E(\mu_i) - E(kD_i) = \begin{cases} 0 - 0 = 0 & \text{当 } i \neq i_0 \\ k - k \times 1 = 0 & \text{当 } i = i_0 \end{cases} \qquad (5\text{-}18)$$

所以，在引入虚拟变量的模型中，异常值就不会造成模型误差项出现均值非 0 的情况了。

5.1.3 虚拟变量的引入方式

在计量经济模型中，引入虚拟变量的方式一般有如下三种：加法方式、乘法方式和混合方式。通过不同的途径引入虚拟变量有不同的作用：加法方式引入虚拟变量改变的是截距；乘法方式引入虚拟变量改变的是斜率。

1. 加法方式

以加法方式引入虚拟变量，就是根据所研究问题中数值变量的作用，按照虚拟变量设置规则，直接在所设定的计量经济模型中加入适当的虚拟变量。此时虚拟变量与其他解释变量在模型中是相加关系，其作用是改变了模型的截距水平。

例 5-3　家庭教育费用模型（一）

有些父母从结婚后就开始攒孩子的学费，而到孩子毕业后工作，家里基本上都没什么存款了。可见，教育的投入对于一个家庭来说是一笔巨大的费用。我国推行九年制义务教育后，各地小学及初中学生家庭承担的教育成本大大降低，但在学前教育、高中、高等教育等教育总投入上，人民的负担仍未减轻。居民家庭的教育费用支出除了受收入水平的影响之外，还与子女的年龄结构密切相关。如果家庭中有适龄子女，教育支出就多一些。因此，为了反映"子女年龄结构"这一定性因素，设置虚拟变量

$$D_i = \begin{cases} 1, \text{有适龄子女} \\ 0, \text{无适龄子女} \end{cases}$$

将家庭教育费用支出函数写成

$$Y_t = \beta_0 + \beta_1 X_t + \beta_2 D_i + \mu_t \qquad (5\text{-}19)$$

这样就以加法的形式引入了虚拟变量。该支出函数也等价于下面的形式：

没有适龄子女家庭的教育费用支出

$$Y_t = \beta_0 + \beta_1 X_t + \mu_t \qquad (5\text{-}20)$$

有适龄子女家庭的教育费用支出

$$Y_t = \beta_0 + \beta_1 X_t + \beta_2 + \mu_t = (\beta_0 + \beta_2) + \beta_1 X_t + \mu_t \qquad (5\text{-}21)$$

由图 5-2 可知，两类家庭消费函数的斜率（即边际消费倾向）相同，但截距不同。因此，设置虚拟变量确实能描述定性因素的影响，并且，以加法方式引入虚拟变量实际上反映的是定性因素对截距的影响，即平均水平的差异情况。在相同的收入水平情况下，有适龄子女家庭的教育费用平均要比无适龄子女家庭的教育费用多 α 个单位。

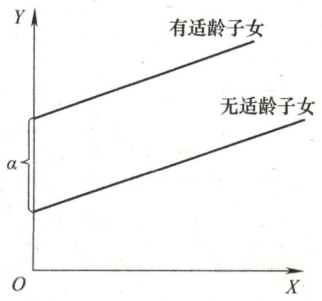

图 5-2　虚拟变量对截距的影响

2. 乘法方式

定性因素的影响不仅表现在截距上，有时可能还会影响斜率。以乘法方式引入虚拟变量，就是在模型中将虚拟变量与其他解释变量相乘作为新的解释变量，以达到调整模型斜率系数的目的。

以乘法方式引入虚拟解释变量的主要作用在于：

(1) 可进行两个回归模型之间的比较。
(2) 可进行因素之间的交互影响分析。
(3) 可提高模型对现实经济现象的描述精度。

例 5-4 家庭教育费用模型（二）

随着收入水平的提高，家庭教育支出的边际消费倾向可能会发生变化。于是用乘法方式引入，将家庭教育费用支出函数取成

$$Y_t = \beta_0 + \beta_1 X_t + \beta_2 X_t D_i + \mu_t \quad (5\text{-}22)$$

该支出函数等价于

$$Y_t = \begin{cases} \beta_0 + (\beta_1 + \beta_2) X_t + \mu_t & \text{有适龄子女} \\ \beta_0 + \beta_1 X_t + \mu_t & \text{无适龄子女} \end{cases} \quad (5\text{-}23)$$

图 5-3 可以说明，以乘法方式引入虚拟变量，反映的是定性因素对斜率的影响，系数 β_2 描述了定性因素的影响程度。

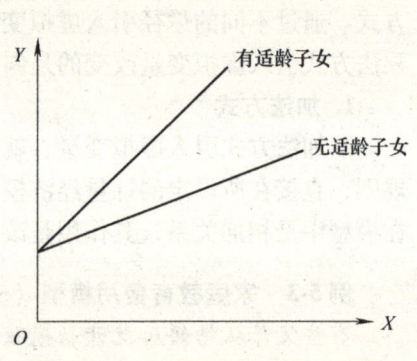

图 5-3 虚拟变量对斜率的影响

3. 混合方式

用不同方式引入虚拟变量将反映不同的经济效果，所以最初是大致判断定性因素的影响类型，然后用加法方式或乘法方式在模型中设置虚拟变量。

但是在实际应用中，却不是这样。实际应用中，事先往往难以确定定性因素的影响类型。因此，一般是直接以加法和乘法方式引入虚拟变量，然后利用 t 检验判断其系数是否显著的不等于 0，进而确定虚拟变量的具体引入方式。

例 5-5 铅笔消费模型

中国从 20 世纪 30 年代开始生产铅笔。1985 年，全国有 22 个厂家生产铅笔，产量居世界首位（33.9 亿支），占世界总产量的 1/3。改革开放以后，铅笔生产增长极为迅速，1979—1983 年平均年增长率为 8.5%。1961—1964 年的销售量平稳，是受到了经济收缩的影响。"文化大革命"期间销售量出现两次下降，是受到了当时政治因素的影响。1969—1972 年的增长是由于一度中断了的中小学教育逐步恢复。1977—1978 年的增长是由于高考制度正式恢复。1981 年我国开始生产自动铅笔，对传统铅笔市场冲击很大。1979—1985 年的缓慢增长是受到了自动铅笔上市的影响。

一般来说，在学前阶段，学生使用的都是铅笔；进入小学阶段后，可以逐渐开始使用圆珠笔或者中性笔。由于不同地区教育对学生可以开始使用圆珠笔的要求不同，在对铅笔消费量的影响因素的调查中，发现其消费量在城市和农村的边际消费倾向不同，而且基本消费量也不同。其消费模型可表示如下

$$Y_t = \beta_0 + \beta_1 D_i + \beta_2 X_t + \beta_3 D_i X_t + \mu_t \qquad (5\text{-}24)$$

式中，Y_t 表示铅笔的消费量；X_t 为居民的收入；$D_i = \begin{cases} 1, & \text{城市} \\ 0, & \text{农村} \end{cases}$。

它可以等价于下面消费函数：

农村
$$Y_t = \beta_0 + \beta_2 X_t + \mu_t \qquad (5\text{-}25)$$

城市
$$Y_t = (\beta_0 + \beta_1) + (\beta_2 + \beta_3) X_t + \mu_t \qquad (5\text{-}26)$$

该模型可以用来表示截距和斜率都发生变化的模型，其图形如图 5-4 所示。

在上面的讨论中，只是将虚拟变量作为质的因素。但在有些情况下，虚拟变量也可以代表数量的因素，前一节的分段回归就是类似情形中常见的一种。

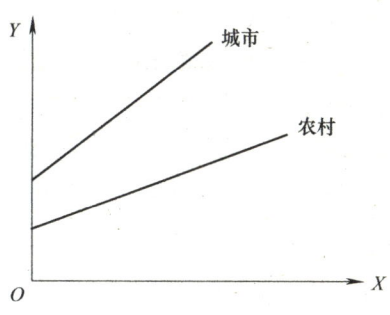

图 5-4 截距和斜率均变化的模型

5.1.4 虚拟解释变量的回归模型

虚拟变量可以作为解释变量，也可作被解释变量。这里讨论的是虚拟变量作解释变量的情形。在一个模型中，解释变量既可以包含定量变量，也可能是定性变量。下面对常见的四种不同情形进行分析。

以加法类型引入虚拟解释变量的模型

$$Y_t = \alpha_1 + \alpha_2 X_t + \alpha_3 D + \mu_t \qquad (5\text{-}27)$$

在式（5-27）所设定的计量经济模型中，虚拟解释变量与其他解释变量是相加关系。以加法形式引入虚拟解释变量，从计量经济模型的意义看，其作用是改变了设定模型的截距水平。

以加法方式引入虚拟变量时，分为四种情形：①解释变量只有一个分为两种相互排斥类型的定性变量而无定量变量；②解释变量包含一个定量变量和一个分为两种类型的定性变量；③解释变量包含一个定量变量和一个两种以上类型的定性变量；④解释变量包含一个定量变量和两个定性变量。

1. 解释变量只有一个分为两种相互排斥类型的定性变量而无定量变量的回归

这种情况的模型又称为方差分析模型（ANOVA，Analysis-Of-Variance Models）。例如

$$Y_i = \alpha + \beta D_i + \mu_i \qquad (5\text{-}28)$$

式中，Y_i 为居民的年可支配收入；D_i 为虚拟解释变量，$D_i = 1$ 代表城镇居民，$D_i = 0$ 代表非城镇居民。

式（5-28）的意义是，假设其他因素（包括文化程度、职业、性别等）保持不变的条件下，研究城镇居民和非城镇居民的收入是否存在差别。当 μ_i 满足古典假设时，由式（5-28）有：

非城镇居民的年平均收入
$$E(Y_i | D_i = 0) = \alpha \qquad (5\text{-}29)$$

城镇居民的年平均收入

$$E(Y_i|D_i=1) = \alpha + \beta \quad (5-30)$$

即在式（5-28）中，截距项 α 给出了非城镇居民的年平均可支配收入水平，而另一系数 β 则表明城镇居民年平均可支配水平不同于非城镇居民年平均可支配收入的部分。由式（5-29）和式（5-30）可知，虚拟解释变量的作用是改变设定模型的截距水平。

为了检验城镇居民和非城镇居民的年均可支配收入是否有显著差别，可构造假设 H_0：$\beta=0$，即城镇与非城镇居民年均可支配收入无差别。对式（5-28）回归，依据 β 估计值的 t 检验是否显著，可做出接受或不能接受 H_0 假设的判断。

2. 解释变量包含一个定量变量和一个分为两种类型定性变量的回归

例如

$$Y_i = \alpha_1 + \alpha_2 D_i + \beta X_i + \mu_i \quad (5-31)$$

式中，Y 为消费支出；X 为收入；$D_i = \begin{cases} 1 & 城镇居民 \\ 0 & 农村居民 \end{cases}$。

模型式（5-31）的意义在于描述收入和城乡差别对居民消费支出的影响。式（5-31）由一个定量解释变量 X 和一个分为两种类型的虚拟解释变量组成。注意，这里一个定性变量有两种类型，只使用了一个虚拟变量。当式（5-31）中的 μ_i 服从古典假定时，有：

基础类型：农村居民消费支出

$$E(Y_i|X_i, D_i=0) = \alpha_1 + \beta X_i \quad (5-32)$$

比较类型：城镇居民消费支出

$$E(Y_i|X_i, D_i=1) = (\alpha_1 + \alpha_2) + \beta X_i \quad (5-33)$$

式中，α_1 为差异截距系数。

式（5-31）可表示为，表明非城镇居民与城镇居民两种类型收入函数的斜率相同（均为 β），而截距水平不同。这说明，城镇居民和非城镇居民在消费支出水平上，存在着规模为 α_1 的差异，而由收入因素而产生的平均消费支出水平变化却是相同的。

在 H_0：$\alpha_1=0$ 的假设下，对参数 α_1 估计值的 t 检验，可以验证消费支出是否存在城乡差异。

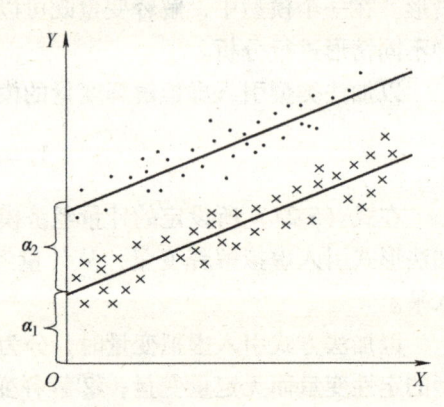

图 5-5 城镇农村居民消费支出水平的差异

3. 解释变量包含一个定量变量和一个两种以上类型的定性变量的回归

考虑以下模型

$$Y_i = \alpha_1 + \alpha_2 D_{2i} + \alpha_3 D_{3i} + \beta X_i + \mu_i \quad (5-34)$$

式中，Y_i 为年医疗保健费用支出；X_i 为居民的年可支配收入；$D_{2i} = \begin{cases} 1 & 高中 \\ 0 & 高中以下 \end{cases}$；

$D_{3i} = \begin{cases} 1 & 大专及大专以上 \\ 0 & 高中以下 \end{cases}$。

显然，模型式（5-34）是描述居民的年医疗保健费用支出与居民可支配收入（定量变量）和受教育程度（定性变量）之间的因果关系。这里，定性因素（受教育程度）划分为三种类型：高中以下、高中、大专及大专以上。注意，这里的定性变量有三种类型，依据虚拟变量设置规则引入了 $m-1=3-1=2$ 个虚拟变量，而且一个定性变量有多种类型时，虚拟变量可同时取值为0，但不能同时取值为1，因为同一定性变量的各种类型之间"非此即彼"。

当式（5-34）服从古典假定时，有：
基础类型：高中以下
$$E(Y_i|X_i, D_2=0, D_3=0) = \alpha_1 + \beta X_1 \tag{5-35}$$
比较类型：高中
$$E(Y_i|X_i, D_2=1, D_3=0) = (\alpha_1+\alpha_2) + \beta X_i \tag{5-36}$$
大专及大专以上
$$E(Y_i|X_i, D_2=0, D_3=1) = (\alpha_1+\alpha_3) + \beta X_i \tag{5-37}$$

这表明三种不同受教育程度居民的医疗保健费用年均支出的起点水平（截距）不同，差异截距系数为 α_2 和 α_3。对式（5-34）进行回归，进行 $H_0: \alpha_2=0$ 和 $H_0: \alpha_1=0$ 的 t 检验可以发现，与比较基准组（高中以下教育水平）相比，另两种类型截距的差异在统计上是否存在显著差异。关于 $\alpha_2=\alpha_3=0$ 的联合假设检验，也可由方差分析或 F 检验完成。

4. 解释变量包含一个定量变量和两个定性变量的回归

以加法形式引入虚拟解释变量的做法，很容易扩展到处理一个以上定性变量的情形。例如，依据某地区家庭调查资料所建立的卷烟需求模型

$$Q_i = \alpha_1 + \alpha_2 D_{2i} + \alpha_3 D_{3i} + \beta Y_i + \mu_i \tag{5-38}$$

式中，Q_i 为卷烟需求量；Y_i 为居民可支配收入；D_{2i} 和 D_{3i} 是虚拟解释变量，$D_{2i} = \begin{cases} 1 & \text{城镇居民} \\ 0 & \text{其他} \end{cases}$，

$D_{3i} = \begin{cases} 1 & \text{男性} \\ 0 & \text{女性} \end{cases}$。

一般认为，城镇居民的卷烟消费量高于非城镇居民，同时男性居民的吸烟量大于女性居民。为了分析城乡差别和性别差别对卷烟需求的影响，模型（5-38）以加法形式引入了两个虚拟解释变量。注意，这里有两个定性变量选用了两个虚拟变量去表示，这并不会出现"虚拟变量陷阱"。对比前面一个定性变量有三种类型时也用了两个虚拟变量，二者性质是不同的。而且，注意这里的 D_{2i} 和 D_{3i} 是代表不同定性变量的虚拟变量，可以同时为0，也可同时为1，因为不同的定性变量之间并没有"非此即彼"的关系。

当式（5-38）满足古典假设时，有：
基础类型：农村女性居民
$$E(Q_i|Y_i, D_2=0, D_3=0) = \alpha_1 + \beta Y_i \tag{5-39}$$
比较类型：农村男性居民
$$E(Q_i|Y_i, D_2=0, D_3=1) = (\alpha_1+\alpha_3) + \beta Y_i \tag{5-40}$$
城镇女性居民
$$E(Q_i|Y_i, D_2=1, D_3=0) = (\alpha_1+\alpha_2) + \beta Y_i \tag{5-41}$$
城镇男性居民
$$E(Q_i|Y_i, D_2=1, D_3=1) = (\alpha_1+\alpha_2+\alpha_3) + \beta Y_i \tag{5-42}$$

显然，模型式（5-38）以农村女性居民为基础类型，并假设各种类型居民的卷烟需求函数只是有不同的截距，相对于收入的斜率系数 β 相同。用 t 检验分别检验 $\hat{\alpha}_2$ 和 $\hat{\alpha}_3$ 的统计显著性，可验证两个定性变量对截距是否有显著影响。

上述讨论的结果可以推广到解释变量有多个定量变量和多个定性变量的情形。在推广过

程中,需要注意引入虚拟变量的个数应遵从前述设置规则。

5.1.5 例题分析

2011年我国城镇居民人均收入与彩电每百户拥有量的统计资料如表5-1所示。

表5-1 我国城镇居民家庭抽样调查资料

收 入 等 级	彩电拥有量（Y）/(台/百户)	人均收入（X）/(元/年)
困难户（5%）	108.67	6445.45
最低收入户（5%）	111.39	7819.44
低收入户（10%）	119.77	11751.28
中等偏下户（10%）	126.23	15880.67
中等收入户（20%）	132.96	21439.7
中等偏上户（20%）	142.54	29058.92
高收入户（10%）	152.22	39215.49
最高收入户（10%）	169.03	64460.67

为了分析彩电拥有量和人均收入之间的关系,先对两者的相关性做简单的讨论,如图5-6所示。

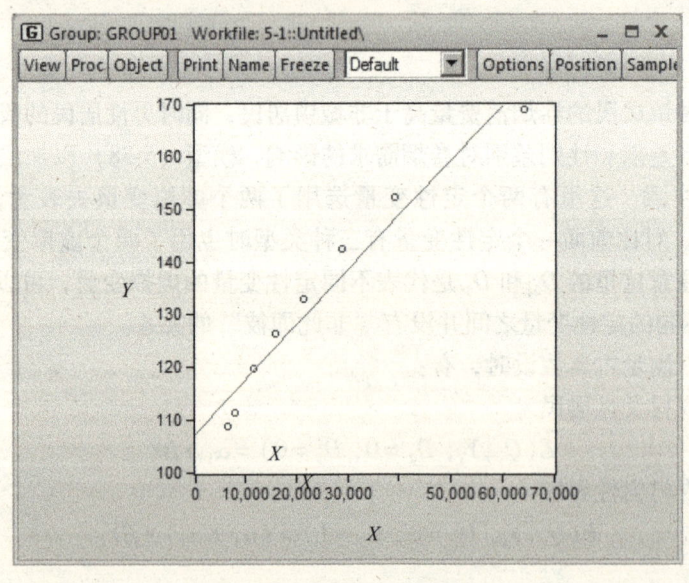

图5-6 X和Y的相关图

从相关图可以看出,前3个样本点（即低收入家庭）与后5个样本点（中、高收入）的拥有量存在较大差异。因此,为了反映"收入层次"这一定性因素的影响,设置虚拟变量如下:

$$D = \begin{cases} 1 & 中、高收入家庭 \\ 0 & 低收入家庭 \end{cases}$$

我国城镇居民彩电需求的估计如图 5-7 所示。

```
Equation: EQ01   Workfile: 5-1::Untitled
View Proc Object | Print Name Freeze | Estimate Forecast Stats Resids

Dependent Variable: Y
Method: Least Squares
Date: 11/29/13   Time: 00:20
Sample: 1 8
Included observations: 8

Variable       Coefficient   Std. Error    t-Statistic    Prob.
C              95.05910      5.877739      16.17273       0.0001
X              0.002101      0.000656      3.201899       0.0328
DI             19.99111      6.403618      3.121846       0.0355
XDI           -0.001232      0.000659     -1.868176       0.1351

R-squared            0.991405    Mean dependent var    132.8513
Adjusted R-squared   0.984959    S.D. dependent var     20.83339
S.E. of regression   2.555061    Akaike info criterion   5.020882
Sum squared resid   26.11334    Schwarz criterion       5.060603
Log likelihood     -16.08353    Hannan-Quinn criter.    4.752981
F-statistic        153.7962    Durbin-Watson stat      1.775063
Prob(F-statistic)    0.000138
```

图 5-7　我国城镇居民彩电需求的估计

根据上面的方程估计结果写出我国城镇居民彩电需求函数的估计结果为

$$\hat{y}_i = 95.0591 + 0.0021x_i + 19.9911D_i - 0.0012XD_i \tag{5-43}$$

$$(16.1727)(3.2029)\quad(3.1218)\quad(-1.8682)$$

$$R^2 = 0.9914 \qquad \bar{R}^2 = 0.9850 \qquad F = 153.7962 \qquad SE = 2.5551$$

虚拟变量的回归系数的 t 检验都是显著的，且模型的拟合优度很高，说明我国城镇居民低收入家庭与中高收入家庭对彩电的消费需求在截距和斜率上都存在着明显差异。所以，以加法和乘法方式引入虚拟变量是合理的。

根据实验原理中介绍的虚拟变量的加法引入的算法，可以得到低收入家庭与中高收入家庭各自的需求函数为：

低收入家庭

$$\hat{y}_i = 95.0591 + 0.0021x_i \tag{5-44}$$

中高收入家庭

$$\hat{y}_i = (95.0591 + 19.9911) + (0.0021 - 0.0012)x_i = 115.0502 + 0.0009x_i \tag{5-45}$$

由此可见，我国城镇居民家庭现阶段彩电消费需求的特点为：对于人均年收入在 10000 元及以下的低收入家庭，需求量随着收入水平的提高而快速上升，人均年收入每增加 10000 元，百户拥有量将平均增加 21 台；对于人均年收入在 15000 元以上的中高收入家庭，虽然需求量随着收入水平的提高也在增加，但增速趋缓，人均年收入每增加 10000 元，百户拥有量只增加 9 台。事实上，现阶段我国城镇居民中高收入家庭的彩电普及率已达到 100%，所以对彩电的消费需求处于更新换代阶段。

5.2　滞后变量模型

在前面各章研究中，没有考虑经济事件和决策的滞后影响，但是这种滞后影响是普遍存在的。例如，石油危机、亚洲金融危机、SARS、禽流感等重大事件对世界经济的影响持续了很长一段时间。通常人们的上期消费对本期消费有着较大影响，这种现象称为时滞效应，在模型中是指被解释变量受自身或者其他变量过去值影响的现象。相对于变量的本期值，把变量过去时期的数值称为滞后值。模型中表示滞后值的变量称为滞后变量（Lagged Variable），是指过去时期的、对当前被解释变量产生影响的变量。滞后变量分为滞后解释变量（外生滞后变量）和滞后被解释变量（内生滞后变量）。

5.2.1 滞后效应和滞后变量模型

1. 滞后效应概述

一般说来，被解释变量与解释变量的因果关系不一定就在瞬时发生，可能存在时间的滞后，或者说解释变量的变化可能需要经过一段时间才能完全对被解释变量产生影响。同样，被解释变量当前的变化也可能受其自身过去取值水平的影响。这种被解释变量受到自身或另一解释变量的前几期值影响的现象称为滞后效应。在建立计量经济模型时，滞后效应可否忽略，要看滞后变量对经济主体（通常由被解释变量表征人们关注的经济主体的特征或指标）的影响是否是主要原因。如果是主要原因。那么在建模时是不可以忽略的。

在现实经济生活中，产生滞后效应的原因众多，主要有以下几个方面：

（1）心理预期因素。在社会经济这个复杂的系统中，人的心理因素对经济变量的变化有很大影响。由于人们的心理定势及社会习惯的作用，适应新经济条件和经济环境需要一个过程，从而表现为决策的滞后性。经济主体的大多数行为都会受到预期心理的影响。以消费为例，人们对某种商品的消费量不仅受商品当前价格影响，而且还受预期价格影响。当人们预期价格上涨时，就会加快当期的购买；而当人们预期价格要下降时，则会持币观望，减少当期的购买。由于对未来的预期要依据过去的经验，因此在一定条件下，这种"预期"因素的影响可转化为滞后效应。

（2）技术因素。在国民经济运行中，从生产到流通再到消费，每一个环节都需要一段时间，从而形成时滞。例如，农产品产量对价格信息的反应总是滞后的，其原因就在于农产品的生产需要一个较长的时间过程；又如，在工业生产中，当年的产出量会在某种程度上依赖于过去若干期内投资形成的固定资产规模；再如，货币投放量的增减会对物价水平产生影响，但这种影响并不会全部在当期内反映，总会滞后一段时期。这些滞后效应都是因为经济活动的技术因素所致。

（3）制度因素。契约、管理制度等因素也会形成一定程度的滞后。例如，企业要改变它的产品结构或产量，会受到过去签订的供货合同的制约；拥有一定数量定期存款的消费者，要调整自己的消费水平，会受到银行契约制度的限制；此外，管理层次过多、管理的低效率也会造成滞后效应。这些现象表明，当一个变量发生变化时，由于制度方面的原因，另一个变量需经过一定时期才能做出相应的变化，从而形成滞后现象。

由上述原因可见，要准确把握经济关系，特别是长期动态关系，并防止预测和决策偏差，就必须重视滞后效应对经济问题的影响。因此，在计量经济学中，要用滞后变量模型表达经济现象的时滞效应，从而更客观地反映经济现象的本质。

2. 滞后变量模型概述

把滞后变量引入回归模型，这种回归模型称为滞后变量模型。其一般形式为

$$Y_t = \alpha + \beta_0 X_t + \beta_1 X_{t-1} + \beta_2 X_{t-2} + \cdots + \beta_s X_{t-s} + \gamma_1 Y_{t-1} + \gamma_2 Y_{t-2} + \cdots + \gamma_q Y_{t-q} + \mu_t \quad (5\text{-}46)$$

式中，s 和 q 分别为外生滞后变量（滞后解释变量）和内生滞后变量（滞后被解释变量）的滞后期长度。若滞后效应持续有限长时间，则滞后期长度为有限，称该模型为有限滞后变量模型（Finite Distributed Lag (FDL) Model）；若滞后效应持续无限长时间，则滞后期长度为无限，称该模型为无限滞后变量模型（Infinite Distributed Lag (IDL) Model）。

对经济主体产生影响的经济现象和政策一般会有多种，但是由模型式（5-46）可知，当外生滞后变量不止一个，且每个滞后变量都有自己的分布滞后结构时，问题就会变得复杂。那么，如何进行模型的构建和估计成为一个难点。原则上我们倾向于简单的线性模型。

用滞后变量模型表述一种经济现象或决策的滞后影响，可能是无限期的。例如，一种政策变化对经济发展的滞后影响可能是永久性的；经济危机对经济发展的影响，可能是有限长时期的。对于前者，可以采用无限滞后变量模型来描述；对于后者，可以用有限滞后变量模型来表达。但是，任何经济现象和政策的影响都是随时间推移而越来越弱的，因为远期解释变量信息对被解释变量的影响能力显然不如近期解释变量信息。因而，常常是有限滞后变量模型运用得更为广泛。

（1）外生滞后变量模型。在进行经济动态分析时，外生滞后变量模型反映了某种外生变量对被解释变量的短期和长期影响，可以描述经济活动调整和自适应的变化过程，从而帮助研究者从数量角度在短期经济效应与长期经济效应之间建立分析关系。下面首先定义外生滞后变量模型和相关的概念。

我们把没有内生滞后变量（滞后被解释变量）的滞后变量模型称为外生滞后变量模型，即被解释变量只受解释变量的影响，且这种影响分布在解释变量不同时期的滞后值上。外生滞后变量模型也称为分布滞后模型，其表达式如下

$$Y_t = \alpha + \beta_0 X_t + \beta_1 X_{t-1} + \beta_2 X_{t-2} + \cdots + \beta_s X_{t-s} + \mu_t \quad (5\text{-}47)$$

式中，s 为滞后长度。

根据滞后长度 s 取值的有限和无限，模型分别称为有限分布外生滞后变量模型和无限分布外生滞后变量模型。在分布滞后模型中，各系数体现了解释变量的各个滞后值对被解释变量的不同影响程度，即通常所说的乘数。

β_0 称为短期影响乘数（或短期乘数、即期乘数、短期效果，Short-Run Multiplier, Impact Multiplier），表示本期 X_t 变动一个单位对 Y_t 值的影响大小。

β_i 称为延迟过渡性乘数（或延迟乘数、中期乘数、动态乘数，Intermediate Multiplier,）($i=1, 2, \cdots, s$)，表示过去各时期 X 变动一个单位对 Y_t 值变化的影响大小。

$\sum_{i=0}^{s}\beta_i$ 称为长期影响乘数（或长期乘数、总分布乘数、长期效果，Long-Run Multiplier, Total Multiplier），表示 X 变动一个单位时，包括滞后效应而形成的对 Y_t 总的影响。长期乘数表示经济主体在受到发生在某时期的事件冲击后，从原来的均衡经过充分调整，达到新的均衡之间的变化。

事实上，如模型式（5-46）所示，外生滞后变量通常不止一个，且各有各的短期、中期和长期乘数，也有的没有中期和长期乘数。

（2）自回归模型。如果滞后变量模型的解释变量仅包括自变量 X 的当期值和被解释变量的若干期滞后值，模型的形式为

$$Y_t = \alpha + \beta_0 X_t + \gamma_1 Y_{t-1} + \gamma_2 Y_{t-2} + \cdots + \gamma_q Y_{t-q} + \mu_t \tag{5-48}$$

式中，q 称为自回归模型的阶数。这类模型称为自回归模型，也称内生滞后变量模型。

5.2.2 分布滞后模型的估计

1. 分布滞后模型估计的困难

根据原假设，外生变量是确定的，外生滞后变量之间是无关的，不违背古典线性回归模型的任何假定，外生滞后变量模型的估计原则上可以使用普通最小二乘法。但是，在具体应用中还是存在一些实际问题：

（1）滞后期长会导致自由度的减少，导致模型估计不准或无法估计。

（2）外生变量滞后长度的确定没有事先指导和确定，无限分布外生滞后变量模型实际上无法估计，因为要估计的参数无穷多，但样本有限。

（3）即使大样本情形不用考虑自由度，也可能遇到滞后解释变量观测值之间存在多重共线性的问题。如果按以往处理多重共线性问题，可能导致放弃重要的滞后解释变量，即在估计模型后，发现滞后变量的 t 检验不显著，但是无法确知是事实不显著还是有多重共线性的影响。因此，分布滞后模型的参数估计与一般多元线性回归模型有所不同。

综上所述，解决外生滞后变量模型的估计问题，实际上是寻找既能减少滞后项个数，又能解决多重共线性的方法。解决的总体思路是通过线性组合或者其他方式，把各个滞后变量组合起来，将一个或者多个新变量代入回归方程，减少直接估计参数的个数，达到增加自由度并避免多重共线性的目的。

2. 确定滞后长度的方法

尽管滞后长度的确定有难度，但人们在积极探索，寻求办法解决这一问题。

（1）根据实际经济问题以及经验进行判断。

（2）利用时间序列本身的变化规律进行判断，如根据自相关程度与偏自相关程度进行判断（时间序列分析课程里有专门介绍）。

（3）利用统计规则进行判断。

方法1，AIC 准则（又称赤池检验）。该检验主要用如下 AIC 统计量

$$\text{AIC} = \log\left(\frac{\sum_{t=1}^{n} e_t^2}{n}\right) + \frac{2k}{n}$$

式中，$\sum_{t=1}^{n} e_t^2$ 是由 ADL 估计模型的残差平方和；k 是模型中解释变量的个数，在分布滞后模型里就是滞后阶数；n 是样本容量。

可以证明在上式，随着 k 的增加，AIC 存在极小值。使用 AIC 准则是通过连续增加解释变量的滞后阶数直到 AIC 取得极小值，从而确定最优的 k 值。

方法2，SC 准则（又称许瓦兹检验）。SC 统计量为

$$\text{SC} = \log\left(\frac{\sum_{t=1}^{n} e_t^2}{n}\right) + \frac{k\log n}{n}$$

式中，$\sum_{t=1}^{n} e_t^2$、k、n 与 AIC 准则中的定义一致。

同理可以证明，随着 k 的变化，SC 存在极小值。

运用 AIC 准则和 SC 准则的具体操作如下：

对于不同范围的 k，如何运用准则确定最优的 k？比如，按数据类型划分，有年度数据、季度数据和月度数据。因此，对于年度数据，可根据经济周期来确定 k 的变动范围；对于季度数据，可根据一年四季的划分来确定 k 的变动范围，即 k 的变动范围为 4；同理，对于月度数据 k 的变动范围可定为 12。然后，再根据 AIC 和 SC 检验确定在某个范围内的最优滞后阶数 k。

3. 无限分布外生滞后变量模型

对于无限分布滞后模型，由于滞后项无限多而样本观测总是有限的，因而不能直接对其进行估计。一般有以下两类方法：

（1）采用截断法。根据经济理论或经验，将某期之后的所有系数给予零约束，转变成有限的外生滞后变量模型进行估计。

（2）变量替换法。利用经验和调查给出系数的合理约束，进行变量替换，将无限分布滞后模型转化为有限分布滞后模型进行估计，这样就解决了估计问题。

4. 有限分布外生滞后变量模型估计方法

对于有限分布滞后变量模型，估计困难来自变量滞后长度无法确定、损失自由度以及滞后解释变量的多重共线性问题。对于有限外生滞后变量模型估计，其基本思想是对滞后模型中的系数施加某种约束，设法有目的地减少需要直接估计的模型参数的个数，以缓解多重共线性，保证自由度。对于无限分布滞后模型，主要是通过适当的模型变换，使其转化为只需估计有限个参数的自回归模型。这在实际建模中需要有一定的经验为基础的技巧。下面给出三种估计方法：

（1）顺序估计方法。为了克服变量滞后长度无法确定的问题，阿尔特（Alt）和丁伯根（Tinbergen）提出所谓顺序估计法，即假定有限分布滞后模型的随机扰动项满足古典假定，可以用普通最小二乘法递推地估计模型。其基本思路是，首先做被解释变量 Y_t 关于解释变量 X_t 的回归，然后做 Y_t 关于 X_t 和 X_{t-1} 的回归，再做 Y_t 关于 X_t、X_{t-1} 和 X_{t-2} 的回归，依次添加解释变量 X_t 的滞后项，直到滞后变量的回归系数开始变成统计上不显著或至少有一个变量的系数改变符号时结束。

例 5-6 油耗量模型选择

为了获得燃油消耗量 Y 与订货量 X 之间的关系，阿尔特曾利用 10 年的季度数据递推估计回归方程，得到以下结果

$$\hat{Y}_t = 8.37 + 0.171 X_t \tag{5-49}$$

$$\hat{Y}_t = 8.27 + 0.111 X_t + 0.064 X_{t-1} \tag{5-50}$$

$$\hat{Y}_t = 8.27 + 0.109 X_t + 0.071 X_{t-1} - 0.055 X_{t-2} \tag{5-51}$$

$$\hat{Y}_t = 8.32 + 0.108 X_t + 0.063 X_{t-1} + 0.022 X_{t-2} - 0.020 X_{t-3} \tag{5-52}$$

根据回归结果，由于 X_{t-2} 的符号不稳定，并且 X_{t-2}、X_{t-3} 的符号为负，经济意义难以解释，所以阿尔特最后选择第二个回归模型作为最佳模型。

上述估计法表面上看似乎可行，但事实上还存在一些缺陷，主要是滞后长度和多重共线性问题。对此，人们进行了广泛的研究，提出了一系列修正估计方法，常用估计方法主要有经验权数法、阿尔蒙多项式法等。

（2）经验权数法。经验加权估计法简称经验权数法，是根据实际经济问题的特点及经验判断，形成相应的约束，对解释变量的系数赋予一定的权数，利用这些权数构成各滞后变量的线性组合，以形成新的变量，再应用普通最小二乘法进行估计。权数分布的确定取决于模型滞后结构的不同类型，常见的滞后结构类型有：

1）递减滞后结构。这类滞后结构假定权数是递减的，认为滞后解释变量对被解释变量的影响随着时间的推移越来越小，即遵循"远小近大"的原则（见图5-8a）。这种滞后结构在现实经济活动中较为常见，比较典型的例子是消费函数，现期收入对消费的影响较大，越滞后，影响越小。

例如，$z_t = \sum_{i=0}^{k} w_i x_{t-i}$，式中 $w_0 \geq w_1 \geq w_2 \geq \cdots \geq w_k$。

例如，假设某经济变量服从一个滞后三期的分布滞后模型

$$y_t = \alpha + \beta_0 x_t + \beta_1 x_{t-1} + \beta_2 x_{t-2} + \beta_3 x_{t-3} + \mu_t \tag{5-53}$$

如果根据经验判断滞后解释变量对因变量的影响递减，权数取某种形式，比如为

$$\frac{1}{2}, \frac{1}{4}, \frac{1}{6}, \frac{1}{8}$$

则新的线性组合变量为

$$z_t = \frac{1}{2} x_t + \frac{1}{4} x_{t-1} + \frac{1}{6} x_{t-2} + \frac{1}{8} x_{t-3} \tag{5-54}$$

原模型就变为经验加权模型

$$y_t = \alpha + \beta z_t + \mu_t \tag{5-55}$$

2）不变滞后结构。这类滞后结构假定权数不变，即认为滞后解释变量对被解释变量的影响不随时间而变化（见图5-8b）。

3）Λ形滞后结构。这类滞后结构两头小中间大，权数先递增后递减呈Λ形（见图5-8c）。这类滞后结构适合于前后期滞后解释变量对被解释变量的影响不大，而中期滞后解释变量对被解释变量的影响较大的分布滞后模型。例如投资对产出的影响，就是认为在一个投资周期里，中期的投资对本期产出贡献最大，因此可选择Λ形滞后结构。

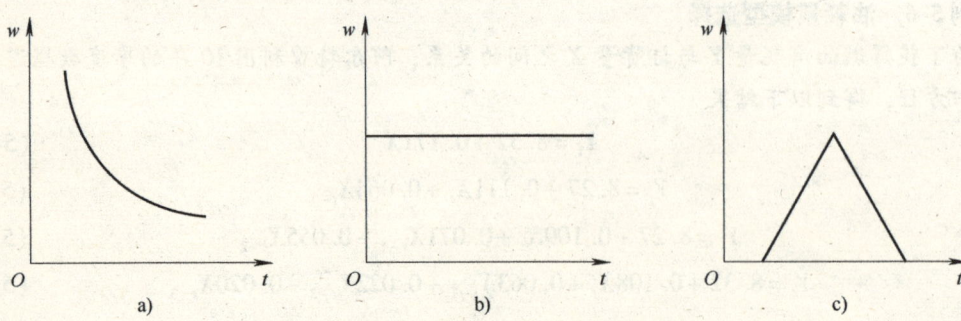

图 5-8 常见的滞后结构类型
a）递减滞后结构　b）不变滞后结构　c）Λ形滞后结构

例 5-7 年薪模型

假设有一个有限分布滞后模型的一般形式如下

$$y_t = \alpha + \beta_0 x_t + \beta_1 x_{t-1} + \beta_2 x_{t-2} + \beta_3 x_{t-3} + \cdots + \beta_k x_{t-k} + \mu_t \tag{5-56}$$

假设其滞后期为三期，即 $k=3$，则其模型为

$$y_t = \alpha + \beta_0 x_t + \beta_1 x_{t-1} + \beta_2 x_{t-2} + \beta_3 x_{t-3} + \mu_t \tag{5-57}$$

如果设定权数结构为 $\frac{1}{2}$，$\frac{1}{4}$，$\frac{1}{6}$，$\frac{1}{8}$，则经验加权估计法的资料结构如表 5-2 所示。

表 5-2 经验加权估计法

序号	y_t	x_t	$z_t = \frac{1}{2}x_t + \frac{1}{4}x_{t-1} + \frac{1}{6}x_{t-2} + \frac{1}{8}x_{t-3}$
1	y_1	x_1	—
2	y_2	x_2	—
3	y_3	x_3	—
4	y_4	x_4	$z_4 = \frac{1}{2}x_4 + \frac{1}{4}x_3 + \frac{1}{6}x_2 + \frac{1}{8}x_1$
5	y_5	x_5	$z_5 = \frac{1}{2}x_5 + \frac{1}{4}x_4 + \frac{1}{6}x_3 + \frac{1}{8}x_2$
⋮	⋮	⋮	⋮

原模型转化为经验加权模型为

$$y_t = \alpha + \beta z_t + \mu_t \tag{5-58}$$

由于 x_t 与 μ_t 相互独立，因此，x_t 的线性组合 z_t 也与 μ_t 相互独立。因此，可以用普通最小二乘法估计经验加权模型，得到 α 与 β 的估计值，然后将原解释变量代入原滞后变量模型，得

$$\hat{y}_t = \hat{\alpha} + \hat{\beta}\left(\frac{1}{2}x_t + \frac{1}{4}x_{t-1} + \frac{1}{6}x_{t-2} + \frac{1}{8}x_{t-3}\right) = \hat{\alpha} + \frac{1}{2}\hat{\beta}x_t + \frac{1}{4}\hat{\beta}x_{t-1} + \frac{1}{6}\hat{\beta}x_{t-2} + \frac{1}{8}\hat{\beta}x_{t-3} \tag{5-59}$$

经验加权法具有简单易行、不损失自由度、避免多重共线性干扰及参数估计具有一致性等优点；缺点是设置权数的主观随意性较大，要求分析者对实际问题的特征有比较透彻的了解。通常的做法是，依据先验信息，多选几组权数分别估计多个模型，然后根据可决系数、F 检验值、t 检验值、估计标准误差以及 DW 值，从中选出最佳估计方程。

（3）阿尔蒙多项式法（有限多项式分布滞后模型）。为了消除多重共线性的影响，阿尔蒙（Almon）于 1965 年提出利用有限多项式来减少待估参数的个数，以削弱多重共线性及参数估计中的自由度损失。

其基本原理是：对模型

$$Y_t = \alpha + \beta_0 X_t + \beta_1 X_{t-1} + \beta_2 X_{t-2} + \cdots + \beta_s X_{t-s} + \mu_t \tag{5-60}$$

在有限分布滞后模型滞后长度 s 已知的情况下，滞后项系数可以看成是相应滞后期 i 的函数。再以滞后期 i 为横轴、滞后系数取值为纵轴，如果这些滞后系数落在一条光滑曲线上，

或近似落在一条光滑曲线上,则可以由一个关于 i 的次数较低的 m 次多项式很好地逼近。因此,可以将 β_i 表示为关于时间 i 的多项式函数形式

$$\beta_i = \alpha_0 + \alpha_1 i + \alpha_2 i^2 + \cdots + \alpha_m i^m \quad (i = 0, 1, 2, \cdots, s; \ m < s) \tag{5-61}$$

式(5-61)称为阿尔蒙多项式变换。如果式(5-60)的滞后系数满足式(5-61),则称为有限多项式分布滞后模型,也称为阿尔蒙滞后模型。

将阿尔蒙多项式变换具体列出来就是

$$\begin{cases} \beta_0 = \alpha_0 + \alpha_1 0 + \alpha_2 0^2 + \cdots + \alpha_m 0^m & (i=0) \\ \beta_1 = \alpha_0 + \alpha_1 1 + \alpha_2 1^2 + \cdots + \alpha_m 1^m & (i=1) \\ \beta_2 = \alpha_0 + \alpha_1 2 + \alpha_2 2^2 + \cdots + \alpha_m 2^m & (i=2) \\ \vdots \\ \beta_s = \alpha_0 + \alpha_1 s + \alpha_2 s^2 + \cdots + \alpha_m s^m & (i=s) \end{cases} \tag{5-62}$$

代入式(5-62)并整理各项,模型变为以下形式

$$\begin{aligned} Y_t = {} & \alpha + \alpha_0 (X_t + X_{t-1} + X_{t-2} + \cdots + X_{t-s}) \\ & + \alpha_1 (X_{t-1} + 2X_{t-2} + 3X_{t-3} + \cdots + sX_{t-s}) \\ & + \alpha_2 (X_{t-1} + 2^2 X_{t-2} + 3^2 X_{t-3} + \cdots + s^2 X_{t-s}) \\ & \vdots \\ & + \alpha_m (X_{t-1} + 2^m X_{t-2} + 3^m X_{t-3} + \cdots + s^m X_{t-s}) + \mu_t \end{aligned} \tag{5-63}$$

即

$$Y_t = \alpha + \alpha_0 Z_{0t} + \alpha_1 Z_{1t} + \alpha_2 Z_{2t} + \cdots + \alpha_m Z_{mt} + \mu_t \tag{5-64}$$

式中

$$\begin{cases} Z_{0t} = X_t + X_{t-1} + X_{t-2} + \cdots + X_{t-s} \\ Z_{1t} = X_{t-1} + 2X_{t-2} + 3X_{t-3} + \cdots + sX_{t-s} \\ Z_{2t} = X_{t-1} + 2^2 X_{t-2} + 3^2 X_{t-3} + \cdots + s^2 X_{t-s} \\ \vdots \\ Z_{mt} = X_{t-1} + 2^m X_{t-2} + 3^m X_{t-3} + \cdots + s^m X_{t-s} \end{cases} \tag{5-65}$$

为滞后变量的线性组合变量。

对于式(5-64),在 μ_t 满足古典假定的条件下,可用普通最小二乘法进行估计。将估计的参数 $\hat{\alpha}_0, \hat{\alpha}_1, \hat{\alpha}_2, \cdots, \hat{\alpha}_m$ 代入式(5-63),就可求出原分布滞后模型参数的估计值。

在实际应用中,阿尔蒙多项式的次数 m 通常取得较低,一般取 2 或 3,很少超过 4。如果 m 取得过大,则达不到通过阿尔蒙多项式变换减少变量个数的目的。

从上面的分析可以看出,通过阿尔蒙多项式变换,新模型中的变量个数少于原分布滞后模型中的变量个数,从而使自由度得到保证,并在一定程度上缓解了多重共线性问题。

5.2.3 自回归模型的分类与构建

对于自回归模型的估计问题,因为其中存在被解释变量的若干期滞后变量,可以用前面学过的随机解释变量模型的估计方法解决。在处理实际经济问题中,经常会把外生滞后模型或其他模型转化为自回归模型进行分析。通常有两条途径:一条途径是对无限分布滞后模型

的滞后结构做出某种假定,通过变换而形成,如库伊克(Koyck)模型;另一条途径是在模型中考虑预期因素,然后基于经济原理对"期望模型"做出某种假定而导出。

1. 库伊克(Koyck)模型

许多经济变量的滞后效应都在相当长的时期内存在。例如,消费水平受收入的影响,可以追溯到较远的过去时期的收入水平;经济政策对经济效益的影响有一个逐步扩散的过程,目前的经济效益除了受不久前经济政策的影响外,还要受很久以前经济政策的影响,尽管这种影响可能很微弱。对于这种滞后现象,如果采用截尾的办法忽略某滞后期以前滞后解释变量对被解释变量的影响,建立有限分布滞后模型来进行分析,则存在滞后长度难以确定的问题。为了回避这一难点,可使用无限分布滞后模型来处理。

但是,无限分布滞后模型中滞后项无限多,而样本观测总是有限的,因此不可能对其直接进行估计。显然,要使模型估计能够顺利进行,必须施加一些约束或假定条件,将模型的结构做某种转化。库伊克(Koyck)变换就是其中较具代表性的方法。

库伊克认为,对于如下无限分布滞后模型

$$Y_t = \alpha + \beta_0 X_t + \beta_1 X_{t-1} + \beta_2 X_{t-2} + \cdots + \mu_t \tag{5-66}$$

可以假定滞后解释变量 X_{t-i} 对被解释变量 Y 的影响随着滞后期 $i(i=0,1,2,\cdots)$ 的增加而按几何级数衰减,即滞后系数的衰减服从某种公比小于 1 的几何级数

$$\beta_i = \beta_0 \lambda^i \quad (0 < \lambda < 1; \, i = 0, 1, 2, \cdots) \tag{5-67}$$

式中,β_0 为常数;公比 λ 为待估参数。

λ 值的大小决定了滞后衰减的速度,λ 值越接近 0,衰减速度越快。通常称 λ 为分布滞后衰减率,称 $1-\lambda$ 为调整速度。

将式(5-67)代入式(5-66),得

$$\begin{aligned} Y_t &= \alpha + \beta_0 X_t + \beta_0 \lambda X_{t-1} + \beta_0 \lambda^2 X_{t-2} + \cdots + \mu_t \\ &= \alpha + \beta_0 (X_t + \lambda X_{t-1} + \lambda^2 X_{t-2} + \cdots) + \mu_t \\ &= \alpha + \beta_0 \sum_{i=0}^{\infty} \lambda^i X_{t-i} + \mu_t \end{aligned} \tag{5-68}$$

将式(5-68)滞后一期,有

$$Y_{t-1} = \alpha + \beta_0 \sum_{i=0}^{\infty} \lambda^i X_{t-1-i} + \mu_{t-1} = \alpha + \beta_0 \sum_{i=1}^{\infty} \lambda^{i-1} X_{t-i} + \mu_{t-1} \tag{5-69}$$

对式(5-69)两边同乘 λ 并与式(5-68)相减,得

$$\begin{aligned} Y_t - \lambda Y_{t-1} &= \left(\alpha + \beta_0 \sum_{i=0}^{\infty} \lambda^i X_{t-i} + \mu_t\right) - \left(\lambda\alpha + \beta_0 \sum_{i=1}^{\infty} \lambda^i X_{t-i} + \lambda\mu_{t-1}\right) \\ &= \alpha(1-\lambda) + \beta_0 X_t + (\mu_t - \lambda\mu_{t-1}) \end{aligned} \tag{5-70}$$

即

$$Y_t = \alpha(1-\lambda) + \beta_0 X_t + \lambda Y_{t-1} + (\mu_t - \lambda\mu_{t-1}) \tag{5-71}$$

这就是库伊克模型。上述变换过程也称库伊克变换。

令 $\alpha^* = \alpha(1-\lambda)$,$\beta_0^* = \beta_0$,$\beta_1^* = \lambda$,$\mu_t^* = \mu_t - \lambda\mu_{t-1}$ 则库伊克模型式(5-71)变为

$$Y_t = \alpha^* + \beta_0^* X_t + \beta_1^* Y_{t-1} + \mu_t^* \tag{5-72}$$

这是一个一阶自回归模型。

由此可见，利用库伊克变换，可以将一个无限分布滞后模型变成只有一个本期解释变量 X_t 和滞后一期被解释变量 Y_{t-1} 的自回归模型。该模型以一个滞后被解释变量 Y_{t-1} 代替了大量的滞后解释变量 X_{t-i} ($i=1,2,\cdots$)，使模型结构得到极大简化，而且最大限度地保证了自由度，解决了滞后长度难以确定的问题；同时，滞后一期的被解释变量 Y_{t-1} 与 X_t 的线性相关程度将低于 X 的各滞后值之间的相关程度，从而在很大程度上克服了多重共线性。

当然，尽管库伊克变换具有上述优点，但也存在以下一些缺陷：

（1）它假定无限滞后分布呈几何滞后结构，即滞后影响按某固定比例递减，解释变量当期值对被解释变量影响最大，滞后一期次之，照此类推。这种假定对某些经济变量可能不适用。例如，固定资产投资对总产出影响的滞后结构就不是这种类型。

（2）库伊克模型的随机扰动项，形如 $\mu_t^* = \mu_t - \lambda\mu_{t-1}$，说明新模型的随机扰动项 μ_t^* 存在一阶自相关，且与解释变量 Y_{t-1} 相关。

（3）将随机变量 Y_{t-1} 作为解释变量引入了模型，不一定符合基本假定。

（4）库伊克变换是纯粹的数学运算过程，缺乏经济理论依据。

这些缺陷，特别是第二条所述缺陷，将给模型的参数估计带来一定困难。

2. 自适应预期模型

在经济活动中，经济活动主体经常根据他们对某些经济变量未来走势的"预期"来改变自己的行为决策。例如，一家公司的价值在过去稳步增长，投资者就可能会预期这种情况会持续下去，并依据这种预期做出投资决策。又如，企业会根据对产品未来价格走势的预期，决定现期的生产量以及是否对新设备进行投资。同样，为了确定种植哪种农作物最有利可图，农民往往要对各种农作物的未来价格进行预测。再如，当期居民消费水平的高低，在一定程度上取决于对未来收入水平的预计，即取决于预期的收入水平。

这些例子表明，某些经济变量的变化会或多或少地受到另一些经济变量预期值的影响。为了处理这种经济现象，可以将解释变量预期值引入模型建立期望模型。例如，包含一个预期解释变量的期望模型可以表现为以下形式

$$Y_t = \alpha + \beta X_t^* + \mu_t \tag{5-73}$$

式中，Y_t 为被解释变量；X_t^* 为解释变量预期值；μ_t 为随机扰动项。

在回归分析中，如何获取解释变量预期值是上述模型的难点。预期是对未来的判断，在大多数情况下，预期值是不可观测的。因此，实际应用中需要对预期的形成机理做出某种假定。自适应预期假定就是其中之一，这种假定比较切合实际，具有一定代表性。

自适应预期假定认为，经济活动主体对某经济变量的预期，是通过一种简单的学习过程而形成的。其机理是：经济活动主体会根据自己过去在做预期时所犯错误的程度，来修正他们以后每一时期的预期，即按照过去预测偏差的某一比例对当前期望进行修正，使其适应新的经济环境。其用数学式表示就是

$$X_t^* = X_{t-1}^* + \gamma(X_t - X_{t-1}^*) \tag{5-74}$$

式中，参数 γ 为调节系数，也称为适应系数。

也就是说，本期预期值 X_t^* 等于前一期预期值 X_{t-1}^* 加上一个修正量，该修正量 $\gamma(X_t - X_{t-1}^*)$ 是前一期预期误差 $(X_t - X_{t-1}^*)$ 的一部分。这一调整过程称作自适应过程。

将式（5-74）改写为

$$X_t^* = \gamma X_t + (1-\gamma)X_{t-1}^* \tag{5-75}$$

表明本期预期值是前一期预期值和本期实际值的加权平均,权数分别为 $1-\gamma$ 和 γ。如果 $\gamma=0$,说明本期实际值被忽略,预期没有进行修正。如果 $\gamma=1$,则以本期实际值作为预期值,本期预期与前一期预期无关。在一般情况下,$0 \leq \gamma \leq 1$。

通常,将解释变量预期值满足自适应调整过程的期望模型称为自适应预期模型(Adaptive Expectation Model)。根据自适应预期假定,自适应预期模型可转化为自回归形式。

将式(5-75)代入式(5-73),得

$$Y_t = \alpha + \beta[\gamma X_t + (1-\gamma)X^*_{t-1}] + \mu_t \tag{5-76}$$

同时,将式(5-73)滞后一期,并乘以 $1-\gamma$,得

$$(1-\gamma)Y_{t-1} = \alpha(1-\gamma) + \beta(1-\gamma)X^*_{t-1} + (1-\gamma)\mu_{t-1} \tag{5-77}$$

式(5-76)减去式(5-77),整理得

$$Y_t = \gamma\alpha + \gamma\beta X_t + (1-\gamma)Y_{t-1} + [\mu_t - (1-\gamma)\mu_{t-1}] \tag{5-78}$$

令

$$\alpha^* = \gamma\alpha, \beta^*_0 = \gamma\beta, \beta^*_1 = 1-\gamma, \mu^*_t = \mu_t - (1-\gamma)\mu_{t-1} \tag{5-79}$$

则式(5-78)变为

$$Y_t = \alpha^* + \beta^*_0 X_t + \beta^*_1 Y_{t-1} + \mu^*_t \tag{5-80}$$

这是一个一阶自回归模型。如果能得到该模型参数 α^*、β^*_0、β^*_1 的估计值,代入式(5-79)即可求得自适应预期模型式(5-73)的参数估计值。

3. 局部调整模型

在实际问题中,会遇到为了适应解释变量的变化,被解释变量有一个预期的最佳值与之相对应的现象。例如,企业为了确保生产或供应,必须保持一定的原材料储备,因而对应于一定的产量或销售量,存在一个预期最佳库存量;为了确保一国经济健康发展,中央银行必须保持一定的货币供应,因而对应于一定的经济总量水平,应该有一个预期的最佳货币供应量。也就是说,解释变量的现值影响着被解释变量的预期值,即存在以下关系

$$Y^*_t = \alpha + \beta X_t + \mu_t \tag{5-81}$$

式中,Y^*_t 为被解释变量的预期最佳值;X_t 为解释变量的现值。

由于技术、制度、市场以及管理等各方面的限制,被解释变量的预期水平在单一周期内一般不会完全实现,而只能得到部分调整。局部调整假设认为,被解释变量的实际变化仅仅是预期变化的一部分,即

$$Y_t - Y_{t-1} = \delta(Y^*_t - Y_{t-1}) \tag{5-82}$$

式中,δ 为调整系数,代表调整速度。

δ 越接近 1,表明调整到预期最佳水平的速度越快。若 $\delta=1$,则 $Y_t = Y^*_t$,表明实际变动等于预期变动,调整在当期完全实现;若 $\delta=0$,则 $Y_t = Y_{t-1}$,表明本期值与上期值一样,完全没有调整。一般情况下,$0<\delta<1$。

满足局部调整假设的式(5-81),称为局部调整模型(Partial Adjustment Model)。局部调整假设式(5-82)也可写成

$$Y_t = \delta Y^*_t + (1-\delta)Y_{t-1} \tag{5-83}$$

即被解释变量实际值是本期预期最佳值与前一期实际值的加权和,权数分别为 δ 和 $1-\delta$。把式(5-81)代入式(5-83),可得局部调整模型的转化形式

$$Y_t = \delta(\alpha + \beta X_t + \mu_t) + (1-\delta)Y_{t-1} = \delta\alpha + \delta\beta X_t + (1-\delta)Y_{t-1} + \delta\mu_t \tag{5-84}$$

令
$$\alpha^* = \delta\alpha, \ \beta_0^* = \delta\beta, \ \beta_1^* = 1-\delta, \ \mu_t^* = \delta\mu_t \tag{5-85}$$
则式（5-84）变为
$$Y_t = \alpha^* + \beta_0^* X_t + \beta_1^* Y_{t-1} + \mu_t^*$$

这说明局部调整模型本质上是一个自回归模型。若能得到该模型的参数估计，将其代入式（5-85）就可求出原模型的参数估计。

从上述分析可以看出，库伊克模型、自适应预期模型与局部调整模型的最终形式都是一阶自回归形式，这样，对这三类模型的估计就转化为对相应一阶自回归模型的估计。它们的区别有两个方面：①导出模型的经济背景与思想不同。库伊克模型是在无限分布滞后模型的基础上，根据库伊克几何分布滞后假定导出的；自适应预期模型是由解释变量的自适应过程得到的；局部调整模型则是对被解释变量的局部调整得到的。②在这三个模型对应的自回归形式中，由于模型的形成机理不同，导致随机误差项的结构有所不同。这一区别将对模型的估计带来一定影响。

此外，有时需要将局部调整模型与自适应期望模型结合起来对某一经济问题进行研究，即建立局部调整—自适应预期综合模型
$$Y_t^* = \alpha + \beta X_t^* + \mu_t \tag{5-86}$$
该模型反映了被解释变量的预期水平同解释变量预期值的关联性。对 Y_t^* 做局部调整假设，对 X_t^* 做自适应假设，则局部调整—自适应预期综合模型可转化为以下形式的自回归模型（证明略）
$$Y_t = \alpha^* + \beta_0^* X_t + \beta_1^* Y_{t-1} + \beta_2^* Y_{t-2} + \mu_t^* \tag{5-87}$$

总之，无限分布的外生滞后变量模型、局部调整模型、自适应预期模型和局部调整自适应预期综合模型都可以通过组合变换转化为自回归模型。这也给出了一般滞后变量模型的估计思路：通过线性组合或者其他方式把各个滞后变量组合起来，形成一个或者多个新变量代入回归方程，以减少直接估计参数的个数，达到增加自由度并避免多重共线性的目的。

综上分析，库伊克模型、自适应预期模型和局部调整模型的最终形式都是一阶自回归模型，因此，其估计方法均依赖于一阶自回归模型的估计。这里对这三种估计方法进行简单总结（见表5-3），下一节继续讨论一阶自回归模型及其估计方法。

表5-3 无限分布滞后模型基本特征一览表

模型名称	原模型及其假设表达式	模 型
库伊克模型	模型：$y_t = \alpha + \beta_0 x_t + \beta_1 x_{t-1} + \cdots + \beta_k x_{t-k} + \cdots + \mu_t$ 假设：$\beta_i = \beta_0 \lambda^i, \ 0 < \lambda < 1; \ i = 1, 2, \cdots$	$y_t = \alpha(1-\lambda) + \beta_0 x_t + \lambda y_{t-1} + \mu_t^*$ （式中，$\mu_t^* = \mu_t - \lambda\mu_{t-1}$）
自适应预期模型	模型：$y_t = \alpha + \beta x_{t+1}^* + \mu_t$ 假设：$x_{t+1}^* = x_t^* + \gamma(x_t - x_t^*)$	$y_t = \alpha\gamma + \beta\gamma x_t + (1-\gamma)y_{t-1} + \mu_t^*$ （式中，$\mu_t^* = \mu_t - (1-\gamma)\mu_{t-1}$）
局部调整模型	模型：$y_t^* = \alpha + \beta x_t + \mu_t$ 假设：$y_t - y_{t-1} = \delta(y_t^* - y_{t-1})$	$y_t = \alpha\delta + \delta\beta x_t + (1-\delta)y_{t-1} + \mu_t^*$ （式中，$\mu_t^* = \delta\mu_t$）

5.2.4 自回归模型的估计与检验

1. 自回归模型估计中的问题（对模型中随机扰动项的讨论）

设上述三种模型转化为自回归模型的一般形式如下

$$y_t = \alpha^* + \beta_0^* x_t + \beta_1^* y_{t-1} + \mu_t^* \tag{5-88}$$

上述一阶自回归模型的解释变量中含有滞后因变量 y_{t-1}。y_{t-1} 是随机变量，它可能与随机误差项相关；而且随机误差项还可能自相关。

下面考察三个模型对应的一阶自回归模型中，随机误差项的特征：

库伊克模型随机误差项
$$\mu_t^* = \mu_t - \lambda \mu_{t-1}$$

自适应预期模型随机误差项
$$\mu_t^* = \mu_t - (1-\gamma)\mu_{t-1}$$

局部调整模型随机误差项
$$\mu_t^* = \delta \mu_t$$

假定原模型中随机误差项 μ_t 满足古典假定
$$E(\mu_t) = 0, \ \text{Var}(\mu_t) = \sigma^2, \ \text{Cov}(\mu_i, \mu_j) = 0 \quad (i \neq j)$$

（1）对于库伊克模型有
$$\begin{aligned}\text{Cov}(\mu_t^*, \mu_{t-1}^*) &= E(\mu_t - \lambda\mu_{t-1})(\mu_{t-1} - \lambda\mu_{t-2}) \\ &= E(\mu_t\mu_{t-1}) - \lambda E(\mu_{t-1}^2) - \lambda E(\mu_t\mu_{t-2}) + \lambda^2 E(\mu_{t-1}\mu_{t-2}) \\ &= -\lambda E(\mu_{t-1}^2) = -\lambda\sigma^2 \neq 0\end{aligned}$$
$$\text{Cov}(y_{t-1}, \mu_t^*) = \text{Cov}(y_{t-1}, \mu_t - \lambda\mu_{t-1}) = \text{Cov}(y_{t-1}, \mu_t) - \lambda\text{Cov}(y_{t-1}, \mu_{t-1})$$

由于
$$y_t = \alpha + \beta_0 x_t + \beta_1 x_{t-1} + \cdots + \mu_t; \ y_{t-1} = \alpha + \beta_0 x_{t-1} + \beta_1 x_{t-2} + \cdots + \mu_{t-1};$$
$$\text{Cov}(y_{t-1}, \mu_t) = 0; \text{Cov}(y_{t-1}, \mu_{t-1})\sigma^2$$

所以
$$\text{Cov}(y_{t-1}, \mu_t^*) = -\lambda\sigma^2 \neq 0$$

（2）同理可证，自适应预期模型也有
$$\text{Cov}(\mu_t^*, \mu_{t-1}^*) \neq 0; \ \text{Cov}(y_{t-1}, \mu_t^*) \neq 0$$

（3）对于局部调整模型有
$$\text{Cov}(\mu_t^*, \mu_{t-1}^*) = E[(\delta\mu_t)(\delta\mu_{t-1})] = \delta^2 E(\mu_t\mu_{t-1}) = 0$$
$$\text{Cov}(y_{t-1}, \mu_t^*) = \text{Cov}(y_{t-1}, \delta\mu_t) = \delta\text{Cov}(y_{t-1}, \mu_t) = 0$$

由此可见，上述三个模型对应的一阶自回归形式中，只有局部调整模型满足随机误差项无自相关、与解释变量 y_{t-1} 不相关的古典假定，才可以使用普通最小二乘法直接进行估计。库伊克模型与自适应预期模型不满足古典假定，如果用普通最小二乘法直接进行估计，则估计是有偏的，而且不是一致估计。随机误差项的具体情况总计如表 5-4 所示。

表 5-4 随机误差项

库伊克模型	自适应预期模型	局部调整模型
μ_t^* 存在自相关性	μ_t^* 存在自相关性	μ_t^* 无自相关
Y_{t-1} 与 μ_t^* 相关	Y_{t-1} 与 μ_t^* 相关	Y_{t-1} 与 μ_t^* 不相关

2. 工具变量法

由于变量 Y_{t-1} 与 u_t^* 相关，则 Y_{t-1} 为随机变量，因而将 Y_{t-1} 作为解释变量，显然违背基本假定。工具变量法的含义就是选择适当的工具变量,代替模型中与随机误差项相关的解释变量。

(1) 工具变量法的条件。设 Z_t 为工具变量,则需要满足以下三个条件:

首先,Z_t 与 Y_{t-1} 高度相关。

其次,Z_t 与 μ_t^* 不相关。

最后,Z_t 与其他解释变量不相关。

在实际操作中,满足上述条件的工具变量很难找到。

(2) 运用工具变量法对自回归模型参数的估计。可以证明,利用工具变量法所得到的参数估计是一致估计。在实际应用中,一般用 $\hat{y}_{t-1}$ 代替滞后因变量 y_{t-1} 进行估计,这样,一阶自回归模型就变为如下形式

$$y_t = \alpha^* + \beta_0^* x_t + \beta_1^* \hat{y}_{t-1} + \mu_t^* \tag{5-89}$$

式中,$\hat{y}_{t-1}$ 是 $\hat{y}_t$ 的滞后值,是因变量 y 对解释变量 x 的滞后值的回归:$\hat{y}_t = \hat{\alpha} + \hat{\beta}_0 x_t + \hat{\beta}_1 x_{t-1} + \cdots + \hat{\beta}_k x_{t-k}$。

在上式中,一般选取滞后阶数为 2 或 3。

步骤如下:

第一步,先对模型 $y_t = \alpha + \beta_0 x_t + \beta_1 x_{t-1} + \cdots + \beta_k x_{t-k} + \mu_t$ 应用 OLS 估计,设估计结果为

$$\hat{y}_t = \hat{\alpha} + \hat{\beta}_0 x_t + \hat{\beta}_1 x_{t-1} + \cdots + \hat{\beta}_k x_{t-k}$$

滞后一期

$$\hat{y}_{t-1} = \hat{\alpha} + \hat{\beta}_0 x_{t-1} + \hat{\beta}_1 x_{t-2} + \cdots + \hat{\beta}_k x_{t-1-k}$$

第二步,以 $\hat{y}_{t-1}$ 作为工具变量代替 y_{t-1},得模型式 (5-89),再对式 (5-89) 应用 OLS 法,可得参数估计值。

3. 广义最小二乘法

针对存在自相关问题的自回归模型的估计,人们已经提出了许多方法。例如,存在一阶自相关时的估计方法有工具变量法和广义最小二乘法,存在高阶自相关时的估计方法包括最大似然法、非线性最小二乘法、广义最小二乘法等。

如果随机扰动项不存在自相关,那么,对自回归模型只要考虑解释变量中存在滞后的随机被解释变量问题。如果随机被解释变量与随机扰动项无关,则直接用普通最小二乘法;否则,用工具变量法即可。

如果随机扰动项存在自相关,那么要考虑用广义最小二乘法等处理序列相关性问题的方法。同时,对自回归模型要考虑解释变量中存在滞后的随机被解释变量问题。如果随机被解释变量与随机扰动项无关,直接用广义最小二乘法;否则,用工具变量法,再用广义最小二乘法等消除随机扰动项自相关的估计方法。

假设有下列自回归模型

$$Y_t = \alpha + \beta_0 X_t + \beta_1 Y_{t-1} + \varepsilon_t \tag{5-90}$$

其中,还要求 $\varepsilon_t = \rho \varepsilon_{t-1} + w_t$,$w_t$ 为随机项,满足全部假定条件。

将式 (5-90) 滞后一期并用 ρ 相乘,得到

$$\rho Y_{t-1} = \rho \alpha + \rho \beta_0 X_{t-1} + \rho \beta_1 Y_{t-2} + \rho \varepsilon_{t-1} \tag{5-91}$$

用式 (5-90) 减式 (5-91),得

$$Y_t - \rho Y_{t-1} = (\alpha - \rho\alpha) + (\beta_0 X_t - \rho\beta_0 X_{t-1}) + (\beta_1 Y_{t-1} - \rho\beta_1 Y_{t-2}) + (\varepsilon_t - \rho\varepsilon_{t-1}) \quad (5\text{-}92)$$

整理得

$$Y_t = \alpha(1-\rho) + \beta_0 X_t - \beta_0\rho X_{t-1} + (\rho+\beta_1)Y_{t-1} - \rho\beta_1 Y_{t-2} + (\varepsilon_t - \rho\varepsilon_{t-1}) \quad (5\text{-}93)$$

由于上式为自回归模型，所以普通最小二乘法的估计结果不具有无偏性，但根据前面的讨论，至少可以获得一致估计。设 $\hat{\beta}_0$、$\hat{\beta}_0\rho$ 为 X_t 和 X_{t-1} 普通最小二乘估计量，则得到 ρ 的一致估计为

$$\hat{\rho} = \frac{\hat{\beta}_0\rho}{\hat{\beta}_0} \quad (5\text{-}94)$$

将上式代入并写成广义差分形式

$$Y_t - \hat{\rho}Y_{t-1} = \alpha(1-\hat{\rho}) + \beta_0(X_t - \hat{\rho}X_{t-1}) + \beta_1(Y_{t-1} - \hat{\rho}Y_{t-2}) + w_t \quad (5\text{-}95)$$

对式（5-95）再运用普通最小二乘法进行估计即可。

4. 自相关检验——杜宾 h-检验法

关于随机扰动项是否存在自相关的诊断，前面曾介绍过 D-W 检验法，鉴于 D-W 检验法不适合方程含有滞后被解释变量的情况（见 D-W 检验的假设条件），杜宾在 1970 年提出了一个新的检验方法，即 h 检验法，也称杜宾 h-检验。这种检验方法采用的检验统计量为 h 统计量

$$h = \hat{\rho}\sqrt{\frac{n}{1-n\text{Var}(\hat{\beta}_1^*)}} = \left(1-\frac{d}{2}\right)\sqrt{\frac{n}{1-n\text{Var}(\hat{\beta}_1^*)}} \quad (5\text{-}96)$$

式中，$\hat{\rho}$ 为随机扰动项一阶自相关系数 ρ 的估计量；d 为 D-W 的统计量；n 为样本容量；$\text{Var}(\hat{\beta}_1^*)$ 为滞后被解释变量 Y_{t-1} 的回归系数的估计方差。

杜宾证明了在 $\rho=0$ 的假定下，h 统计量的极限分布为标准正态分布。因此，在大样本情况下，可以用 h 统计量值判断随机扰动项是否存在一阶自相关。

具体做法如下：

（1）对一阶自回归方程 $Y_t = \alpha^* + \beta_0^* X_t + \beta_1^* Y_{t-1} + \mu_t^*$ 直接进行普通最小二乘估计，得到 $\text{Var}(\hat{\beta}_1^*)$ 及 d 统计量值。

（2）将 $\text{Var}(\hat{\beta}_1^*)$、$d$ 及样本容量 n 代入式（5-96）计算 h 统计量值。

（3）给定显著性水平 α，查标准正态分布表得临界值 h_α。若 $|h| > h_\alpha$，则拒绝原假设 $\rho=0$，说明自回归模型存在一阶自相关；若 $|h| < h_\alpha$，则接受原假设 $\rho=0$，说明自回归模型不存在一阶自相关。

例如，假设对下列模型进行估计

$$Y_t = \alpha^* + \beta_0^* X_t + \beta_1^* Y_{t-1} + \mu_t^*$$

得到 $d=1.9$，$\text{Var}(\hat{\beta}_1^*) = 0.005$。如果样本容量 $n=100$，则

$$h = \left(1-\frac{d}{2}\right)\sqrt{\frac{n}{1-n\text{Var}(\hat{\beta}_1^*)}} = \left(1-\frac{1}{2}\times 1.9\right)\times\sqrt{\frac{100}{1-100\times 0.005}} = 0.7071$$

取显著性水平 $\alpha = 0.05$，查标准正态分布表得临界值 $h_{\alpha/2} = 1.96$，由于 $|h| = 0.7071 < h_{\alpha/2} = 1.96$，因此接受原假设 $\rho=0$，说明自回归模型不存在一阶自相关。

该检验法可适用任意阶的自回归模型，对应 h 统计量的式（5-96）仍然成立，即只用到 Y_{t-1} 回归系数的估计方差。

运用杜宾 h 统计量进行检验，需要注意的几个问题：①杜宾 h 检验法在大样本的时候，检验效果比较好，对小样本检验的可信度比较低；②杜宾 h 统计检验不受解释变量、滞后解释变量和滞后被解释变量个数多少的限制；③杜宾 h 检验法要求 $n\mathrm{Var}(\hat{\beta}_1) < 1$。不过，这种情形在实际中很少发生。实际上，最简单的检验方法是先用普通最小二乘法估计，然后用序列相关性的检验方法直接检验残差序列的相关性。滞后变量模型的类型和估计方法如表 5-5 所示。

表5-5 滞后变量模型的类型和估计方法概览表

模型分类			估计方法
一般形式	$y_t = \alpha + \beta_0 x_t + \beta_1 x_{t-1} + \cdots + \beta_k x_{t-k} + \lambda_1 y_{t-1} + \cdots + \lambda_p y_{t-p} + \mu_t$		
特殊形式	分布滞后模型 $y_t = \alpha + \beta_0 x_t + \beta_1 x_{t-1} + \cdots + \beta_k x_{t-k} + \mu_t$	有限分布滞后模型 $y_t = \alpha + \beta_0 x_t + \beta_1 x_{t-1} + \cdots + \beta_k x_{t-k} + \mu_t$	经验权数法
			阿尔蒙法
		无限分布滞后模型 $y_t = \alpha + \beta_0 x_t + \beta_1 x_{t-1} + \cdots + \beta_k x_{t-k} + \cdots + \mu_t$ 估计思路：转化为自回归模型	库伊克模型
			自适应预期模型
			局部调整模型
	自回归模型 $y_t = \alpha + \beta_0 x_t + \lambda_1 y_{t-1} + \cdots + \lambda_p y_{t-p} + \mu_t$		工具变量法与广义最小二乘法

5.2.5 例题分析

1990—2011 年某制造业固定厂房设备投资 Y 和销售量 X 的相关数据如表 5-6 所示。

表5-6 1990—2011 年某制造业相关数据　　　（单元：万元）

年 份	设备投资 Y	销售量 X	年 份	设备投资 Y	销售量 X
1990	36.99	52.805	2001	128.68	168.129
1991	336	55.906	2002	123.97	163.351
1992	35.42	63.027	2003	117.35	172.547
1993	42.35	72.931	2004	139.61	190.982
1994	52.48	84.79	2005	152.88	194.538
1995	53.66	86.589	2006	137.95	194.657
1996	68.53	98.797	2007	141.06	206.326
1997	67.48	113.201	2008	163.45	223.547
1998	78.13	126.905	2009	183.8	232.724
1999	95.13	143.936	2010	192.61	239.459
2000	112.6	154.391	2011	182.81	235.142

（1）运用局部调整模型。假设 $Y_t - Y_{t-1} = \delta(Y_t^* - Y_{t-1})$（$0 \leq \delta \leq 1$），可将模型变换为
$$Y_t = \delta\beta_0 + \delta\beta_1 X_t + (1-\delta)Y_{t-1} + \delta\mu_t$$
因此，可用 Y_t 直接对 X_t 与 Y_{t-1} 回归。Eviews 输出结果如表 5-7 所示。

表 5-7 输出结果 (一)

Variable	Coefficient	Std. Error	t-Statistic	Prob.
C	-14.50781	4.870602	-2.978648	0.0081
X	0.647161	0.103227	6.269325	0.0000
Y(-1)	0.242450	0.122139	1.985039	0.0626
R-squared	0.985739	Mean dependent var		109.6929
Adjusted R-squared	0.984154	S. D. dependent var		51.34017
S. E. of regression	6.462731	Akaike info criterion		6.701545
Sum squared resid	751.8040	Schwarz criterion		6.850762
Log likelihood	-67.36622	F-statistic		0.000000

根据回归输出结果中的参数估计值,可知 $1-\hat{\delta}=0.2425$,原模型参数为

$$\hat{\delta}=0.7575$$
$$\hat{\beta}_0=-14.5078/\hat{\delta}=-19.152$$
$$\hat{\beta}_1=0.6472/\hat{\delta}=0.8544$$

因此,原回归方程为

$$Y_t^*=-19.152+0.8544X_t$$

由于模型中包含被解释变量的滞后项,因而无法用 D-W 检验来检验自相关。这里采用 LM 检验。在上述回归模型的基础上,LM 检验结果(自相关阶数为 1)如表 5-8 所示。

表 5-8 相关检验数据

F-statistic	Obs*R-squared	Probability	Probability
1.568287	1.773671	0.227411	0.182928

显然,LM 统计量为 1.773671,小于临界值 $\chi_{0.05}^2(1)=3.84$,可知在 5% 的显著性水平下模型不存在一阶自相关。

(2) 运用自适应预期模型。$X_t^*-X_{t-1}^*=\gamma(X_t-X_{t-1}^*)(0\leq\gamma\leq1)$,可将模型变换为

$$Y_t=\gamma\beta_0+\gamma\beta_1X_t+(1-\gamma)Y_{t-1}+[\mu_t+(1-\gamma)\mu_{t-1}]$$

由于模型存在解释变量与随机干扰项的同期相关,因此需采用工具变量法进行估计,这里用 X_{t-1} 作为 Y_{t-1} 的工具变量。输出结果如表 5-9 所示。

表 5-9 输出结果 (二)

Variable	Coefficient	Std. Error	t-Statistic	Prob.
C	-14.11838	5.028175	-2.807854	0.0116
X	0.633455	0.112109	5.650347	0.0000
Y(-1)	0.259126	0.133223	1.945058	0.0676
R-squared	0.985724	Mean dependent var		109.6929
Adjusted R-squared	0.984138	S. D. dependent var		51.34017
S. E. of regression	6.466076	Sum squared resid		6.701545
F-statistic	621.3571	Durbin-Watson stat		6.850762
Prob (F-statistic)	0.000000			

根据回归输出结果中的参数估计值，可知 $1-\hat{\delta}=0.2591$。据此可计算得到原模型中的参数为

$$\hat{\beta}_0 = -19.0557$$

$$\hat{\beta}_1 = 0.8550$$

因此，原回归方程为

$$\hat{Y} = -19.0557 + 0.8550\hat{X}_t^*$$

同样，应用 LM 检验随机干扰项的序列相关性。

在上述输出结果的基础上，一阶 LM 检验统计量的值为 5.731800，大于临界值 $\chi^2_{0.05}(1) = 3.84$，拒绝了模型中不存在一阶序列相关性的原假设。

比较（1）中的模型和（2）中的模型：从参数估计值来看，没有太大的区别，但从模型参数的显著性程度与拟合优度来看，（1）中的模型略优于（2）中的模型；另外，（1）中的模型经检验不存在序列相关性，而（2）中的模型存在序列相关性；还有，（2）中的模型解释变量与随机干扰项存在同期相关，因此采用的是工具变量法，而工具变量法只能解决解释变量与随机干扰项相关对参数估计所造成的影响，但并没有解决随机干扰项的自相关问题。综上所述，（1）中的模型要好一些。

总结与习题

1. 本章小结

本章主要讨论了经典单方程回归模型的两个专题。

第一个专题是虚拟解释变量问题。虚拟变量将经济现象中的一些定性因素引入可以进行定量分析的回归模型，拓展了回归模型的功能。本专题的重点是如何引入不同类型的虚拟变量来解决相关的定性因素影响的分析问题，主要介绍了引入虚拟变量的加法方式、乘法方式以及混合方式。在引入虚拟变量时，有两点需要注意：一是明确虚拟变量的对比基准；二是避免出现"虚拟变量陷阱"。

第二个专题是滞后变量问题。滞后变量包括滞后解释变量与滞后被解释变量。根据模型中所包含滞后变量的类别，模型又可划分为自回归分布滞后模型与分布滞后模型、自回归模型三类。本专题重点阐述了产生滞后效应的原因、分布滞后模型估计时遇到的主要困难、分布滞后模型的修正估计方法以及自回归模型的估计方法。如对分布滞后模型，可采用经验权数法、阿尔蒙多项式法、库伊克方法来减少滞后项的数目，以使估计变得更为可行。而对自回归模型，则根据作为解释变量的滞后被解释变量与模型随机扰动项的相关性的不同，采用工具变量法或广义最小二乘法进行估计。由于滞后变量的引入，回归模型可将静态分析动态化，因此，可以通过模型参数来分析解释变量对被解释变量影响的短期乘数和长期乘数。

2. 知识点归纳

（1）虚拟变量是人工构造的取值为 0 和 1 的作为属性变量代表的变量。

（2）虚拟变量个数的设置有一定规则：在有截距项的模型中，若定性因素有 m 个相互排斥的类型，只能引入 $m-1$ 个虚拟变量，否则会陷入所谓的"虚拟变量陷阱"，产生完全的多重共线性。

(3) 在计量经济模型中，加入虚拟解释变量的途径有两种基本类型：一是加法类型；二是乘法类型。以加法方式引入虚拟变量改变的是模型的截距；以乘法方式引入虚拟变量改变的是模型的斜率。

(4) 解释变量只有一个分为两种相互排斥类型的定性变量而无定量变量的回归，称为方差分析模型。

(5) 解释变量包含一个分为两种类型定性变量的回归时，只使用了一个虚拟变量；解释变量包含一个两种以上类型的定性变量的回归时，定性变量有 m 种类型，依据虚拟变量设置规则引入了 $m-1$ 个虚拟变量。

(6) 解释变量包含两个（或 k 个）定性变量的回归中，可选用两个（或 k 个）虚拟变量去表示，这并不会出现"虚拟变量陷阱"。

(7) 以乘法方式引入虚拟解释变量的主要作用在于：①可进行两个回归模型之间的比较；②可进行因素之间的交互影响分析；③可提高模型对现实经济现象的描述精度等。

(8) 滞后效应是指被解释变量当前的变化也可能受其自身过去取值水平的影响，这种被解释变量受到自身或另一解释变量的前几期值影响的现象。产生滞后效应的原因主要有心理预期、技术、制度等因素。

(9) 把滞后变量引入回归模型，这种回归模型称为滞后变量模型。滞后变量模型按照滞后期长度分为有限滞后变量模型和无限滞后变量模型；按照有无内生滞后变量（滞后被解释变量）分为分布滞后模型（外生滞后变量模型）和自回归模型（内生滞后变量模型）。

(10) 分布滞后模型估计的困难：损失自由度；多重共线性；滞后长度难于确定。处理方法：对于有限分布滞后模型，通过对各滞后变量加权，组成线性组合变量作为新解释变量引入方程，有目的地减少需要直接估计的模型参数个数，以缓解多重共线性，保证自由度。可以采用顺序估计法、经验权数法、阿尔蒙多项式法；对于无限分布滞后模型，主要是通过适当的模型变换，使其转化为只需估计有限个参数的自回归模型，可采用截断法或者变量替换法。

(11) 无限分布的外生滞后变量模型、局部调整模型、自适应预期模型和局部调整自适应预期综合模型都可以通过组合变换转化为自回归模型。这也给出了一般滞后变量模型的估计思路：通过线性组合或者其他方式，把各个滞后变量组合起来，形成一个或者多个新变量代入回归方程，以减少直接估计参数的个数，达到增加自由度并避免多重共线性的目的。

(12) 一阶自回归模型估计的问题主要来源于两个方面：①被解释变量的滞后变量作为解释变量，它是随机变量，可能与随机误差项相关；②随机误差项还可能存在自相关。针对两个方面的问题可分别采用工具变量法和广义最小二乘法。

(13) 工具变量法。在模型估计过程中被作为工具使用，以替代与随机干扰项相关的随机解释变量，是克服解释变量与随机干扰项相关影响的一种参数估计方法。

(14) 工具变量法须满足的条件：①与所替代的随机解释变量高度相关；②与随机干扰项不相关；③与模型中其他解释变量不相关，以避免出现多重共线性。

(15) 杜宾 h-检验。方程含有滞后被解释变量的时候，杜宾提出了检验一阶自相关的 h 统计量检验法。h 统计量的极限分布为标准正态分布，因此，在大样本情况下，可以用 h 统计量值判断随机扰动项是否存在一阶自相关。

3. 习题

（1）在建立计量经济模型时，什么时候以及为什么要引入虚拟变量？

（2）举例说明虚拟变量在模型中的作用。

（3）什么是"虚拟变量陷阱"？

（4）对包含常数项的季节变量模型运用普通最小二乘法时，如果模型中引入四个季节虚拟变量，其估计结果会出现什么问题？

（5）滞后外生变量模型和滞后内生变量模型的概念是什么？

（6）滞后变量模型有哪几种类型？外生变量分布滞后模型使用 OLS 方法会存在哪些问题？

（7）试在消费函数 $Y = \alpha + \beta X + \varepsilon$ 中（以加法形式）引入虚拟变量，用以反映季节因素（淡、旺季）和收入层次差异（高、中、低）对消费需求的影响，并写出各类消费函数的具体形式。

（8）现有如下估计的利润函数

$$\hat{Y}_t = 221.37 + 0.4537 X_i + 78.63 D_i + 0.0037 X D_i$$
$$(35.78) \quad (8.86) \quad (2.86)$$

式中，Y 与 X 分别为销售利润和销售收入；D 为虚拟变量，旺季时 $D=1$，淡季时 $D=0$；$XD = X \cdot D$。

试分析：

1）季节因素的影响情况。

2）写出模型的等价形式。

（9）如何确定有限分布滞后模型中的滞后期长度？

（10）被解释变量对于一个或者多个解释变量反应滞后的原因是什么？请给出一些分布滞后模型的例子。

（11）叙述用阿尔蒙多项式法估计外生变量有限分布滞后模型的方法步骤，对多项式的次数 m 有哪些限制？为什么？

（12）如果一个定性变量含有 k 个类别，为什么不能设 k 个虚拟变量？

（13）考虑以下模型

$$y_i = \alpha_0 + \alpha_1 x_{1i} + \alpha_2 x_{2i} + \varepsilon_i \quad （在农村）$$
$$y_i = \beta_0 + \beta_1 x_{1i} + \beta_2 x_{2i} + \varepsilon_i \quad （在城镇）$$

若假设 $H_0: \alpha_2 = \beta_2$，即不论在农村或城镇，模型中第二个系数 α_2 和 β_2 是相同的。如何检验这个假设？

（14）假设某投资函数

$$I_t = \alpha + \beta_0 X_t + \beta_1 X_{t-1} + \beta_2 X_{t-2} + \cdots + \beta_s X_{t-s} + \mu_t$$

式中，I_t 为 t 期的投资；X_t 表示 t 期的销售量。

假定滞后形式为倒"V"形，简述如何设计权数估计此模型。

（15）根据美国 1961 年第一季度至 1977 年第二季度的季度数据，得到如下咖啡需求函数的回归方程

$$\ln\hat{Q}_t = 1.2789 - 0.1647P_t + 0.5115\ln I_t + 0.1483\ln P'_t - 0.0089T - 0.0961D_{1t}$$
$$(-2.14) \quad (1.23) \quad (0.55) \quad (-3.36) \quad (-3.74)$$
$$- 0.1570D_{2t} - 0.0097D_{3t}$$
$$(-6.03) \quad (-0.37)$$
$$R^2 = 0.80$$

式中，Q 为人均咖啡消费量（单位：lb）；P 为咖啡的价格（以 1967 年价格为不变价格）；P' 为茶的价格（1/4lb，以 1967 年价格为不变价格）；T 为时间趋势变量（1961 年第一季度为 1，…，1977 年第二季度为 66）；D_1 为第一季度；D_2 为第二季度；D_3 为第三季度。

回答下列问题：

1）模型中 P、I 和 P' 的系数的经济含义是什么？
2）咖啡的价格需求是否很有弹性？
3）咖啡和茶是互补品还是替代品？
4）如何解释时间变量 T 的系数？
5）如何解释模型中虚拟变量的作用？
6）哪一个虚拟变量在统计上是显著的？
7）咖啡的需求是否存在季节效应？

（16）为了研究体重与身高的关系，随机抽样调查了 51 名学生（其中 36 名男生，15 名女生），并得到如下两种回归模型

$$\hat{W} = -232.06551 + 5.5662h$$
$$(-5.2066) \quad (8.6246) \quad \quad (5\text{-}97)$$
$$\hat{W} = -122.9621 + 23.8238D + 3.7402h$$
$$(-2.5884) \quad (4.0149) \quad (5.1613) \quad (5\text{-}98)$$

式中：W 为体重（单位：lb）；h 为身高（单位：in）；$D\begin{cases}1, \text{男}\\0, \text{女}\end{cases}$。

回答下列问题：

1）你将选择哪一个模型？为什么？
2）如果模型式（5-98）确实更好，而你选择了式（5-97），那么你犯了什么错误？
3）D 的系数说明了什么？

（17）某商品销售量 y 与个人收入 x 的季度数据建立如下模型

$$y_t = \beta_0 + \beta_1 D_{1t} + \beta_2 D_{2t} + \beta_3 D_{3t} + \beta_4 D_{4t} + \beta_5 x_t + \mu_t$$

式中，定义虚拟变量 D_{it} 为第 i 季度时，其数值取 1，其余为 0。这时会发生什么问题？参数是否能够用普通最小二乘法进行估计？

（18）考虑三个有关成本函数的模型，如表 5-10 所示。

表 5-10 三个有关成本函数的模型

函数形式	常 数 项	x	x^2	x^3	R^2	d
线性函数	166.467	19.933	—		0.8409	0.716
SE =	(19.021)	(3.066)				
二次函数	222.383	−8.025	2.542	—	0.9284	1.038

(续)

函数形式	常数项	x	x^2	x^3	R^2	d
	SE = (23.488)	(9.809)	(0.869)			
三次函数	141.767	63.478	−12.962	0.939	0.9983	2.10
	SE = (6.375)	(4.778)	(0.986)	(0.059)		

其中，x 为产出；d 为 D-W 的统计量；SE 为标准偏差。

回答下列问题：

1）假定样本容量为 15，显著性水平为 5%，以上三个模型中的 D-W 检验 d 值的 d_U、d_L 分别为多少？

2）以上线性模型中是否存在自相关？如果存在，意味着什么？

3）以上二次函数模型中是否存在自相关？如果存在，意味着什么？

4）以上三次函数模型中是否存在自相关？如果不存在，意味着什么？

5）以上三个模型中的边际生产成本是什么？

6）从经济意义上讲，以上哪个模型更合理？为什么？

第 6 章 时间序列模型

引言

时间序列数据、截面数据及面板数据是计量经济分析中重要的三类数据。其中,时间序列数据最为常见,也是最重要的一类数据。因此,对时间序列数据进行分析成为计量经济学最为重要的内容之一。本章重点介绍平稳时间序列的一般分析方法,首先介绍了时间序列的相关概念,其次介绍了检验时间序列平稳性的重要方法,最后介绍了平稳时间序列分析模型,即自回归模型、移动平均模型、自回归移动平均模型等。

本章学习目标

1. 随机过程与时间序列的概念。
2. 时间序列的类型。
3. ADF 检验、PP 检验的概念与操作方法。
4. 平稳时间序列的建模过程。
5. 平稳时间序列模型的类型与识别。
6. 平稳时间序列的估计及预测。

6.1 时间序列的概念

6.1.1 随机过程与时间序列

1. 随机过程

随机过程(Stochastic Process)是一连串随机事件动态关系的定量描述。随机过程理论与其他数学、物理分支,如位势论、微分方程、复变函数论、力学等有密切的联系,是在自然科学、工程科学以及社会科学各领域中研究随机现象的重要工具。随机过程论已得到广泛的应用,在诸如天气预报、统计物理、天体物理、运筹决策、经济数学、安全科学、人口理论、可靠性及计算机科学等很多领域中都要经常用到随机过程理论来建立数学模型。

(1) 随机过程的定义。若对于每一个特定的 $t(t \in T)$,X_t 为一个随机变量,则称这一组随机变量 $\{X_t\}$ 为一个随机过程。

若 T 为一个区间,则 $\{X_t\}$ 为一个连续型随机过程。

若 T 为离散集合,如 $T = (0, 1, 2, \cdots)$ 或 $T = (\cdots, -2, -1, 0, 1, 2, \cdots)$,则 $\{X_t\}$ 为离散型随机过程。例如,某国某年的 GDP 总量是一个随机变量,但若考察它随时间变化的情形,则 $\{GDP\}$ 就是一个随机过程。

(2) 随机过程的特征

1) 随机过程的概率分布

① 一维分布。

一维概率分布函数
$$F(x, t_i) = P[X(t_i) \leqslant x] \tag{6-1}$$
一维概率密度函数
$$f(x, t_i) = \frac{\partial F(x, t_i)}{\partial x} \tag{6-2}$$
② 二维分布。
二维概率分布函数
$$F(x_1, x_2; t_1, t_2) = P\{X(t_1) \leqslant x_1, X(t_2) \leqslant x_2\} \tag{6-3}$$
二维概率密度函数
$$f(x_1, x_2; t_1, t_2) = \frac{\partial^2 F(x_1, x_2; t_1, t_2)}{\partial x_1 \partial x_2} \tag{6-4}$$
③ 多维分布。
多维概率分布函数
$$F_n(x_1, x_2, \cdots, x_n; t_1, t_2, \cdots, t_n) = P\{X(t_1) \leqslant x_1, X(t_2) \leqslant x_2, \cdots, X(t_n) \leqslant x_n\} \tag{6-5}$$
多维概率密度函数
$$f_n(x_1, x_2, \cdots, x_n; t_1, t_2, \cdots, t_n) = \frac{\partial^n F(x_1, x_2, \cdots, x_n; t_1, t_2, \cdots, t_n)}{\partial x_1 \partial x_2 L \partial x_n} \tag{6-6}$$

2) 随机过程的数字特征。
均值
$$m(t) = E[X(t)] = \int_{-Y}^{Y} x f(x, t) \mathrm{d}x \tag{6-7}$$
方差
$$\partial^2(t) = D[X(t)] = E\{[X(t) - m(t)]^2\} \tag{6-8}$$
均方值
$$\psi_X^2(t) = E[X^2(t)] \tag{6-9}$$
相关函数
$$\begin{aligned}R_X(t_1, t_2) &= E[X(t_1)X(t_2)] \\ &= \int_{-\infty}^{\infty}\int_{-\infty}^{\infty} x_1 x_2 f(x_1, x_2; t_1, t_2) \mathrm{d}x_1 \mathrm{d}x_2\end{aligned} \tag{6-10}$$
互相关函数
$$\begin{aligned}R_{XY}(t_1, t_2) &= E[X(t_1)Y(t_2)] \\ &= \int_{-\infty}^{\infty}\int_{-\infty}^{\infty} xy f(x, t_1; y, t_2) \mathrm{d}x\mathrm{d}y\end{aligned} \tag{6-11}$$
协方差函数
$$\begin{aligned}c_X(t_1, t_2) &= E\{[X(t_1) - m_X(t_1)][X(t_2) - m_X(t_2)]\} \\ &= R_X(t_1, t_2) - m_X(t_1)m_X(t_2)\end{aligned} \tag{6-12}$$
互协方差函数
$$\begin{aligned}c_{XY}(t_1, t_2) &= E\{[X(t_1) - m_X(t_1)][Y(t_2) - m_Y(t_2)]\} \\ &= R_{XY}(t_1, t_2) - m_X(t_1)m_Y(t_2)\end{aligned} \tag{6-13}$$

(3) 随机过程的基本分类。随机过程按统计特性,可分为平稳随机过程和非平稳随机过程；按记忆特性，可分为纯粹随机过程、马尔可夫过程和独立增量过程；按概率分布，可分为高斯随机过程和非高斯随机过程；按功率谱特性，可分为白噪声过程和有色噪声过程。

2. 时间序列

离散型时间指标集的随机过程通常称为随机型时间序列，简称为时间序列。时间序列是指将某种现象某一个统计指标在不同时间上的各个数值，按时间先后顺序排列而形成的序列。时间序列法是一种定量预测方法，也称简单外延方法，在统计学中作为一种常用的预测手段被广泛应用。时间序列分析在第二次世界大战前应用于经济预测。第二次世界大战中和战后，在军事科学、空间科学、气象预报和工业自动化等领域的应用更加广泛。时间序列分析（Time Series Analysis）是一种动态数据处理的统计方法。该方法基于随机过程理论和数理统计学方法，研究随机数据序列所遵从的统计规律，以用于解决实际问题。

6.1.2 时间序列的数字特征

在时间过程上，若一个随机过程的方差和均值均为常数，且在任何两个时期的协方差值仅依赖于该两个时期之间的距离或滞后，而不依赖于计算这个协方差的实际时间，就称它为平稳的。

时间序列的性质：

均值函数

$$E(x_t) = \mu \quad （对所有 t） \tag{6-14}$$

协方差函数

$$\gamma_k = E[(x_t - \mu)(x_{t+k} - \mu)] \quad （对所有 t） \tag{6-15}$$

方差函数

$$\mathrm{Var}(x_t) = E(x_t - \mu)^2 = \sigma^2 \quad （对所有 t） \tag{6-16}$$

自相关函数

$$\rho(n, n+k) = \frac{\gamma_k}{\sqrt{\mathrm{Var}(x_t)\mathrm{Var}(x_{t+k})}} \quad （对所有 t） \tag{6-17}$$

式中，γ_k 即滞后 k 期的协方差，也即相隔 k 期的 x_t 和 x_{t+k} 两值之间的协方差。时间序列的数据特征包含时间序列许多重要的信息，时间序列分析方法正是基于这些数字特征展开的，并由此确定该序列适合的模型。

6.1.3 平稳时间序列与非平稳时间序列

所谓时间序列的平稳性，是指时间序列的统计规律不会随着时间的推移而发生变化。直观上，一个平稳的时间序列可以看作一条围绕其均值上下波动的曲线。从理论上，有两种意义的平稳性：一种是严格平稳；另一种是弱平稳。

严格平稳是指随机过程 $\{X_t\}$ 的联合分布函数与时间的位移无关。设 $\{X_t\}$ 为一个随机过程，n、h 为任意实数，若联合分布函数满足

$$F_{X_{t_1}, X_{t_2}, \cdots, X_{t_n}}(x_1, \cdots, x_n) = F_{X_{t_1+n}, \cdots, X_{t_n+n}}(x_1, \cdots, x_n) \tag{6-18}$$

则称 $\{X_t\}$ 为严格平稳过程，它的分布结构不随时间推移而变化。

弱平稳是指随机过程 $\{X_t\}$ 的期望、方差和协方差不随时间推移而变化。若 $\{X_t\}$ 满足：

$$E(x_t) = \mu \tag{6-19}$$

$$\mathrm{Var}(X_t) = \sigma^2 \tag{6-20}$$

$$\mathrm{Cov}(X_t, X_{t+k}) = r_k \tag{6-21}$$

式中，r_k 为只与间隔 k 有关，而与时间 t 无关的常数。则称 $\{X_t\}$ 为弱平稳随机过程。在一般的分析讨论中，平稳性通常是指弱平稳。

时间序列的非平稳性是指时间序列的统计规律随着时间的位移而发生变化，即生成变量时间序列数据的随机过程的特征随时间而变化。在实际中遇到的时间序列数据很可能是非平稳序列，而平稳性在计量经济建模中又具有重要地位，因此有必要对观测值的时间序列数据进行平稳性检验。

6.1.4 例题分析

1996—2009 年世界集装箱船新接与手持订单量的统计资料如表 6-1 所示。

表 6-1   1996—2009 年世界集装箱船新接与手持订单量

年份（半年）	世界集装箱船新接订单量/万 TEU	世界集装箱船手持订单量/万 TEU	年份（半年）	世界集装箱船新接订单量/万 TEU	世界集装箱船手持订单量/万 TEU
1996 年上	25.05	95.75	2003 年上	74.46	109.70
1996 年下	25.21	99.12	2003 年下	132.69	152.83
1997 年上	14.15	105.22	2004 年上	92.33	260.98
1997 年下	6.20	100.79	2004 年下	73.42	323.79
1998 年上	27.93	73.27	2005 年上	138.49	362.35
1998 年下	13.52	71.56	2005 年下	27.90	460.73
1999 年上	14.29	61.75	2006 年上	92.95	434.50
1999 年下	41.23	64.79	2006 年下	79.14	463.00
2000 年上	62.40	91.45	2007 年上	128.70	469.63
2000 年下	33.73	135.16	2007 年下	184.89	532.27
2001 年上	37.96	142.71	2008 年上	93.46	650.82
2001 年下	14.04	153.09	2008 年下	13.51	666.68
2002 年上	9.07	132.39	2009 年上	0.00	608.90
2002 年下	32.64	107.34	2009 年下	4.21	543.25

（资料来源：Clarkson Data Time Series。）

请尝试判断世界集装箱船新接订单量与手持订单量二者序列的平稳性。

为此，可以通过 Excel 做出二者的时序图（见图 6-1）并结合平稳时间数据特征来确定。

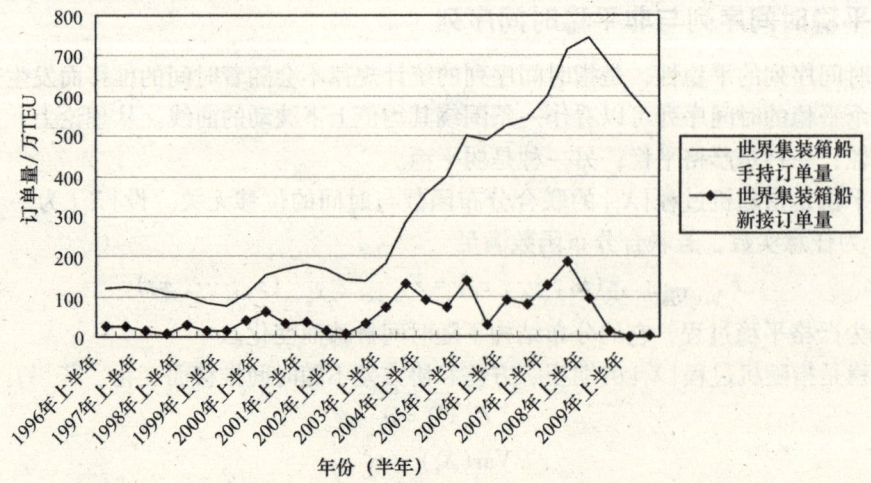

图 6-1   1996—2009 年世界集装箱船新接与手持订单量时序图

由图 6-1 可发现，世界集装箱船新接与手持订单量均有上升的趋势，尤其是手持订单量表现得较为明显。可以判定，它们不满足 $E(x_i)=\mu$，因而二者都是非平稳的。下文将深入讨论如何检验时间序列的平稳性。

6.2 时间序列平稳性的检验方法

6.2.1 散点图

散点图表示因变量随自变量变化的大致趋势，据此可以选择合适的函数对数据点进行拟合。用两组数据构成多个坐标点，考察坐标点的分布，判断两个变量之间是否存在某种关联或总结坐标点的分布模式。散点图将序列显示为一组点，值由点在图中的位置表示，类别由图中的不同标记表示。散点图通常用于比较跨类别的聚合数据。例如，绘制 1996 年上半年到 2009 年下半年世界集装箱船新接订单量序列的散点图，如图 6-2 所示。

从图 6-2 可以看出，世界集装箱船新接订单量序列开始具有明显的递增趋势，之后又呈现下降趋势，可见该序列不是平稳序列。

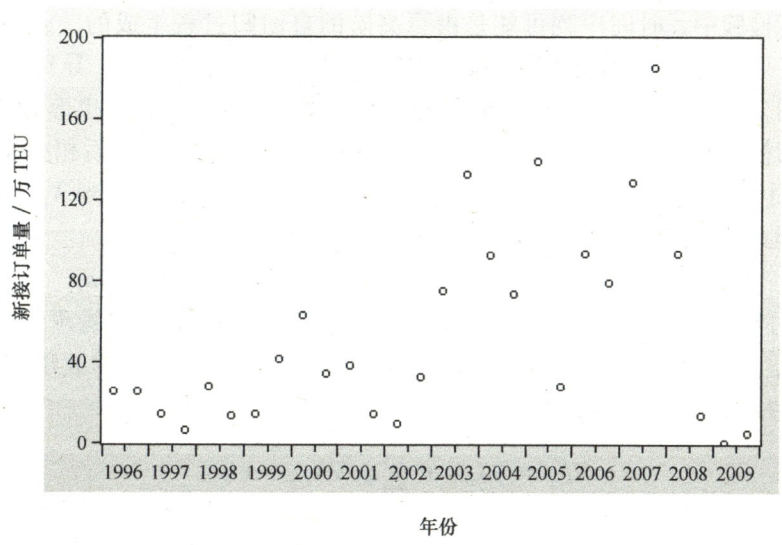

图 6-2　世界集装箱船新接订单量的散点图

6.2.2 单位根检验

单位根检验是确定序列是否为单位根的检验程序，其原假设为序列存在单位根问题。一般可采用 DF 检验、ADF 检验、PP 检验等来确定序列是否为单位根过程。迪基（Dickey）和福勒（Fuller）提出 DF 检验法，即一阶回归模型 $X_t=\rho X_{t-1}+\varepsilon_t$ 中，若 $|\rho|<1$，则序列 X_t 是平稳的；若 $|\rho|>1$，则序列 X_t 是强非平稳的，存在单位根。判断序列是否为平稳序列，可以通过检验 ρ 是否可能为 1。

序列 X_t 有如下三种形式：

不包含线性时间趋势项和常数项

$$\nabla X_t = \gamma X_{t-1} + \varepsilon_t \tag{6-22}$$

包含常数项

$$\nabla X_t = c + \gamma X_{t-1} + \varepsilon_t \tag{6-23}$$

包含常数项和线性时间趋势项

$$\nabla X_t = c + \delta t + \gamma X_{t-1} + \varepsilon_t \tag{6-24}$$

其中，$\gamma = \rho - 1$ 检验假设为

$$H_0: \gamma = 0, H_1: \gamma < 0$$

若序列存在单位根的零假设，对参数 γ 估计值进行显著性检验的统计量不服从常规的 t 分布，DF 提出了检验用的模拟临界值。一般地，若序列 X_t 在均值 0 上下波动，则应选择式（6-22）；若序列具有非 0 均值，但没有时间趋势，可选择式（6-23）；若序列随时间变化有下降或上升趋势，应采用式（6-24）。

6.2.3 扩展的迪基-福勒检验

DF 检验假定时间序列是由具有白噪声随机误差项的一阶自回归过程 AR（1）生成的。但在实际检验中，时间序列可能是由更高阶的自回归过程生成的，或者随机误差项并非白噪声，用 OLS 法进行估计均会表现出随机误差项出现自相关，导致 DF 检验无效。如果时间序列含有明显的随时间变化的某种趋势（如上升或下降），也容易导致 DF 检验中的自相关随机误差项问题。可见，在 DF 检验中，序列存在高阶滞后相关而破坏了随机扰动项 ε_t 是白噪声的假设。基于此，ADF 检验进行了改进，假定序列 X_t 服从 AR(p) 过程。检验方程为

$$\nabla X_t = \gamma X_{t-1} + \xi_1 \nabla X_{t-1} + \xi_2 \nabla X_{t-2} + \cdots + \xi_{p-1} \nabla X_{t-p-1} + \varepsilon_t \tag{6-25}$$

式（6-25）中的参数 p 视具体情况而定，一般选择能保证 ε_t 是白噪声最小的 p 值。与 DF 检验一样，ADF 检验有包含常数项及含有线性时间趋势项和常数项两种形式，但式（6-25）右边需加上 c 或 δ_t 与 c，即

$$\nabla X_t = \gamma X_{t-1} + \sum_{i=1}^{p-1} \xi_i \nabla X_{t-p-1} + \varepsilon_t \tag{6-26}$$

$$\nabla X_t = c + \gamma X_{t-1} + \sum_{i=1}^{p-1} \xi_i \nabla X_{t-p-1} + \varepsilon_t \tag{6-27}$$

$$\nabla X_t = c + \delta_t + \gamma X_{t-1} + \sum_{i=1}^{p-1} \xi_i \nabla X_{t-p-1} + \varepsilon_t \tag{6-28}$$

实际检验时可从模型式（6-28）开始，然后模型式（6-27）、模型式（6-26）。何时检验拒绝零假设，即原序列不存在单位根，为平稳序列，何时停止检验。否则，就要继续检验，直到检验完模型式（6-26）为止。检验原理与 DF 检验相同，只是对模型式（6-26）~式（6-28）进行检验时，有各自相应的临界值表。

一个简单的检验过程：同时估计出上述三个模型的适当形式，然后通过 ADF 临界值表检验零假设 $H_0: \gamma = 0$。只要其中有一个模型的检验结果拒绝了零假设，就可以认为时间序列是平稳的；当三个模型的检验结果都不能拒绝零假设时，则认为时间序列是非平

稳的。

关于检验模型中滞后项的确定：模型式（6-26）、式（6-27）、式（6-28）中都含有滞后项，其目的是消除模型随机项的序列相关性，保证随机项是白噪声。一般采用 LM 检验确定滞后阶数。关于检验模型中滞后项的确定：当采用一些应用软件（如 Eviews）进行 ADF 检验时，可以自动得到滞后阶数，使估计过程更加简单。但是，在软件中一般采用信息准则（如 AIC、BIC 等）确定滞后阶数，其明显的缺点是无法判断滞后阶数不连续的情况，例如，只存在一阶和三阶而不存在二阶相关的情况。另外，从理论上讲，信息准则主要是基于预测的均方误差最小，但对于单位根检验而言，重要的是消除序列之间的相关性。过高定阶和过低定阶对单位根检验有着不对称的影响。过高定阶意味着自相关已经消除，但含有冗余回归元，因此不会影响检验的尺度（Size），但会影响检验的势（Power），蒙特卡罗（Monte-Carlo）试验证实这种势的降低并不强烈。过低定阶意味着自相关还没有消除，因此 t 统计量的分布形态将会发生改变，检验的尺度和势都会发生扭曲。由于信息准则相对于检验序列相关性的数据依赖方法一般倾向于过低定阶，因此，其在单位根检验中的表现差于数据依赖方法。

如何处理检验过程中的矛盾现象：对于模型式（6-28），如果检验显示既不拒绝 $H_0: \gamma = 0$，也不拒绝 $H_0: \xi = 0$，就要检验模型式（6-27）；如果检验显示不拒绝 $H_0: \gamma = 0$，但是拒绝 $H_0: \xi = 0$，那么回到模型式（6-27）是不合理的，由此产生了矛盾。一种经验的处理方法是采用正态分布临界值检验是否存在单位根，即将临界值适当放松，如果仍然存在单位根，即停止检验，得到该时间序列非平稳的结论。

单位根检验是针对宏观经济数据序列、货币金融数据序列中是否具有某种统计特性而提出的一种平稳性检验的特殊方法。单位根检验的方法有很多种，包括 ADF 检验、PP 检验、NP 检验等。对非平稳时间序列的处理方法一般是将其转变为平稳序列，这样就可以应用有关平稳时间序列的方法来进行相应的研究。对时间序列单位根的检验就是对时间序列平稳性的检验，非平稳时间序列如果存在单位根，则一般可以通过差分的方法来消除单位根，得到平稳序列。对于存在单位根的时间序列，一般都显示出明显的记忆性和波动的持续性。因此，单位根检验是本书中有关协整关系存在性检验和序列波动持续性讨论的基础。

6.2.4 PP 检验

菲利普斯（Phillips）和配荣（Perron）于 1988 年对 ADF 检验进行了非参数修正，提出了 PP 检验统计量。PP 检验统计量适用于异方差场合的平稳性检验，且服从相应的 ADF 检验统计量的极限分布。使用 PP 检验时，残差序列 $\{\varepsilon_t\}$ 需要满足如下三个条件：

（1）均值恒为 0：$E(e_t) = 0$。

（2）方差及至少一个高阶矩存在：$\sup_t E(|\varepsilon_t|^2) < \infty$ 且对于某个 $\beta > 2$，$\sup_t E(|\varepsilon_t|^\beta) < \infty$。

（3）非退化极限分布存在：$\sigma_s^2 = \lim_{T \to \infty} E(T^{-1} S_T^2)$ 存在且为正值。式中，T 为序列长度，$S_T = \sum_{t=1}^{T} \varepsilon_t$。

现以一阶自回归模型 $x_t = \varphi_1 x_{t-1} + \varepsilon_t$ 为例，探讨 PP 检验的构造原理。假设 $\hat{\varphi}_1$ 为 φ_1 的普

通最小二乘估计（OLS），那么$\hat{\varphi}_1$的方差定义为

$$\sigma^2 = \lim_{T\to\infty} T^{-1} \sum_{t=1}^{T} E(\varepsilon_t^2) \tag{6-29}$$

若$\{\varepsilon_t\}$不满足白噪声条件，那么$\sigma^2 \neq \sigma_s^2$

$$Z(\tau) = \tau(\frac{\hat{\sigma}^2}{\hat{\sigma}_{Sl}^2}) - \frac{1}{2}(\hat{\sigma}_{Sl}^2 - \hat{\sigma}^2) T \sqrt{\hat{\sigma}_{Sl}^2 \sum_{t=2}^{T}(x_{t-1} - \bar{x}_{T-1})^2} \tag{6-30}$$

菲利普斯和配荣正是利用这种不等性，利用σ^2与σ_s^2的估计值对ADF检验的τ统计量进行了非参数修正，修正后的统计量如下：

式中，$\hat{\sigma}^2$是σ^2的样本估计量，即

$$\hat{\sigma}^2 = T^{-1} \sum_{t=1}^{T} \hat{\varepsilon}_t^2 \tag{6-31}$$

$$\hat{\sigma}_{st}^2 = T^{-1} \sum_{t=1}^{T} \hat{\varepsilon}_t^2 + 2T^{-1} \sum_{j=1}^{l} w_j(l) \sum_{t=j+1}^{T} \hat{\varepsilon}_t \hat{\varepsilon}_{t-j} \tag{6-32}$$

$$\bar{x}_{T-1} = \frac{1}{T-1} \sum_{t=1}^{T-1} x_t \tag{6-33}$$

在单位根检验原假设条件下

$$H_0: \phi_1 = 1 (序列\{x_t\}非平稳性)$$

修正后的$Z(\tau)$统计量和τ统计量具有相同的极限分布。这就意味着，对于异方差序列，只需在原来τ统计量的基础上进行一定修正，即可构造出$Z(\tau)$统计量。$Z(\tau)$统计量不仅考虑到自相关误差所产生的影响，还可使用τ统计量的临界值进行检验，而不需拟合新的临界值表。

6.2.5 例题分析

现选取世界所有集装箱船手持/新接订单总量检验其平稳性，选取的时间序列数据按半年来计算，即从1996年上半年到2009年下半年的集装箱船新接订单总量。将1996年上半年到2009年下半年的所有集装箱船手持订单总量用序列$\{x_t, t=1, 2, \cdots, 28\}$来表示，按时间排列共计28个数据，$t$代表对应的时间。这里手持订单总量单位均为万标准集装箱（万TEU），序列$\{x_t, t=1, 2, \cdots, 28\}$分别表示各时期的实际数据，本书使用时间序列分析的常用软件Eviews 7.0来分析数据，数据来源于表6-1。

对序列的平稳性检验有两种方法：一是根据散点图的特征来判断其平稳性；二是构造检验统计量进行假设检验，最常用的就是单位根检验。

（1）首先绘制1996年上半年到2009年下半年世界集装箱船手持订单量序列的散点图，如图6-3所示。从图6-3可以看出，世界集装箱船手持订单序列开始较为平稳，但2002年后呈明显的递增趋势，2008年后又呈下降趋势，这种趋势与世界经济形势密切相关，由此可见该序列不是平稳序列。以上是对图形直观上的定性分析结论，为了对序列的平稳性进行更准确的分析，使用单位根检验法对该序列进行单位根检验，单位根检验方法有很多，这里使用Augmented Dickey-Fuller（ADF）检验、PP检验的方法进行检验。

（2）应用Eviews单位根检验功能，分别选择ADF和PP检验法，得到结果如图6-4和图6-5所示。

如图 6-4 与图 6-5 所示，ADF 值为 -0.897071 与 -0.231262，分别大于不同检验水平的三个临界值，所以不能拒绝零假设，该序列不是平稳序列，应对序列进行差分运算，直到通过平稳性检验为止。下一小节将继续讨论。

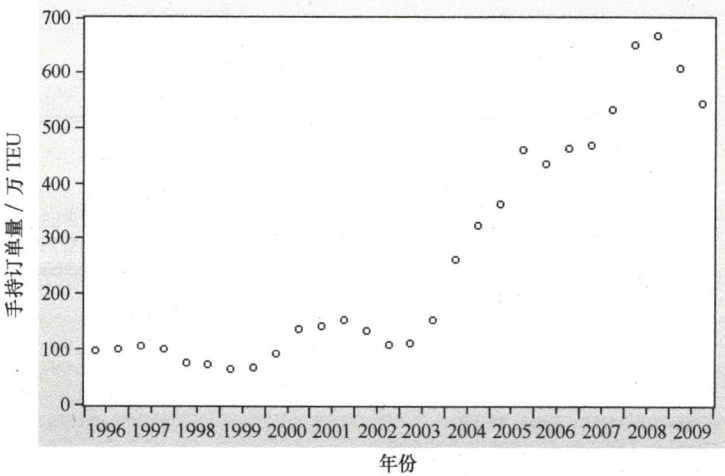

图 6-3　世界集装箱船手持订单量序列的散点图

```
Null Hypothesis: X has a unit root
Exogenous: Constant
Lag Length: 1 (Automatic - based on SIC, maxlag=6)
```

		t-Statistic	Prob.*
Augmented Dickey-Fuller test statistic		-0.897071	0.7729
Test critical values:	1% level	-3.711457	
	5% level	-2.981038	
	10% level	-2.629906	

*MacKinnon (1996) one-sided p-values.

```
Augmented Dickey-Fuller Test Equation
Dependent Variable: D(X)
Method: Least Squares
Date: 07/31/14   Time: 15:47
Sample (adjusted): 1997S1 2009S2
Included observations: 26 after adjustments
```

Variable	Coefficient	Std. Error	t-Statistic	Prob.
X(-1)	-0.040054	0.044649	-0.897071	0.3790
D(X(-1))	0.505852	0.212327	2.382419	0.0259
C	17.62740	13.91777	1.266540	0.2180

R-squared	0.198228	Mean dependent var	17.08192
Adjusted R-squared	0.128509	S.D. dependent var	46.16185
S.E. of regression	43.09579	Akaike info criterion	10.47280
Sum squared resid	42712.73	Schwarz criterion	10.61797
Log likelihood	-133.1464	Hannan-Quinn criter.	10.51460
F-statistic	2.843232	Durbin-Watson stat	1.923238
Prob(F-statistic)	0.078611		

图 6-4　时间序列的 ADF 检验

```
Null Hypothesis: X has a unit root
Exogenous: Constant
Bandwidth: 1 (Newey-West automatic) using Bartlett kernel

                                          Adj. t-Stat    Prob.*
Phillips-Perron test statistic            -0.231262      0.9228
Test critical values:    1% level         -3.699871
                         5% level         -2.976263
                        10% level         -2.627420

*MacKinnon (1996) one-sided p-values.

Residual variance (no correction)                        1979.590
HAC corrected variance (Bartlett kernel)                 2745.155


Phillips-Perron Test Equation
Dependent Variable: D(X)
Method: Least Squares
Date: 07/31/14   Time: 15:50
Sample (adjusted): 1996S2 2009S2
Included observations: 27 after adjustments

    Variable       Coefficient    Std. Error      t-Statistic     Prob.
     X(-1)          -0.002161      0.044556       -0.048495      0.9617
      C             17.12871      14.49094         1.182029      0.2483

R-squared               0.000094    Mean dependent var      16.57407
Adjusted R-squared     -0.039902    S.D. dependent var      45.34228
S.E. of regression     46.23805     Akaike info criterion   10.57667
Sum squared resid      53448.94     Schwarz criterion       10.67266
Log likelihood        -140.7851     Hannan-Quinn criter.    10.60521
F-statistic             0.002352    Durbin-Watson stat       1.098946
Prob(F-statistic)       0.961707
```

图 6-5　时间序列的 PP 检验

6.3　平稳时间序列的识别、估计与预测

6.3.1　平稳时间序列的识别

对一个平稳的随机时间序列，找出合适的随机过程或模型，即判断此时间序列是遵循一纯 AR 过程或一纯 MA 过程还是遵循 ARMA 过程，即随机时间序列模型的识别。其主要工具是自相关函数（Autocorrelation Function，ACF）及偏自相关函数（Partial Autocorrelation Function，PACF）。

（1）AR（p）过程

1）自相关函数 ACF：

一阶自回归模型 AR（1）

$$X_t = \varphi X_{t-1} + \varepsilon_t$$

此模型 k 阶滞后自协方差为

$$\gamma_k = E(X_{t-k}(\varphi X_{t-1} + \varepsilon_t)) = \varphi \gamma_{k-1} = \varphi^k \gamma_0, \quad k = 1, 2, \cdots, n \tag{6-34}$$

因此，AR（1）模型的自相关函数为

$$\rho_k = \frac{\gamma_k}{\gamma_0} = \varphi^k, \quad k = 1, 2, \cdots, n \tag{6-35}$$

由 AR（1）的稳定性知 $|\varphi| < 1$，因此，$k \to \infty$ 时，呈指数型衰减，直到 0。这一现象称为拖尾，或称 AR（1）有无穷记忆。当 $\varphi < 0$ 时，呈振荡衰减状。

二阶自回归模型 AR（2）

$$X_t = \varphi_1 X_{t-1} + \varphi_2 X_{t-2} + \varepsilon_t \tag{6-36}$$

此模型方差 γ_0 及滞后 1 期与 2 期的自协方差 γ_1，γ_2 分别为

$$\begin{aligned}\gamma_1 &= \varphi_1 \gamma_0 + \varphi_2 \gamma_1 \\ \gamma_2 &= \varphi_1 \gamma_1 + \varphi_2 \gamma_0 \\ \gamma_0 &= \varphi_1 \gamma_1 + \varphi_2 \gamma_2 + \sigma_\varepsilon^2 \end{aligned} \tag{6-37}$$

类似地，一般的 k 期滞后自协方差为

$$\gamma_k = E(X_{t-k}(\varphi_1 X_{t-1} + \varphi_2 X_{t-2} + \varepsilon_t)) = \varphi_1 \gamma_{k-1} + \varphi_2 \gamma_{k-2}, \quad k = 2, 3, \cdots, n \tag{6-38}$$

于是，AR（2）的 k 阶自相关函数为

$$\rho_k = \varphi_1 \rho_{k-1} + \varphi_2 \rho_{k-2}, \quad k = 2, 3, \cdots, n \tag{6-39}$$

式中，$\rho_1 = \varphi_1/(1 - \varphi_2)$；$\rho_0 = 1$。

如果 AR（2）稳定，则由 $\varphi_1 + \varphi_2 < 1$ 知 $|\rho_k|$ 衰减趋于 0，呈拖尾状。

衰减的形式取决于 AR（2）特征根的虚实性：若为虚根，则呈正弦波型衰减；若为实根，则呈单调或振荡型衰减。

一般地，p 阶自回归模型 AR（p）为

$$X_t = \varphi_1 X_{t-1} + \varphi_2 X_{t-2} + \cdots + \varphi_p X_{t-p} + \varepsilon_t \tag{6-40}$$

k 期滞后协方差为

$$\begin{aligned} r_k &= E(X_{t-k}(\varphi_1 X_{t-1} + \varphi_2 X_{t-2} + \cdots + \varphi_p X_{t-p} + \varepsilon_t)) \\ &= \varphi_1 \gamma_{k-1} + \varphi_2 \gamma_{k-2} + \cdots + \varphi_p \gamma_{k-p} \end{aligned} \tag{6-41}$$

从而有自相关函数

$$\rho_k = \varphi_1 \rho_{k-1} + \varphi_2 \rho_{k-2} + \cdots + \varphi_p \rho_{k-p} \tag{6-42}$$

因此，无论 k 有多大，ρ_k 的计算均与其 1 到 p 阶滞后的自相关函数有关，因此呈拖尾状。如果 AR（p）是稳定的，则 $|\rho_k|$ 递减且趋于 0。事实上，自相关函数（6-42）是一个 p 阶差分方程，其通解为

$$\rho_k = \sum_{i=1}^{p} C_i z_i^k$$

式中，$1/z_i$ 是 AR（p）特征方程 $\phi(z) = 0$ 的特征根。由 AR（p）平稳的条件知，$|z_i| < 1$；因此，当 $1/z_i$ 均为实数根时，ρ_k 呈几何型衰减（单调或振荡型）；当存在虚数根时，则一对共轭复根构成通解中的一个阻尼正弦波项，ρ_k 呈正弦波型衰减。

2）偏自相关函数。自相关函数 ACF（k）给出了 X_t 与 X_{t-1} 的总体相关性，但总体相关性可能掩盖了变量间完全不同的隐含关系。例如，在 AR（1）随机过程中，X_t 与 X_{t-2} 之间有相关性可能主要是由于它们各自与 X_{t-1} 间的相关性带来的

$$\rho_2 = \varphi^2 = \rho_1^2 = E(X_t X_{t-1}) E(X_{t-1} X_{t-2}) \tag{6-43}$$

即自相关函数中包含了这种所有的"间接"相关。

与之相反,X_t 与 X_{t-k} 之间的偏自相关函数则是消除了中间变量 X_t, X_{t-1},…,X_{t-k+1} 带来的间接相关后的直接相关性。它是在已知序列值 X_{t-1},…,X_{t-k+1} 的条件下,X_t 与 X_{t-k} 间关系的度量。

在 AR(1) 中,从 X_t 中去掉 X_{t-1} 的影响,则只剩下随机扰动项 ε_t,显然它与 X_{t-2} 无关,因此 X_t 与 X_{t-2} 的偏自相关系数为 0,记为

$$\rho_2^* = \text{Corr}(\varepsilon_t, X_{t-2}) = 0 \tag{6-44}$$

一般的,在 AR(p) 过程中,对所有的 $k > p$,X_t 与 X_{t-k} 之间的偏自相关系数为 0。

AR(p) 的一个主要特征是:$k > p$ 时,$\rho_k^* = \text{Corr}(X_t, X_{t-k}) = 0$,即 ρ_k^* 在 p 以后是截尾的。

随机时间序列的识别原则:若 X_t 的偏自相关函数在 p 以后截尾,即 $k > p$ 时,$\rho_k^* = 0$,而它的自相关函数 ρ_k 是拖尾的,则此序列是自回归 AR(p) 序列。

在实际识别时,由于样本偏自相关函数 r_k^* 是总体偏自相关函数 ρ_k^* 的一个估计,且由于样本的随机性,当 $k > p$ 时,r_k^* 不会全为 0,而是在 0 的上下波动。当 $k > p$ 时,r_k^* 服从如下渐近正态分布

$$r_k^* \sim N(0, 1/n)$$

式中,n 表示样本容量。

因此,若计算的 r_k^* 满足 $|r_k^*| < \dfrac{2}{\sqrt{n}}$,即有 95.5% 的把握判断原时间序列在 p 之后截尾。

(2) MA(q) 过程:

对 MA(1) 过程

$$X(t) = \varepsilon_t - \theta \varepsilon_{t-1} \tag{6-45}$$

其自协方差系数

$$\begin{aligned}\gamma_0 &= (1 + \theta^2)\sigma_\varepsilon^2 \\ \gamma_1 &= -\theta^2 \sigma_\varepsilon^2 \\ \gamma_2 &= \gamma_3 = \cdots = 0\end{aligned} \tag{6-46}$$

于是,MA(1) 过程的自相关函数为

$$\begin{aligned}\rho_1 &= -\theta/(1+\theta^2) \\ \rho_2 &= \rho_3 = \cdots = 0\end{aligned} \tag{6-47}$$

可见,当 $k > 1$ 时,$\rho_k > 0$,即 X_t 与 X_{t-k} 不相关,MA(1) 自相关函数是截尾的。

MA(1) 过程可以等价地写成 ε_t 关于无穷序列 X_t, X_{t-1},…的线性组合的形式

$$\varepsilon_t = X_t + \theta X_{t-1} + \theta^2 X_{t-2} + \cdots \tag{6-48}$$

则 $|\theta| < 1$ 称为 MA(1) 的可逆性条件或可逆域。一般的,q 阶移动平均过程 MA(q)

$$X_t = \varepsilon_t - \theta_1 \varepsilon_{t-1} - \cdots - \theta_q \varepsilon_{t-q} \tag{6-49}$$

其自协方差系数为

$$r_k = E(X_t X_{t-k}) = \begin{cases} \sigma_\varepsilon^2(1 + \theta_1^2 + \theta_2^2 + \cdots + \theta_q^2) & k = 0 \\ \sigma_\varepsilon^2(-\theta_k + \theta_1\theta_{k+1} + \cdots + \theta_{q-k}\theta_q) & 1 \leq k \leq q \\ 0 & k > q \end{cases} \tag{6-50}$$

相应的自相关函数为

$$\rho_k = \frac{\gamma_k}{\gamma_0} = \begin{cases} 1 & k=0 \\ (-\theta_k + \theta_1\theta_{k+1} + \cdots + \theta_{q-k}\theta_q)/(1+\theta_1^2+\theta_2^2+\cdots+\theta_q^2) & 1 \leq k \leq q \\ 0 & k > q \end{cases} \quad (6\text{-}51)$$

可见,当 $k>q$ 时,X_t 与 X_{t-k} 不相关,即存在截尾现象,因此,当 $k>q$ 时,$\rho_k=0$ 是 MA(q) 的一个特征。

于是,可以根据自相关系数是否从某一点开始一直为 0 来判断 MA(q) 模型的阶。

与 MA(1) 相仿,可以验证 MA(q) 过程的偏自相关函数是非截尾但趋于 0 的。

MA(q) 模型的识别规则:若随机序列的自相关函数截尾,即自 q 以后,$\rho_k=0$($k>q$);而它的偏自相关函数是拖尾的,则此序列是滑动平均 MA(q) 序列。

(3) ARMA(p, q) 过程。ARMA(p, q) 的自相关函数,可以看作 MA(q) 的自相关函数和 AR(p) 的自相关函数的混合物。

当 $q=0$ 时,它具有拖尾性质;当 $p=0$ 时,它具有截尾性质;当 p 和 q 都不为 0 时,它具有拖尾性质。

从识别上看,ARMA(p, q) 过程的偏自相关函数可能在 p 阶滞后前有几项明显的尖柱,但从 p 阶滞后项开始逐渐趋向于 0;而它的自相关函数则是在 q 阶滞后前有几项明显的尖柱,从 q 阶滞后项开始逐渐趋向于 0。

6.3.2 平稳时间序列的估计

模型估计步骤如图 6-6 所示。

AR(p)、MA(q)、ARMA(p, q) 模型的估计方法较多,大体上分为三类:矩估计、普通最小二乘估计、利用自相关函数的直接估计。下面主要介绍 Yule-Walker 方程估计和矩估计:

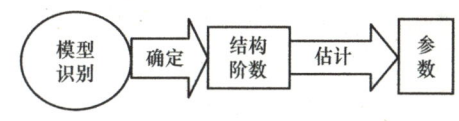

图 6-6 模型估计步骤

(1) AR(p) 模型的 Yule-Walker 方程估计。

在 AR(p) 模型的识别中,曾得到

$$\rho_k = \varphi_1 \rho_{k-1} + \varphi_2 \rho_{k-2} + \cdots + \varphi_p \rho_{k-p} \quad (6\text{-}52)$$

利用 $\rho_k = \rho_{-k}$,得到如下方程组

$$\begin{aligned} \rho_1 &= \varphi_1 + \varphi_2 \rho_1 + \cdots + \varphi_p \rho_{p-1} \\ \rho_2 &= \varphi_1 \rho_1 + \varphi_2 + \cdots + \varphi_p \rho_{p-2} \\ &\vdots \\ \rho_p &= \varphi_1 \rho_{p-1} + \varphi_2 \rho_{p-1} + \cdots + \varphi_p \rho_{p-k} \end{aligned} \quad (6\text{-}53)$$

此方程组被称为 Yule-Walker 方程组。该方程组建立了 AR(p) 模型的模型参数 φ_1,φ_2,$\cdots$,φ_p 与自相关函数 ρ_1,ρ_2,$\cdots$,ρ_p 的关系。利用实际时间序列提供的信息,首先求得自相关函数的估计值,然后利用 Yule-Walker 方程组,求解模型参数的估计值 $\hat{\varphi}_1$,$\hat{\varphi}_2$,$\cdots\hat{\varphi}_p$。

$$\begin{pmatrix} \hat{\varphi}_1 \\ \hat{\varphi}_2 \\ \vdots \\ \hat{\varphi}_p \end{pmatrix} = \begin{pmatrix} \hat{\rho}_0 & \hat{\rho}_1 & \cdots & \hat{\rho}_{p-1} \\ \hat{\rho}_1 & \hat{\rho}_0 & \cdots & \hat{\rho}_{p-2} \\ \vdots & \vdots & & \vdots \\ \hat{\rho}_{p-1} & \hat{\rho}_{p-2} & \cdots & \hat{\rho}_0 \end{pmatrix}^{-1} \begin{pmatrix} \hat{\rho}_1 \\ \hat{\rho}_2 \\ \vdots \\ \hat{\rho}_p \end{pmatrix} \quad (6\text{-}54)$$

由于
$$\varepsilon_k = X_t - \varphi_1 X_{t-1} - \cdots - \varphi_p X_{t-p}$$

于是
$$\sigma_\varepsilon^2 = E(\varepsilon_t^2) = \cdots = \gamma_0 - \sum_{i,j=1}^p \varphi_i \varphi_j \gamma_{j-i}$$

从而可得 σ_ε^2 的估计值 $\hat{\sigma}_\varepsilon^2 = \hat{\gamma}_0 - \sum_{i,j=1}^p \hat{\varphi}_i \hat{\varphi}_j \hat{\gamma}_{j-i}$。在具体计算时，$\hat{\rho}_k$ 可用样本自相关函数 r_k 替代。

(2) MA(q) 模型的矩估计。将 MA(q) 模型的自协方差函数中的各个量用估计量代替，得到

$$\hat{\gamma}_k = \begin{cases} \hat{\sigma}_\varepsilon^2 (1 + \hat{\theta}_1^2 + \hat{\theta}_2^2 + \cdots + \hat{\theta}_q^2) & k = 0 \\ \hat{\sigma}_\varepsilon^2 (-\hat{\theta}_k + \hat{\theta}_1 \hat{\theta}_{k+1} + \cdots + \hat{\theta}_{q-k} \hat{\theta}_q) & 1 \le k \le q \\ 0 & k > q \end{cases} \quad (6\text{-}55)$$

首先求得自协方差函数的估计值。式 (6-55) 是一个包含 $q+1$ 个待估参数 $\hat{\theta}_1, \hat{\theta}_2, \cdots, \hat{\theta}_q, \hat{\sigma}_\varepsilon^2$ 的非线性方程组，可以用直接法或迭代法求解。

常用的迭代方法有线性迭代法和牛顿-拉夫逊（Newton-Raphson）迭代法。

1）MA(1) 模型的直接算法。对于 MA(1) 模型，式 (6-55) 相应地写成

$$\begin{cases} \hat{\gamma}_0 = \hat{\sigma}_\varepsilon^2 (1 + \hat{\theta}_1^2) \\ \hat{\gamma}_0 = -\hat{\sigma}_\varepsilon^2 \hat{\theta}_1^2 \end{cases} \quad (6\text{-}56)$$

于是
$$\hat{\theta}_1 = \frac{-\hat{\gamma}_1}{\hat{\sigma}_\varepsilon^2}$$

有
$$\hat{\sigma}_\varepsilon^4 - \hat{\gamma}_0 \hat{\sigma}_\varepsilon^2 + \hat{\gamma}_1^2 = 0 \quad \text{或} \quad \hat{\gamma}_0^{-1} \hat{\sigma}_\varepsilon^4 - \hat{\sigma}_\varepsilon^2 + \hat{\rho}_1^2 = 0$$

于是有解
$$\hat{\sigma}_\varepsilon^2 = \frac{\hat{\gamma}_0}{2}\left(1 \pm \sqrt{1 - 4\hat{\rho}_1^2}\right)$$

$$\hat{\theta}_1 = \frac{-\hat{\gamma}_1}{\hat{\sigma}_\varepsilon^2} = \frac{-2\hat{\rho}_1}{1 \pm \sqrt{1 - 4\hat{\rho}_1^2}}$$

因参数估计有两组解，可根据可逆性条件 $|\theta_1| < 1$ 来判断选取一组。

2）MA(q) 模型的迭代算法。对于 $q > 1$ 的 MA(q) 模型，一般采用迭代算法估计参数。

由式 (6-56) 得

$$\begin{cases} \hat{\theta}_k = -(\hat{\gamma}_k / \hat{\sigma}_\varepsilon^2 - \hat{\theta}_1 \hat{\theta}_{k+1} - \hat{\theta}_2 \hat{\theta}_{k+2} \cdots - \hat{\theta}_{q-k} \hat{\theta}_q) \\ \hat{\sigma}_\varepsilon^2 = \hat{\gamma}_0 / (1 + \hat{\theta}_1^2 + \hat{\theta}_2^2 + \cdots + \hat{\theta}_q^2) \end{cases} \quad (6\text{-}57)$$

第一步，给出 $\hat{\theta}_1, \hat{\theta}_2, \cdots, \hat{\theta}_q, \hat{\sigma}_\varepsilon^2$ 的一组初值，代入式 (6-57)，计算出第一次迭代值 $\hat{\sigma}_\varepsilon^2(1) = \hat{\gamma}_0, \hat{\theta}_k(1) = -\hat{\gamma}_k / \hat{\gamma}_0$

第二步，将第一次迭代值代入式 (6-57)，计算出第二次迭代值

$$\begin{cases} \hat{\theta}_k(2) = -\dfrac{\hat{\gamma}_k}{\hat{\gamma}_0 - \hat{\theta}_1(1)\hat{\theta}_{k+1}(1) - \cdots - \hat{\theta}_{q-k}(1)\hat{\theta}_q(1)} \\ \hat{\sigma}_\varepsilon^2(2) = \dfrac{\hat{\gamma}_0}{1 + \hat{\theta}_1^2(1) + \hat{\theta}_2^2(1) + \cdots + \hat{\theta}_q^2(1)} \end{cases} \quad (6\text{-}58)$$

按此反复迭代下去，直到第 m 步的迭代值与第 $m-1$ 步的迭代值相差不大时（满足一定的精度），便停止迭代，并用第 m 步的迭代结果作为式（6-57）的近似解。

（3）ARMA（p, q）模型的矩估计。在 ARMA（p, q）中共有（$p+q+1$）个待估参数 $\varphi_1, \varphi_2, \cdots, \varphi_p$ 与 $\theta_1, \theta_2, \cdots, \theta_q$ 以及 σ_ε^2，其估计量计算步骤及公式如下：

第一步，估计 $\varphi_1, \varphi_2, \cdots, \varphi_p$，即

$$\begin{pmatrix} \hat{\varphi}_1 \\ \hat{\varphi}_2 \\ \vdots \\ \hat{\varphi}_p \end{pmatrix} = \begin{pmatrix} \hat{\rho}_q & \hat{\rho}_{q-1} & \cdots & \hat{\rho}_{q-p+1} \\ \hat{\rho}_{q+1} & \hat{\rho}_q & \cdots & \hat{\rho}_{q-p} \\ \vdots & \vdots & & \vdots \\ \hat{\rho}_{q+p-1} & \hat{\rho}_{q+p-2} & \cdots & \hat{\rho}_q \end{pmatrix}^{-1} \begin{pmatrix} \hat{\rho}_{q+1} \\ \hat{\rho}_{q+2} \\ \vdots \\ \hat{\rho}_{q+p} \end{pmatrix} \quad (6\text{-}59)$$

$\hat{\rho}_k$ 是总体自相关函数的估计值，可用样本自相关函数 r_k 代替。

第二步，改写模型，求 $\theta_1, \theta_2, \cdots, \theta_q$ 以及 σ_ε^2 的估计值。

将模型

$$X_t = \varphi_1 X_{t-1} + \varphi_2 X_{t-2} + \cdots + \varphi_p X_{t-p} + \varepsilon_t - \theta_1 \varepsilon_{t-1} - \theta_2 \varepsilon_{t-2} - \cdots - \theta_q \varepsilon_{t-q} \quad (6\text{-}60)$$

改写为

$$X_t - \varphi_1 X_{t-1} - \varphi_2 X_{t-2} - \cdots - \varphi_p X_{t-p} = \varepsilon_t - \theta_1 \varepsilon_{t-1} - \theta_2 \varepsilon_{t-2} - \cdots - \theta_q \varepsilon_{t-q} \quad (6\text{-}61)$$

令 $\tilde{X}_t = X_{t-1} - \hat{\varphi}_1 X_{t-1} - \cdots - \hat{\varphi}_p X_{t-p}$，于是式（6-61）可以写成

$$\tilde{X}_t = \varepsilon_t - \theta_1 \varepsilon_{t-1} - \theta_2 \varepsilon_{t-2} - \cdots - \theta_q \varepsilon_{t-q}$$

构成一个 MA 模型，按照估计 MA 模型参数的方法，可得到 $\theta_1, \theta_2, \cdots, \theta_q$ 以及 σ_ε^2 的估计值。

6.3.3 平稳时间序列的预测

经过模型识别、参数估计、诊断检验，获得一个较为满意的时间序列预测模型之后，剩下的问题就是如何利用这个模型进行预测。经过模型选择最终获得的时间序列预测模型，导出在最小均方差意义的预测值。用 x_{t+l} 表示在 t 时刻对 $t+l$ 期所作的预测，l 为预测长度。预测的准则是使预测误差的均方值最小，即 $E[e_i(l)]^2 = E(x_{t+l} - \hat{x}_{t+l})^2 = \min$。经推导可得，模型最小均方差预测计算公式为

$$\hat{x}_{t+l} = \hat{\varphi}_1[x_{t+l-1}] + \hat{\varphi}_2[x_{t+l-2}] + \cdots + \hat{\varphi}_p[x_{t+l-p}] + \hat{\theta}_1[\varepsilon_{t+l-1}] - \cdots - \hat{\theta}_q[\varepsilon_{t+l-q}] \quad (6\text{-}62)$$

式中，$[x_t]$ 和 $[\varepsilon_t]$ 分别为 x_t 和 ε_t 条件期望的简写。

在预测计算中，规定条件期望的取值法则如下

$$[x_{t+j}] = \begin{cases} x_{t+j}, & j \leq 0 \\ \hat{x}_{t+j}, & j > 0 \end{cases} \quad (6\text{-}63)$$

$$[\varepsilon_{t+j}] = \begin{cases} 0, & j > 0 \\ e_{t+k}, & j \leq 0 \end{cases} \quad (6\text{-}64)$$

$$e_t = x_t - \hat{x}_t \quad (6\text{-}65)$$

上式表明，现在或过去的观测值的条件期望就是本身，未来实际值的条件期望就是其预测值，现在或过去残差的条件期望值是此残差的估计值，未来的残差条件期望值等于0。

6.3.4 例题分析

现选取所有集装箱船新接订单总量进行预测，预测新接订单总量波动趋势，有利于造船行业及各个造船公司对未来集装箱船市场的发展有个大致的掌握，提高决策的科学性与准确性。选取的时间序列数据按半年来计算，即从1996年上半年到2009年下半年的集装箱船新接订单总量。将1996年上半年到2009年下半年的所有集装箱船新接订单总量用序列$\{x_t, t=1, 2, \cdots, 28\}$来表示，按时间排列共计28个数据，$t$代表对应的时间。这里新接订单总量单位均为万标准集装箱（万TEU），序列$\{x_t, t=1, 2, \cdots, 28\}$分别表示各时期的实际数据。在建立预测模型之前，要先对预测数据进行预处理。本书使用时间序列分析的常用软件Eviews 7.0来分析数据，数据来源于表6-1。

拿到一个观测值序列之后，首先要对此序列的平稳性和纯随机性进行检验，这两个重要的检验称为序列的预处理。根据检验结果可以将序列分为不同的类型，对不同类型的序列采用不同的分析方法。

对序列的平稳性检验有两种方法：一是根据时序图和相关图显示的特征来判断其平稳性；二是构造检验统计量进行假设检验，最常用的就是单位根检验。时序图就是一个平面二维坐标图，横轴表示时间，纵轴表示序列值。时序图可用来比较直观地掌握时间序列的一些基本分布特征。平稳序列而且波动范围有界限。若某时间序列的时序图显示出该序列有明显的趋势性或周期性，那它就不是平稳序列，通常称为非平稳序列。

（1）下面绘制1996年上半年到2009年下半年世界集装箱船新接订单量序列的时序图，如图6-7所示。观察此时序图进行序列的平稳性检验。从时序图可以看出，世界集装箱船新接订单量序列开始具有明显的递增趋势，之后又呈下降趋势，可见该序列不是平稳序列。下面运用相关图来判断其平稳性。一般平稳序列的相关图中自相关函数会随着延迟期数的增加而很快地呈指数衰减，反而非平稳序列的自相关函数不呈指数衰减。

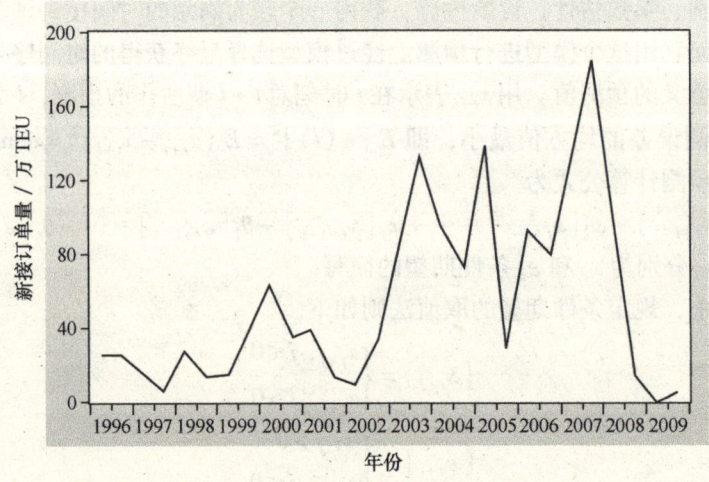

图6-7 世界集装箱船新接订单量序列的时序图

（2）为了对序列的平稳性进行更准确的分析，使用单位根检验法对该序列进行单位根检验。单位根检验方法有很多，这里使用 Augmented Dickey-Fuller（ADF）检验的方法。使用 Eviews 中的"Unit Root Test"功能，选择 ADF 检验，得到结果如图 6-8 所示。

```
Null Hypothesis: X has a unit root
Exogenous: Constant, Linear Trend
Lag Length: 0 (Automatic - based on SIC, maxlag=6)

                                          t-Statistic    Prob.*
Augmented Dickey-Fuller test statistic    -2.491969     0.3290
Test critical values:    1% level         -4.339330
                         5% level         -3.587527
                         10% level        -3.229230

*MacKinnon (1996) one-sided p-values.

Augmented Dickey-Fuller Test Equation
Dependent Variable: D(X)
Method: Least Squares
Date: 07/21/14   Time: 23:57
Sample (adjusted): 1996S2 2009S2
Included observations: 27 after adjustments

Variable         Coefficient   Std. Error   t-Statistic   Prob.
X(-1)            -0.482849     0.193762     -2.491969     0.0200
C                14.07661      16.55595     0.850245      0.4036
@TREND(1996S1)   0.841873      1.188456     0.708376      0.4855

R-squared              0.216393    Mean dependent var    -0.771852
Adjusted R-squared     0.151093    S.D. dependent var    44.97604
S.E. of regression     41.43920    Akaike info criterion 10.39077
Sum squared resid      41212.97    Schwarz criterion     10.53475
Log likelihood         -137.2754   Hannan-Quinn criter.  10.43358
F-statistic            3.313805    Durbin-Watson stat    1.870481
Prob(F-statistic)      0.053602
```

图 6-8　时间序列的单位根检验

如图 6-8 所示，ADF 值为 -2.491969，分别大于不同检验水平的三个临界值，所以不能拒绝零假设，该序列不是平稳序列，应对序列进行差分运算。

一阶差分随机时间序列研究是在序列特征分析确定其为不平稳序列之后，对序列进行一阶差分处理并进行相关检验，使其转化为平稳序列的过程。由分析可知，原时间序列是非平稳的，为了便于计算分析，将原序列转化为对数形式，并对该对数序列采用一阶差分方法实现序列平稳化。数据的一阶差分处理公式为

$$m_t = \ln x_t - \ln x_{t-1} \tag{6-66}$$

（3）此时对数据 m 进行单位根检验，得到结果如图 6-9 所示。

从图 6-9 可知，检验的 t 统计量是 -4.901630，分别小于当置信度在 1%、5%、10% 下的临界值，不存在单位根，所以可以说序列是平稳的。对于平稳序列还要进行纯随机性检验（白噪声检验），因为只有非白噪声序列才可以构建 ARMA 模型。白噪声检验可以通过观察序列的自相关系数和偏自相关系数来判断，根据上面的相关图，可以判定一阶差分序列不是纯随机性序列，可以对此序列进行建模。

ARMA 模型的建模流程如图 6-10 所示。

```
Null Hypothesis: M has a unit root
Exogenous: Constant, Linear Trend
Lag Length: 0 (Automatic - based on SIC, maxlag=5)
```

		t-Statistic	Prob.*
Augmented Dickey-Fuller test statistic		-4.901630	0.0033
Test critical values:	1% level	-4.394309	
	5% level	-3.612199	
	10% level	-3.243079	

*MacKinnon (1996) one-sided p-values.

```
Augmented Dickey-Fuller Test Equation
Dependent Variable: D(M)
Method: Least Squares
Date: 07/22/14   Time: 00:05
Sample (adjusted): 1997S1 2008S2
Included observations: 24 after adjustments
```

Variable	Coefficient	Std. Error	t-Statistic	Prob.
M(-1)	-1.175116	0.239740	-4.901630	0.0001
C	0.199552	0.411257	0.485225	0.6325
@TREND(1996S1)	-0.015995	0.027123	-0.589743	0.5617

R-squared	0.539405	Mean dependent var	-0.080853
Adjusted R-squared	0.495539	S.D. dependent var	1.294274
S.E. of regression	0.919263	Akaike info criterion	2.785981
Sum squared resid	17.74595	Schwarz criterion	2.933237
Log likelihood	-30.43177	Hannan-Quinn criter.	2.825048
F-statistic	12.29662	Durbin-Watson stat	1.831472
Prob(F-statistic)	0.000292		

图 6-9　一阶差分序列的单位根检验

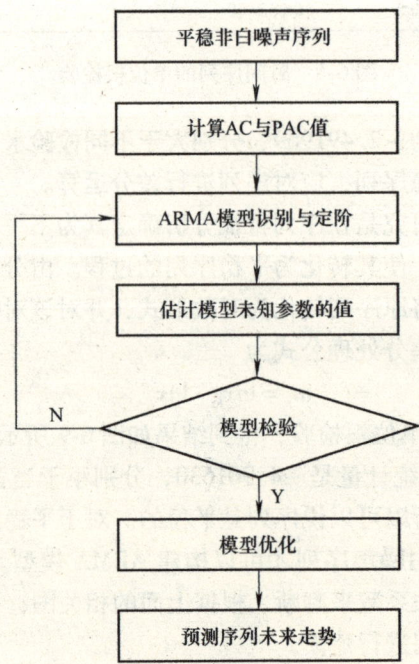

图 6-10　ARMA 模型的建模流程

在对序列进行预处理后,得到的一阶差分序列是一个平稳非白噪声序列,下面就可以对模型进行识别和定阶。模型的识别是根据样本数据自相关、偏自相关函数的截尾、拖尾性初步判断时间序列所适合的模型。在建立 ARMA 模型时,采用以下原则来对模型定阶(见表6-2)。

表 6-2　ARMA 模型定阶的基本原则

	AR (p)	MA (q)	ARMA (p, q)
自相关函数	拖尾	q 步截尾	拖尾
偏相关函数	p 步截尾	拖尾	拖尾

根据上面一阶差分序列的相关图,可以初步断定,$p=1$,4,5,$q=1$,4,5,6 时,自相关函数和偏自相关函数显著不为 0,由此构建了 ARMA(1, 1),ARMA(1, 4),ARMA(1, 5),ARMA(1, 6),ARMA(4, 1),ARMA(4, 4),ARMA(4, 5),ARMA(4, 6),ARMA(5, 1),ARMA(5, 4),ARMA(5, 5),ARMA(5, 6) 各模型。使用 Eviews 7.0 软件对以上模型分别进行参数估计,利用 AIC 和 SC 准则选出最优的模型。AIC 准则的全称是最小信息量准则。该准则的指导思想是认为一个模型拟合的好坏可从两方面考察:一方面是常用来衡量拟合程度的似然函数值;另一方面是模型中未知参数的个数。通常似然函数值越大,模型模拟的效果越好。模型中未知参数的个数越多,说明模型中包含的自变量越多,而自变量越多,模型变化越灵活,模型拟合的准确度就会越高。

AIC = $-2\ln$ 模型的最大似然函数值 $+2*$ 模型中未知参数个数的加权函数

由上可得,使 AIC 函数达到最小的模型被认为是最优模型。SC 准则是对 AIC 准则的改进,就是将未知参数个数的惩罚权重由常数 2 变成了样本容量的对数函数 $\ln N$。同样,使 SC 函数值最小的模型是最优模型。

(4)在 Eviews 7.0 软件中打开序列 m,点击工具栏中的 "quick-Equation Estimation",在对话框 "Equation specification" 中输入 "m c ar(1)　ma(1)",在 "Equation setting" 中选择普通最小二乘法,可得结果如表 6-3 和表 6-4 所示。

表 6-3　各个模型的精度指标对比(一)

精度指标	ARMA(1, 1)	ARMA(1, 4)	ARMA(1, 5)	ARMA(1, 6)	ARMA(4, 1)	ARMA(4, 4)
Adjusted R-squared	0.159708	0.233595	0.105348	0.381216	0.188627	0.160432
AIC	2.563470	2.471431	2.626155	2.257476	2.487749	2.521909
SC	2.710726	2.618688	2.773412	2.404733	2.636967	2.671126

表 6-4　各个模型的精度指标对比(二)

精度指标	ARMA(4, 5)	ARMA(4, 6)	ARMA(5, 1)	ARMA(5, 4)	ARMA(5, 5)	ARMA(5, 6)
Adjusted R-squared	-0.008167	0.394019	-0.063449	0.126462	0.170706	0.381648*
AIC	2.704911	2.195869	2.772880	2.585309	2.533333	2.239816*
SC	2.854128	2.345087	2.922026	2.734669	2.682692	2.389175*

比较各个模型的检验结果,再根据 AIC 准则和 SC 准则评判模型的相对优劣。一般 AIC 和 SC 函数值达到最小的模型为相对最优模型,结合 DW 值,选取 $p=5$,$q=6$,综合考虑,选择 ARMA(5, 6) 作为世界集装箱船新接订单量的预测模型。

模型定阶和参数估计后，应进一步对建立的 ARMA(5，6) 模型进行合理检验，即对模型的残差序列进行白噪声检验，判断其是否是纯随机序列。

（5）在估计模型 ARMA(5，6) 后，打开 resid 序列，单击"View-Correlogram"，如图6-11 所示，即可进行残差序列随机性检验。

```
Date: 07/22/14   Time: 12:21
Sample: 1996S1 2009S2
Included observations: 20

  Autocorrelation   Partial Correlation        AC     PAC    Q-Stat   Prob

                                          1  -0.084  -0.084  0.1648  0.685
                                          2   0.069   0.063  0.2820  0.869
                                          3  -0.245  -0.237  1.8331  0.608
                                          4  -0.069  -0.115  1.9639  0.742
                                          5  -0.113  -0.109  2.3416  0.800
                                          6   0.067  -0.003  2.4826  0.870
                                          7   0.052   0.024  2.5751  0.921
                                          8   0.035  -0.023  2.6211  0.956
                                          9   0.086   0.088  2.9193  0.967
                                         10  -0.119  -0.097  3.5372  0.966
                                         11  -0.093  -0.111  3.9577  0.971
                                         12  -0.300  -0.297  8.9022  0.711
                                         13   0.245   0.186  12.667  0.474
                                         14  -0.024  -0.020  12.710  0.550
```

图6-11　ARMA(5，6) 残差序列的相关图

通过对残差序列的相关图分析，发现其自相关系数都落入了置信区间，表明残差序列是纯随机的，检验通过，模型方程可以进行预测。

（6）打开模型 ARMA(5，6) 估计结果后，单击"resides"，如图6-12 所示。该图是方程的预测值与真实值之间差别，Actual 表示真实值，Fitted 表示预测值，Residual 表示残差。接着打开模型 ARMA(5，6) 估计结果框，单击"Forecast"，在对话框中选择"Static Forecast"（静态预测），结果如图6-13 所示。

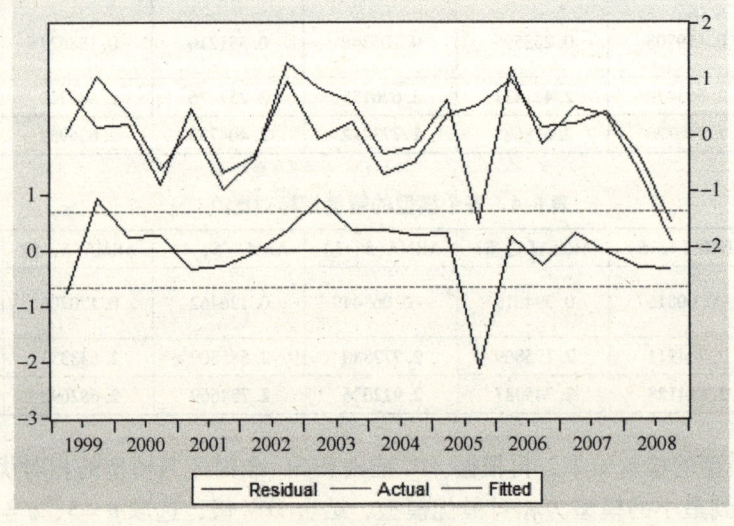

图6-12　预测值与真实值的对比

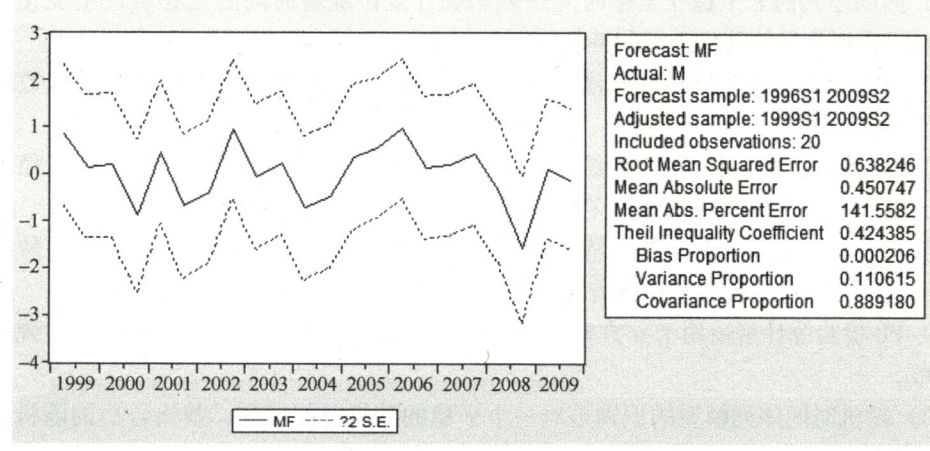

图 6-13　预测效果

从图 6-12 可见，预测值和真实值的波动趋势是基本相同的，但是由于市场存在的一些突发异常因素，这些异常因素具有不可预见的特性，导致预测值也存在一定偏差。偏差一般表现在波动幅度、梯度大小的不同。这结果也符合上面提到的假设理论。由于本书的预测值是对剔除异常因素后的影响所做出的结论，所以并不能肯定地说预测准确，只是借助时间序列分析的预测方法，参考预测值提出未来订单量可能波动的范围或幅度。由图 6-13 可发现，RMSE 与 MAE 值均较小，说明预测结果较好，可信度较高。

总结与习题

1. 本章小结

本章主要讨论了时间序列模型的三个专题。

第一个专题是时间序列模型的概念，主要介绍了随机过程与时间序列的概念、时间序列的数字特征、平稳时间序列与非平稳序列的区别。

第二个专题是时间序列平稳性的检验方法，主要介绍了散点图、DF 检验、ADF 检验及 PP 检验。使用最多的是 ADF 检验，需要学会如何使用该检验方法。

第三个专题是时间序列的识别、估计与预测。对一个平稳的随机时间序列，找出合适的随机过程或模型，即判断此时间序列是遵循一纯 AR 过程或一纯 MA 过程还是遵循 ARMA 过程，即随机时间序列模型的识别。$AR(p)$、$MA(q)$、$ARMA(p, q)$ 模型的估计方法较多，大体上分为三类：矩估计、普通最小二乘估计、利用自相关函数的直接估计。预测是构建时间序列模型的目的。

2. 知识点归纳

（1）随机过程（Stochastic Process）是一连串随机事件动态关系的定量描述。若对于每一个特定的 $t(t \in T)$，X_t 为一个随机变量，则称这一组随机变量 $\{X_t\}$ 为一个随机过程。

（2）时间序列是离散型时间指标集的随机过程，通常称为随机型时间序列。

（3）时间序列的数字特征主要体现在均值、方差、协方差、自相关函数四个方面。

（4）时间序列的平稳性是指时间序列的统计规律不会随着时间的推移而发生变化。直观上，一个平稳的时间序列可以看作一条围绕其均值上下波动的曲线。

(5) 时间序列的非平稳性是指时间序列的统计规律随着时间的位移而发生变化，即生成变量时间序列数据的随机过程的特征随时间而变化。

(6) 散点图表示因变量随自变量而变化的大致趋势，据此可以选择合适的函数对数据点进行拟合。

(7) DF 检验法即一阶回归模型 $X_t = \rho X_{t-1} + \varepsilon_t$ 中，若 $|\rho| < 1$，序列 X_t 是平稳的；若 $|\rho| > 1$，则序列 X_t 是强非平稳的，存在单位根。

(8) 单位根检验是针对宏观经济数据序列、货币金融数据序列中是否具有某种统计特性而提出的一种平稳性检验的特殊方法。

(9) PP 检验统计量适用于异方差场合的平稳性检验，且服从相应的 ADF 检验统计量的极限分布。

(10) 随机时间序列模型的识别是对一个平稳的随机时间序列，找出合适的随机过程或模型，即判断此时间序列是遵循一纯 AR 过程或一纯 MA 过程还是遵循 ARMA 过程，即随机时间序列模型的识别。其主要工具是自相关函数（Autocorrelation Function，ACF）及偏自相关函数（Partial Autocorrelation Function，PACF）。

(11) AR(p)、MA(q)、ARMA(p, q) 模型的估计方法较多，大体上分为三类：矩估计、普通最小二乘估计、利用自相关函数的直接估计。

3. 习题

(1) 时间序列具有哪些特点？
(2) 时间序列分析与数理统计学的主要区别是什么？
(3) 简述随机变量和随机过程的区别和联系。
(4) AR(1) 模型的基本假设是什么？
(5) AR(2) 模型的基本假设是什么？
(6) MA(1) 模型的基本假设是什么？
(7) ARMA(2, 1) 模型的基本假设是什么？
(8) MA(q) 模型的基本假设是什么？
(9) ARMA(n, m) 模型的基本假设是什么？
(10) 将表 6-5 补充完整。

表 6-5　时间序列模型表

	自相关系数	偏自相关系数
MA		
AR		
ARMA		

(11) 简述 AR(2)、ARMA(1, 1)、ARMA(2, 1) 系统之间的关系。
(12) 模型定阶方法有哪些？
(13) 如何判断时间序列的趋势性？
(14) 如何用差分的方法消除时间序列的趋势性？
(15) 在趋势性检验中，进行单位根检验的意义是什么？
(16) AR(1) 模型：$X_t = \varphi_1 X_{t-1} + a_t$，其中 a_t 是白噪声，且 $E(a_t^2) = \sigma_a^2$。

证明：$E(x_t^2) = E(\varphi_1 x_{t-1} + a_t)^2 = E(\varphi_1^2 x_{t-1}^2 + 2\varphi_1 x_{t-1} a_t + a_t^2)$。

（17）请运用图示法判断1978—2010年我国国内生产总值的平稳性，详细数据如表6-6所示。

（18）请运用单位根检验法判断1978—2010年我国工业产值的平稳性，详细数据如表6-6所示。

（19）若习题（17）、（18）中存在非平稳序列，请采用差分法对其进行一阶和二阶差分，并分别采用图示法和单位根检验法进一步判断其平稳性。

（20）在习题（19）的基础上，请采用ACF和PACF图判断差分后我国工业产值平稳序列的可能适应模型。

（21）在习题（20）的基础上，请分别采用合适的估计方法估计各种可能的适应模型，并选择最优时间序列模型。

（22）在习题（21）的基础上，请选择合适的检验方法检验最终选择的时间序列模型，并给出具体检验结果。

表6-6 我国1978—2010年宏观经济数据

年 份	国内生产总值/亿元	第一产业/亿元	第二产业/亿元	工业/亿元	建筑业/亿元	第三产业/亿元	人均国内生产总值/元
1978	3645.22	1027.53	1745.20	1607.00	138.20	872.48	381.23
1979	4062.58	1270.19	1913.50	1769.70	143.80	878.89	419.25
1980	4545.62	1371.59	2192.00	1996.50	195.50	982.03	463.25
1981	4891.56	1559.46	2255.50	2048.40	207.10	1076.60	492.16
1982	5323.35	1777.40	2383.00	2162.30	220.70	1162.95	527.78
1983	5962.65	1978.39	2646.20	2375.60	270.60	1338.06	582.68
1984	7208.05	2316.09	3105.70	2789.00	316.70	1786.26	695.20
1985	9016.04	2564.40	3866.60	3448.70	417.90	2585.04	857.82
1986	10275.18	2788.69	4492.70	3967.00	525.70	2993.79	963.19
1987	12058.62	3233.04	5251.60	4585.80	665.80	3573.97	1112.38
1988	15042.82	3865.36	6587.20	5777.20	810.00	4590.26	1365.51
1989	16992.32	4265.92	7278.00	6484.00	794.00	5448.40	1519.00
1990	18667.82	5062.00	7717.40	6858.00	859.40	5888.42	1644.00
1991	21781.50	5342.20	9102.20	8087.10	1015.10	7337.10	1892.76
1992	26923.48	5866.60	11699.50	10284.50	1415.00	9357.38	2311.09
1993	35333.92	6963.76	16454.43	14187.97	2266.46	11915.73	2998.36
1994	48197.86	9572.69	22445.40	19480.71	2964.69	16179.76	4044.00
1995	60793.73	12135.81	28679.46	24950.61	3728.85	19978.46	5045.73
1996	71176.59	14015.39	33834.96	29447.61	4387.35	23326.24	5845.89
1997	78973.03	14441.89	37543.00	32921.39	4621.61	26988.15	6420.18

(续)

年份	国内生产总值/亿元	第一产业/亿元	第二产业/亿元	工业/亿元	建筑业/亿元	第三产业/亿元	人均国内生产总值/元
1998	84402.28	14817.63	39004.19	34018.43	4985.76	30580.47	6796.03
1999	89677.05	14770.03	41033.58	35861.48	5172.10	33873.44	7158.50
2000	99214.55	14944.72	45555.88	40033.59	5522.29	38713.95	7857.68
2001	109655.17	15781.27	49512.29	43580.62	5931.67	44361.61	8621.71
2002	120332.69	16537.02	53896.77	47431.31	6465.46	49898.90	9398.05
2003	135822.76	17381.72	62436.31	54945.53	7490.78	56004.73	10541.97
2004	159878.34	21412.73	73904.31	65210.03	8694.28	64561.29	12335.58
2005	184937.37	22420.00	87598.09	77230.78	10367.31	74919.28	14185.36
2006	216314.43	24040.00	103719.54	91310.94	12408.61	88554.88	16499.70
2007	265810.31	28627.00	125831.36	110534.88	15296.48	111351.95	20169.46
2008	314045.43	33702.00	149003.44	130260.24	18743.20	131339.99	23707.71
2009	340902.81	35226.00	157638.78	135239.95	22398.83	148038.04	25607.53
2010	401202.03	40533.60	187581.42	160867.01	26714.41	173087.01	29991.82

注：1. 本表按当年价格计算。
2. 1980年以后国民总收入（原称国民生产总值）与国内生产总值的差额为国外净要素收入。
3. 2010年为初步核实数据。

第 7 章　非平稳时间序列模型

引言

经典回归模型是建立在平稳数据变量基础上的，对于非平稳变量，不能使用经典回归模型，否则会出现虚假回归等诸多问题。由于许多经济变量是非平稳的，这就给经典的回归分析方法带来了很大限制。如何解决这一问题，进而建立揭示变量之间结构关系的计量经济模型，是本章讨论的重点内容。本章主要介绍协整理论与误差修正模型、自向量回归模型，希望读者通过学习能够学会如何建立这些模型。

本章学习目标

1. 长期均衡关系与协整的概念。
2. 协整的检验。
3. 误差修正模型的建立。
4. 因果关系检验。
5. VAR 模型的参数估计与预测。
6. VAR 模型阶数的确定。
7. 脉冲响应函数与方差分解分析的定义与估计。

7.1　协整理论与误差修正模型

7.1.1　长期均衡关系

现实中，某些经济变量之间确实存在着长期均衡关系，这种均衡关系意味着经济系统不存在破坏均衡的内在机制，如果变量在某时期受到干扰后偏离其长期均衡点，则均衡机制将会在下一期进行调整以使其重新回到均衡状态。

假设 X 与 Y 之间的长期"均衡关系"由式（7-1）描述

$$Y_t = \alpha_0 + \alpha_1 X_t + \mu_t \tag{7-1}$$

该均衡关系意味着：给定 X 的一个值，Y 相应的均衡值也随之确定为 $\alpha_0 + \alpha_1 X$。
在 $t-1$ 期末，存在下述三种情形之一：
Y 等于它的均衡值

$$Y_{t-1} = \alpha_0 + \alpha_1 X_{t-1}$$

Y 小于它的均衡值

$$Y_{t-1} < \alpha_0 + \alpha_1 X_{t-1}$$

Y 大于它的均衡值

$$Y_{t-1} > \alpha_0 + \alpha_1 X_{t-1}$$

在时期 t，假设 X 有一个变化量 X_t，如果变量 X 与 Y 在时期 t 与 $t-1$ 末期仍满足它们间

的长期均衡关系，即上述第一种情况，则 Y 的相应变化量为
$$\Delta Y_t = \alpha_1 \Delta X_t + \nu_t \tag{7-2}$$
式中，$\nu_t = \mu_t - \mu_{t-1}$。

如果 $t-1$ 期末，发生了上述第二种情况，即 Y 的值小于其均衡值，则 t 期末 Y 的变化往往会比第一种情形下 Y 的变化大一些；反之，如果 $t-1$ 期末 Y 的值大于其均衡值，则 t 期末 Y 的变化往往会小于第一种情形下的 ΔY_t。

可见，如果 $Y_t = \alpha_0 + \alpha_1 X_t + \mu_t$ 正确地揭示了 X 与 Y 之间的长期稳定的"均衡关系"，则意味着 Y 对其均衡点的偏离从本质上说是"临时性"的。因此，一个重要的假设就是：随机扰动项 μ_t 必须是平稳序列。如果 μ_t 有随机性趋势（上升或下降），则会导致 Y 对其均衡点的任何偏离都会被长期累积下来而不能被消除。

$Y_t = \alpha_0 + \alpha_1 X_t + \mu_t$ 中的随机扰动项也被称为非均衡误差（Disequilibrium Error）。它是变量 X 与 Y 的一个线性组合
$$\mu_t = Y_t - \alpha_0 - \alpha_1 X_t \tag{7-3}$$

如果 X 与 Y 之间的长期均衡关系正确，则式（7-3）中的非均衡误差应是一个平稳时间序列，并且具有零期望值，即是具有 0 均值的 $I(0)$ 序列。非稳定的时间序列，它们的线性组合也可能成为平稳的，称变量 X 与 Y 是协整的。

7.1.2 协整理论

1. 协整的概念

由于许多经济变量是非平稳的，这就给经典的回归分析方法带来了很大限制。但是，如果变量之间有着长期的稳定关系，即它们之间是协整的（Cointegration），则可以使用经典回归模型方法建立回归模型。例如，从经济理论上说，人均 GDP 决定着居民人均消费水平，它们之间有着长期的稳定关系，即它们之间是协整的。

1987 年，恩格尔和格兰杰（Engle&Granger）发表论文《协整与误差修正：描述、估计与检验》，正式提出协整概念。如果所考虑的时间序列具有相同的单整阶数，且某种线性组合（协整向量）使得组合时间序列的单整阶数降低，则称这些时间序列之间存在显著的协整关系。一个具有非确定性分量的时间序列 X_t，如果 d 次差分后是平稳序列，则称 X_t 是 d 阶单整的，记为 $X_t \sim I(d)$。

如果序列 $X_{1t}, X_{2t}, \cdots, X_{kt}$ 都是 d 阶单整，存在向量 $\boldsymbol{\alpha} = (\alpha_1, \alpha_2, \cdots, \alpha_k)$，使得 $Z_t = \boldsymbol{\alpha} X_t' \sim I(d-b)$，其中，$b>0$，$\boldsymbol{X}_t = (X_{1t}, X_{2t}, \cdots, X_{kt})$，则认为序列 $X_{1t}, X_{2t}, \cdots, X_{kt}$ 是 (d,b) 阶协整，记为 $\boldsymbol{X}_t \sim CI(d,b)$，$\boldsymbol{\alpha}$ 为协整向量（Cointegrated Vector）。

若两个变量均是单整变量，但它们的单整阶数不相同，则不可能协整；仅当它们的单整阶数相同时，才可能协整。三个以上的变量，如果具有不同的单整阶数，有可能经过线性组合构成低阶单整变量。

如果存在
$$W_t \sim I(1), \ V_t \sim I(2), \ U_t \sim I(2)$$
并且
$$P_t = aV_t + bU_t \sim I(1)$$
$$Q_t = cW_t + eP_t \sim I(0)$$

那么

$$V_t, U_t \sim CI(2, 1)$$
$$W_t, P_t \sim CI(1, 1)$$

可见，(d, d) 阶协整是非常重要的协整关系。两个变量尽管具有各自的长期波动规律，但若它们是 (d, d) 阶协整的，则其之间存在一个长期稳定的比例关系。

2. 协整的检验

（1）两变量的恩格尔-格兰杰（Engle-Granger）检验（E-G 检验）。1987 年恩格尔和格兰杰提出两步检验法，主要为了检验两变量 Y_t 和 X_t 均呈现一阶单整是否为协整关系。

1）用 OLS 法估计方程 $Y_t = \alpha_0 + \alpha_1 X_t + \mu_t$，并计算非均衡误差，得到

$$\hat{Y}_t = \hat{\alpha}_0 + \hat{\alpha}_1 X_t \qquad (7\text{-}4)$$
$$\hat{e}_t = Y_t - \hat{Y}_t$$

称为静态回归或协整回归。

2）检验 $\hat{e}_t$ 的单整性。如果 $\hat{e}_t$ 为稳定序列，则认为变量 Y_t 和 X_t 为 $(1, 1)$ 阶协整；如果 $\hat{e}_t$ 为一阶单数，则认为变量 Y_t 和 X_t 为 $(2, 1)$ 阶协整。

非均衡误差的单整性的检验方法仍然是 DF 检验或 ADF 检验。但是，DF 检验或 ADF 检验是针对协整回归计算出的误差项 e_t，而非真正的非均衡误差 μ_t；而 OLS 法采用残差最小平方和原理，故估计量 δ 是向下偏倚的，这必将导致拒绝零假设的机会比实际大，即对 e_t 的 DF 与 ADF 检验临界值应该比正常的 DF 与 ADF 临界值小。麦金农（MacKinnon，1991）给出了协整检验的临界值，具体如表 7-1 所示。

表 7-1 双变量协整 ADF 检验临界值

样本容量	显著性水平		
	0.01	0.05	0.1
25	-4.37	-3.59	-3.22
50	-4.12	-3.46	-3.13
100	-4.01	-3.39	-3.09
无穷大	-3.90	-3.33	-3.05

（2）多变量协整关系的检验——扩展的 E-G 检验。多变量协整关系的检验主要在于协整变量之间可能存在多种稳定的线性组合。假设有四个 $I(1)$ 变量 Z、X、Y、W，它们有如下的长期均衡关系

$$Z_t = \alpha_0 + \alpha_1 W_t + \alpha_2 X_t + \alpha_3 Y_t + \mu_t \qquad (7\text{-}5)$$

非均衡误差项应是 $I(0)$ 序列

$$\mu_t = Z_t - \alpha_0 - \alpha_1 W_t - \alpha_2 X_t - \alpha_3 Y_t \qquad (7\text{-}6)$$

然而，若 Z 与 W、X 与 Y 之间存在长期均衡关系

$$Z_t = \beta_0 + \beta_1 W_t + \nu_{1t} \qquad (7\text{-}7)$$
$$X_t = \gamma_0 + \gamma_1 Y_t + \nu_{2t} \qquad (7\text{-}8)$$

则非均衡误差项 ν_{1t} 与 ν_{2t} 一定是稳定序列 $I(0)$。于是，它们的任意线性组合也是稳定的。

因 ν_t 与 μ_t 一样，是 Z、X、Y、W 四个变量的线性组合，可见 ν 式也成为该四个变量的另

一稳定线性组合。

$(1, -\beta_0 - \gamma_0, -\beta_1, 1, -\gamma_1)$是对应于$\nu_t$式的协整向量，$(1, -\alpha_0, -\alpha_1, -\alpha_2, -\alpha_3)$是对应于$\mu_t$式的协整向量。

多变量的协整检验需检验变量是否具有同阶单整性，以及是否存在稳定的线性组合。在检验是否存在稳定的线性组合时，需通过设置一个变量为被解释变量，其他变量为解释变量，进行OLS估计，并检验残差序列是否平稳。若不平稳，则需更换被解释变量，同样进行OLS估计及相应的残差项检验。当所有的变量都被作为被解释变量检验之后，仍不能得到平稳的残差项序列，则这些变量间不存在(d, d)阶协整。麦金农（1991）给出了不同变量协整检验的临界值，如表7-2所示。

表7-2 多变量协整ADF检验临界值

样本容量	变量=3 显著性水平			变量=4 显著性水平			变量=5 显著性水平		
	0.01	0.05	0.1	0.01	0.05	0.1	0.01	0.05	0.1
25	-4.92	-4.1	-3.71	-5.43	-4.56	-4.15	-6.36	-5.41	-4.96
50	-4.59	-3.92	-3.58	-5.02	-4.32	-3.98	-5.78	-5.05	-4.69
100	-4.44	-3.83	-3.51	-4.83	-4.21	-3.89	-5.51	-4.88	-4.56
无穷大	-4.30	-3.74	-3.45	-4.65	-4.1	-3.81	-5.24	-4.7	-4.42

7.1.3 误差修正模型

针对非稳定时间序列，可通过差分的方法将其化为稳定序列，然后建立经典回归分析模型。例如，建立以下回归模型

$$Y_t = \alpha_0 + \alpha_1 X_t + \mu_t \tag{7-9}$$

如果Y和X具有相同的趋势，为避免虚假回归，可通过差分消除变量的共同变化趋势，使之成为稳定的序列，再建立差分模型

$$\Delta Y_t = \alpha_1 \Delta X_t + \nu_t \tag{7-10}$$

式中，$\nu_t = \mu_t - \mu_{t-1}$。

误差项μ_t不存在序列相关性，ν_t是一个一阶移动平均时间序列，因而是序列相关的性。此模型只表达了X与Y之间的短期关系，而没有揭示它们之间的长期关系，关于变量水平值的重要信息将被忽略。此外，差分变量也往往会得出不能令人满意的回归方程。

格兰杰（1986）指出经济变量对相互不应该偏离太远，至少在长期内应该存在长期稳定的均衡关系。因此，这样的变量之间如果在短期内或者因为季节因素而有所偏离的话，那么经济力量，如市场机制或者政府干预（事实上，政府在市场失效时，必然会采取某种措施以稳定市场），将使它们暂时的偏离变小。例如，消费和收入之间、短期利率和长期利率之间、名义国民生产总值（GNP）和广义货币供应量（M2）之间都存在长期的均衡关系。这种市场机制或者政府干预，其本质就在于对失衡部分做出纠正。误差修正模型（Error Correction Model，ECM）就是因此而建立起来的。下面通过简单的回归，给出误差修正模型的定义。设两个同阶单整序列Y和X，并且它们具有协整关系，其关系可以表示成自回归分布滞后模型

$$Y_t = \alpha + \varphi Y_{t-1} + \beta_0 X_t + \beta_1 X_{t-1} + \varepsilon_t \tag{7-11}$$

可以将式（7-11）改为

$$\Delta Y_t = \alpha - (1-\varphi_1)Y_{t-1} + \beta_0 \Delta X_t + (\beta_0 + \beta_1)X_{t-1} + \varepsilon_t \\ = \beta_0 \Delta X_t - (1-\varphi)(Y_{t-1} - k_0 - k_1 X_{t-1}) + \varepsilon_t \tag{7-12}$$

式中，$k_0 = \dfrac{\alpha}{1-\varphi}$；$k_1 = \dfrac{\beta_0+\beta_1}{1-\varphi}$。式（7-12）称为一阶误差修正模型。$(Y_{t-1} - k_0 - k_1 X_t)$ 为误差修正机制；参数 β_0 称为影响系数；$1-\varphi$ 称为反馈效果；k_0 和 k_1 称为长期反映系数。

关于误差修正模型的参数估计，可以采用前面提到的 E-G 两步法，这是由恩格尔和格兰杰（1987）提出的。其基本思想是通过两个步骤检验经济变量之间的长期均衡关系，并以 ECM 构建短期动态模型。具体步骤如下：

（1）在下列静态长期均衡回归的基础上，检验两个 $I(1)$ 变量 Y_t 和 X_t 之间的协整关系

$$Y_t = k_0 + k_1 X_t + \mu_t \tag{7-13}$$

若残差估计项是平稳过程，则说明 Y_t 和 X_t 是协整的；若 Y_t 和 X_t 是协整的，则协整系数 k_0 和 k_1 的 OLS 估计是一致的。

（2）确定协整关系后

$$\Delta Y_t = \sum_{i=0}^{p} \beta_i \Delta X_{t-i} + \sum_{i=0}^{p} \varphi_i \Delta Y_{t-i} - \lambda \mu_{t-1} + \varepsilon_t \tag{7-14}$$

式（7-14）中的滞后期 p 凭经验而定；$\hat{\mu}_{t-1}$ 为式（7-13）中的残差的 OLS 法估计值。对式（7-14）继续进行 OLS 估计，就可以得到模型的参数估计。

7.1.4 因果关系检验

格兰杰因果检验可以从统计意义上检验变量之间的因果性。对于经济现象中因果关系不明确的事物，可以通过这种方法进行统计意义上的检验。对于很多宏观经济现象，如金融发展是否与有助于经济增长，经济增长反过来又是否会促进金融发展，这是一个重要课题。同样，对外贸易、房地产等与经济增长的关系也值得深入探讨。这些问题的解决对国家制定宏观调控政策具有重要的参考意义。因此，在对外贸易、金融和房地产等领域，格兰杰因果检验有着广泛的运用。但另一方面，介绍格兰杰因果检验的计量经济学著作并不多。在高等计量经济学著作中，大多也只是介绍其基本原理和作用，而没有介绍其使用过程中是否有前提条件以及具体操作中应该注意的问题。格兰杰因果检验通常由 Eviews 软件完成，而介绍 Eviews 软件的工具书中也没有说明这两个问题。可能正是因为这个原因，导致目前文献中使用格兰杰因果检验时用法不一，主要表现在两个方面：①格兰杰因果检验之前是否做协整检验；②格兰杰因果检验滞后项选择的依据和解释。不同的做法对格兰杰因果检验的结果都会造成重大影响。另外，在解释格兰杰因果检验的时候，也容易与因果关系混淆，造成误解。有必要弄清楚这些问题，从而科学、合理地使用这种方法。

1. 格兰杰因果关系定义

可用如下的数学语言来描述格兰杰（Granger）因果关系：

如果关于所有的 $s>0$，基于 $(Y_t, Y_{t-1}, \cdots)$ 预测 Y_{t+s} 得到的均方误差，与基于 $(Y_t, Y_{t-1}, \cdots)$ 和 $(X_t, X_{t-1}, \cdots)$ 两者得到的 Y_{t+s} 的均方误差相同，则 Y 不是由 X Granger 引起的。对于线性函数，若有

$$\text{MSE}[E(Y_{t+s}|Y_t, Y_{t-1}, \cdots)]$$
$$= \text{MSE}[E(Y_{t+s}|Y_t, Y_{t-1}, \cdots, X_t, X_{t-1}, \cdots)] \tag{7-15}$$

可以得出结论：X 不能 Granger 引起 Y。等价的，如果式（7-15）成立，则称 X 对于 Y 是外生的。与这个意思相同的第三种表达方式是：X 关于未来的 Y 无线性影响信息。

注意到"X Granger 引起 Y"这种表达方式并不意味着 X 是 Y 的效果或结果。格兰杰因果检验度量对 Y 进行预测时，X 的前期信息对均方误差（MSE）的减少是否有贡献，并以此作为因果关系的判断基准。用和不用 X 的前期信息相比，MSE 无变化，则称 X 在 Granger 意义下对 Y 无因果关系；反之，当 X 的前期信息对 MSE 的减少有贡献时，则称 X 在 Granger 意义下对 Y 有因果关系。

可以将上述结果推广到 k 个变量的 VAR(p) 模型中去。利用从 $(t-1)$ 至 $(t-p)$ 期的所有信息，得到 Y_t 的最优预测如下

$$\hat{y}_t = \hat{\boldsymbol{\Phi}}_1 y_{t-1} + \cdots + \hat{\boldsymbol{\Phi}}_p y_{t-p} \quad t = 1, 2, \cdots, T \tag{7-16}$$

VAR(p) 模型中格兰杰因果关系如同两个变量的情形，可以判断是否存在过去的影响。作为两个变量情形的推广，对多个变量的组合给出如下系数约束条件：在多变量 VAR(p) 模型中，不存在 Y_{jt} 到 Y_{it} 的 Granger 意义下的因果关系的必要条件是

$$\hat{\varphi}_{ij}^{(q)} = 0, \quad q = 1, 2, \cdots, p \tag{7-17}$$

式中，$\hat{\varphi}_{ij}^{(q)}$ 是 $\hat{\boldsymbol{\Phi}}_q$ 的第 i 行第 j 列的元素。

2. 格兰杰因果关系检验

格兰杰因果关系检验的目的是判断在对其他变量（包括自身的过去值）的回归时，把 X 的滞后值包括进来能否显著地改进对 Y 的预测，如果可以显著地改进对 Y 的预测，则认为 X 是 Y 的 Granger 原因。类似地，可以定义 Y 是 X 的 Granger 原因。

格兰杰检验要建立两个模型：无约束回归模型和有约束回归模型。要得到"X 是 Y 的 Granger 原因"的结论，必须同时拒绝原假设"H_0：X 不是引起 Y 变化的 Granger 原因"和接受原假设"H_0：Y 不是引起 X 变化的 Granger 原因"。

在一个二元 p 阶的 VAR 模型中

$$\begin{pmatrix} Y_t \\ X_t \end{pmatrix} = \begin{pmatrix} \varphi_{10} \\ \varphi_{20} \end{pmatrix} + \begin{pmatrix} \varphi_{11}^{(1)} & \varphi_{12}^{(1)} \\ \varphi_{21}^{(1)} & \varphi_{22}^{(1)} \end{pmatrix} \begin{pmatrix} Y_{t-1} \\ X_{t-1} \end{pmatrix} + \begin{pmatrix} \varphi_{11}^{(2)} & \varphi_{12}^{(2)} \\ \varphi_{21}^{(2)} & \varphi_{22}^{(2)} \end{pmatrix} \begin{pmatrix} Y_{t-2} \\ X_{t-2} \end{pmatrix} + \cdots$$
$$+ \begin{pmatrix} \varphi_{11}^{(p)} & \varphi_{12}^{(p)} \\ \varphi_{21}^{(p)} & \varphi_{22}^{(p)} \end{pmatrix} \begin{pmatrix} Y_{t-p} \\ X_{t-p} \end{pmatrix} + \begin{pmatrix} \varepsilon_{1t} \\ \varepsilon_{2t} \end{pmatrix} \tag{7-18}$$

当且仅当系数矩阵中的系数 $\varphi_{12}^{(q)}(q=1, 2, \cdots, p)$ 全部为 0 时，变量 X 不能 Granger 引起 Y，等价于变量 X 外生于变量 Y。

这时，判断 Granger 原因的直接方法是利用 F 检验来检验下述联合检验

$$H_0: \varphi_{12}^{(q)} = 0, \quad q = 1, 2, \cdots, p$$
$$H_1: \text{至少存在一个 } q \text{ 使得 } \varphi_{12}^{(q)} \neq 0$$

其统计量为

$$S_1 = \frac{(\text{RSS}_0 - \text{RSS}_1)/p}{\text{RSS}_1/(T-2p-1)} \sim F(p, T-2p-1) \tag{7-19}$$

如果 S_1 大于 F 的临界值，则拒绝原假设；否则，接受原假设：X 不能 Granger 引起 Y。式中，RSS_1 是式（7-18）中 Y 方程的残差平方和

$$RSS_1 = \sum_{t=1}^{T} \hat{\varepsilon}_{1t}^2 \tag{7-20}$$

RSS_0 是不含 X 的滞后变量，即如下方程的残差平方和

$$Y_t = \varphi_{10} + \varphi_{11}^{(1)} Y_{t-1} + \varphi_{11}^{(2)} Y_{t-2} + \cdots + \varphi_{11}^{(p)} Y_{t-p} + \tilde{\varepsilon} \tag{7-21}$$

则有

$$RSS_0 = \sum_{t=1}^{T} \hat{\tilde{\varepsilon}}_{1t}^2 \tag{7-22}$$

在满足高斯分布的假定下，检验统计量式（7-19）具有精确的 F 分布。如果回归模型形式是如式（7-18）的 VAR 模型，一个渐近等价检验可由下式给出

$$S_2 = \frac{T(RSS_0 - RSS_1)}{RSS_1} \sim \chi^2(p) \tag{7-23}$$

注意，S_2 服从自由度为 p 的 χ^2 分布。如果 S_2 大于 χ^2 的临界值，则拒绝原假设；否则，接受原假设：X 不能 Granger 引起 Y。同时注意，格兰杰因果检验的任何一种检验结果都与滞后长度 p 的选择有关。

由以上理论可以看出，格兰杰因果检验实际是通过回归模型的显著性来判断的。其模型的实质是以时间序列数据进行回归分析，而对时间序列数据的回归分析，则必须先进行变量的平稳性检验，否则分析时会出现"伪回归"现象，由此做出的结论很可能是错误的。所以，在格兰杰因果检验之前必须进行单位根检验。关于这一点，基本上所有的文章都达成了共识。但在以下几个方面，不同的文章可能做法不一：

（1）是否需要做协整检验。关于这个问题有三种做法。

第一种做法是引用此段话："格兰杰（1988）指出，如果变量之间是协整的，那么至少存在一个方向上的 Granger 原因；在非协整情况下，任何原因的推断将是无效的。"

由这段话可以看出，一个完整的格兰杰因果检验过程可描述为时间序列的单位根检验、变量的协整检验和格兰杰因果关系检验。然而，格兰杰于 1988 年发表的文章《Some Recent Development in a Concept of Causality》中只提到："如果两个变量存在协整关系，那么至少存在一个方向的 Granger 原因。"

文章中引用的另一句话"在非协整情况下，任何原因的推断将是无效的"没有查到来源。也有可能这个结论在其他地方被提到。

第二种做法认为，协整检验是检验变量之间长期稳定的均衡关系，而变量之间是否存在因果关系，则需要通过格兰杰因果检验来判断。这种做法并没有认为格兰杰因果检验之前必须做协整检验，它只是作为另一种作用来使用。所以，格兰杰因果检验之前是没有必要做协整检验的。

第三种做法认为，"变量之间存在协整的情况下，格兰杰因果关系检验可能存在设定错误，应该使用 ECM 进行因果关系检验（格兰杰，1988）。ECM 特别适用于变量之间具有共同趋势或均衡关系情况下的因果关系检验（Miller&Russek，1990）"。

（2）格兰杰因果检验与因果关系的标准含义关系。格兰杰因果检验并不是检验因果关系。汉密尔顿曾以数据检验红利与价格的格兰杰因果关系，其格兰杰因果关系的方向与真实

的方向相反:一方面,红利不能 Granger 引起价格,尽管投资者关于红利的看法是股价的主要决定因素;另一方面,价格确定 Granger 引起红利,尽管市场评价在事实上对红利过程毫无影响。由此可以看出,格兰杰因果检验并不等同于因果关系。

这一点从格兰杰因果检验建立的回归方程来看也很明显。如果 A 是 B 的 Granger 原因,只表示 A 过去的信息值有助于预测 B。格兰杰因果检验的重要价值在于预测。一般地,反映前瞻行为的时间序列,如股价和利率,常作为很多重要经济时间序列的优秀预测变量。虽然这并不意味着这些序列引起 GNP 或者通货膨胀的上升或下降,而是这些序列的值反映了据以判断 GNP 或通货膨胀的市场最优信息。这类序列的格兰杰因果关系检验对于估计有效市场观念或调查市场与 GNP 或通货膨胀是否有关或是否能预测它们也许有用,但并不能用于推断因果方向。

因此,格兰杰因果检验只是一种统计意义上的检验,是其真正因果性的一种支持,但不能作为最终依据,还需要根据经济理论进行进一步的分析。统计意义上的因果性对经济预测起很大的作用。

7.1.5 例题分析

造船市场与世界经济的兴衰息息相关,其中世界干散货船(简称干散货船)新接订单量尤为明显。一旦世界经济增速下降,则世界干散货船新接订单量一年后也会随之下降。探究干散货船新接订单量与世界经济的关系,进而分析干散货船新接订单量的波动趋势,有利于造船企业更好地选择船型、提高报价竞争力、控制风险,储备资金等。目前,国内外基于大跨度数据量的关于干散货船新接订单量与世界 GDP 的关系研究几乎处于空白,而关于航运市场与世界经济的关系研究成果较多。干散货航运市场直接影响干散货船的需求量,这种需求量主要通过新接订单量来反映。基于以上考虑,本书将通过大跨度数据量,运用协整检验、误差修正模型和因果关系检验方法,分析干散货船新接订单量与世界 GDP 增长率的关系,考察二者之间是否存在协整及因果关系,以期通过比较完整的分析得出较为科学合理的结论,进而为相关决策部门提供参考。

调整后的 1977—2009 年干散货船新接订单量与世界 GDP 增长率的数据如表 7-3 所示,下面检验二者的协整关系。本书使用 Eviews 7.0 软件,可调用"7-1.wfl"。

表 7-3　1977—2009 年干散货船新接订单量与世界 GDP 增长率的统计数据

时间	干散货船新接订单量/百万载重吨	世界 GDP 增长率(%)	时间	干散货船新接订单量/百万载重吨	世界 GDP 增长率(%)
1977 年	9.1	3.6	1985 年	8.9	3.8
1978 年	6.4	4.7	1986 年	4.6	3.7
1979 年	14.6	3.8	1987 年	4.0	3.9
1980 年	18.7	2.2	1988 年	8.6	4.8
1981 年	15.0	2.2	1989 年	9.6	3.8
1982 年	6.6	1.2	1990 年	4.1	3.0
1983 年	20.0	3.1	1991 年	10.6	1.7
1984 年	14.4	4.8	1992 年	7.2	2.4

(续)

时间	干散货船新接订单量/百万载重吨	世界 GDP 增长率(%)	时间	干散货船新接订单量/百万载重吨	世界 GDP 增长率(%)
1993 年	14.9	2.5	2002 年	22.3	2.81
1994 年	17.8	3.9	2003 年	35.4	3.6
1995 年	22.1	3.7	2004 年	33.6	4.94
1996 年	12.1	4.1	2005 年	30.8	4.43
1997 年	15.3	4.2	2006 年	53.9	5.1
1998 年	9.5	2.8	2007 年	167.1	5.0
1999 年	22.4	3.53	2008 年	82.1	4.1
2000 年	15.2	4.67	2009 年	20.81	3.9
2001 年	8.9	2.22			

注：干散货船新接订单量的原始数据来自《国际船舶市场研究》；世界 GDP 增长率的原始数据来自世界最权威的船舶数据库 Shipping Intelligence Network（SIN）。

(1) 协整检验。本书将 1977—2009 年世界 GDP 增长率用序列 $\{X_t, t=1, 2, \cdots, 33\}$ 来表示，按时间排列共 33 个数据，t 代表对应的时间；干散货船新接订单量用序列 $\{Y_t, t=1, 2, \cdots, 33\}$ 来表示。为使两个序列变得平稳并消除不同的量纲，对其分别取对数，表示为 LNX 和 LNY[①]。由于对数变换并不影响原始变量之间的协整关系，且可以消除异方差现象，所以本书分别使用变量 LNX 和 LNY 来分析世界 GDP 增长率与干散货船新接订单量之间的关系。

对序列平稳性检验的主要方法之一就是对变量进行单位根检验（Augmented Dickey Fuller Test，ADF 检验）。ADF 检验的判断准则是：如果 ADF 值的绝对值大于临界值的绝对值，则该变量平稳；反之，则变量非平稳。LNX 和 LNY 的序列如图 7-1 所示。

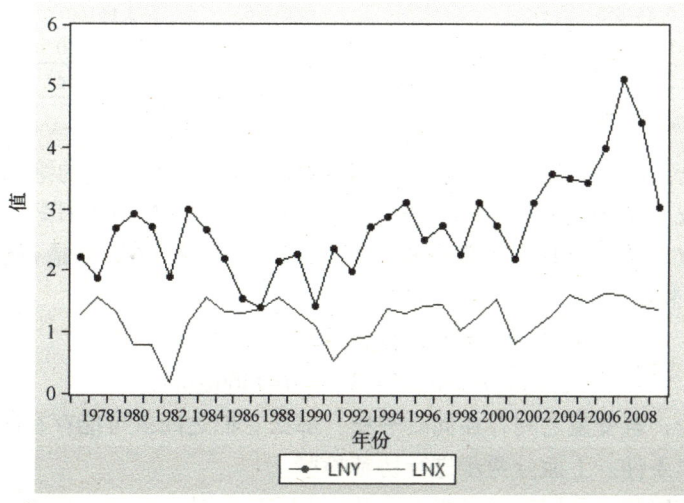

图 7-1 LNX 和 LNY 的序列

[①] 本书中，LNX 即 $\ln X$；LNY 即 $\ln Y$。

图 7-1 中横坐标表示年份,纵坐标表示 LNX 和 LNY 的值。从图中可见,两个序列的均值不为 0,故两个序列均属于非平稳序列,所以对其进行一阶差分变换。LNX 和 LNY 的一阶差分序列分别记作 DLNX 和 DLNY⊖。DLNX 和 DLNY 的序列如图 7-2 所示。

从图 7-2 可见,DLNX 和 DLNY 序列没有明显的趋势性,且围绕 0 值上下波动。为了更进一步说明序列是否平稳,将进行 ADF 检验。在 ADF 检验之前,首先要确定最优滞后阶数。一般根据赤池信息准则(Akaike Information Criteria,AIC)来确定,即 AIC 值最小时滞后阶数最优。检验结果如表 7-4 所示。

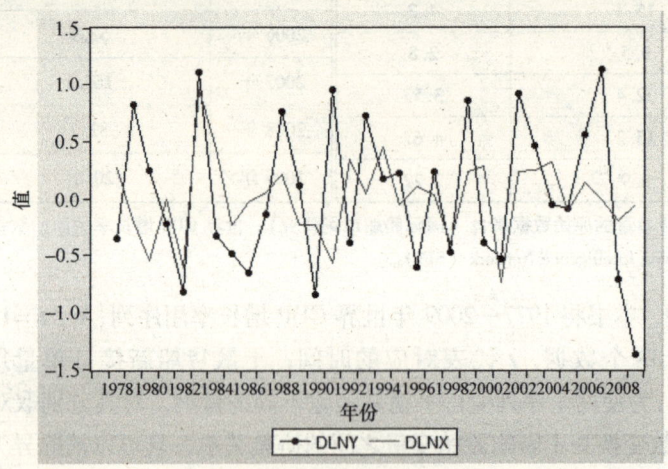

图 7-2 DLNX 和 DLNY 的序列

表 7-4 LNX 和 LNY、DLNX 和 DLNY 序列的 ADF 检验

序 列	AIC 值	滞后阶数	ADF 值	临 界 值	结 论
LNX	0.583902	1	-3.3297796	-3.65373*	非平稳
DLNX	0.848855	2	-6.284963	-3.661661*	平稳
LNY	1.919418	1	-2.401713	-3.653730*	非平稳
DLNY	2.338900	2	-6.695183	-3.689194*	平稳

注:*分别表示在 1% 的显著性水平下。

由表 7-4 可见,在 1% 的显著性水平下,LNX 和 LNY 的 ADF 值的绝对值小于其对应临界值的绝对值,故 LNX 和 LNY 都是非平稳序列;DLNX 和 DLNY 的 ADF 值的绝对值大于临界值的绝对值,故 DLNX 和 DLNY 都是平稳序列,即 LNX 和 LNY 都是一阶平稳。对于 $\ln Y$ 与 $\ln X$,最终的检验模型如下

$$\Delta^2 \ln \hat{Y}_t = 0.113185 - 2.35431 \Delta \ln Y_{t-1} \tag{7-24}$$

$$\Delta^2 \ln \hat{X}_t = -0.05413 - 1.144306 \Delta \ln X_{t-1} \tag{7-25}$$

根据协整理论,若变量之间存在同阶平稳,那么它们之间就可能存在协整关系,这是满足协整检验的前提条件。下面分两步进行协整检验。

第一步:协整回归,采用普通最小二乘法(OLS)估计 $\ln X$ 和 $\ln Y$ 之间的方程,并计算非均衡误差项。

建立方程

⊖ 本书中,DLNX 即 $\Delta \ln X$;DLNY 即 $\Delta \ln Y$。

$$\ln Y_t = c + \alpha \ln X_t + \beta \ln Y_{t-1} + \varepsilon_t \tag{7-26}$$

运用 1977—2009 年的数据，得到回归方程

$$\ln Y_t = 0.531712 + 0.401349 \ln X_t + 0.630778 \ln Y_{t-1} + \varepsilon_t \tag{7-27}$$

对此方程的拟合值与真实值之间进行差别分析。Actual 表示真实值；Fitted 表示拟合值；Residual 表示残差。从图 7-3 中可看出该方程的拟合度还是比较理想的，拟合值与真实值的走势大致相似。

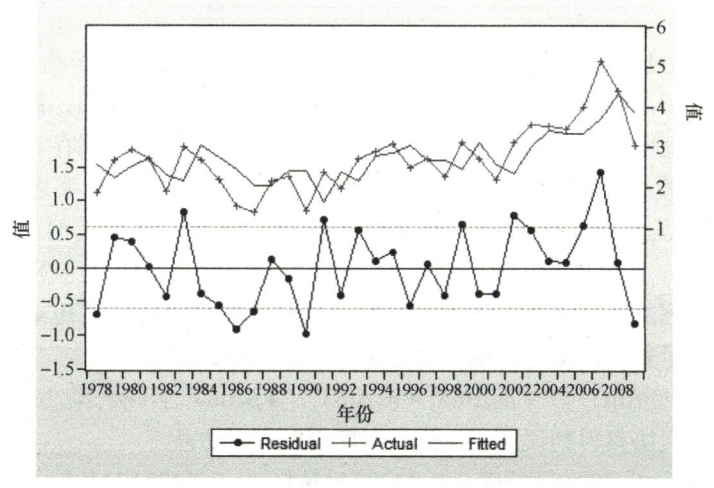

图 7-3　普通最小二乘方程的拟合图

根据式（7-26）可知，残差的计算公式为

$$\varepsilon_t = \ln Y_t - c - \alpha \ln X_t - \beta \ln Y_{t-1} \tag{7-28}$$

根据式（7-27）和式（7-28），得出残差的计算结果为

$$\varepsilon_t = \ln Y_t - 0.531712 - 0.401349 \ln X_t - 0.630778 \ln Y_{t-1} \tag{7-29}$$

第二步：检验残差 ε_t 的单整性。如果 ε_t 经过 d 阶差分后为稳定序列，那么 ε_t 为 d 阶单整序列，则可认为序列 LNX 与 LNY 之间存在协整关系。根据式（7-29）得到残差 ε_t 的序列，如图 7-4 所示。

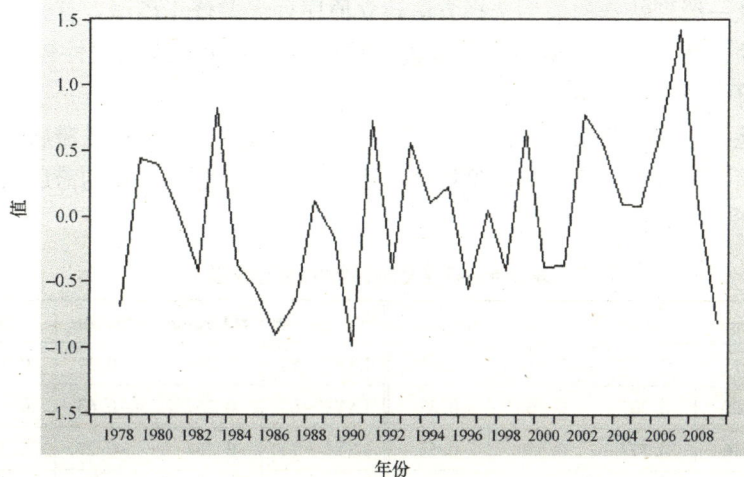

图 7-4　残差 ε_t 的序列

图 7-4 显示，残差序列围绕 0 值上下波动。为了更好地检验残差序列的平稳性，同样使用 ADF 检验法检验残差序列的平稳性，检验结果如表 7-5 所示。

表 7-5 残差单位根检验

ADF Test Statistic	−5.282185	1% Critical Value*	−3.661661
		5% Critical Value	−2.960411
		10% Critical Value	−2.619160

表 7-5 显示，在 1% 的显著性水平下，ε_t 的 ADF 值的绝对值大于临界值的绝对值，即 $|-5.282185|>|-3.661661|$，所以可以认为残差序列 ε_t 是平稳序列，即存在 LNX 与 LNY 的协整关系。这就证明了干散货船新接订单量与世界 GDP 增长率之间存在长期的正向关系。

（2）误差修正模型。由于干散货船新接订单量和世界 GDP 增长率之间存在协整关系，因此可以建立包括误差修正项在内的误差修正模型，以此来分析模型的短期动态和长期特征。

首先，对各序列的差分变化形式建立方程。差分后的方程反映了短期波动的决定情况，其中的误差项反映了长期均衡对短期波动的影响。模型结构如下

$$\Delta \ln Y_t = c + \alpha_1 \Delta \ln X_t + \alpha_2 \Delta \ln X_{t-1} + \beta \Delta \ln Y_{t-1} + \gamma \varepsilon_{t-1} \tag{7-30}$$

然后，依据上文协整得到误差项数据，回归得到以下方程

$$\Delta \ln Y_t = 0.029187 + 0.732483 \Delta \ln X_t - 0.143974 \Delta \ln X_{t-1} + 0.543517 \Delta \ln Y_{t-1} + 0.930614 \varepsilon_{t-1} \tag{7-31}$$

由方程（7-31）可以看出，被解释变量的波动可分为两部分：①短期波动。前一期的干散货船新接订单量对后一期的新接订单量具有正向的促进作用，短期影响度达 54%，当期的世界 GDP 增长率对当期新接订单量同样有 73% 的正向影响力度，而滞后一期的 GDP 增长率对新接订单量有负向的影响，影响程度较小。②长期均衡。长期误差项 ε_{t-1} 的系数 γ 反映了偏离长期均衡的调整力度。从系数 0.93061 来看，其绝对值接近 1，则调整力度较高，这说明长期均衡对短期波动的影响较大。

下面对原序列 LNX 和 LNY 建立误差修正模型，以此模型来更好地描述变量之间的关系。通常采用从一般到特殊的模型选择方法建立原序列误差修正模型。首先选择若干个变量及多位的滞后项，然后再对模型中的参数进行检验，去掉无关或相关性较差的变量和滞后项，最终得到符合要求的模型。

为了更好地描述变量关系，先假设方程含有 8 个滞后项，再根据各滞后项系数的检验结果对模型进行简化处理，在不影响模型拟合程度的前提下，删除冗余的滞后项，检验结果如表 7-6 所示。

表 7-6 各滞后项系数的检验结果

滞后项	Std. Error	t-Statistic	Prob	R-squared	滞后项	Std. Error	t-Statistic	Prob	R-squared
LNY(−1)	0.211	2.671	0.012	0.61	LNY(−5)	0.274	−0.37	0.712	0.56
LNY(−2)	0.205	0.301	0.766	0.53	LNY(−6)	0.257	−0.63	0.531	0.54
LNY(−3)	0.216	0.577	0.569	0.55	LNY(−7)	0.254	−0.29	0.773	0.52
LNY(−4)	0.213	1.391	0.017	0.69	LNY(−8)	0.212	2.35	0.029	0.72

经过检验，得到的结论是：当期干散货船新接订单量的波动除了与当期世界 GDP 增长率密切相关，同时还受前几期新接订单量变化的影响较为明显。其原因可能是建造期和使用期相对较长的干散货船是较为特殊的产品，若干年前的新接订单数量往往会影响当期新接订单数量。最后建立的误差修正模型为

$$\ln Y_t = -0.6145 + 0.6106\ln X_t + 0.6750\ln Y_{t-1} + 0.140049\ln X_{t-4} + 0.4956\ln Y_{t-8} - 0.6082\ln X_{t-1}$$

(7-32)

上述模型的 $R^2 = 0.665587$，DW = 1.812124。R^2 为判决系数，若 R^2 值越接近 1，则模型的拟合度越高；DW 为统计量，理论上 DW 值应该处于 0~4，若在 2 附近，则认为该方程的 DW 较为合理。

从图 7-5 可见，此误差修正模型的拟合效果较好，可以说方程（7-32）较为合理地描述了干散货船新接订单量与世界 GDP 增长率的关系。

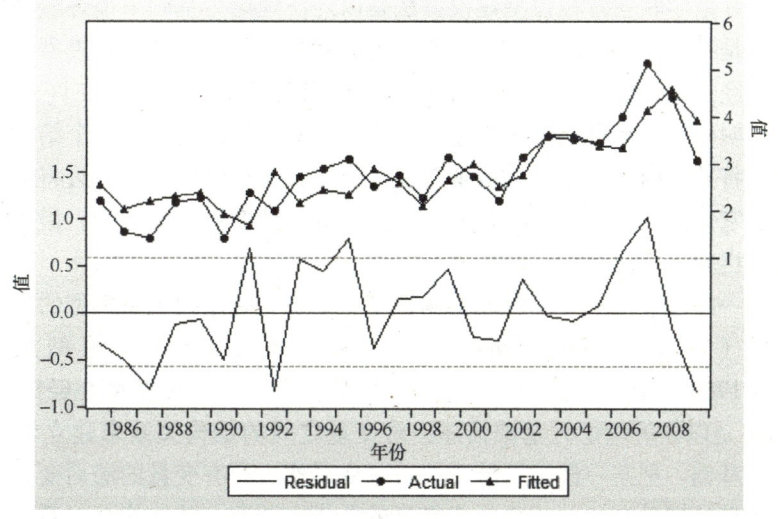

图 7-5 误差修正模型的拟合图

（3）格兰杰因果关系检验。上述协整检验表明，干散货船新接订单量与世界 GDP 增长率之间存在协整关系。但是，这种协整关系究竟是世界 GDP 增长率引起干散货船新接订单量波动的结果，还是干散货船新接订单量引起世界 GDP 增长率变化的结果，或是两者互为因果？这就需要对其进行格兰杰因果关系检验。

从表 7-7 可见，在 10% 的显著性水平下，检验拒绝 LNX 不是 LNY 的 Granger 原因的原假设，接受 LNY 不是 LNX 的 Granger 原因的原假设，即仅存在世界 GDP 增长率对干散货船新接订单量的单向因果关系，而干散货船新接订单量对世界 GDP 增长率的变化却不存在显著的单向因果关系。

表 7-7 格兰杰因果关系检验

原 假 设	滞后阶数	F 统计量	P 值	因果关系
LNX 不是 LNY 的 Granger 原因	3	2.20203	0.1151*	拒绝
LNY 不是 LNX 的 Granger 原因		0.13867	0.9359*	不拒绝

注：* 分别表示在 10% 的显著性水平下。

本书利用实际数据，对干散货船新接订单量与世界 GDP 增长率的关系进行了协整检验、误差修正模型分析和因果关系检验，得到以下结论：①LNX 和 LNY 同是一阶单整时间序列，两者存在协整关系，即干散货船新接订单量与世界 GDP 增长率之间存在长期稳定的正向关系，且协整系数为 0.401349。②通常长期误差项系数的大小反映了对偏离长期均衡的调整力度，从误差修正模型来看，误差项系数为 0.09361，调整力度较大。短期来看，同期的 LNX 与 LNY 呈现正向关系，也就是说，世界经济增长能够促进干散货船新接订单量的增加。③从格兰杰因果关系检验来看，在 5% 的显著性水平下，世界 GDP 增长率是干散货船新接订单量波动的 Granger 原因，而干散货船新接订单量波动不是世界 GDP 增长率变化的 Granger 原因。

7.2 向量自回归模型（VAR(p)）

传统的经济计量学联立方程模型建模方法是以经济理论为基础来描述经济变量之间的结构关系，采用的是结构方法来建立模型，所建立的就是联立方程结构式模型。这种模型的优点是具有明显的经济理论含义。但从计量经济学建模理论而言，也存在许多弊端而受到质疑。首先，需要明确内生变量和外生变量；其次，所设定的模型，每一个结构方程都含有多个内生变量，当将某一内生变量作为被解释变量出现在方程左边时，右边将会含有多个其余内生变量，由于它们与扰动项相关，从而使模型参数估计变得十分复杂；最后，结构式模型不能很好地反映出变量之间的动态联系。

为了解决这一问题，给出了一种非结构性建立经济变量之间关系模型的方法，这就是向量自回归模型（Vector Autoregression Model，VAR 模型）。VAR 模型最早由西姆斯（C. A. Sims）于 1980 年引入计量经济学中，而实质上是多元 AR 模型在经济计量学中的应用。VAR 模型不是以经济理论为基础描述经济变量之间的结构关系来建立模型的，而是以数据统计性质为基础，把某一经济系统中的每一变量作为所有变量的滞后变量的函数来构造模型的。它是一种处理具有相关关系的多变量的分析和预测、随机扰动对系统的动态冲击的最方便的方法。

7.2.1 VAR 模型的一般形式

1. 非限制性 VAR 模型（高斯 VAR 模型）

设 $y_t = (y_{1t}, y_{2t}, \cdots, y_{kt})'$ 为一个 k 维随机时间序列，p 为滞后阶数，$u_t = (\mu_{1t}, \mu_{2t}, \cdots, \mu_{kt})'$ 为一个 k 维随机扰动的时间序列，且有结构关系

$$\begin{cases} y_{1t} = \alpha^{(1)}_{11}y_{1t-1} + \alpha^{(1)}_{12}y_{2t-1} + \cdots + \alpha^{(1)}_{1k}y_{kt-1} + \alpha^{(2)}_{11}y_{1t-2} + \alpha^{(2)}_{12}y_{2t-2} + \cdots + \alpha^{(2)}_{1k}y_{kt-2} + \cdots \\ \qquad + \alpha^{(p)}_{11}y_{1t-p} + \alpha^{(p)}_{12}y_{2t-p} + \cdots + \alpha^{(p)}_{1k}y_{kt-p} + \mu_{1t} \\ y_{2t} = \alpha^{(1)}_{21}y_{1t-1} + \alpha^{(1)}_{22}y_{2t-1} + \cdots + \alpha^{(1)}_{2k}y_{kt-1} + \alpha^{(2)}_{21}y_{1t-2} + \alpha^{(2)}_{22}y_{2t-2} + \cdots + \alpha^{(2)}_{2k}y_{kt-2} + \cdots \\ \qquad + \alpha^{(p)}_{21}y_{1t-p} + \alpha^{(p)}_{12}y_{2t-p} + \cdots + \alpha^{(p)}_{2k}y_{kt-p} + \mu_{2t} \\ \vdots \\ y_{kt} = \alpha^{(1)}_{k1}y_{1t-1} + \alpha^{(1)}_{k2}y_{2t-1} + \cdots + \alpha^{(1)}_{kk}y_{kt-1} + \alpha^{(2)}_{k1}y_{1t-2} + \alpha^{(2)}_{12}y_{2t-2} + \cdots + \alpha^{(2)}_{1k}y_{kt-2} + \cdots \\ \qquad + \alpha^{(p)}_{k1}y_{1t-p} + \alpha^{(p)}_{k2}y_{2t-p} + \cdots + \alpha^{(p)}_{kk}y_{kt-p} + \mu_{kt} \end{cases} \quad t = 1, 2, \cdots, T$$

(7-33)

若引入矩阵符号，记

$$A_i = \begin{pmatrix} \alpha^{(i)}_{11} & \alpha^{(i)}_{12} & \cdots & \alpha^{(i)}_{1k} \\ \alpha^{(i)}_{21} & \alpha^{(i)}_{22} & \cdots & \alpha^{(i)}_{2k} \\ \vdots & \vdots & & \vdots \\ \alpha^{(i)}_{k1} & \alpha^{(i)}_{k2} & \cdots & \alpha^{(i)}_{kk} \end{pmatrix}, i = 1, 2, \cdots, p$$

可写成

$$y_t = A_1 y_{t-1} + A_2 y_{t-2} + \cdots + A_p y_{t-p} + u_t, \quad t = 1, 2, \cdots, T \tag{7-34}$$

进一步，若引入滞后算子 L，则又可表示成

$$A(L) y_t = u_t, \quad t = 1, 2, \cdots, T \tag{7-35}$$

式中，$A(L) = I_k - A_1 L - A_2 L^2 - \cdots - A_p L^p$，为滞后算子多项式。

如果模型满足的条件：

(1) 参数阵 $A_p \neq 0$，$p > 0$。

(2) 特征方程 $\det[A(L)] = |I_k - A_1 L - A_2 L^2 - \cdots - A_p L^p| = 0$ 的根全在单位圆外。

(3) $u_t \sim iidN(0, \Sigma)$，$t = 1, 2, \cdots, T$，即 u_t 相互独立，同服从以 $E(u_t) = 0$ 为期望向量、$\mathrm{Cov}(u_t) = E(u_t, u_t') = \Sigma$ 为方差协方差阵的 k 维正态分布。这时，u_t 是 k 维白噪声向量序列，由于 u_t 没有结构性经济含义，也被称为冲击向量；$\mathrm{Cov}(u_t, x_{t-j}') = E(u_t, x_{t-j}') = 0$，$j = 1$，2，$\cdots$，即 u_t 与 x_t 及各滞后期不相关。则称上述模型为非限制性 VAR 模型（高斯 VAR 模型），或简化式非限制性 VAR 模型。

2. 受限制性 VAR 模型

如果将 $y_t = (y_{1t}, y_{2t}, \cdots, y_{kt})'$ 作为一个 k 维内生的随机时间序列，受 d 维外生的时间序列 $x_t = (x_{1t}, x_{2t}, \cdots, x_{dt})'$ 影响（限制），则 VAR 模型为

$$y_t = A_1 y_{t-1} + A_2 y_{t-2} + \cdots + A_p y_{t-p} + D x_t + u_t, \quad t = 1, 2, \cdots, T \tag{7-36}$$

或利用滞后算子表示成

$$A(L) y_t = -D x_t + u_t, \quad t = 1, 2, \cdots, T \tag{7-37}$$

式中

$$D = \begin{pmatrix} d_{11} & d_{12} & \cdots & d_{1d} \\ d_{21} & d_{22} & \cdots & d_{2d} \\ \vdots & \vdots & & \vdots \\ d_{k1} & d_{k2} & \cdots & d_{kd} \end{pmatrix}$$

此时称该模型为受限制性 VAR 模型，简化式受限制性 VAR 模型。

对于受限制性 VAR 模型，可通过 $y_t = (y_{1t}, y_{2t}, \cdots, y_{kt})'$ 对 $x_t = (x_{1t}, x_{2t}, \cdots, x_{dt})'$ 作 OLS 回归，得到残差估计。

$\tilde{y}_t = y_t - \hat{y}_t$，从而将 $\tilde{y}_t$ 变换成式 (7-33) 或式 (7-34) 形式的非限制性 VAR 模型，即

$$\tilde{y}_t = A_1 \tilde{y}_{t-1} + A_2 \tilde{y}_{t-2} + \cdots + A_p \tilde{y}_{t-p} + u_t, \quad t = 1, 2, \cdots, T \tag{7-38}$$

$$A(L) \tilde{y}_t = u_t, \quad t = 1, 2, \cdots, T \tag{7-39}$$

这说明受限制性 VAR 模型可化为非限制性 VAR 模型。

简化式非限制、受限制 VAR 模型，皆简记为 VAR(p)。

3. 结构式非限制性 VAR 模型

如果 $y_t = (y_{1t}, y_{2t}, \cdots, y_{kt})'$ 中的每一分量受其他分量当期影响，无 d 维外生的时间序列 $x_t = (x_{1t}, x_{2t}, \cdots, x_{dt})'$ 影响（限制），则模型化为

$$A_0 y_t = A_1 y_{t-1} + A_2 y_{t-2} + \cdots + A_p y_{t-p} + u_t, \quad t = 1, 2, \cdots, T \tag{7-40}$$

或利用滞后算子表示成

$$A(L) y_t = u_t, \quad t = 1, 2, \cdots, T \tag{7-41}$$

式中

$$A_0 = \begin{pmatrix} 1 & \alpha^{(0)}_{12} & \cdots & \alpha^{(0)}_{1k} \\ \alpha^{(0)}_{21} & 1 & \cdots & \alpha^{(0)}_{2k} \\ \vdots & \vdots & & \vdots \\ \alpha^{(0)}_{k1} & \alpha^{(0)}_{k2} & \cdots & 1 \end{pmatrix}$$

这时

$$A(L) = A_0 - A_1 L - A_2 L^2 - \cdots - A_p L^p$$

此时称该模型为结构式非限制性 VAR 模型。

如果 A_0 可逆，即逆阵 A^{-1}_0 存在，则结构式非限制性 VAR 模型可化为简化式非限制性 VAR 模型

$$y_t = A^{-1}_0 A_1 y_{t-1} + A^{-1}_0 A_2 y_{t-2} + \cdots + A^{-1}_0 A_p y_{t-p} + A^{-1}_0 u_t, \quad t = 1, 2, \cdots, T \tag{7-42}$$

或利用滞后算子表示成

$$A(L) y_t = A^{-1}_0 u_t, \quad t = 1, 2, \cdots, T \tag{7-43}$$

这时

$$A(L) = I - A^{-1}_0 A_1 L - A^{-1}_0 A_2 L^2 - \cdots - A^{-1}_0 A_p L^p$$

4. 结构式受限制性 VAR 模型

如果将 $y_t = (y_{1t}, y_{2t}, \cdots, y_{kt})'$ 作为一个 k 维内生的随机时间序列，其中每一分量受其他分量当期影响，且还受 d 维外生的时间序列 $x_t = (x_{1t}, x_{2t}, \cdots, x_{dt})'$ 影响（限制），则 VAR 模型为

$$A_0 y_t = A_1 y_{t-1} + A_2 y_{t-2} + \cdots + A_p y_{t-p} + D x_t + u_t, \quad t = 1, 2, \cdots, T \tag{7-44}$$

或利用滞后算子表示成

$$A(L) y_t = -D x_t + u_t, \quad t = 1, 2, \cdots, T \tag{7-45}$$

此时称该模型为结构式受限制性 VAR 模型。

如果 A_0 可逆，即逆阵 A^{-1}_0 存在，则结构式受限制性 VAR 模型可化为简化式受限制性 VAR 模型

$$y_t = A^{-1}_0 A_1 y_{t-1} + A^{-1}_0 A_2 y_{t-2} + \cdots + A^{-1}_0 A_p y_{t-p} + A^{-1}_0 D x_t + A^{-1}_0 u_t, \quad t = 1, 2, \cdots, T \tag{7-46}$$

或利用滞后算子表示成

$$A(L) y_t = -A^{-1}_0 D x_t + A^{-1}_0 u_t, \quad t = 1, 2, \cdots, T \tag{7-47}$$

这时

$$A(L) = I - A^{-1}_0 A_1 L - A^{-1}_0 A_2 L^2 - \cdots - A^{-1}_0 A_p L^p$$

结构式非限制、受限制 VAR 模型，皆简记为 SVAR(p)。

7.2.2 简化式 VAR 模型的参数估计

进行 VAR 模型参数估计，若简化式 VAR 模型比较简单，可采用 Yule–Walker 估计、OLS 估计、最大似然估计等方法进行估计，且可获得具有良好统计性质的估计量。结构式 VAR 模型参数估计比较复杂，可有两种途径：一种途径是化成简化式，直接估计简化式模型参数，然后再通过简化式模型参数与结构式模型参数的关系，求得结构式模型参数估计。但这存在一个问题，是否可行，以及什么情况下可行。这与结构式模型的识别性有关。另一种途径是直接对结构式模型参数进行估计。但这也存在一个问题，上述方法不可应用，原因是每一方程含有众多内生的与扰动项相关变量，那么，如何估计？这也与结构式模型的识别性有关。

对于简化式 VAR 模型式 (7-33) ~ 式 (7-35)，在冲击向量满足假设 $u_t \sim iidN(0, \Sigma)$，$t = 1, 2, \cdots, T$，即 u_t 相互独立，同服从以 $E(u_t) = 0$ 为期望向量、$\text{Cov}(u_t) = E(u_t u_t') = \Sigma$ 为方差协方差阵的 k 维正态分布。这时，u_t 是 k 维白噪声向量序列的条件下，模型参数阵 $A_1, A_2, \cdots, A_p$ 及 Σ 也可采用 Yule–Walker 估计、OLS 估计、最大似然估计等方法。

设 $y_t = (y_{1t}, y_{2t}, \cdots, y_{kt})'$，$t = 1, 2, \cdots, T$ 为长度为 T 的样本向量。

(1) Yule-Walker 估计。在 T 充分大时，首先估计自协方差阵

$$\hat{\gamma}_h = \frac{\sum_{t=h+1}^{T} y_t y_{t-h}'}{T} \tag{7-48}$$

令

$$\hat{\Pi} = \begin{pmatrix} \hat{\gamma}_0 & \hat{\gamma}_1 & \cdots & \hat{\gamma}_{p-1} \\ \hat{\gamma}_1' & \hat{\gamma}_0 & \cdots & \hat{\gamma}_{p-2} \\ \vdots & \vdots & & \vdots \\ \hat{\gamma}_{p-1}' & \hat{\gamma}_{p-2}' & \cdots & \hat{\gamma}_0 \end{pmatrix}, \quad \hat{\Gamma} = \begin{pmatrix} \hat{\gamma}_1' \\ \hat{\gamma}_2' \\ \vdots \\ \hat{\gamma}_p' \end{pmatrix}, \quad \hat{A} = \begin{pmatrix} \hat{A}_1' \\ \hat{A}_2' \\ \vdots \\ \hat{A}_p' \end{pmatrix}$$

则可得模型参数阵的 Yule-Walker 估计（矩估计）为

$$\hat{A} = \begin{pmatrix} \hat{A}_1' \\ \hat{A}_2' \\ \vdots \\ \hat{A}_p' \end{pmatrix} = \hat{\Pi}^{-1} \hat{\Gamma} = \begin{pmatrix} \hat{\gamma}_0 & \hat{\gamma}_1 & \cdots & \hat{\gamma}_{p-1} \\ \hat{\gamma}_1' & \hat{\gamma}_0 & \cdots & \hat{\gamma}_{p-2} \\ \vdots & \vdots & & \vdots \\ \hat{\gamma}_{p-1}' & \hat{\gamma}_{p-2}' & \cdots & \hat{\gamma}_0 \end{pmatrix}^{-1} \begin{pmatrix} \hat{\gamma}_1' \\ \hat{\gamma}_2' \\ \vdots \\ \hat{\gamma}_p' \end{pmatrix} \tag{7-49}$$

(2) OLS 估计。

模型参数阵 $A_1, A_2, \cdots, A_p$ 的 OLS 估计，即求使

$$Q(\hat{A}_1, \hat{A}_2, \cdots, \hat{A}_p) = \min \frac{1}{T} \sum_{j=p+1}^{T} \left(y_t - \sum_{j=1}^{p} \hat{A}_j y_{t-j} \right)' \left(y_t - \sum_{j=1}^{p} \hat{A}_j y_{t-j} \right)$$

下的 $\hat{A}_1, \hat{A}_2, \cdots, \hat{A}_p$ 作为 $A_1, A_2, \cdots, A_p$ 估计。

记

$$\hat{\gamma}_h = \frac{\sum_{t=p+1}^{T} y_t y_{t-h}'}{T} \tag{7-50}$$

由此可推得

$$\hat{A} = \begin{pmatrix} \hat{A}'_1 \\ \hat{A}'_2 \\ \vdots \\ \hat{A}'_p \end{pmatrix} = \hat{\Pi}^{-1}\hat{\Gamma} = \begin{pmatrix} \hat{\gamma}_0 & \hat{\gamma}_1 & \cdots & \hat{\gamma}_{p-1} \\ \hat{\gamma}'_1 & \hat{\gamma}_0 & \cdots & \hat{\gamma}_{p-2} \\ \vdots & \vdots & & \vdots \\ \hat{\gamma}'_{p-1} & \hat{\gamma}'_{p-2} & \cdots & \hat{\gamma}_0 \end{pmatrix}^{-1} \begin{pmatrix} \hat{\gamma}'_1 \\ \hat{\gamma}'_2 \\ \vdots \\ \hat{\gamma}'_p \end{pmatrix} \quad (7\text{-}51)$$

由此可见，模型参数阵 A_1，A_2，$\cdots$，A_p 的 OLS 估计式（7-47）与 Yule-Walker 估计式（7-45）形式相同，但式中的 $\hat{\gamma}_h$ 的计算不同。但是，当 T 充分大时，式（7-48）与式（7-50）相差很小，式（7-49）与式（7-51）相差也很小，这时二者的估计及估计量的性质等价。因此，在 T 充分大时，可直接采用 Yule-Walker 估计比较简单方便。

而 Σ 的估计为

$$\hat{\Sigma} = \hat{\gamma}_0 - \hat{A}'\hat{\Pi}\hat{A} = \frac{1}{T}\sum_{t=1}^{T}\hat{u}_t\hat{u}'_t \quad (7\text{-}52)$$

式中，$\hat{u}_t = y_t - \hat{A}_1 y_{t-1} - \hat{A}_2 y_{t-2} - \cdots - \hat{A}_p y_{t-p}$。

（3）最大似然估计。可证明，模型参数阵 A_1，A_2，$\cdots$，A_p 的最大似然估计与 OLS 估计完全等价。

除此之外，还有递推估计法（参见：马树才，《经济时序分析》，辽宁大学出版社，1997.1，p199），这里不再赘述。

7.2.3 简化式 VAR 模型的预测

在已知 y_{t-1}，y_{t-2}，$\cdots$ 时，对 y_t 的一步线性预测

$$\hat{y}_{t-1}(1) = A_1 y_{t-1} + A_2 y_{t-2} + \cdots + A_p y_{t-p} \quad (7\text{-}53)$$

其一步预测误差为

$$\tilde{y}_t = y_t - \tilde{y}_{t-1}(1) = e_t$$

一步预测误差的方差阵为 $E(\tilde{y}_t \tilde{y}'_t) = E(e_t e'_t) = S$ 的估计为

$$\hat{S} = \left(1 - \frac{kp}{T}\right)^{-1}\left(\hat{\gamma}_0 - \sum_{i=1}^{p}\hat{A}_i\hat{\gamma}'_i\right) \quad (7\text{-}54)$$

在已知 y_{t-1}，y_{t-2}，$\cdots$ 时，如果利用模型参数的估计量 $\hat{A}_1$，$\hat{A}_2$，$\cdots$，$\hat{A}_p$ 对 y_t 进行一步线性预测，则 y_t 的实际一步线性预测为

$$\hat{y}_{t-1}(1) = \hat{A}_1 y_{t-1} + \hat{A}_2 y_{t-2} + \cdots + \hat{A}_p y_{t-p} \quad (7\text{-}55)$$

其一步预测误差为

$$\tilde{y}_t = y_t - \hat{y}_{t-1}(1)$$
$$= (A_1 - \hat{A}_1)y_{t-1} + (A_2 - \hat{A}_2)y_{t-2} + \cdots + (A_p - \hat{A}_p)y_{t-p} = e_t$$

一步预测误差的方差阵为 $E(\tilde{y}_t \tilde{y}'_t) = E(e_t e'_t) = D$ 的估计为

$$\hat{D} = \left(1 + \frac{kp}{T}\right)\left(1 - \frac{kp}{T}\right)^{-1}\left(\hat{\gamma}_0 - \sum_{i=1}^{p}\hat{A}_i\hat{y}'_i\right) \quad (7\text{-}56)$$

7.2.4 VAR 模型阶数 p 的确定

VAR 模型的定阶是一个矛盾过程，阶数 p 的确定既不能太大，又不能太小，必须兼顾。

因为，一方面，希望滞后阶数 p 大一些，以便使模型能更好地反映出动态特征；但另一方面，又不希望阶数 p 太大，否则会造成需要估计的模型参数过多，而使模型自由度减少。因此，在定阶时需要综合考虑，以既要有足够大的滞后项，又能有足够大的自由度为原则确定阶数。

VAR 模型的定阶方法有以下几种：

1. FPE 准则（最小最终预测误差准则）

FPE 准则（最小最终预测误差准则）。即利用一步预测误差方差进行定阶。因为，如果模型阶数合适，则模型对实际数据的拟合优度必然会高，其一步预测误差方差也必然会小；反之，则相反。

设给定时间序列向量长度为 T 的样本向量为 $\boldsymbol{y}_t = (y_{1t}, y_{2t}, \cdots, y_{kt})'$，$t = 1, 2, \cdots, T$，则其一步预测误差方差阵的估计量为式（7-56），它是一个 $k \times k$ 阶阵。因此，可定义其最终预测误差为

$$\text{FPE}_k(p) = \det\hat{\boldsymbol{D}} = \left(1 + \frac{kp}{T}\right)^k \left(1 - \frac{kp}{T}\right)^{-k} \det\left(\hat{\boldsymbol{\gamma}}_0 - \sum_{i=1}^{p} \hat{\boldsymbol{A}}_i \hat{\boldsymbol{\gamma}}_i'\right) \tag{7-57}$$

显然，$\text{FPE}_k(p)$ 是 p 的函数。

所谓最小最终预测误差准则，就是分别取 $p = 1, 2, \cdots, M$ 来计算 $\text{FPE}_k(p)$，使 $\text{FPE}_k(p) = \min$ 值所对应的 p 为模型合适阶数，相应的模型参数估计 $\hat{\boldsymbol{A}}_1, \hat{\boldsymbol{A}}_2, \cdots, \hat{\boldsymbol{A}}_p$ 为最佳模型参数估计。其中，M 为预先选定的阶数上界，一般取 $M = T/10k \sim T/5k$。

在实际计算过程中，可如下判断：如果 $\text{FPE}_k(p)$ 的值随着 p 从 1 开始逐渐增大就一直上升，则可判定 $p=1$；如果 $\text{FPE}_k(p)$ 的值随着 p 从 1 开始逐渐增大就一直下降，则可判定该随机时间序列不能用 AR(p) 模型来描述；如果 $\text{FPE}_k(p)$ 的值在某一 p 值下降很快，而后又缓慢下降，则可判定该 p 值为所确定的阶数；如果 $\text{FPE}_k(p)$ 的值随着 p 从 1 开始逐渐增大而上下剧烈跳动，难以找到最小值，这可能由于样本数据长度 T 太小造成的，应增大样本长度，重新进行定阶、估计模型参数，然后建立模型。

利用 FPE 信息准则还可以用来检验模型的建立是否可由部分分量，比如前 $r(r \leqslant k)$ 个分量 y_{1t}, y_{2t}, y_{rt}，$t = 1, 2, \cdots, T$ 来进行。

记式（7-53）中的 $k \times k$ 阶矩阵 $\left(\hat{\boldsymbol{\gamma}}_0 - \sum_{i=1}^{p} \hat{\boldsymbol{A}}_i \hat{\boldsymbol{\gamma}}_i'\right)$ 的左上角 r 阶子方阵为 $\left(\hat{\boldsymbol{\gamma}}_0 - \sum_{i=1}^{p} \hat{\boldsymbol{A}}_i \hat{\boldsymbol{\gamma}}_i'\right)_{r \times r}$，则前 r 个分量 y_{1t}, y_{2t}, y_{rt}，$t = 1, 2, \cdots, T$ 的最终预测误差为

$$\text{FPE}_r(p) = \det\hat{\boldsymbol{D}}_r = \left(1 + \frac{kp}{T}\right)^r \left(1 - \frac{kp}{T}\right)^{-r} \det\left(\hat{\boldsymbol{\gamma}}_0 - \sum_{i=1}^{p} \hat{\boldsymbol{A}}_i \hat{\boldsymbol{\gamma}}_i'\right)_{r \times r} \tag{7-58}$$

当 $r = k$ 时，式（7-58）为式（7-57）。

如果 $\min\text{FPE}_r(p) \leqslant \min\text{FPE}_k(p)$，则可认为仅用前 r 个分量 y_{1t}, y_{2t}, y_{rt}，$t = 1, 2, \cdots, T$ 建立模型即可，没有必要采用 k 维随机时间序列 $\boldsymbol{y}_t = (y_{1t}, y_{2t}, \cdots, y_{kt})'$ 建立模型。因为从最小最终预测误差准则角度，用 k 维随机时间序列 $\boldsymbol{y}_t = (y_{1t}, y_{2t}, \cdots, y_{kt})'$ 建立模型比仅采用前 r 个分量 y_{1t}, y_{2t}, y_{rt}，$t = 1, 2, \cdots, T$ 建立模型，带来拟合优度的显著改善；反之，则相反。

2. AIC 与 SC 信息准则

AIC 与 SC 信息准则，也称最小信息准则。其定义为

$$\text{AIC} = \frac{-2l}{T} + \frac{2n}{T}, \quad \text{SC} = \frac{-2l}{T} + n\frac{\ln T}{T} \tag{7-59}$$

式中，$l = -\frac{Tk}{2}(1 + \ln 2\pi) - \frac{T}{2}\ln\left|\hat{\sum}\right|$；$n$ 为模型需要估计参数个数。对式 (7-33)，$n = pk^2$；对于式 (7-37)，$n = k(d + pk)$；对于式 (7-40)，$n = (p+1)k^2$；对于式 (7-44)，$n = k(d + pk) + k^2$。

所谓最小信息准则，就是分别取 $p = 1, 2, \cdots$，来计算 AIC 或者 SC，使 AIC 或 SC = min 值所对应的 p 为模型合适阶数，相应的模型参数估计 $\hat{A}_1, \hat{A}_2, \cdots, \hat{A}_p$ 为最佳模型参数估计。

3. 似然比检验法（Likelihood Ratio，LR 检验）

由于 $u_t \sim iidN(0, \Sigma)$，$t = 1, 2, \cdots, T$，即 u_t 相互独立，同服从以 $E(u_t) = 0$ 为期望向量、$\text{Cov}(u_t) = E(u_t u_t') = \Sigma$ 为方差协方差阵的 k 维正态分布，因此，记

$$Y_t = \begin{pmatrix} y_{t-1} \\ y_{t-2} \\ \vdots \\ y_{t-p} \end{pmatrix}, \quad A = (A_1, A_2, \cdots, A_p)$$

则在给 $y_{t-1}, y_{t-2}, \cdots, y_{-p+1}$ 的条件下，$y_1, y_2, \cdots, y_T$ 的联合分布密度，即似然函数为

$$L(A, \sum) = (2\pi)^{-Tk/2}\left|\sum\nolimits^{-1}\right|^{T/2}\exp\left\{-\frac{1}{2}\sum_{t=1}^{T}\left[(y_t - AY_t)'\sum\nolimits^{-1}(y_t - AY_t)\right]\right\}$$

对数似然函数为

$$\ln L(A, \sum) = -\frac{Tk}{2}\ln(2\pi) + \frac{T}{2}\ln\left|\sum\nolimits^{-1}\right| - \frac{1}{2}\sum_{t=1}^{T}\left[(y_t - AY_t)'\sum\nolimits^{-1}(y_t - AY_t)\right]$$

将参数估计代入，则有

$$\ln L(A, \sum) = -\frac{Tk}{2}\ln(2\pi) + \frac{T}{2}\ln\left|\sum\nolimits^{-1}\right| - \frac{1}{2}\sum_{t=1}^{T}\left(\hat{u}_t'\hat{\sum}\nolimits^{-1}\hat{u}_t\right)$$

又 $\hat{\sum} = \frac{1}{T}\sum_{t=1}^{T}\hat{u}_t \hat{u}_t'$，因此有

$$\ln L(A, \sum) = -\frac{Tk}{2}\ln(2\pi) + \frac{T}{2}\ln\left|\hat{\sum}\nolimits^{-1}\right| - \frac{Tk}{2} \tag{7-60}$$

现在，欲检验假设 H_0 样本数据是由滞后阶数为 p 的 VAR 模型生成的；H_1 样本数据是由滞后阶数为 $p+1$ 的 VAR 模型生成的。

首先，取似然比统计量为

$$\text{LR} = 2\left[\ln L\left(A, \hat{\sum}\nolimits_{p+1}\right) - \ln L\left(A, \hat{\sum}\nolimits_{p}\right)\right] = T\left(\ln\left|\hat{\sum}\nolimits_{p+1}^{-1}\right| - \ln\left|\hat{\sum}\nolimits_{p}^{-1}\right|\right) \sim \chi^2(k^2) \text{ 分布} \tag{7-61}$$

在给定的显著性水平 α 下，当 $\text{LR} > \chi_\alpha^2(k^2)$，则拒绝 H_0，表明增加滞后阶数，可显著增大似然函数值；否则，则相反。

LR 检验在小样本下，可取似然比统计量为

$$\text{LR} = (T - m)\left(\ln\left|\hat{\sum}\nolimits_{p+1}^{-1}\right| - \ln\left|\hat{\sum}\nolimits_{p}^{-1}\right|\right) \sim \chi^2(k^2) \text{ 分布} \tag{7-62}$$

式中，$m = d + kp$。

7.2.5 VAR(p) 模型的脉冲响应函数与方差分解

在实际应用中，由于通常所设定的 VAR 模型都是非经济理论性的简化式模型，无需对变量作任何先验性约束，因此，在分析应用中，往往并不利用 VAR 模型去分析某一变量的变化对另一变量的影响如何，而是分析当某一扰动项发生变化，或者说模型受到某种冲击时，对系统的动态影响。这种分析方法称为脉冲响应函数方法。

1. 脉冲响应函数基本思想

当对 VAR 模型采用脉冲响应函数分析扰动项发生变化，或者说模型受到某种冲击时，对系统的动态影响，就是分析扰动项发生变化是如何传播到各变量的。

设 $y_t = (y_{1t}, y_{2t})'$ 为一个二维随机时间序列，滞后阶数 $p=2$，$u_t = (\mu_{1t}, \mu_{2t})'$ 为一个二维随机扰动的时间序列，则有二元 VAR 模型为

$$\begin{cases} y_{1t} = \alpha_{11}^{(1)} y_{1t-1} + \alpha_{12}^{(1)} y_{2t-1} + \alpha_{11}^{(2)} y_{1t-2} + \alpha_{12}^{(2)} y_{2t-2} + \mu_{1t} \\ y_{2t} = \alpha_{21}^{(1)} y_{1t-1} + \alpha_{22}^{(1)} y_{2t-1} + \alpha_{21}^{(2)} y_{1t-2} + \alpha_{22}^{(2)} y_{2t-2} + \mu_{2t} \end{cases}, t=1,2,\cdots,T$$

(7-63)

扰动项满足白噪声假设条件，即

$$E(u_t) = 0, t=1,2,\cdots,T$$
$$\text{Cov}(u_t) = E(u_t u_t') = \Sigma = [\sigma_{ij}], t=1,2,\cdots,T$$
$$\text{Cov}(u_t, u_s) = E(u_t, u_s') = 0(t \neq s), t,s=1,2,\cdots,T$$

现在假设上述 VAR 模型系统从 $t=0$ 时期开始运行，并设 $y_{1,-1} = y_{1,-2} = y_{2,-1} = y_{2,-2} = 0$，在 $t=0$ 时给定扰动项 $\mu_{10} = 1$，$\mu_{20} = 0$，并且其后 $\mu_{1t} = \mu_{2t} = 0 (t=1,2,\cdots)$，即在 $t=0$ 时给定 y_{1t} 一脉冲，来讨论 y_{1t}、y_{2t} 的响应。

由于 $\mu_{10}=1$、$\mu_{20}=0$，由式 (7-63)，在 $t=0$ 时，于是有

$$y_{1,0} = 1 \quad y_{2,0} = 0$$

将上述结果再代入式 (7-63)，在 $t=1$ 时，于是有

$$y_{1,1} = \alpha^{(1)}_{11} \quad y_{2,1} = \alpha^{(1)}_{21}$$

再将上述结果代入式 (7-63)，在 $t=2$ 时，于是有

$$y_{1,2} = (\alpha_{11}^{(1)})^2 + \alpha_{12}^{(1)} \alpha_{21}^{(2)} + \alpha_{11}^{(2)} \quad y_{2,2} = \alpha_{21}^{(1)} \alpha_{11}^{(1)} + \alpha_{22}^{(1)} \alpha_{21}^{(1)} + \alpha_{21}^{(2)}$$

如此下去，可求得结果 $y_{1,0}, y_{1,1}, y_{1,2}, y_{1,3}, \cdots$，称此结果为由 y_1 的冲脉冲引起的 y_{1t} 的响应函数；所求得的 $y_{2,0}, y_{2,1}, y_{2,2}, y_{2,3}, \cdots$，称为由 y_1 的冲脉冲引起的 y_{2t} 的响应函数。

反过来，也可求得在 $t=0$ 时，给定扰动项 $\mu_{10}=0$、$\mu_{20}=1$，并且其后 $\mu_{1t}=\mu_{2t}=0$，$(t=1,2,\cdots)$，即在 $t=0$ 给定 y_{2t} 一脉冲时，由 y_2 的冲脉冲引起的 y_{1t}、y_{2t} 的响应函数。

2. VAR 模型的脉冲响应函数

假设有 VAR(p) 模型

$$y_t = A_1 y_{t-1} + A_2 y_{t-2} + \cdots + A_p y_{t-p} + u_t, t=1,2,\cdots,T \quad (7-64)$$

引入滞后算子 L，表示成

$$A(L) y_t = u_t, t=1,2,\cdots,T \quad (7-65)$$

式中，$A(L) = I_k - A_1 L - A_1 L^2 - \cdots - A_p L^p$，为滞后算子多项式。

在满足特征方程 $\det[A(L)] = |I_k - A_1 L - A_2 L^2 - \cdots - A_p L^p| = 0$ 的根全在单位圆外条件

下，VAR (p) 是可逆的，即可将 y_t 表示成白噪声 u_t 滑动和形式

$$y_t = C(L)u_t \tag{7-66}$$

式中，$C(L) = A(L)^{-1} = C_0 + C_1 L + C_2 L^2 + \cdots$，$C_0 = I_k$（$k$ 阶单位阵）。

式（7-66）中第 i 个方程为

$$y_{it} = \sum_{j=1}^{k} (c_{ij}^{(0)} \mu_{ij_t} + c_{ij}^{(1)} \mu_{ij_{t-1}} + c_{ij}^{(2)} \mu_{ij_{t-2}} + \cdots) \quad t = 1, 2, \cdots, T \tag{7-67}$$

当 $k = 2$ 时，式（7-67）为

$$\begin{pmatrix} y_{1t} \\ y_{2t} \end{pmatrix} = \begin{pmatrix} c_{11}^{(0)} & c_{12}^{(0)} \\ c_{21}^{(0)} & c_{22}^{(0)} \end{pmatrix} \begin{pmatrix} \mu_{1t} \\ \mu_{2t} \end{pmatrix} + \begin{pmatrix} c_{11}^{(1)} & c_{12}^{(1)} \\ c_{21}^{(1)} & c_{22}^{(1)} \end{pmatrix} \begin{pmatrix} \mu_{1t-1} \\ \mu_{2t-1} \end{pmatrix} + \begin{pmatrix} c_{11}^{(2)} & c_{12}^{(2)} \\ c_{21}^{(2)} & c_{22}^{(2)} \end{pmatrix} \begin{pmatrix} \mu_{1t-2} \\ \mu_{2t-2} \end{pmatrix} + \cdots \quad t = 1, 2, \cdots, T \tag{7-68}$$

现在假定在基期给 y_1 一个单位脉冲，即

$$\mu_{1t} = \begin{cases} 1, & t = 0 \\ 0, & t \neq 0 \end{cases}$$

而 $u_{2t} = 0$，$t = 0, 1, 2, \cdots$，则可求得由 y_1 的脉冲引起 y_2 的响应函数为

$$t = 0, \quad y_{20} = c_{21}^{(0)}$$
$$t = 1, \quad y_{21} = c_{21}^{(1)}$$
$$t = 2, \quad y_{22} = c_{21}^{(2)}$$

由此可以看出，对于式（7-66）的一般情形，由 y_j 的脉冲引起 y_i 的响应函数为

$$t = 0, \quad y_{i0} = c_{ij}^{(0)}$$
$$t = 1, \quad y_{i1} = c_{ij}^{(1)}$$
$$t = 2, \quad y_{i2} = c_{ij}^{(2)}$$
$$\vdots$$

由 y_j 的脉冲引起 y_i 的累积响应函数为

$$\sum_{q=0}^{\infty} c_{ij}^{(q)}$$

式（7-66）中，C_q 中的第 i 行、第 j 列元素可表示为

$$c_{ij}^{(q)} = \frac{\partial y_{it+q}}{\partial \mu_{jt}} \quad q = 0, 1, 2, \cdots; t = 1, 2, \cdots, T \tag{7-69}$$

作为 q 的函数，它描述了在时期 t，其他变量和早期变量不变的情况下，y_{it+q} 对 y_{jt} 的一个冲击的反应，称为脉冲响应函数。

用矩阵可表示为

$$C_q = \frac{\partial y_{t+q}}{\partial \mu_t'} \tag{7-70}$$

即 C_q 中的第 i 行、第 j 列元素等于时期 t 的第 j 变量扰动项增加一个单位，其他时期扰动项为常数时，对时期 $t + p$ 的第 i 个变量值的影响。

3. 方差分解

VAR 模型的脉冲响应函数是用来描述 VAR 模型中一个内生变量的冲击给其他内生变量所带来的影响的。它是随时间的推移，观察模型中各变量对于冲击是如何反应的。而方差分

解是要通过分析每一结构冲击对内生变量变化（通常用方差来度量）的贡献度，进一步评价不同结构冲击的重要性的。与脉冲响应函数相比，方差分解是一种比较粗糙的把握变量之间关系的方法，它给出的是对 VAR 模型中的变量产生影响的每个扰动项的相对重要信息。

方差分解的基本思想是

$$y_{it} = \sum_{j=1}^{k} (c_{ij}^{(0)}\mu_{jt} + c_{ij}^{(1)}\mu_{jt-1} + c_{ij}^{(2)}\mu_{jt-2} + \cdots) \quad i = 1, 2, \cdots, k; \ t = 1, 2, \cdots, T \quad (7\text{-}71)$$

式中，括号内为第 j 扰动项 μ_j 从过去无限远至现在时点对第 i 内生变量 y_i 影响的总和。

在 $E(\mu_j) = 0$，μ_j 无序列相关性的假设下，对其求方差可得

$$E(c_{ij}^{(0)}\mu_{jt} + c_{ij}^{(1)}\mu_{jt-1} + c_{ij}^{(2)}\mu_{jt-2} + \cdots)^2 = \sum_{q=0}^{\infty} (c_{ij}^{(q)})^2 \sigma_{jj} \quad i,j = 1, 2, \cdots, k \quad (7\text{-}72)$$

它是把第 j 扰动项 μ_j 从过去无限远至现在时点对第 i 内生变量 y_i 影响的总和，用方差加以评价的结果。

如果 $\text{Cov}(u_t) = E(u_t u_t') = \sum$ 为对角阵，则 y_{it} 的方差为

$$\text{Var}(y_{it}) = \sum_{j=1}^{k} \left[\sum_{q=0}^{\infty} (c_{ij}^{(q)})^2 \sigma_{jj} \right] j = 1, 2, \cdots, k; \ t = 1, 2, \cdots, T \quad (7\text{-}73)$$

由此可知，y_{it} 的方差可分解成 k 个不相关的 $\sum_{q=0}^{\infty} (c_{ij}^{(q)})^2 \sigma_{jj} (j = 1, 2, \cdots, k)$ 的影响。

由此，可测定出各个扰动项对 y_{it} 方差的相对方差贡献率为

$$\text{RVC}_{j \to i}(\infty) = \frac{\sum_{q=0}^{\infty} (c_{ij}^{(q)})^2 \sigma_{jj}}{\text{Var}(y_{it})} = \frac{\sum_{q=0}^{\infty} (c_{ij}^{(q)})^2 \sigma_{jj}}{\sum_{j=1}^{k} \left[\sum_{q=0}^{\infty} (c_{ij}^{(q)})^2 \sigma_{jj} \right]} \quad i,j = 1, 2, \cdots, k \quad (7\text{-}74)$$

在实际应用计算中，不可能从过去无限远的 $c_{ij}^{(q)}$ 来评价。在模型满足平稳性的条件下，由于 $c_{ij}^{(q)}$ 随着 q 的增大是按几何级数衰减的，故只要取前 s 有限项计算即可。其近似相对方差贡献率为

$$\text{RVC}_{j \to i}(s) = \frac{\sum_{q=0}^{s-1} (c_{ij}^{(q)})^2 \sigma_{jj}}{\sum_{j=1}^{k} \left[\sum_{q=0}^{s-1} (c_{ij}^{(q)})^2 \sigma_{jj} \right]} \quad i,j = 1, 2, \cdots, k \quad (7\text{-}75)$$

$\text{RVC}_{j \to i}(s)$ 有如下性质

$$0 \leqslant \text{RVC}_{j \to i}(s) \leqslant 1 \quad (7\text{-}76)$$

$$\sum_{j=1}^{k} \text{RVC}_{j \to i}(s) = 1 \quad i = 1, 2, \cdots, k \quad (7\text{-}77)$$

如果 $\text{RVC}_{j \to i}(s)$ 大，则意味着第 j 变量（第 j 扰动项）对第 i 变量 y_i 影响大；反之，则相反。

7.2.6 例题分析

为了研究货币供应量和利率的变动对经济波动的长期影响和短期影响及其贡献度，采用

我国1996年第1季度—2007年第4季度的季度数据（见表7-8），并对变量进行了季节调整。

表7-8 货币供给量（M1）、利率（R）及 GDP 数据

月 份	GDP/亿元	M1/亿元	R(%)	月 份	GDP/亿元	M1/亿元	R(%)
1996Q1	7323.53	12277.94	109.37	2002Q1	12514.21	29330.43	99.40
1996Q2	8334.19	12350.22	109.07	2002Q2	13982.24	31571.07	98.93
1996Q3	8886.76	13190.87	107.93	2002Q3	14977.49	33667.44	99.23
1996Q4	11214.42	14122.34	106.97	2002Q4	18608.01	35384.03	99.37
1997Q1	7938.57	14189.78	105.17	2003Q1	14162.81	35055.81	100.50
1997Q2	9119.43	15155.81	102.93	2003Q2	15400.21	37708.56	100.67
1997Q3	9428.76	15877.83	102.13	2003Q3	16725.35	39570.47	100.83
1997Q4	12195.54	17077.39	101.00	2003Q4	20661.50	40900.77	102.67
1998Q1	8520.87	16120.28	100.30	2004Q1	15958.63	40977.69	102.77
1998Q2	9702.65	16617.32	99.13	2004Q2	17595.83	42164.53	104.40
1998Q3	10177.60	18235.00	98.57	2004Q3	18785.79	42944.76	105.27
1998Q4	13291.33	19313.77	98.90	2004Q4	23524.31	45233.72	103.17
1999Q1	9281.22	18796.87	98.57	2005Q1	18039.54	43994.47	102.83
1999Q2	10442.49	19522.96	97.83	2005Q2	19909.45	46110.34	101.73
1999Q3	11048.97	21185.79	98.83	2005Q3	20882.45	47312.89	101.33
1999Q4	14130.81	22917.59	99.17	2005Q4	26914.08	49881.72	101.37
2000Q1	10188.36	22283.62	100.10	2006Q1	20382.53	48977.53	101.20
2000Q2	11605.98	24127.32	100.10	2006Q2	22694.22	51828.19	101.37
2000Q3	12270.11	25517.37	100.27	2006Q3	23580.67	54055.40	101.27
2000Q4	15419.45	26327.56	100.93	2006Q4	30693.48	57431.56	102.03
2001Q1	11421.44	25997.02	100.67	2007Q1	22937.52	57118.94	102.73
2001Q2	12688.34	27298.17	101.57	2007Q2	25632.17	60495.35	103.60
2001Q3	13438.04	28421.28	100.80	2007Q3	26233.01	62189.61	106.10
2001Q4	16784.29	29698.33	99.87	2007Q4	34388.87	65180.39	106.63

1. 变量选择

设居民消费价格指数为 CPI_90（1990 年第 1 季度 = 1），居民消费价格指数增长率为 CPI，实际 GDP 的对数 $\ln(GDP/CPI\_90)$ 为 lnGDP，实际 M1 的对数 $\ln(M1/CPI\_90)$ 为 $\ln(M1)$ 和实际利率 R（一年期存款利率 R-CPI）。

2. 数据处理

为了避免模型出现"伪回归"现象，要求各时间序列的变量具有同阶平稳性。因此，首先应对模型所涉及的时间序列变量进行季节调整和一次差分后进行 ADF 单位根检验。ADF 检验结果表明 lnGDP 是 I(1) 序列，$\ln(M1)$ 与 R 水平平稳。

3. 滞后阶数的确定

在理想状态下，我们希望选择 VAR 的随机扰动项服从向量白噪声。所以，从理论上说，

如果通过某一种方法选择滞后期数能够使得扰动项满足向量白噪声过程，那么滞后期的选择问题就很好解决了。在 Eviews 里面提供了五种准则来确定滞后期的选择。在选择时，需要设定一个最大滞后期数，当然它的设定存在一定的主观性。但是，通常可以根据数据的频率来进行确定。例如，对于月度数据一般选择最大滞后期为 6、12 和 18。对于季度数据，一般选择 4 或者 8。需要注意不同的准则或者检验的统计量选择的滞后期可能会有所不同。在这种状况下，一般根据多数原则来确定最优滞后期。这个过程实际上就是所谓的稳健性检验过程。从具体分析结果可知，LR、FPE、AIC、SC 和 HQ 都指向同样的三阶滞后期，因此应该选择 VAR（3）进行后续分析。

4. 脉冲响应分析

在进行 VAR 模型中的脉冲响应分析之前，必须明确 VAR 系统必须是稳定，否则，脉冲响应函数分析过程是不稳定的。通过单位根图发现，所有单位根都在单位圆内，因此 d（lnGDP）、ln(M1)、R 三个变量组成的 VAR 系统是稳定的。经过测算，具体的脉冲响应结果如图 7-6 所示。

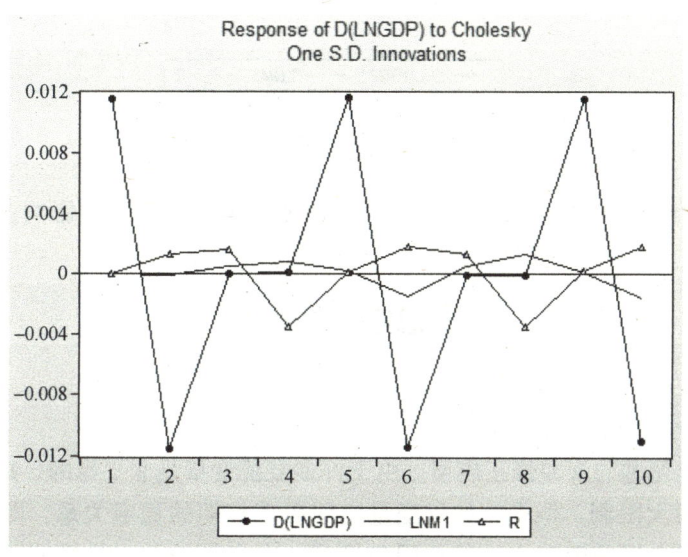

图 7-6　脉冲相应函数合成图

图 7-6 是按照定义框输入得出的脉冲响应函数合成图，圆实点线表示 d(lnGDP) 对其自身的一个标准差信息立刻有较强的反应，影响周期很长且呈现明显的上下波动趋势，到第 1、5 和 9 期分别达到较大正冲击点，而 2、6 和 10 期分别达到较大负冲击点，ln(M1) 对其影响在第 1 期为 0，第 2 期~第 10 期之间有正负影响，但是影响比较小；类似的，可以分析 d(lnGDP) 对 R 变量对其一个标准差信息的响应情况。

5. 方差分解分析

在 VAR 视窗中单击 "View-Variance Decompostions"，出现方差分解定义对话框。在对话框右边选择进行方差分解的变量（"Decompostions of"），如 d(lnGDP) 等，接着选择分解的时期数。本例选择默认的预测期为 10。在对话框的左边，第一部分表示的是显示形式（"Display format"），共有三种显示形式：第一个是表格显示形式；第二个是组合图显示形式；第三个是合成图显示形式。本例选择合成图的显示形式。第二部分表示计算的标准误：

一是不计算；二是用蒙特卡罗方法。本例选择使用不计算。将这些变量定义好以后，单击"OK"按钮，就会出现如图 7-7 所示的输出结果。

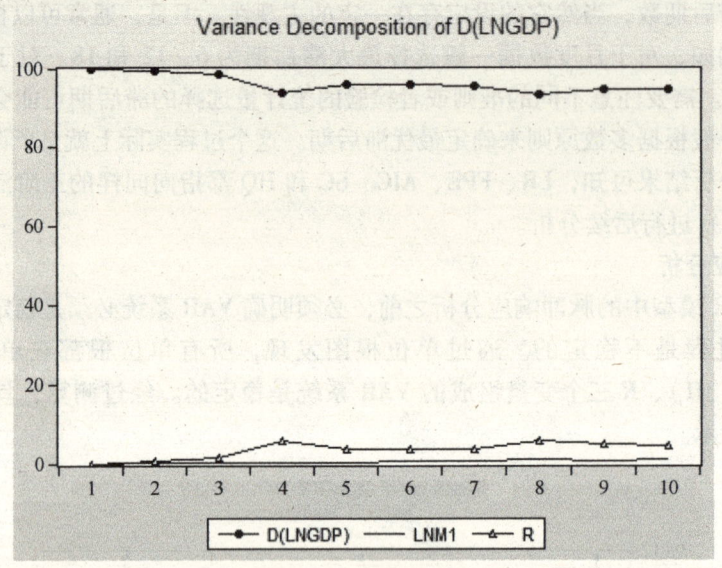

图 7-7　方差分解结果

由图 7-7 输出结果可知，d(lnGDP) 的预测误差来自自身信息的影响占了 90% 左右，R 的影响占 7% 左右，ln(M1) 变量的影响占 3% 左右。

总结与习题

1. 本章小结

本章主要讨论了协整与误差修正模型、自向量回归模型两个专题。

第一个专题是协整与误差修正模型。由于许多经济变量是非平稳的，这就给经典的回归分析方法带来了很大限制。但是，如果变量之间有着长期的稳定关系，即它们之间是协整的，则可以使用经典回归模型方法建立回归模型。本专题的重点是掌握协整模型的建立条件、如何检验协整模型、两步骤法建立误差修正模型、格兰杰因果关系的定义与检验原理。

第二个专题是自向量回归模型。VAR 模型不是以经济理论为基础描述经济变量之间的结构关系来建立模型的，而是以数据统计性质为基础，把某一经济系统中的每一变量作为所有变量的滞后变量的函数来构造模型的。它是一种处理具有相关关系的多变量的分析和预测、随机扰动对系统的动态冲击的最方便的方法。本专题重点阐述了 VAR 模型的一般形式、简化式 VAR 模型的参数估计与预测、VAR 模型阶数 p 的确定、VAR(p) 模型的脉冲响应函数与方差分解分析。

2. 知识点归纳

（1）如果所考虑的时间序列具有相同的单整阶数，且某种线性组合（协整向量）使得组合时间序列的单整阶数降低，则称这些时间序列之间存在显著的协整关系。

（2）设两个同阶单整序列 Y 和 X，并且它们具有协整关系，其关系可以表示成自回归分布滞后模型。

(3) 如果关于所有的 $s>0$，基于 $(Y_t, Y_{t-1}, \cdots)$ 预测 Y_{t+s} 得到的均方误差，与基于 $(Y_t, Y_{t-1}, \cdots)$ 和 $(X_t, X_{t-1}, \cdots)$ 两者得到的 Y_{t+s} 的均方误差相同，则 Y 不是由 X Granger 引起的。

(4) 格兰杰因果关系检验要建立两个模型：无约束回归模型和有约束回归模型。要得到 "X 是 Y 的 Granger 原因" 的结论，必须同时拒绝原假设 "H_0：X 不是引起 Y 变化的 Granger 原因" 和接受原假设 "H_0：Y 不是引起 X 变化的 Granger 原因"。

(5) VAR 模型不是以经济理论为基础描述经济变量之间的结构关系来建立模型的，而是以数据统计性质为基础，把某一经济系统中的每一变量作为所有变量的滞后变量的函数来构造模型的。

(6) FPE 准则（最小最终预测误差准则）即利用一步预测误差方差进行定阶。因为，如果模型阶数合适，则模型对实际数据的拟合优度必然会高，其一步预测误差方差也必然会小；反之，则相反。

(7) 所谓最小信息准则，就是分别取 $p=1, 2, \cdots$，来计算 AIC 或者 SC，使 AIC 或 SC = min 值所对应的 p 为模型合适阶数，相应的模型参数估计 $\hat{A}_1, \hat{A}_2, \cdots, \hat{A}_p$ 为最佳模型参数估计。

(8) 当对 VAR 模型采用脉冲响应函数分析扰动项发生变化，或者说模型受到某种冲击时，对系统的动态影响，就是分析扰动项发生变化是如何传播到各变量的。

(9) 方差分解是要通过分析每一结构冲击对内生变量变化（通常用方差来度量）的贡献度，进一步评价不同结构冲击的重要性的。与脉冲响应函数相比，方差分解是一种比较粗糙的把握变量之间关系的方法，它给出的是对 VAR 模型中的变量产生影响的每个扰动项的相对重要信息。

3. 习题

(1) 为什么同阶单整的时间序列才可以建立协整关系？
(2) ADF 检验协整回归误差项的平稳性与一般 ADF 检验的区别是什么？
(3) 误差修正模型的原理是什么？有哪些优势？
(4) 格兰杰因果关系检验的原理是什么？
(5) 自向量回归模型的定义与原理，主要形式有哪些？
(6) 自向量回归模型的估计与预测原理是什么？
(7) 自向量回归模型的定阶方法有哪些，主要原理是什么？
(8) 脉冲响应分析的原理是什么？
(9) 方差分解分析的原理是什么？

(10) 根据表 7-9，分析财政支出和财政收入之间是否存在协整关系，给出相应的误差修正模型，并运用格兰杰因果检验分析二者关系，分析运算结果相应的内涵。

表 7-9 财政投入与财政支出表 （单位：亿元）

年 份	财政支出	财政收入	年 份	财政支出	财政收入	年 份	财政支出	财政收入
1996M07	629.63	653.94	1996M11	780.06	618.48	1997M03	539.4	671
1996M08	582.83	504.78	1996M12	1729.65	1358.07	1997M04	636.2	727.94
1996M09	645.93	589.75	1997M01	492.29	604.34	1997M05	644.62	667.62
1996M10	667.77	680.12	1997M02	363.22	420.13	1997M06	836.87	810.04

(续)

年 份	财政支出	财政收入	年 份	财政支出	财政收入	年 份	财政支出	财政收入
1997M07	742.86	814.94	2000M09	1278.31	1081.2	2003M11	1984.11	1624.41
1997M08	649.2	580.56	2000M10	1080.86	1246.29	2003M12	5717.94	1941.28
1997M09	707.99	628.77	2000M11	1375.58	1105.93	2004M01	1368.55	2534.56
1997M10	743.23	839.76	2000M12	3977.25	1482.46	2004M02	1361.96	2105.46
1997M11	868.37	690.6	2001M01	827.28	1340.66	2004M03	1771.5	2304.17
1997M12	2009.3	1195.42	2001M02	950.83	1042.37	2004M04	2099.66	2854.08
1998M01	507.43	608.37	2001M03	1054.87	1298.98	2004M05	1720.93	2174.25
1998M02	456.92	511.1	2001M04	1181.3	1553.96	2004M06	2480.26	2334.26
1998M03	602.15	723.24	2001M05	1309.95	1226.6	2004M07	1935.33	2503.02
1998M04	679.11	812.81	2001M06	1720.42	1409.78	2004M08	1976.45	1667
1998M05	772.31	672.77	2001M07	1363.81	1455.06	2004M09	2429.94	1882.5
1998M06	990.87	929.86	2001M08	1467.23	1247.58	2004M10	1917.29	2255.28
1998M07	804.38	862.11	2001M09	1603.94	1297.31	2004M11	2531.82	1815.77
1998M08	803.78	645.58	2001M10	1223.45	1502.38	2004M12	6893.21	1966.12
1998M09	976.56	773.62	2001M11	1801.41	1293.17	2005M01	1555.58	3105.01
1998M10	870.57	905.35	2001M12	4398.09	1718.18	2005M02	1472.83	2157.61
1998M11	1045.29	872.49	2002M01	1040.57	1511.33	2005M03	2180.94	2520.57
1998M12	2288.82	1558.58	2002M02	1124.2	975.59	2005M04	2380.86	3278.67
1999M01	553.6	859.96	2002M03	1346.58	1320.89	2005M05	1995.14	2479.18
1999M02	529.76	579.15	2002M04	1488.05	1787.55	2005M06	2836.03	2850.28
1999M03	756.88	885.34	2002M05	1334.99	1465.97	2005M07	2239.26	2967.53
1999M04	794.83	984.45	2002M06	1962.97	1538.33	2005M08	2413.27	2056.61
1999M05	890.57	847.16	2002M07	1682.22	1715.24	2005M09	2876.03	2352.24
1999M06	1118.89	1136.37	2002M08	1607.45	1342.14	2005M10	2187.95	2952.5
1999M07	957.63	1037.75	2002M09	1910.52	1512.88	2005M11	3188.39	2221.35
1999M08	839.96	748.64	2002M10	1513.86	1822.89	2005M12	8604	2707.39
1999M09	1275.63	830.63	2002M11	1900.02	1495.33	2006M01	2227.88	3870.98
1999M10	1035.71	975.47	2002M12	5141.71	2415.52	2006M02	1559.67	2534.6
1999M11	1118.33	941.4	2003M01	1295.25	1994.64	2006M03	2504.1	2894.38
1999M12	3311.64	1615.96	2003M02	1097.1	1499.09	2006M04	2728.52	4270.52
2000M01	776.57	1066.64	2003M03	1500.03	1711.47	2006M05	2166.3	3060.48
2000M02	718.16	737.04	2003M04	1734.5	2065.07	2006M06	3414.62	3374.93
2000M03	878.69	1074.74	2003M05	1688.71	1769.71	2006M07	2524.77	4043.8
2000M04	1087.35	1186.32	2003M06	2350.25	1915.01	2006M08	2604.92	2695.86
2000M05	1022.15	948.19	2003M07	1815.59	1967.44	2006M09	3426.17	2876.76
2000M06	1352.41	1227.23	2003M08	1703.67	1428.81	2006M10	2670.56	3800.62
2000M07	1048.45	1196.35	2003M09	2079.77	1780.61	2006M11	3783.71	2660.66
2000M08	1287.72	1042.83	2003M10	1683.01	2017.71	2006M12	10811.51	2676.61

（11）根据表7-10，利用脉冲响应函数分析各下游行业自身需求的变动对钢铁行业需求的影响，分析钢铁销售收入对下游相关行业冲击变化的响应，并分析相应结果的经济意义。

表7-10　与钢铁行业的相关数据　　　　　　　　（单位：亿元）

年份	钢材销售收入	建材销售收入	汽车销售收入	机械销售收入	家电销售收入
1999M01	100.2497	93.23126	120.6233	334.5543	117.3377
1999M02	150.3745	139.84694	180.935	501.8314	176.0065
1999M03	156.4964	153.8454	247.0782	572.4198	161.594
1999M04	171.2877	176.6869	234.5613	610.1177	196.4789
1999M05	188.461	181.3601	238.3212	634.5748	197.2002
1999M06	195.5707	202.8794	213.021	645.862	170.7127
1999M07	175.77	195.88	214.28	650.19	265.71
1999M08	178.14	187.1	213.18	602.46	204.56
1999M09	178.69	188.71	266.67	657.8	175.11
1999M10	191.73	188.96	253.95	644.98	172.25
1999M11	178.8	204.83	255.25	687.57	253.75
1999M12	226.32	269.42	321.17	939.11	280.15
2000M01	122.064	104.736	142.432	385.392	136.628
2000M02	183.096	157.104	213.648	578.088	204.942
2000M03	190.55	172.83	291.75	658.54	188.16
2000M04	208.56	198.49	276.97	702.52	228.78
2000M05	229.47	203.74	281.41	730.8	229.62
2000M06	228.87	234.15	234.92	695.12	205.69
2000M07	215.35	213.49	269.45	769.96	299.71
2000M08	215.05	213.88	272.89	720.86	215.89
2000M09	230.31	213.09	292.22	779.11	244.74
2000M10	237.58	216.97	315.66	775.77	236.12
2000M11	235.39	210.81	277.97	790.8	229.45
2000M12	260.39	287.36	386.02	1045.38	297.56
2001M01	151.664	115.756	188.824	445.58	153.128
2001M02	227.496	173.634	283.236	668.37	229.692
2001M03	237.36	205.96	381.71	806.15	233.11
2001M04	247.4	218.87	354.64	811.39	246.37
2001M05	247.75	222.21	344	837.38	260.71
2001M06	247.54	236.03	321.65	895.51	319.15
2001M07	252.03	216.28	295.45	758.41	234.81
2001M08	341.38	224.99	321.66	787.95	288.39
2001M09	195.96	242.86	367.93	843.44	190.41

（续）

年 份	钢材销售收入	建材销售收入	汽车销售收入	机械销售收入	家电销售收入
2001M10	232.4	233.04	335.31	836.82	207.01
2001M11	227.17	244	368.36	883.79	233.41
2001M12	307.99	317.46	452.6	1185.33	333.51
2002M01	162.46	130.152	232.26	505.332	174.484
2002M02	243.69	195.228	348.39	757.998	261.726
2002M03	240.61	218.67	458.73	873.84	293.22
2002M04	261.64	238.74	515.33	937.25	286.66
2002M05	326.27	254.72	490.66	964	299.24
2002M06	291.73	278.2	504.27	1036.48	339.72
2002M07	305.22	240.07	462.53	909.48	302.1
2002M08	265.59	258.77	473.45	967.98	277.62
2002M09	294.1	273.33	542.93	1037.8	283.59
2002M10	299.51	284.86	495.56	1052.29	234.99
2002M11	298.25	289.77	499.17	1081.4	276.5
2002M12	324.26	331.21	602.19	1445.66	317.06

第 8 章 经典联立方程计量经济学模型
——理论与方法

📖 引言

在经济学中,通常要用有相互依存关系的一个方程组来描述这些经济变量之间的关系。这就要求建立具有多方程的联立方程计量经济学模型来正确描述复杂的经济问题。联立方程计量经济学模型是相对于单一方程模型提出来的,旨在讨论多个经济变量相互影响的错综复杂的运行规律,或者说讨论多个内生变量被联立决定的问题。联立方程模型是计量经济学中十分重要的一类模型,它比单方程模型要复杂得多,必须发展新的估计方法估计联立方程计量经济学模型。本书中,仅限于研究线性联立方程计量经济学模型。

✒ 本章学习目标

1. 联立方程计量经济学模型区别于单方程模型的若干基本概念(内生变量、外生变量、前定变量、结构式模型、简化式模型,随机方程、非随机方程)。
2. 识别的概念;识别的类型:过度识别、恰好识别。
3. 结构式识别条件和简化式识别条件。
4. 识别约束。
5. 识别的应用。

8.1 问题的提出

在前面的学习中讨论了单方程计量经济学模型,它只能描述经济变量之间的单向因果关系,即若干解释变量的变化引起被解释变量的变化。但经济现象是错综复杂的,其中诸因素之间的关系在很多情况下,不是单一方程模型所描述的简单的单向因果关系,而是相互依存的交错的双向或多向因果关系。例如,某一农产品的价格影响着对该农产品的需求和供给,同时,市场对该农产品的需求和供给又影响着该农产品的价格。为了描述变量之间的多向因果关系,就需要建立由多个方程组成的联立方程模型。又如,研究消费函数时,一般认为消费是由收入决定的;但从社会再生产的动态过程来看,消费水平的改变又会导致生产规模的变化,进而影响收入,所以消费又决定收入。因此利用单方程模型很难完整、准确地反映经济系统内的这种复杂关系,只有将多个方程有机地组合起来才能合理地进行经济问题的描述。

联立方程模型就是由多个相互联系的单一方程组成的方程组。由于其包含的变量和描述的经济关系较多,所以能够较为全面地反映经济系统的运行规律。在联立方程模型中,每个方程都描述了变量之间的一个因果关系,因此所描述的经济系统中有多少个因果关系,联立方程模型中就对应有多少个方程。

从上面分析来看,提出了这样一个问题:必须发展新的方法来估计联立方程计量经济学模型。这就从计量经济学方法上提出了联立方程模型的问题。

8.2 基本概念和模型

8.2.1 联立计量经济学模型的基本概念

联立方程模型是由若干个方程式组成的,如果每个方程式都是线性形式,就称为线性联立方程模型。本节介绍关于线性联立方程计量经济学模型的一些基本情况。

1. 概念的描述

(1) 变量。其主要有以下类型:

1) 先决变量。它们的值不是由系统直接确定。它又分成外生变量和滞后的内生变量。

2) 内生变量。内生变量是指具有某种概率分布的随机变量,它的参数是联立方程系统估计的元素。内生变量受模型系统中其他变量的影响,也可能影响其他变量。它一般是被解释变量(在其他方程中也可作为解释变量),且是模型求解的结果。建模时,往往要求模型中的方程个数等于内生变量的个数。一般情况下,因为 $\text{Cov}(Y_i, \mu_i) \neq 0$,内生变量 Y 变量满足 $E(Y_i \mu_i) \neq 0$。

由于内生变量是随机变量,如果它在某个方程中作为解释变量,则该方程就存在随机解释变量问题,方程中参数的普通最小二乘估计量一般是有偏的和不一致的,此时普通最小二乘法不是一个好的参数估计方法。

3) 外生变量。外生变量是指由模型系统以外的因素决定其取值的变量。它或者是没有概率分布的确定变量,或者是具有临界概率分布的随机变量。它不受模型系统的影响,但它对模型系统有影响。在联立方程组模型中,必须事先给定外生变量值,才能求出内生变量的值。外生变量可分为政策性外生变量和非政策性外生变量。政策性外生变量,如税率、利率、货币供给量、政府支出等;非政策性外生变量,如时间趋势、自然条件等。一般情况下,外生变量 X 满足 $\text{Cov}(X_t, \mu_t) = 0$。

4) 预定变量。它也称前定变量,是外生变量和滞后变量的统称。滞后变量包括内生滞后变量和外生滞后变量。在联立方程模型中,由于外生变量的值在模型求解之前给定,滞后变量则取前期的历史值,所以前定变量都作为解释变量。如果某个方程中只有预定变量作为解释变量,解释变量中没有内生变量,则该方程中参数的普通最小二乘估计量具有无偏性和最小方差性。

(2) 方程。联立方程模型中的方程按照是否包含随机项可分为两类:方程中含有随机项和未知参数的称为随机方程式,随机方程式中的参数需要估计;方程中不含有随机项和未知参数的称为非随机方程式,非随机方程式不需要估计参数。

1) 技术方程。技术方程是根据客观经济技术关系建立的方程,也称为随机方程。例如,生产函数方程就是反映在一定生产技术条件下,生产要素投入量与产出量之间技术关系的方程。

2) 行为方程。行为方程是解释或描述居民、企业团体和政府的经济行为的方程。这类方程都带有随机误差项,也称为随机方程。

3) 定义方程。由它定义某一经济变量与其他经济变量的恒等关系。这类方程中既没有未知参数,也没有随机误差项。

4)平衡方程。平衡方程表示经济系统均衡或平衡状态的恒等关系式。与定义方程一样,它不含未知参数和随机误差项。

方程之间存在着如下关系:

$$\left.\begin{array}{l}\text{行为方程}\\\text{技术方程}\end{array}\right\}\text{可加随机项};\quad\left.\begin{array}{l}\text{平衡方程}\\\text{定义方程}\end{array}\right\}\text{不可加随机项}$$

每个结构方程中,变量前的系数称为结构参数。

2. 系统的描述

例 8-1 简单宏观经济系统的描述

在一个由国民收入 Y、消费 C、投资 I、政府支出 G 等变量构成的简单的宏观经济系统中,对这些变量之间的关系用经济数学模型来进行描述

$$\begin{cases} C_t = \alpha_0 + \alpha_1 Y_t + \mu_{1t} \\ I_t = \beta_0 + \beta_1 Y_t + \beta_2 Y_{t-1} + \mu_{2t} \\ Y_t = C_t + I_t + G_t \end{cases} \tag{8-1}$$

从上面的模型来看,内生变量包括国民收入 Y、消费 C、投资 I;外生变量包括前期国民收入 Y_{t-1} 和政府支出 G。消费方程和投资方程为随机方程式,而收入方程为非随机方程式。

8.2.2 联立计量经济学模型

联立方程模型主要分成三类:结构式模型、简化式模型和递归模型。

1. 结构式模型

(1) 结构式模型的定义。依据经济理论直接设定的描述经济变量关系结构的联立方程组模型形式称为结构式模型。结构式模型是在对经济变量的影响关系进行理论分析的基础上建立的,反映了内生变量直接受预定变量、其他内生变量和随机项影响的因果关系。模型中的每个随机方程的被解释变量不仅是内生变量,而且还是由其他内生变量、前定变量和随机误差项所表示的变量,这种方程称为结构方程,各结构方程的参数称为结构参数。

在结构式模型中,结构参数表示每个解释变量对被解释变量的直接影响,参数的符号表示影响的方向,其绝对值表示这种直接影响的大小程度。式(8-1)就是结构模型。

现在学习联立方程模型结构式的一般形式。把结构方程中所有观测变量的项移到左边,用 Y 表示内生变量,β 表示内生变量的结构参数,X 表示预定变量,γ 表示预定变量的结构参数,结构式模型的一般形式可写作

$$\begin{cases} \beta_{11}Y_{1t} + \beta_{12}Y_{2t} + \cdots + \beta_{1h}Y_{ht} + \gamma_{11}X_{1t} + \gamma_{12}X_{2t} + \cdots \gamma_{1k}X_{kt} = \mu_{1t} \\ \beta_{21}Y_{1t} + \beta_{22}Y_{2t} + \cdots + \beta_{2h}Y_{ht} + \gamma_{21}X_{1t} + \gamma_{22}X_{2t} + \cdots + \gamma_{2k}X_{kt} = \mu_{2t} \\ \vdots \\ \beta_{g1}Y_{1t} + \beta_{g2}Y_{2t} + \cdots \beta_{gk}Y_{gt} + \gamma_{g1}X_{1t} + \gamma_{g2}X_{2t} + \cdots \gamma_{gk}X_{gt} = \mu_{gt} \end{cases} \tag{8-2}$$

模型式(8-2)中有 g 个内生变量 Y_{1t}, Y_{2t}, $\cdots$, Y_{gt};k 个预定变量 X_{1t}, X_{2t}, $\cdots$, X_{kt};g 个结构方程。μ_{it},$i=1$,2,$\cdots$,g 表示随机误差项。对独立结构方程的个数等于内生变量的数目的模型被称为完备结构式模型。式(8-2)的矩阵形式为

$$\begin{pmatrix} \beta_{11} & \beta_{12} & \cdots & \beta_{1g} \\ \beta_{21} & \beta_{22} & \cdots & \beta_{2g} \\ \vdots & & & \vdots \\ \beta_{g1} & \beta_{g2} & \cdots & \beta_{gg} \end{pmatrix} \begin{pmatrix} Y_{1t} \\ Y_{2t} \\ \vdots \\ Y_{gt} \end{pmatrix} + \begin{pmatrix} \gamma_{11} & \gamma_{12} & \cdots & \gamma_{1k} \\ \gamma_{21} & \gamma_{22} & \cdots & \gamma_{2k} \\ \vdots & & & \vdots \\ \gamma_{g1} & \gamma_{g2} & \cdots & \gamma_{gk} \end{pmatrix} \begin{pmatrix} X_{1t} \\ X_{2t} \\ \vdots \\ X_{kt} \end{pmatrix} = \begin{pmatrix} \mu_{1t} \\ \mu_{2t} \\ \vdots \\ \mu_{gt} \end{pmatrix} (t=1, 2, \cdots, n) \quad (8\text{-}3)$$

即

$$BY_t + \Gamma X_t = U_t \tag{8-4}$$

式中,$B = (\beta_{ij})_{g \times g}$;$\Gamma = (\gamma_{ij})_{g \times k}$,$Y_t = \begin{pmatrix} Y_{1t} \\ Y_{2t} \\ \vdots \\ Y_{gt} \end{pmatrix}$;$X_t = \begin{pmatrix} X_{1t} \\ X_{2t} \\ \vdots \\ X_{kt} \end{pmatrix}$;$U_t = \begin{pmatrix} \mu_{1t} \\ \mu_{2t} \\ \vdots \\ \mu_{gt} \end{pmatrix}$。

(2) 结构式模型的特点

1) 模型直观地描述了经济变量之间的关系结构,模型的经济意义明确。例如,在式 (8-1) 中,第一个方程是依据凯恩斯的绝对收入假说建立的消费函数;第二个方程是投资函数,表示投资额的变化主要取决于当期和前期的国内生产总值;第三个方程是定义方程,反映了国内生产总值,包括消费、投资和政府支出。

2) 模型只反映了各变量之间的直接影响,却无法直观地反映各变量之间的间接影响和总影响。例如,政府支出 G 的增加将会引起收入 Y 的变化,进而引起居民消费 C 的变化,但这种间接影响却无法通过结构方程(或结构参数)直接反映出来。同样,上期收入 Y_{t-1} 通过投资 I、收入 Y 等变量对居民消费 C 的间接影响也没有直观地反映出来。

3) 无法直接运用结构式模型进行预测。联立方程模型预测就是根据预定变量的值,预测模型是否能够内生变量。但是,结构式中的解释变量中间,往往还包含着需要预测的内生变量,所以无法进行预测。

2. 简化式模型

(1) 简化式模型的定义。模型的简化式是指将结构式模型中的每个内生变量都只表示为前定变量和随机扰动项的函数,所构成的模型称为简化式模型。习惯上用 π 表示简化式模型中每一个方程的简化式参数。

(2) 求解简化式的方法

1) 直接估计法,即直接把模型中的每一个内生变量表示成前定变量和随机扰动项的线性函数。例如,简化式的一般形式为

$$Y_i = \pi_{i1} X_1 + \pi_{i2} X_2 + \cdots + \pi_{ik} X_k + \mu_i \quad (i=1, 2, \cdots, n) \tag{8-5}$$

用矩阵形式表示为 $Y = \pi X + U$,并用普通最小二乘法估计上述的 π_{ij} 值,就得到用直接估计法建立的简化式模型。对于式 (8-5) 所表示的模型,其简化式模型为

$$\begin{cases} C_t = \pi_{10} + \pi_{11} Y_{t-1} + \pi_{12} G_t + \mu_{1t} \\ I_t = \pi_{20} + \pi_{21} Y_{t-1} + \pi_{22} G_t + \mu_{2t} \\ Y_t = \pi_{30} + \pi_{31} Y_{t-1} + \pi_{32} G_t + \mu_{3t} \end{cases} \tag{8-6}$$

2) 间接估计法,即在一定条件下通过推导,将每个内生变量表示成前定变量和随机误差项的函数。其中每个前定变量的系数称为简化式参数。

例 8-2 凯恩斯模型

对于简单凯恩斯模型，如式 (8-1)，通过变量连续代换的方法，把内生变量 C_t、I_t、Y_t 表示为前定变量 G_t、Y_{t-1} 与随机误差项 μ_t 的函数

$$C_t = \frac{\alpha_0 - \alpha_0\beta_1 + \alpha_1\beta_2}{1 - \alpha_1 - \beta_1} + \frac{\alpha_1\beta_1}{1 - \alpha_1 - \beta_1}Y_{t-1} + \frac{\alpha_1}{1 - \alpha_1 - \beta_1}G_t + \frac{\mu_{1t} + \alpha_1\mu_{2t} - \beta_1\mu_{1t}}{1 - \alpha_1 - \beta_1}$$

$$I_t = \frac{\beta_0 - \alpha_1\beta_0 + \alpha_0\beta_1}{1 - \alpha_1 - \beta_1} + \frac{\beta_2(1 - \alpha_1)}{1 - \alpha_1 - \beta_1}Y_{t-1} + \frac{\beta_1}{1 - \alpha_1 - \beta_1}G_t + \frac{\mu_{2t} + \beta_1\mu_{1t} - \alpha_1\mu_{2t}}{1 - \alpha_1 - \beta_1}$$

$$Y_t = \frac{\beta_0 + \alpha_0}{1 - \alpha_1 - \beta_1} + \frac{\beta_2}{1 - \alpha_1 - \beta_1}Y_{t-1} + \frac{1}{1 - \alpha_1 - \beta_1}G_t + \frac{\mu_{1t} + \mu_{2t}}{1 - \alpha_1 - \beta_1}$$

从简化型中得出参数关系式体系

$$\pi_{11} = \frac{\alpha_1\beta_2}{1 - \alpha_1 - \beta_1} \qquad \pi_{12} = \frac{\alpha_1}{1 - \alpha_1 - \beta_1}$$

$$\pi_{21} = \frac{\beta_2(1 - \alpha_1)}{1 - \alpha_1 - \beta_1} \qquad \pi_{22} = \frac{\beta_1}{1 - \alpha_1 - \beta_1}$$

$$\pi_{31} = \frac{\beta_2}{1 - \alpha_1 - \beta_1} \qquad \pi_{32} = \frac{1}{1 - \alpha_1 - \beta_1}$$

由本例的简化型中容易看出，简化式参数是度量前定变量变化时对内生变量的总影响，而结构式参数只表明一个单一方程内前定变量对内生变量的直接影响。例如，π_{21} 度量 Y_{t-1} 增加一单位时对 I_t 的影响，由两部分组成：第一部分 β_2 是 I_t 对 Y_{t-1} 的直接影响；第二部分是 Y_{t-1} 的增加影响 I_t，I_t 影响 Y_t，Y_t 又影响 I_t。另外，Y_t 影响 C_t，C_t 又影响 Y_t，因而影响 I_t。

$$\pi_{21} = \frac{\beta_2(1 - \alpha_1)}{1 - \alpha_1 - \beta_1} = \frac{\beta_2(1 - \alpha_1 - \beta_1 + \beta_1)}{1 - \alpha_1 - \beta_1} = \beta_2 + \frac{\beta_1\beta_2}{1 - \alpha_1 - \beta_1}$$

由于简化参数反映了前定变量对内生变量的总影响，所以简化式可用于经济预测与经济结构分析。

(3) 简化式模型的特点

1) 简化式方程的解释变量都是与随机项不相关的前定变量，可以应用 OLS 对简化式方程中的参数进行估计，其估计量是无偏的和一致的。

2) 简化式参数反映了前定变量对内生变量的总影响，包括直接影响和间接影响。

3) 利用简化式模型可以直接进行预测。在得到估计的简化式模型之后，根据前定变量的已知信息就可以预测模型中的所有内生变量。

4) 简化式模型没有客观地描述经济系统内各个变量之间的内在联系，模型的经济含义不是很明确。

3. 递归模型

如果一个模型的结构方程可以用下面这种方式排列：第一个方程右边只包含外生变量；第二个方程右边只包含外生变量与第一个内生变量（第一个方程中的被解释变量）……一般地，第 m 个方程的右边只包含外生变量和前面的 $m-1$ 个方程的内生变量 Y_1 到 Y_{m-1}，这种模型称为递归模型。例如

$$\begin{cases} Y_1 = f(X_1, X_2, \cdots, X_k; \mu_1) \\ Y_2 = f(X_1, X_2, \cdots, X_k; Y_1; \mu_2) \\ Y_3 = f(X_1, X_2, \cdots, X_k; Y_1, Y_2; \mu_3) \\ \vdots \\ Y_m = f(X_1, X_2, \cdots, X_k; Y_1, Y_2 \cdots; Y_{m-1}; \mu_m) \end{cases} \quad (8\text{-}7)$$

其中含有 m 个内生变量，k 个外生变量，并假定随机变量 $\mu_j (j=1, 2, \cdots, m)$ 是相互独立的。

为了便于理解，写出上述递归模型的完整形式

$$Y_1 = \gamma_{11} X_1 + \gamma_{12} X_2 + \cdots + \gamma_{1k} X_k + \mu_1$$
$$Y_2 = \gamma_{21} X_1 + \gamma_{22} X_2 + \cdots + \gamma_{2k} X_k + \beta_{21} Y_1 + \mu_2$$
$$\vdots$$
$$Y_m = \gamma_{m1} X_1 + \gamma_{m2} X_2 + \cdots + \gamma_{mk} X_k + \beta_{m1} Y_1 + \cdots + \beta_{mm} Y_{m-1} + \mu_m$$

如果假定随机项 u_i 和 u_j 的分布是独立的，因而出现在每个方程右边的 Y 项与该方程中的误差项将是无关的。所以，给定外生变量（X_i）的值，就可以用递归系统中的每个方程应用 OLS 法，所得估计量具有 BLUE 性质（即 Best Linear Unbiased Estimate，最优线性无偏性）。

由于递归模型中的内生变量的系数矩阵形成一个下三角矩阵，所以递归模型也称为三角形模型。即

$$\boldsymbol{B}_{m \times m} = \begin{pmatrix} 1 & 0 & 0 & \cdots & 0 \\ -\beta_{21} & 1 & 0 & \cdots & 0 \\ -\beta_{31} & -\beta_{32} & 1 & \cdots & 0 \\ \vdots & \vdots & \vdots & & \vdots \\ -\beta_{m1} & -\beta_{m2} & -\beta_{m3} & & 1 \end{pmatrix}$$

因此，实际上，只要判断内生变量的系数矩阵 $\boldsymbol{B}$ 是否具有以上的形式，就能判断一个模型是否为递归模型。例如，在供给导向的宏观经济系统中，总资产由前期资本存量和劳动力数量决定；国民收入由总产值决定；居民收入、财政收入由国民收入决定；消费和投资又由居民收入和财政收入决定……如果将这些关系用计量经济模型描述，就是一个典型的递归系统模型。

4. 结构式模型与简化式模型的关系

结构式模型直观地描述了经济变量之间的关系结构，有十分明确的经济含义，但却不便于进行参数估计、经济预测、政策评价等定量分析。简化式模型完全是根据内生变量的含义，将经济系统内各变量之间的关系人为地简化而得到的模型，所以没有明确的经济含义。但是，简化式模型却反映了前定变量对内生变量的总影响，能够进行普通最小二乘法参数估计及直接进行经济预测等分析。针对结构式模型和简化式模型的不同特点，在实际应用中，可以根据不同的研究目的，合理地选择模型。同时，也需要了解两类模型之间的转换过程，以及结构参数与简化参数之间的关系。

结构式模型

$$\boldsymbol{B} Y_t + \boldsymbol{\Gamma} X_t = U_t \quad (8\text{-}8)$$

简化式模型
$$Y = \Pi X + V \qquad (8\text{-}9)$$

$$\Pi = \begin{pmatrix} \pi_{11} & \pi_{12} & \cdots & \pi_{1k} \\ \pi_{21} & \pi_{22} & \cdots & \pi_{2k} \\ \vdots & \vdots & & \vdots \\ \pi_{g1} & \pi_{g2} & \cdots & \pi_{gk} \end{pmatrix}$$

对于式 (8-8)，两边同时左乘 B^{-1}，整理得到
$$Y = -B^{-1}\Gamma X + B^{-1}U$$
将其与式 (8-9) 比较，可以得到
$$\Pi = -B^{-1}\Gamma \qquad (8\text{-}10)$$

式 (8-10) 描述了简化式参数与结构式参数之间的关系，称为参数关系体系。

8.3 联立方程计量经济学模型的识别

联立方程计量经济学模型是由多个方程组成的，对方程之间的关系有严格的要求，否则模型就可能无法估计。所以，在进行模型估计之前，首先要判断它是否可以估计，这就是模型的识别。

8.3.1 识别的概念

先看一个例子。有如下三个方程构成的简单宏观经济模型

$$\begin{cases} C_t = \alpha_0 + \alpha_1 Y_t + \mu_{1t} \\ I_t = \beta_0 + \beta_1 Y_t + \mu_{2t} \qquad t = 1, 2, \cdots, n \\ Y_t = C_t + I_t \end{cases} \qquad (8\text{-}11)$$

式中，C 为消费总额，包括居民消费和政府消费，在假定进出口平衡的情况下，国内生产总值为消费总额与投资总额之和。模型中消费总额与投资总额都用国内生产总值解释，在经济学上也是可以接受的。所以，如果该模型可以估计，不失为一个描述消费总额、投资总额和国内生产总值关系的总量宏观经济模型。

但是，经分析发现，消费方程是包含 C、Y 和常数项的直接线性方程，而投资方程和国内生产总值方程的某种线性组合（消去 I）所构成的新方程也是包含 C、Y 和常数项的直接线性方程。现在，问题出现了，当收集了 C、Y 的样本观测值并进行参数估计后，很难判断得到的是消费方程的参数估计量，还是新组合方程的参数估计量。这时，只能认为原模型中的消费方程是不可估计的。这种情况称为不可识别。

在不同的教科书中，分别给出了识别的三种定义：

(1) 如果联立方程模型中某个结构方程不具有确定的统计形式，则称该方程为不可识别。

(2) 如果联立方程模型中某些方程的线性组合可以构成与某一个方程相同的统计形式，则称该方程为不可识别。

(3) 根据参数关系体系，在已知简化式参数估计值时，如果不能得到联立方程模型中

某个结构方程的确定的结构参数估计值,则称该方程为不可识别。

认真分析以上三种定义发现,应该以是否具有确定的统计形式作为识别的基本定义,即上述第一种定义;其他两种表述实际上是判断识别与否的方法。

什么是"统计形式"?即变量和方程关系式。什么是"具有确定的统计形式"?即模型系统中其他方程或所有方程的任意线性组合所构成的新的方程都不再具有这种统计形式。模型中的消费方程已经被证明不具有确定的统计形式,因为其他两个方程的线性组合形成的新方程与它的统计形式完全相同。如果某个结构方程不具有确定的统计形式,那么根据参数关系体系,在已知简化式模型参数估计值时,就不能得到该结构方程的确定的结构参数估计值。

8.3.2 模型的识别

上述识别的定义是针对结构方程而言的。模型中每个需要估计其参数的随机方程都存在识别问题。如果一个模型中的所有随机方程都是可以识别的,则认为该联立方程模型系统是可以识别的;反之,如果一个模型系统中存在一个不可识别的随机方程,则认为该联立方程模型系统是不可识别的。恒等方程由于不存在参数估计问题,所以也不存在识别问题。但是,必须注意,在判断随机方程的识别性问题时,应该将恒等方程考虑在内。例如,模型(8-1)中正是恒等方程与投资方程的线性组合,构成了与消费方程具有相同统计形式的新方程,使得消费方程不可识别。

1. 过度识别

"某一个随机方程,当给定有关变量的样本观测值,其参数具有确定的估计量。"这包括两种情况:一是只有一组参数估计量;二是具有有限组参数估计量。如果某一个随机方程具有一组参数估计量,称其为恰好识别;如果某一个随机方程具有多组参数估计量,称其为过度识别。

为了更好地理解上述概念,通过模型式(8-11)及其改进形式逐步加以说明。即

$$\begin{cases} C_t = \alpha_0 + \alpha_1 Y_t + \mu_{1t} \\ I_t = \beta_0 + \beta_1 Y_t + \mu_{2t}, \ t=1,2,\cdots,n \\ Y_t = C_t + I_t \end{cases} \quad (8\text{-}12)$$

已经判断消费方程不可识别。同样,第1与第3个方程的线性组合得到的新方程具有与投资方程相同的统计形式,所以投资方程也是不可识别的。于是,该模型系统不可识别。

该模型的简化式模型为

$$C_t = \pi_{10} + \varepsilon_{1t}$$

$$I_t = \pi_{20} + \varepsilon_{2t}$$

$$Y_t = \pi_{30} + \varepsilon_{3t}$$

参数关系体系为

$$\pi_{10} = \frac{\alpha_0 - \alpha_0 \beta_1 + \alpha_1 \beta_0}{1 - \alpha_1 - \beta_1}$$

$$\pi_{20} = \frac{\beta_0 - \alpha_1 \beta_0 + \alpha_0 \beta_1}{1 - \alpha_1 - \beta_1}$$

$$\pi_{30} = \frac{\alpha_0 + \beta_0}{1 - \alpha_1 - \beta_1}$$

从由该 3 个方程组成的方程组中剔除 1 个矛盾方程（方程 1、2 相加，右端等于方程 3 的右端，而左端并不一定相等，形成矛盾方程），在已知 $\hat{\pi}_{10}$、$\hat{\pi}_{20}$、$\hat{\pi}_{30}$ 时，2 个方程不能求得 $\hat{\alpha}_0$、$\hat{\alpha}_1$、$\hat{\beta}_0$、$\hat{\beta}_1$ 的确定值。所以，也证明消费方程与投资方程都是不可识别的。

2. 恰好识别

在模型式（8-11）的投资方程中增加解释变量 Y_{t-1}，模型变为

$$\begin{cases} C_t = \alpha_0 + \alpha_1 Y_t + \mu_{1t} \\ I_t = \beta_0 + \beta_1 Y_t + \beta_2 Y_{t-1} + \mu_{2t}, \quad t = 1, 2, \cdots, n \\ Y_t = C_t + I_t \end{cases} \tag{8-13}$$

这时，消费方程是可以识别的，因为任何方程的线性组合都不能构成与它相同的统计形式。但是，投资方程仍然是不可识别的，因为第 1、第 2 与第 3 个方程的线性组合（消去 C）构成与它相同的统计形式。于是，该模型系统仍然不可识别。

该模型的简化式模型为

$$\begin{cases} C_t = \pi_{10} + \pi_{11} Y_{t-1} + \varepsilon_{1t} \\ I_t = \pi_{20} + \pi_{21} Y_{t-1} + \varepsilon_{2t} \\ Y_t = \pi_{30} + \pi_{31} Y_{t-1} + \varepsilon_{3t} \end{cases}$$

参数关系体系为

$$\pi_{10} = \frac{\alpha_0 - \alpha_0 \beta_1 + \alpha_1 \beta_0}{1 - \alpha_1 - \beta_1} \qquad \pi_{11} = \frac{\alpha_1 \beta_2}{1 - \alpha_1 - \beta_1}$$

$$\pi_{20} = \frac{\beta_0 - \alpha_1 \beta_0 + \alpha_0 \beta_1}{1 - \alpha_1 - \beta_1} \qquad \pi_{21} = \frac{\beta_2 - \alpha_1 \beta_2}{1 - \alpha_1 - \beta_1}$$

$$\pi_{30} = \frac{\alpha_0 + \beta_0}{1 - \alpha_1 - \beta_1} \qquad \pi_{31} = \frac{\beta_2}{1 - \alpha_1 - \beta_1}$$

从由该 7 个方程组成的方程组中剔除 2 个矛盾方程，在已知 $\hat{\pi}_{10}$、$\hat{\pi}_{20}$、$\hat{\pi}_{30}$、$\hat{\pi}_{11}$、$\hat{\pi}_{21}$、$\hat{\pi}_{31}$ 时，由 4 个方程是不能求得所有 5 个结构参数的确定估计值，但是可以得到 $\hat{\alpha}_0$ 和 $\hat{\alpha}_1$ 的确定值。所以，也证明了消费方程是可识别的，而投资方程都是不可识别的。而且，只能得到 $\hat{\alpha}_0$ 和 $\hat{\alpha}_1$ 的一组确定值。所以，消费方程是恰好识别的方程（读者可自己求解上述方程组，验证这些结论）。

在模型式（8-13）的消费方程中增加解释变量 C_{t-1}，模型变为

$$\begin{cases} C_t = \alpha_0 + \alpha_1 Y_t + \alpha_2 C_{t-1} + \mu_{1t} \\ I_t = \beta_0 + \beta_1 Y_t + \beta_2 Y_{t-1} + \mu_{2t}, \quad t = 1, 2, \cdots, n \\ Y_t = C_t + I_t \end{cases} \tag{8-14}$$

这时，消费方程仍然是可识别的，因为任何方程的线性组合都不能构成与它相同的统计形式；而且，投资方程也是可识别的，因为任何方程的线性组合都不能构成与它相同的统计形式。于是，该模型系统是可识别的。

该模型的简化式模型为

$$\begin{cases} C_t = \pi_{10} + \pi_{11} Y_{t-1} + \pi_{12} C_{t-1} + \varepsilon_{1t} \\ I_t = \pi_{20} + \pi_{21} Y_{t-1} + \pi_{22} C_{t-1} + \varepsilon_{2t} \\ Y_t = \pi_{30} + \pi_{31} Y_{t-1} + \pi_{32} C_{t-1} + \varepsilon_{3t} \end{cases}$$

参数关系体系为

$$\pi_{10} = \frac{\alpha_0 - \alpha_0\beta_1 + \alpha_1\beta_0}{1 - \alpha_1 - \beta_1} \qquad \pi_{11} = \frac{\alpha_1\beta_2}{1 - \alpha_1 - \beta_1} \qquad \pi_{12} = \frac{\alpha_2 - \alpha_2\beta_1}{1 - \alpha_1 - \beta_1}$$

$$\pi_{20} = \frac{\beta_0 - \alpha_1\beta_0 + \alpha_0\beta_1}{1 - \alpha_1 - \beta_1} \qquad \pi_{21} = \frac{\beta_2 - \alpha_1\beta_2}{1 - \alpha_1 - \beta_1} \qquad \pi_{22} = \frac{\alpha_2\beta_1}{1 - \alpha_1 - \beta_1}$$

$$\pi_{30} = \frac{\alpha_0 + \beta_0}{1 - \alpha_1 - \beta_1} \qquad \pi_{31} = \frac{\beta_2}{1 - \alpha_1 - \beta_1} \qquad \pi_{32} = \frac{\alpha_2}{1 - \alpha_1 - \beta_1}$$

从由该9个方程组成的方程组中剔除3个矛盾方程，在已知简化式参数估计值时，由7个方程能够求得所有7个结构参数的确定估计值。所以，也证明消费方程和投资方程都是可识别的。而且，只能得到所有7个结构参数的一组确定值。所以，消费方程和投资方程都是恰好识别的方程。（读者可自己求解上述方程组，验证这些结论。）

在模型（8-14）的消费方程中增加解释变量前一年的价格指数 P_{t-1}，模型变为

$$\begin{cases} C_t = \alpha_0 + \alpha_1 Y_t + \alpha_2 C_{t-1} + \alpha_3 P_{t-1} + \mu_{1t} \\ I_t = \beta_0 + \beta_1 Y_t + \beta_2 Y_{t-1} + \mu_{2t}, \qquad t = 1, 2, \cdots, n \\ Y_t = C_t + I_t \end{cases} \qquad (8\text{-}15)$$

这时，消费方程和投资方程仍然是可识别的，因为任何方程的线性组合都不能构成与它们相同的统计形式。于是，该模型系统是可识别的。

该模型的简化式模型为

$$C_t = \pi_{10} + \pi_{11}Y_{t-1} + \pi_{12}C_{t-1} + \pi_{13}P_{t-1} + \varepsilon_{1t}$$
$$I_t = \pi_{20} + \pi_{21}Y_{t-1} + \pi_{22}C_{t-1} + \pi_{23}P_{t-1} + \varepsilon_{2t}$$
$$Y_t = \pi_{30} + \pi_{31}Y_{t-1} + \pi_{32}C_{t-1} + \pi_{33}P_{t-1} + \varepsilon_{3t}$$

参数关系体系为

$$\pi_{10} = \frac{\alpha_0 - \alpha_0\beta_1 + \alpha_1\beta_0}{1 - \alpha_1 - \beta_1} \qquad \pi_{20} = \frac{\beta_0 - \alpha_1\beta_0 + \alpha_0\beta_1}{1 - \alpha_1 - \beta_1} \qquad \pi_{30} = \frac{\alpha_0 + \beta_0}{1 - \alpha_1 - \beta_1}$$

$$\pi_{11} = \frac{\alpha_1\beta_2}{1 - \alpha_1 - \beta_1} \qquad \pi_{21} = \frac{\beta_2 - \alpha_1\beta_2}{1 - \alpha_1 - \beta_1} \qquad \pi_{31} = \frac{\beta_2}{1 - \alpha_1 - \beta_1}$$

$$\pi_{12} = \frac{\alpha_2 - \alpha_2\beta_1}{1 - \alpha_1 - \beta_1} \qquad \pi_{22} = \frac{\alpha_2\beta_1}{1 - \alpha_1 - \beta_1} \qquad \pi_{32} = \frac{\alpha_2}{1 - \alpha_1 - \beta_1}$$

$$\pi_{13} = \frac{\alpha_3 - \alpha_3\beta_1}{1 - \alpha_1 - \beta_1} \qquad \pi_{23} = \frac{\alpha_3\beta_1}{1 - \alpha_1 - \beta_1} \qquad \pi_{33} = \frac{\alpha_3}{1 - \alpha_1 - \beta_1}$$

从由该12个方程组成的方程组中剔除4个矛盾方程，在已知简化式参数估计值时，由8个方程能够求得所有7个结构参数的确定估计值。所以，也证明了消费方程和投资方程都是可识别的。但是，求解结果表明，对于 $\hat{\alpha}_0$、$\hat{\alpha}_1$、$\hat{\alpha}_2$、$\hat{\alpha}_3$ 只能得到一组确定值，所以消费方程是恰好识别的方程；而对于 $\hat{\beta}_0$、$\hat{\beta}_1$、$\hat{\beta}_2$，能够得到多组确定值，所以投资方程是过度识别的方程（读者可自己求解上述方程组，验证这些结论）。

需要特别指出，在求解线性代数方程组时，如果方程数目大于未知数数目，则被认为无解；如果方程数目小于未知数数目，则被认为有无穷多解。但是在这里，无穷多解意味着没有确定值。所以，如果参数关系体系中有效方程数目小于未知结构参数估计量数目，则被认

为不可识别；如果参数关系体系中有效方程数目大于未知结构参数估计量数目，那么每次从中选择与未知结构参数估计量数目相等的方程数，可以解得一组结构参数估计值，换一组方程，又可以解得一组结构参数估计值，这样就可以得到多组结构参数估计值，被认为可以识别，但不是恰好识别，而是过度识别。

8.4 识别条件

8.4.1 结构式识别条件

从识别的概念出发，完全可以对联立方程模型的识别状态进行判断，实际中也是这样做的。但从理论的角度出发，人们总希望有一些规范的判断方法。这里首先介绍一种直接从待判断的结构方程出发的方法，称为结构式条件。

联立方程计量经济学模型的结构式 (8-13)

$$BY + \Gamma X = U$$

式中，第 i 个方程中包含 g_i 个内生变量（含被解释变量）和 k_i 个先决变量（含常数项），模型系统中内生变量和先决变量的数目仍用 g 和 k 表示，矩阵 $(B_0 \Gamma_0)$ 表示第 i 个方程中未包含的变量（包括内生变量和先决变量）在其他 $g-1$ 个方程中对应系数所组成的矩阵。于是，判断第 i 个结构方程识别状态的结构式条件为：

如果 $R(B_0 \Gamma_0) < g-1$，则第 i 个结构方程不可识别；

如果 $R(B_0 \Gamma_0) = g-1$，则第 i 个结构方程可以识别，并且

如果 $k - k_i = g_i - 1$，则第 i 个结构方程恰好识别，

如果 $k - k_i > g_i - 1$，则第 i 个结构方程过度识别。

其中，符号 R 表示矩阵的秩。一般将该条件的前一部分称为秩条件，用以判断结构方程是否识别；后一部分称为阶条件，用以判断结构方程恰好识别或者过度识别。

例 8-2 结构式条件应用（一）

现在以模型 (8-15) 为例，解释结构式条件的应用。模型为

$$\begin{cases} C_t = \alpha_0 + \alpha_1 Y_t + \alpha_2 C_{t-1} + \alpha_3 P_{t-1} + \mu_{1t} \\ I_t = \beta_0 + \beta_1 Y_t + \beta_2 Y_{t-1} + \mu_{2t} \qquad t = 1, 2, \cdots, n \\ Y_t = C_t + I_t \end{cases}$$

通过构建结构参数矩阵，可以判断出：第 1 个结构方程是可识别的且恰好识别；第 2 个结构方程是可识别的但存在过度识别；第 3 个是平衡方程，不存在识别问题。所以，该联立方程是可以识别的。具体计算过程如下所示：

结构参数矩阵为

$$(B\Gamma) = \begin{pmatrix} 1 & 0 & -\alpha_1 & -\alpha_0 & 0 & -\alpha_2 & -\alpha_3 \\ 0 & 1 & -\beta_1 & -\beta_0 & -\beta_2 & 0 & 0 \\ -1 & -1 & 1 & 0 & 0 & 0 & 0 \end{pmatrix}$$

首先判断第 1 个结构方程的识别状态。对于第 1 个方程，有

$$(B_0\varGamma_0) = \begin{pmatrix} 1 & -\beta_2 \\ -1 & 0 \end{pmatrix}$$

$$R(B_0\varGamma_0) = 2 = g - 1$$

所以，该方程可以识别。可以看到，矩阵 $(B_0\varGamma_0)$ 实际上就是矩阵 $(B\varGamma)$ 除去第1个结构方程参数所在的行（第1行）和第1行中非0元素（对应于第1个结构方程包含的元素）所在的列之后剩下的元素按照原次序排列而得到的。先写出矩阵 $(B\varGamma)$，然后再从中得到与所判断的方程对应的矩阵 $(B_0\varGamma_0)$，既简单，又不容易出错。又因为有

$$k - k_1 = 1 = g_1 - 1$$

所以，第1个结构方程为恰好识别的结构方程。与上面的判断结论是一致的。

再看第2个结构方程，有

$$(B_0\varGamma_0) = \begin{pmatrix} 1 & -\alpha_2 & -\alpha_3 \\ -1 & 0 & 0 \end{pmatrix}$$

$$R(B_0\varGamma_0) = 2 = g - 1$$

所以，该方程可以识别，并且 $k - k_2 = 2 > g_2 - 1$。

因此，第2个结构方程为过度识别的结构方程，与上面的判断结论也是一致的。

第3个方程是平衡方程，不存在识别问题。

综合以上结果，该联立方程模型是可识别的。

例8-3 结构式条件应用（二）

现在以模型式（8-13）为例解释结构式条件的应用。模型为

$$\begin{cases} C_t = \alpha_0 + \alpha_1 Y_t + \mu_{1t} \\ I_t = \beta_0 + \beta_1 Y_t + \beta_2 Y_{t-1} + \mu_{2t} \quad t = 1, 2, \cdots, n \\ Y_t = C_t + I_t \end{cases}$$

通过构建结构参数矩阵，可以判断出：第1个结构方程是可识别的且恰好识别；第2个结构方程是不可识别的；第3个是平衡方程，不存在识别问题。所以，该联立方程是不可识别的。具体计算过程如下所示：

结构参数矩阵为

$$(B\varGamma) = \begin{pmatrix} 1 & 0 & -\alpha_1 & -\alpha_0 & 0 \\ 0 & 1 & -\beta_1 & -\beta_0 & -\beta_2 \\ -1 & -1 & 1 & 0 & 0 \end{pmatrix}$$

首先判断第1个结构方程的识别状态。对于第1个方程，有

$$(B_0\varGamma_0) = \begin{pmatrix} 1 & -\beta_2 \\ -1 & 0 \end{pmatrix}$$

$$R(B_0\varGamma_0) = 2 = g - 1$$

所以，该方程可识别。并且 $k - k_1 = 1 = g_1 - 1$

因此，第1个结构方程为恰好识别的结构方程。

再看第2个结构方程，有

$$(B_0\varGamma_0) = \begin{pmatrix} 1 \\ -1 \end{pmatrix}$$

$$R(\boldsymbol{B}_0\boldsymbol{\varGamma}_0) = 1 < g - 1$$

所以,该方程不可识别。

综合以上结果,该联立方程模型不可识别,与上面的判断结论是一致的。

8.4.2 简化式识别条件

如果已经知道联立方程模型的简化式模型参数,那么可以通过对简化式模型的研究达到判断结构式模型是否识别的目的。对于简化式模型式(8-16)

$$Y = \boldsymbol{\varPi} X + E \tag{8-16}$$

简化式识别条件为:

如果 $R(\boldsymbol{\varPi}_2) < g_i - 1$,则第 i 个结构方程不可识别;

如果 $R(\boldsymbol{\varPi}_2) = g_i - 1$,则第 i 个结构方程可以识别,并且

如果 $k - k_i = g_i - 1$,则第 i 个结构方程恰好识别,

如果 $k - k_i > g_i - 1$,则第 i 个结构方程过度识别。

式中,$\boldsymbol{\varPi}_2$ 是简化式参数矩阵 $\boldsymbol{\varPi}$ 中划去第 i 个结构方程所不包含的内生变量所对应的行和第 i 个结构方程中包含的先决变量所对应的列之后,剩下的参数按原次序组成的矩阵。至于为什么用 $\boldsymbol{\varPi}_2$ 而不用其他符号,这与它在矩阵 $\boldsymbol{\varPi}$ 中的分块位置有关。其他符号、变量的含义与结构式识别条件相同。一般也将该条件的前一部分称为秩条件,用以判断结构方程是否识别;后一部分称为阶条件,用以判断结构方程恰好识别或者过度识别。

例8-4 简化式条件应用

有一联立方程计量经济学模型,其结构式模型如下

$$\begin{cases} y_{1i} = \alpha_1 y_{2i} + \alpha_2 x_{1i} + \alpha_3 x_{2i} + \mu_{1i} \\ y_{2i} = \beta_1 y_{3i} + \beta_2 x_{3i} + \mu_{2i} \qquad i = 1, 2, \cdots, n \\ y_{3i} = \gamma_1 y_{1i} + \gamma_2 y_{2i} + \gamma_3 x_{3i} + \mu_{3i} \end{cases}$$

$k = 3$,$g = 3$,已知其简化式模型参数矩阵为

$$\boldsymbol{\varPi} = \begin{pmatrix} 4 & -2 & 3 \\ 2 & -1 & 1 \\ 2 & -1 & 0 \end{pmatrix}$$

现在利用简化式条件判断结构式模型的识别状态。

对于第1个结构式方程,$k_1 = 2$,$g_1 = 2$

$$\boldsymbol{\varPi}_2 = \begin{pmatrix} 3 \\ 1 \end{pmatrix}$$

因为

$$R(\boldsymbol{\varPi}_2) = 1 = g_1 - 1$$

所以,该方程是可识别的。

又因为

$$k - k_1 = 1 = g_1 - 1$$

所以,该方程是恰好识别的。

对于第2个结构式方程,$k_2 = 1$,$g_2 = 2$

$$\boldsymbol{\Pi}_2 = \begin{pmatrix} 2 & -1 \\ 2 & -1 \end{pmatrix}$$

因为

$$R(\boldsymbol{\Pi}_2) = 1 = g_2 - 1$$

所以，该方程是可识别的。

又因为

$$k - k_2 = 2 > g_2 - 1$$

所以，该方程是过度识别的。

对于第3个结构式方程，$k_3 = 1$，$g_3 = 3$

$$\boldsymbol{\Pi}_2 = \begin{pmatrix} 4 & -2 \\ 2 & -1 \\ 2 & -1 \end{pmatrix}$$

因为

$$R(\boldsymbol{\Pi}_2) = 1 < g_3 - 1$$

所以，该方程是不可识别的。

综合上述结果，该联立方程模型系统不可识别。

可以从数学上严格证明，简化式识别条件和结构式识别条件是等价的。

对于实际的联立方程计量经济学模型，并不总是用识别条件来确定模型的识别特性。实际模型规模一般很大，甚至有成百上千个方程，用识别条件去研究每一个结构方程的识别特性显然是不现实的。人们往往在建立理论模型时遵循某些原则，按这些原则可以保证建立的模型是可识别的。这些原则可以概括为："在建立某个结构方程时，使该方程至少包含一个前面各方程所不包含的变量；同时，使前面的每一个方程都有该方程所不包含的变量，且互不相同。"第一句话使新建立的方程与前面方程的线性组合不能构成与前面某一方程相同的统计形式，也就保证了前面方程的识别性不被破坏；第二句话使新建立的方程与前面方程的线性组合不能构成与新建立方程相同的统计形式，也就保证了新建立的方程是可识别的。按这一原则建立模型，整个模型的可识别性便得到了保证。

8.5 识别约束

从前面识别的概念以及识别的条件可以看出，如果联立方程计量经济学模型中的一个结构方程包含模型中的所有变量，那么这个结构方程就不能识别。为了使这个结构方程能够识别，就必须根据经济理论和经济问题的实际，给予结构参数一定限制假设，这就是所谓的识别约束。识别约束包括两类：一类是对变量参数的约束，这类约束有参数的零约束、等式或线性关系约束等；另一类是对方程随机扰动项方差的约束。这里仅就最重要和应用最广泛的前一类识别约束进行讨论。

最常见的对变量参数的约束是零约束，即把一个结构方程中的某些变量参数取0，使该结构方程中不含有这些变量。这是使一个结构方程能够识别的最简单的办法。如果对变量参数只使用了零约束，根据前一节的识别条件，就容易判断结构方程的识别特性。

对变量参数的零约束只是线性约束的一种特例。考虑齐次线性约束的情况，F. M. 费舍尔（F. M. Fisher）导出了在一般齐次线性约束时的识别条件。对于结构模型

$$\beta_{11}Y_1 + \beta_{12}Y_2 + \cdots + \beta_{1g}Y_g + \gamma_{11}X_1 + \cdots + \gamma_{1k}X_k = U_1$$
$$\beta_{21}Y_1 + \beta_{22}Y_2 + \cdots + \beta_{2g}Y_g + \gamma_{21}X_1 + \cdots + \gamma_{2k}X_k = U_2$$
$$\vdots$$
$$\beta_{g1}Y_1 + \beta_{g2}Y_2 + \cdots + \beta_{gg}Y_g + \gamma_{g1}X_1 + \cdots + \gamma_{gk}X_k = U_g$$

其中包括 g 个内生变量，k 个先决变量。令 A 表示模型所有变量的参数组成的 $g \times (g+k)$ 阶矩阵，则

$$A = \begin{pmatrix} \beta_{11} & \beta_{12} & \cdots & \beta_{1g} & \gamma_{11} & \gamma_{12} & \cdots & \gamma_{1k} \\ \beta_{21} & \beta_{22} & \cdots & \beta_{2g} & \gamma_{21} & \gamma_{22} & \cdots & \gamma_{2k} \\ \vdots & \vdots & & \vdots & \vdots & \vdots & & \vdots \\ \beta_{g1} & \beta_{g2} & \cdots & \beta_{gg} & \gamma_{g1} & \gamma_{g2} & \cdots & \gamma_{gk} \end{pmatrix}$$

对一个结构方程变量参数的齐次线性约束，可用矩阵 $\boldsymbol{\Phi}$ 来表达。$\boldsymbol{\Phi}$ 有 $g+k$ 行，每个约束对应一列，有多少个约束，$\boldsymbol{\Phi}$ 就包括多少列。例如，第一个结构方程有约束

$$\beta_{12} = 0, \; 2\beta_{14} - 3\beta_{15} = 0$$

那么，对应于这两个约束的 $\boldsymbol{\Phi}$ 为

$$\boldsymbol{\Phi} = \begin{pmatrix} 0 & 0 \\ 1 & 0 \\ 0 & 0 \\ 0 & -2 \\ 0 & -3 \\ 0 & 0 \\ \vdots & \vdots \\ 0 & 0 \end{pmatrix}$$

于是

$$\alpha_1 \boldsymbol{\Phi} = 0$$

就表示对第一个结构方程施加的齐次线性约束。其中

$$\alpha_1 = (\beta_{11}\beta_{12}\cdots\beta_{1g}\gamma_{11}\gamma_{12}\cdots\gamma_{1k})$$

设联立方程计量经济学模型第 i 个结构方程有 R_i 个齐次线性约束，即 $\boldsymbol{\Phi}$ 为 R_i 列，下面的定理成立：

定理　第 i 个结构方程的识别条件为：

(1) 第 i 个结构方程可以识别，当且仅当 $R(A\boldsymbol{\Phi}) = g - 1$。

(2) 如果第 i 个结构方程可以识别，则：

当 $R_i = g - 1$ 时，第 i 个结构方程恰好识别；

当 $R_i > g - 1$ 时，第 i 个结构方程过度识别。

定理中的 $R_i = g - 1$ 为识别的秩条件，是充分必要条件；$R_i \geq g - 1$ 为识别的阶条件，只是必要条件。定理证明从略。

下面以两个方程的模型说明上述识别条件的应用

$$\beta_{11}y_{1t} + \beta_{12}y_{2t} + \gamma_{11}x_{1t} + \gamma_{12}x_{2t} = \mu_{1t}$$
$$\beta_{21}y_{1t} + \beta_{22}y_{2t} + \gamma_{21}x_{1t} + \gamma_{22}x_{2t} = \mu_{2t}$$

如果不施加约束,两个方程都是不可能识别的。先假定不同的约束进行分析。

(1) $\gamma_{12} = 0$, $\gamma_{21} = 0$

对于第一个结构方程

$$\boldsymbol{\Phi} = \begin{pmatrix} 0 \\ 0 \\ 0 \\ 1 \end{pmatrix}$$

$$\boldsymbol{A\Phi} = \begin{pmatrix} \beta_{11} & \beta_{12} & \gamma_{11} & \gamma_{12} \\ \beta_{21} & \beta_{22} & \gamma_{21} & \gamma_{22} \end{pmatrix} \begin{pmatrix} 0 \\ 0 \\ 0 \\ 1 \end{pmatrix} = \begin{pmatrix} \gamma_{12} \\ \gamma_{22} \end{pmatrix} = \begin{pmatrix} 0 \\ \gamma_{22} \end{pmatrix}$$

于是 $R(\boldsymbol{A\Phi}) = 1 = g - 1$,第一个结构方程可识别;由 $R_1 = 1 = g - 1$ 知,第一个结构方程恰好识别。同理,第二个结构方程也是恰好识别的。

(2) $\gamma_{12} = 0$, $\gamma_{22} = 0$

对于第一个结构方程有

$$\boldsymbol{\Phi} = \begin{pmatrix} 0 \\ 0 \\ 0 \\ 1 \end{pmatrix}$$

$$\boldsymbol{A\Phi} = \begin{pmatrix} \beta_{11} & \beta_{12} & \gamma_{11} & \gamma_{12} \\ \beta_{21} & \beta_{22} & \gamma_{21} & \gamma_{22} \end{pmatrix} \begin{pmatrix} 0 \\ 0 \\ 0 \\ 1 \end{pmatrix} = \begin{pmatrix} \gamma_{12} \\ \gamma_{22} \end{pmatrix} = \begin{pmatrix} 0 \\ 0 \end{pmatrix}$$

其具有零秩,因此第一个结构方程不能识别。在这种情况下,x_{2t} 实际上不出现在任何一个方程之中,因而对 x_{2t} 的参数的零约束将无助于识别第一个结构方程。对于第二个结构方程也有类似的结果。

(3) $\gamma_{11} = 0$, $\gamma_{12} = 0$, $\gamma_{22} = 0$

从前面的例子可以看出,有效的约束仅是 $\gamma_{11} = 0$,x_{2t} 根本不在两个方程中出现。因此,对第一个方程有

$$\boldsymbol{\Phi} = \begin{pmatrix} 0 \\ 0 \\ 1 \end{pmatrix}$$

$$\boldsymbol{A\Phi} = \begin{pmatrix} 0 \\ \gamma_{21} \end{pmatrix}$$

于是有 $R(\boldsymbol{A\Phi}) = 1 = g - 1$,第一个结构方程可识别,且为恰好识别。第二个方程没有施加约束,因此是不可识别的。

(4) $\gamma_{11} = 0$, $\gamma_{12} = 0$, $\gamma_{22} = 0$, $\beta_{21} + \gamma_{21} = 0$

在（3）中，第一个方程可识别，而第二个方程不可识别。现在增加了一个约束，对第二个方程有

$$\boldsymbol{\Phi} = \begin{pmatrix} 0 \\ 0 \\ 1 \end{pmatrix}$$

$$\boldsymbol{A\Phi} = \begin{pmatrix} \beta_{11} \\ 0 \end{pmatrix}$$

于是 $R(\boldsymbol{A\Phi}) = 1 = g - 1$，所以第二个结构方程可以识别。

有时根据经济理论建立对变量参数的约束，自然就出现了非齐次形式的约束。例如，生产函数中指定各种弹性的和为 1 就是这样一种情况。但是，这种约束在没有施加标准化法则的时候是没有意义的。因而，如果有约束

$$\beta_{12} + \gamma_{11} = 1$$

那么，在标准化之前可以把它写作

$$\beta_{12} + \gamma_{11} - \beta_{11} = 0$$

加上标准化法则，在这种形式中，该约束就是齐次约束了。

总结与习题

1. 本章小结

本章主要介绍了三个问题：关于联立方程模型的基本概念和模型、识别以及识别条件。

关于联立方程模型的基本概念和模型，介绍了变量和方程的相关概念，模型部分分别介绍了结构式模型、简化式模型、递归模型三种模型，同时对结构式模型和简化式模型这两种易混淆模型之间的关系进行了剖析。

联立方程模型识别部分主要介绍了识别的概念以及过度识别和恰好识别两种识别类型。如果某一个随机方程具有一组参数估计量，称其为恰好识别；如果某一个随机方程具有多组参数估计量，称其为过度识别。

识别条件主要从结构式和简化式两种模型来探讨的。识别条件分为秩条件和阶条件，秩条件用于判断结构方程是否能够识别，阶条件用于判断结构方程恰好识别还是过度识别。结合两者就可以对给定结构方程进行判断和识别。

2. 知识点归纳

（1）内生变量是指具有某种概率分布的随机变量，它的参数是联立方程系统估计的元素。

（2）外生变量是指由模型系统以外的因素决定其取值的变量。它或者是没有概率分布的确定变量，或者是具有临界概率分布的随机变量。它不受模型系统的影响，但它对模型系统有影响。

（3）预定变量也称前定变量，是外生变量和滞后变量的统称。

（4）滞后变量包括内生滞后变量和外生滞后变量。

（5）先决变量。它们的值不是由系统直接确定。它又分成外生变量和滞后的内生变量。

（6）联立方程模型中的方程按照是否包含随机项可分为两类：随机方程式和非随机方程式。

（7）联立方程模型主要分成三类：结构式模型、简化式模型和递归模型。

（8）结构式模型直观地描述了经济变量之间的关系结构，有十分明确的经济含义，但

却不便于进行参数估计、经济预测、政策评价等定量分析。

(9) 简化式模型完全是根据内生变量的含义，将经济系统内各变量之间的关系人为地简化而得到的模型，所以没有明确的经济含义。但是，简化式模型却反映了前定变量对内生变量的总影响，能够进行普通最小二乘法参数估计及直接进行经济预测等分析。

(10) 如果联立方程模型中某个结构方程不具有确定的统计形式，则称该方程为不可识别。

(11) "某一个随机方程，当给定有关变量的样本观测值，其参数具有确定的估计量。" 这包括两种情况：一是只有一组参数估计量；二是具有有限组参数估计量。如果某一个随机方程具有一组参数估计量，称其为恰好识别；如果某一个随机方程具有多组参数估计量，称其为过度识别。

(12) 结构式识别条件为：

如果 $R(\boldsymbol{B}_0\boldsymbol{\Gamma}_0) < g-1$，则第 i 个结构方程不可识别；

如果 $R(\boldsymbol{B}_0\boldsymbol{\Gamma}_0) = g-1$，则第 i 个结构方程可以识别，并且

如果 $k-k_i = g_i-1$，则第 i 个结构方程恰好识别，

如果 $k-k_i > g_i-1$，则第 i 个结构方程过度识别。

(13) 简化式识别条件为：

如果 $R(\boldsymbol{\Pi}_2) < g_i-1$，则第 i 个结构方程不可识别；

如果 $R(\boldsymbol{\Pi}_2) = g_i-1$，则第 i 个结构方程可以识别，并且

如果 $k-k_i = g_i-1$，则第 i 个结构方程恰好识别，

如果 $k-k_i > g_i-1$，则第 i 个结构方程过度识别。

3. 习题

(1) 为什么要建立联立方程计量经济学模型？联立方程计量经济学模型适用于什么样的经济现象？

(2) 联立方程计量经济学模型的识别状况可以分为几类？其含义各是什么？

(3) 结构方程和简化方程识别的阶条件和秩条件分别是什么？

(4) 写出简化式模型的一般形式和参数关系式的表达式。

(5) 写出结构模型的一般形式和结构参数矩阵。

(6) 一个由两个方程构成的简单商品供求模型如下：

供给方程

$$Q_t = \alpha_0 + \alpha_1 P_t + \mu_{t1}$$

需求方程

$$Q_t = \beta_0 + \beta_1 P_t + \mu_{t2}$$

式中，P 为均衡价格；Q_t 是供求平衡状态下的供给量或需求量。

试从模型简化式与结构式关系体系回答下列问题：

1) 该模型的两个方程是否可识别？

2) 如果对该模型需求函数增加消费者收入变量 Y_t，则两个方程的识别状态有何变化？

3) 如果在上述模型的供给方程中引入新变量上期商品价格 P_{t-1}，则两个方程的识别状态有何变化？

4) 如果在需求函数中继续引入表示消费者财富的变量 W_t，则两个方程的识别状态又有何变化？

(7) 对上一题联立模型的每种情况，按结构式识别条件进行识别。

(8) 某联立方程计量经济学模型有3个方程，3个内生变量（Y_1，Y_2，Y_3），3个外生变量（X_1，X_2，X_3）和样本观测值始终为1的虚拟变量C，样本容量为n。其中，第2个方程

$$Y_2 = \alpha_0 + \alpha_1 X_1 + \alpha_2 Y_3 + \alpha_3 X_3 + \mu_2$$

为恰好识别的结构方程。

1) 写出用工具变量法估计该方程参数的正规方程组。

2) 用间接最小二乘法估计该方程参数，也可以看成一种工具变量法，指出工具变量法是如何选取的，并写出参数估计量的矩阵表达式。

3) 用二阶段最小二乘法估计该方程参数，也可以看成一种工具变量法，指出Y_3的工具变量是什么，并写出参数估计量的矩阵表达式。

(9) 下面是一个完备的联立方程计量经济学模型

$$Y_t = \beta_0 + \beta_1 M_t + \gamma_1 C_t + \gamma_2 I_t + \mu_{t1}$$
$$M_t = \alpha_0 + \alpha_1 Y_t + \gamma_3 P_t + \mu_{t2}$$

式中，M为货币供给量；Y为国内生产总值；P为价格总指数；C与I分别为居民消费与投资。

1) 指出模型的内生变量、外生变量、先决变量。

2) 写出简化式模型，并导出结构式参数与简化式参数之间的关系。

3) 用结构式条件确定模型的识别状态。

4) 指出间接最小二乘法、工具变量法、二阶段最小二乘法中哪些可用于原模型第1、2个方程的参数估计。

(10) 已知简单的凯恩斯收入决定模型如下

$$C_t = \alpha_0 + \alpha_1 Y_t + \mu_t \text{（消费方程）}$$
$$I_t = \beta_0 + \beta_1 Y_t + \beta_2 Y_{t-1} + v_t \text{（投资方程）}$$
$$Y_t = C_t + I_t + G_t \text{（定义方程）}$$

要求：

1) 导出简化式方程。

2) 试证明：简化式参数是用来测定外生变量变化对内生变量所起的直接与间接的总影响（以投资方程的简化型为例来加以说明）。

3) 试用阶条件与秩条件确定每个结构方程的识别状态；整个模型的识别状态如何？

(11) 设某一模型的简化式为

$$y_{1t} = 5 + 6x_{1t} + 3x_{2t} + 2x_{3t} + v_{1t}$$
$$y_{2t} = 2 + 3x_{1t} + 4x_{2t} + x_{3t} + v_{2t}$$
$$y_{3t} = x_{1t} + x_{3t} + v_{3t}$$

对原结构模型给定约束

$$\beta_{11} = 1,\ \beta_{12} = 0,\ \gamma_{11} = 0$$
$$\beta_{22} = 1,\ \beta_{21} = 0,\ \gamma_{22} = 0$$
$$\beta_{33} = 1,\ \beta_{32} = 0,\ \gamma_{31} = -2,\ \gamma_{33} = 0$$

试分析这些约束条件与简化式模型是否一致，同时回答模型属于不可识别、恰好识别还是过度识别。

第9章 联立方程模型的估计

引言

联立方程是相对于单一方程模型而言的。单方程模型只能描述经济变量之间的单向因果关系,即若干解释变量的变化引起被解释变量的变化情况。但经济现象的错综复杂性使得经济系统中很可能包含多个经济关系,而且有些经济变量之间并不是简单的单向因果关系,而是相互依存、互为因果的关系。为了描述变量之间的双向或者多向因果关系,就需要建立含有多个方程的方程组模型。联立方程计量经济学模型以经济系统为研究对象,以揭示经济系统中各因素、各部分之间的数量关系和系统的数量特征为目标,用于经济系统的测试、分析和评价,是计量经济学模型的重要组成部分。

本章学习目标

1. 七种模型的估计方法。
2. 联立方程、单个方程和总体模型的检验。

9.1 递归模型的估计:普通最小二乘法

在建立联立方程组模型的每一个方程中,由于模型的解释变量很可能含有内生变量,从而使得随机扰动项和解释变量相关。从单方程估计方法来看,这会使得该方程的估计量是有偏的和非一致的。但是,有一种模型可以避免这种情况。下面介绍一个例子说明普通最小二乘法(OLS)估计的结果是有偏的,然后介绍递归模型。

例9-1 凯恩斯收入决定模型

消费函数

$$C_t = \alpha + \beta Y_t + \varepsilon_t, \ \alpha > 0, \ 0 < \beta < 1 \tag{9-1}$$

收入恒等式

$$Y_t = C_t + I_t \tag{9-2}$$

式中,ε_t 为随机扰动项;C、Y、I 分别代表消费、收入、投资。

内生变量为 C、Y;外生变量为 I。具体的随机扰动项 ε_t 有以下假设

$$E(\varepsilon_t) = 0, \ \text{Var}(\varepsilon_t) = \sigma^2, \ E(\varepsilon_t \varepsilon_{t+s}) = 0(s \neq 0), \ \text{Cov}(I_t, \varepsilon_t) = 0$$

则由式(9-1)和式(9-2)消去 C 得

$$Y = \frac{\alpha}{1-\beta} + \frac{1}{1-\beta} I_t + \frac{1}{1-\beta} \varepsilon_t \tag{9-3}$$

于是

$$\text{Cov}(Y_t, \varepsilon_t) = E(Y_t \varepsilon_t) = \frac{1}{1-\beta} E[(\alpha + I_t + \varepsilon_t) \varepsilon_t] = \frac{\sigma^2}{1-\beta} \tag{9-4}$$

所以 $\text{Cov}(Y_t, \varepsilon_t) \neq 0$，再对式 (9-1) 进行回归，并且 $\hat{\beta}$ 是 β 的估计值，$\overline{C}$ 与 $\overline{Y}$ 分别为 C 与 Y 的平均值，T 为样本容量，则有

$$\hat{\beta} = \frac{\sum (C_t - \overline{C})(Y_t - \overline{Y})}{\sum (Y_t - \overline{Y})^2} \tag{9-5}$$

进一步有

$$\hat{\beta} - \beta = \frac{\sum \varepsilon_t (Y_t - \overline{Y})}{\sum (Y_t - \overline{Y})^2} = \frac{\sum \varepsilon_t (Y_t - \overline{Y})/T}{\sum (Y_t - \overline{Y})^2/T} \tag{9-6}$$

再由依概率收敛的性质和大数定律知

$$\text{Plim}(\hat{\beta} - \beta) = \frac{\text{Plim} \sum \varepsilon_t (Y_t - \overline{Y})/T}{\text{Plim} \sum (Y_t - \overline{Y})^2/T} = \frac{\sigma^2/(1-\beta)}{\sigma_Y^2} \neq 0 \tag{9-7}$$

由一致性的定义知，$\hat{\beta}$ 不是 β 的一致估计量。

由此可见，由于在联立方程组模型中，内生变量可能成为解释变量，所以直接通过普通最小二乘法对模型的估计会使估计结果为有偏的和非一致的。

递归模型是指按如下方法排列的联立方程组模型：第一个方程的右边仅包含前定变量；第二个方程的右边仅包含前定变量和第一个方程的内生变量；第三个方程只包含前定变量和第一、第二个方程的内生变量，以此类推。则含有 M 个内生变量、K 个前定变量的线性递归模型可表示为

$$\begin{aligned}
Y_1 &= \gamma_{11} X_1 + \gamma_{12} X_2 + \cdots + \gamma_{1k} X_k + \varepsilon_1 \\
Y_2 &= \gamma_{21} X_1 + \gamma_{22} X_2 + \cdots + \gamma_{2k} X_k + \beta_{21} Y_1 + \varepsilon_2 \\
&\vdots \\
Y_M &= \gamma_{M1} X_1 + \gamma_{M2} X_2 + \cdots + \gamma_{Mk} X_k + \beta_{M1} Y_1 + \beta_{M2} Y_2 + \cdots + \beta_{MM-1} Y_{M-1} + \varepsilon_M
\end{aligned} \tag{9-8}$$

式中，Y 代表内生变量；X 代表前定变量。

随机扰动项满足以下条件

$$E(\varepsilon_i \varepsilon_j) = 0 \quad i \neq j \tag{9-9}$$

即同一点的不同方程的随机扰动项彼此不相关。由于第一个方程的右边只含有前定变量，而前定变量和随机扰动项不相关，则用普通最小二乘法进行估计的结果是无偏的和一致的；第二个方程的右边只含有前定变量和第一个方程的内生变量，由于每个方程的随机扰动项相互独立，也就是说，第二个方程的所有前定变量和随机扰动项相互独立，则第二个方程用普通最小二乘法进行估计的结果也是无偏的和一致的；以此类推，所有用普通最小二乘法进行估计的结果都是无偏的和一致的。但是，递推模型内生变量只有单向的关系，不能排除解释变量和随机扰动项之间的关系，要想进行更精确的估计，还需要借助更好的联立方程模型进行估计。

9.2　间接最小二乘法

联立方程模型的结构式方程不能直接使用普通最小二乘法进行估计的主要原因，就是方程的解释变量中含有与随机误差项相关的内生变量。但是，另外一种联立方程模型——简化

式模型却不存在这种问题。由于简化式方程的解释变量全是前定变量,与方程中的随机误差项不相关,所以可以使用 OLS 法估计其中参数。而简化式参数与结构式参数直接又有一定的联系,这很自然地提出一种估计方法:先利用普通最小二乘法估计简化式方程,再通过参数关系体系,由简化式参数的估计值求得结构式参数的估计值。由于这种估计方法是通过简化式模型间接求得结构参数的估计值,所以称之为间接最小二乘法(ILS)。

9.2.1 间接最小二乘法的适用范围

如果联立方程结构式模型中,待估方程同时具备以下几个条件,就可以使用间接最小二乘法估计结构式方程:

(1) 被估计的结构式方程是恰好识别的。因为只有恰好识别,才能从简化式参数中得到结构式参数的唯一估计量。

(2) 每个简化式方程的随机误差项满足古典回归模型的基本假定。因为这样才能使用 OLS 法估计简化式方程,得到简化式参数的最佳估计值。

(3) 前定变量之间不存在高度多重共线性。

在满足以上三个条件的基础上,便可使用间接最小二乘法。

9.2.2 间接最小二乘法的步骤

应用间接最小二乘法估计联立方程的结构式参数,需要经过以下几个步骤才能完成:

(1) 判断结构式方程的识别状态。

(2) 将结构式模型转化成简化式模型,得到参数关系体系,解出结构式参数与简化式参数之间的关系式。

(3) 利用 OLS 法估计简化式方程,求出简化式参数的无偏估计量。

(4) 将简化式参数估计值代入参数关系体系,解出结构式参数。

若一个结构式方程式是恰好识别的,意味着其参数关系体系中的结构式参数与简化式参数之间存在着一一对应关系,故可通过这个参数体系求得恰好识别结构式参数的唯一估计量。

知道了间接最小二乘估计的一般表达式之后,现在讨论一些它的一般表示形式。对于联立方程模型的第 i 个结构方程,其正规形式为

$$Y_i = \beta_{i1}Y_1 + \cdots + \beta_{i(i-1)}Y_{i-1} + \beta_{i(i+1)}Y_{i+1} + \cdots + \beta_{ig_i}Y_{g_i} + \gamma_{i1}X_1 + \gamma_{i2}X_2 + \cdots + \gamma_{ik_i}X_{k_i} + \mu_i$$

式中,g_i 和 k_i 分别表示 i 个结构方程所包含的内生变量和先决变量数目。其表示成矩阵形式为

$$Y_i = Y_0 B_0 + X_0 \Gamma_0 + \mu_i$$

式中

$$B_0 = (\beta_{i1} \cdots \beta_{i(i-1)} \beta_{i(i+1)} \cdots \beta_{ig_i})'$$
$$\Gamma_0 = (\gamma_{i1} \gamma_{i2} \cdots \gamma_{ik_i})'$$
$$Y_0 = (Y_1 \cdots Y_{i-1} Y_{i+1} Y_{g_i})$$
$$X_0 = (X_1 X_2 \cdots X_{k_i})$$

以 X_0^*,Y_0^* 分别表示第 i 个结构方程所不包含的先决变量和内生变量矩阵,则内生变量矩阵 Y 和先决变量矩阵 X 可以分块为

$$Y = (Y_i Y_0 Y_0^*)$$
$$X = (X_0 X_0^*)$$

对简化式模型应用 OLS 估计，得

$$\hat{\Pi} = (X'X)^{-1}X'Y = (X'X)^{-1}X'(Y_i Y_0 Y_0^*) \tag{9-10}$$

把第 i 个结构方程的参数代入参数关系体系，有

$$\hat{\Pi} \begin{pmatrix} 1 \\ -\hat{B}_0 \\ 0 \end{pmatrix} = \begin{pmatrix} \hat{\Gamma}_0 \\ 0 \end{pmatrix} \tag{9-11}$$

将 $\hat{\Pi}$ 代入式 (9-11)，得

$$(X'X)^{-1}X'(Y_i Y_0 Y_0^*) = \begin{pmatrix} 1 \\ -\hat{B}_0 \\ 0 \end{pmatrix} = \begin{pmatrix} \hat{\Gamma}_0 \\ 0 \end{pmatrix}$$

整理得

$$(X'X)^{-1}X'Y_0 \hat{B}_0 + \begin{pmatrix} \hat{\Gamma}_0 \\ 0 \end{pmatrix} = (X'X)^{-1}X'Y_i \tag{9-12}$$

做如下变换

$$\begin{pmatrix} \hat{\Gamma}_0 \\ 0 \end{pmatrix} = (X'X)^{-1}(X'X)\begin{pmatrix} \hat{\Gamma}_0 \\ 0 \end{pmatrix} = (X'X)^{-1}X(X_0 X_0^*)\begin{pmatrix} \hat{\Gamma}_0 \\ 0 \end{pmatrix} = (X'X)^{-1}X'X_0 \hat{\Gamma}_0$$

代入式 (9-12)，得

$$(X'X)^{-1}X'Y_0 \hat{B}_0 + (X'X)^{-1}X'X_0 \hat{\Gamma}_0 = (X'X)^{-1}X'Y_i$$

两边同乘 $X'X$，得

$$X'Y_0 \hat{B} + X'X_0 \hat{\Gamma}_0 = X'Y_i$$

即

$$X'(Y_0 X_0)\begin{pmatrix} \hat{B}_0 \\ \hat{\Gamma}_0 \end{pmatrix} = X'Y_i$$

于是，得到间接最小二乘估计的一般表达式

$$\begin{pmatrix} \hat{B}_0 \\ \hat{\Gamma}_0 \end{pmatrix} = (X'(Y_0 X_0))^{-1}X'Y_i \tag{9-13}$$

例 9-2 农产品市场均衡模型

设农产品市场均衡模型为

需求函数

$$Q_t^d = a_0 + a_1 P_t + a_2 Y_t + \mu_{1t} \tag{9-14}$$

供给函数

$$Q_t^s = b_0 + b_1 P_t + b_2 R_t + \mu_{2t} \tag{9-15}$$

平衡方程

$$Q_t^d = Q_t^s \tag{9-16}$$

式中，P 为价格；Q 为交易量；Y 为消费者收入；R 为天气条件指数。

根据表9-1中的统计资料估计模型。

表9-1 农产品市场的有关统计资料

年份	Q	P	Y	R	年份	Q	P	Y	R
1988	50	10	15	100	1993	85	15	30	111
1989	54	12	12	102	1994	90	16	28	111
1990	65	9	11	105	1995	60	14	25	113
1991	84	15	17	107	1996	40	17	23	117
1992	75	14	19	110	1997	70	19	35	120

(1) 判断结构式的识别状态。

模型的结构式参数矩阵为

$$\begin{pmatrix} Q_t & P_t & Y_t & R_t & 1 \\ 1 & -a_1 & -a_2 & 0 & -a_0 \\ 1 & -b_1 & 0 & -b_2 & -b_0 \end{pmatrix}$$

需求函数、供给函数的被斥变量结构系数矩阵的秩都是1,所以根据秩条件,两个结构式方程都是可识别的。另外,$k+1=3$,而每个方程中的变量个数 $m_i+k_i=2+1=3$,所以根据阶条件,每个方程又都是恰好识别的。

(2) 求解参数关系体系。简化式模型为

$$Q_t = \pi_{10} + \pi_{11} Y_t + \pi_{12} R_t + v_{1t}$$
$$P_t = \pi_{20} + \pi_{21} Y_t + \pi_{22} R_t + v_{2t} \tag{9-17}$$

得到参数关系体系

$$\pi_{10} = \frac{a_0 b_1 - a_1 b_0}{b_1 - a_1}, \quad \pi_{12} = \frac{a_2 b_1}{b_1 - a_1}, \quad \pi_{12} = \frac{-a_1 b_{12}}{b_1 - a_1}$$

$$\pi_{20} = \frac{a_0 - b_0}{b_1 - a_1}, \quad \pi_{21} = \frac{a_2}{b_1 - a_1}, \quad \pi_{22} = \frac{b_2}{b_1 - a_1} \tag{9-18}$$

可以解出下列关系式

$$a_1 = \pi_{12}/\pi_{22}, \quad b_1 = \pi_{11}/\pi_{21}$$
$$a_2 = \pi_{21}(b_1 - a_1), \quad b_2 = \pi_{22}(a_1 - b_1)$$
$$a_0 = \pi_{10} - a_1 \pi_{20}, \quad b_0 = \pi_{10} - b_1 \pi_{20} \tag{9-19}$$

(3) 利用OLS法估计简化式模型,即

$$\hat{Q}_t = 215.03 + 1.8683 Y_t - 1.714 R_t$$
$$\hat{P}_t = -19.65 + 0.1384 Y_t + 0.2808 R_t \tag{9-20}$$

从而有

$$\hat{\pi}_{10} = 215.03, \quad \hat{\pi}_{11} = 1.8683, \quad \hat{\pi}_{12} = -1.7144$$
$$\hat{\pi}_{20} = -19.65, \quad \hat{\pi}_{21} = 0.1384, \quad \hat{\pi}_{22} = 0.2808$$

(4) 求结构式参数估计值。将简化式参数估计值代入由参数关系体系解出的关系式,可求得结构式参数的估计值为

$$\hat{a}_1 = \hat{\pi}_{12}/\hat{\pi}_{22} = -6.1054, \qquad \hat{b}_1 = \hat{\pi}_{11}/\hat{\pi}_{21} = 13.4933$$

$$\hat{a}_2 = \hat{\pi}_{21}(\hat{b}_1 - \hat{a}_1) = 2.7133, \qquad \hat{b}_2 = \hat{\pi}_{22}(\hat{a}_1 - \hat{b}_2) = -5.5050$$
$$\hat{a}_0 = \hat{\pi}_{10} - \hat{a}_1\hat{\pi}_{20} = 95.06, \qquad \hat{b}_0 = \hat{\pi}_{10} - \hat{b}_1\hat{\pi}_{20} = 480.29$$

因此，农产品的需求函数和供给函数分别为

$$Q_t^d = 95.06 - 6.1054P_t + 2.7133Y_t \tag{9-21}$$
$$Q_t^s = 480.29 + 13.4993P_t - 5.5050R_t \tag{9-22}$$

9.2.3 间接最小二乘法的计量性质

尽管简化式参数的 OLS 估计量是最佳线性无偏估计量，但是，通过参数关系体系得到的结构式参数估计量在小样本下是有偏的。因为结构式参数与简化式参数之间是非线性关系，这导致结构式参数仍然是有偏的。然而，随着样本容量的扩大，在大样本情况下，间接最小二乘估计量是渐进无偏的。

因此，间接最小二乘估计是有偏的，但具备一致性。

证明：利用例 9-1 加以验证。当供给—需求函数的简化式方程满足古典假定时，有

$$E(\hat{\pi}_{ij}) = \pi_{ij} \qquad (i = 1, 2; j = 0, 1, 2)$$

由参数关系体系

$$a_1 = \pi_{12}/\pi_{22}, \quad \hat{a}_1 = \hat{\pi}_{12}/\hat{\pi}_{22}$$

则

$$E(\hat{a}_1) = E(\hat{\pi}_{12}/\hat{\pi}_{22}) \tag{9-23}$$

一般来说

$$E(\hat{a}_1) = E(\hat{\pi}_{12}/\hat{\pi}_{22}) \neq E(\hat{\pi}_{12})/E(\hat{\pi}_{22}) \neq \pi_{12}/\pi_{22} = a_1 \tag{9-24}$$

即

$$E(\hat{a}_1) \neq a_1 \tag{9-25}$$

这表明通过参数关系体系计算得到的结构参数的 ILS 估计量是有偏估计量。

9.3 二阶段最小二乘法

在实际应用中，联立方程模型中恰好识别的情形并不常出现，一般的结构式方程大多为过渡识别状态。对过渡识别方程的估计方法而言，ILS 法是不宜应用的，而只能使用二阶段最小二乘（Two Stage Least Squares，TSLS 或 2SLS）法。TSLS 法是由西尔（Theil）和巴斯曼（Bas-mann）分别于 1953 年和 1957 年各自独立提出的一种单一方程估计方法，目前得到了较为普遍的应用。

9.3.1 二阶段最小二乘法的基本思路

结构式方程的解释变量中间含有内生变量，是造成 OLS 法估计产生偏差的主要原因。TSLS 法的解决方法是，设法寻找一个工具变量 $\hat{Y}$ 来代替解释变量中的内生变量 Y。工具变量 $\hat{Y}$ 应具备两个条件：一是与 Y 高度相关，即能反映 Y 的变化；二是与方程中的随机误差项无关。实际上，用 Y 的简化式方程表示的变量恰好满足这两个条件。设利用 OLS 法得到 Y

的简化式方程

$$\hat{Y} = \hat{\pi}_0 + \hat{\pi}_1 X_1 + \cdots + \hat{\pi}_k X_k$$

根据内生变量的定义，Y 的取值是由模型中的所有前定变量来决定的，Y 与 $\hat{Y}$ 一般是高度相关的。另外，$\hat{Y}$ 是前定变量的函数，与随机误差项无关。因此，可利用 $\hat{Y}$ 代替结构式方程中的随机解释变量 Y，并可采用 OLS 法估计变量替代后的结构式方程。由于估计过程分成两个阶段，每个阶段都使用最小二乘法估计参数，所以称之为二阶段最小二乘法。二阶段最小二乘法既可以用来估计恰好识别的方程，也可以用来估计过渡识别的方程，但特别适合过渡识别的方程，这是由于二阶段最小二乘法利用了模型中全部前定变量的信息。

9.3.2 二阶段最小二乘法的主要步骤

第一阶段：利用 OLS 法估计结构式方程中所有内生变量的简化式方程，求得内生变量的估计值。

第二阶段：用内生变量的估计值替代结构式方程中的内生变量，第二次利用 OLS 法求得结构式参数的估计值。两个阶段，并才在每个阶段各用一次 OLS，所以称为二阶段最小二乘法。

对于联立方程模型

$$YB + X\Gamma = U$$

其第 i 个结构方程可以表示为

$$Y_i = Y_0 B_0 + X_0 \Gamma_0 + U_i$$

或

$$Y_i = (Y_0 \ X_0) \begin{pmatrix} B_0 \\ \Gamma_0 \end{pmatrix} + U_i \tag{9-26}$$

第一阶段，Y_0 中的每个变量对 X 进行回归，其关系式为

$$Y_0 = X\Pi_0 + V_0$$

用 OLS 估计，得

$$\hat{\Pi}_0 = (X'X)^{-1} X' Y_0$$

Y_0 的估计值为

$$\hat{Y}_0 = X \hat{\Pi}_0$$

于是得

$$\hat{Y}_0 = X(X'X)^{-1} X' Y_0 \tag{9-27}$$

第二阶段，用 $\hat{Y}_0$ 代替式（9-27）中的 Y_0，即

$$Y_i = (\hat{Y}_0 \ X_0) \begin{pmatrix} B_0 \\ \Gamma_0 \end{pmatrix} + U_i^*$$

对式（9-26）应用 OLS 估计，得到结构参数的估计量为

$$\begin{pmatrix} \hat{B}_0 \\ \hat{\Gamma}_0 \end{pmatrix} = \left((\hat{Y}_0 \ X_0)' (\hat{Y}_0 \ X_0) \right)^{-1} (\hat{Y}_0 \ X_0)' Y_i \tag{9-28}$$

实际估计时，并不需要计算 $\hat{Y}_0$ 的值，可以通过样本数据直接计算结构参数的 TSLS 估计量。把式（9-28）改写为

$$\begin{pmatrix} \hat{B}_0 \\ \hat{\Gamma}_0 \end{pmatrix} = \begin{pmatrix} \hat{Y}'_0\hat{Y}_0 & \hat{Y}'_0 X_0 \\ X'_0\hat{Y}_0 & X'_0 X_0 \end{pmatrix}^{-1} \begin{pmatrix} \hat{Y}'_0 Y_i \\ X'_0 Y_i \end{pmatrix} \quad (9\text{-}29)$$

由式 (9-29) 得

$$\hat{Y}'_0\hat{Y}_0 = (X(X'X)^{-1}X'Y_0)'X(X'X)^{-1}X'Y_0 = Y'_0 X(X'X)^{-1}X'Y_0$$
$$\hat{Y}'_0 Y_i = (X(X'X)^{-1}X'Y_0)'Y_i = Y'_0 X(X'X)^{-1}X'Y_i$$

由 $\hat{Y}_0 = Y_0 - \hat{V}_0$ 得

$$\hat{Y}'_0 X_0 = (Y_0 - \hat{V}_0)'X_0 = Y'_0 X_0 - \hat{V}'_0 X_0$$

而由

$$\hat{V}'_0 X_0 = 0$$

考虑到 $X = (X_0 X_0^*)$, 则有

$$\hat{V}'_0 X_0 = 0$$

于是得

$$\hat{Y}'_0 X_0 = Y'_0 X_0$$

因此, 式 (9-29) 可以改写为

$$\begin{pmatrix} \hat{B}_0 \\ \hat{\Gamma}_0 \end{pmatrix} = \begin{pmatrix} Y'_0 X(X'X)^{-1} X'Y_0 & Y'_0 X_0 \\ X'_0 Y_0 & X'_0 X_0 \end{pmatrix}^{-1} \begin{pmatrix} Y'_0 X(X'X)^{-1}X'Y_i \\ X'_0 Y_i \end{pmatrix}$$

进一步可得各参数估计值的方差为

$$\operatorname{Var}\begin{pmatrix} \hat{B}_0 \\ \hat{\Gamma}_0 \end{pmatrix} = \sigma_i^2 \begin{pmatrix} Y'_0 X(X'X)^{-1} X'Y_0 & \hat{Y}'_0 X_0 \\ X'_0 \hat{Y}_0 & X'_0 X_0 \end{pmatrix}^{-1}$$

式中, σ_i^2 是随机扰动项 μ_i 的方差。实际计算时用其估计值

$$\hat{\sigma}_i^2 = \frac{e'_i e_i}{n - [(g_i - 1) + k_i]}$$

式中

$$e_i = Y_i - Y_0 \hat{B}_0 - X_0 \hat{\Gamma}_0$$

下面通过一个简单的小例子来说明:

设有结构式模型

$$\begin{cases} Y_{1t} = \beta_{12} Y_{2t} + \gamma_{11} + \gamma_{12} X_{1t} + \mu_{1t} \\ Y_{2t} = \beta_{21} Y_{1t} + \gamma_{21} + \gamma_{22} X_{2t} + \mu_{2t} \end{cases} \quad (9\text{-}30)$$

式中, Y_1、Y_2 是内生变量; X_1、X_2 是前定变量。

第一阶段, 写出与结构式模型相对应的简化式模型

$$\begin{cases} Y_{1t} = \pi_{10} + \pi_{11} X_{1t} + \pi_{12} X_{21} + v_{1t} \\ Y_{2t} = \pi_{20} + \pi_{21} X_{1t} + \pi_{22} X_{2t} + v_{2t} \end{cases} \quad (9\text{-}31)$$

对每个简化式方程应用 OLS 法, 得

$$\begin{cases} \hat{Y}_{1t} = \hat{\pi}_{10} + \hat{\pi}_{11} X_{1t} + \hat{\pi}_{12} X_{2t} \\ \hat{Y}_{2t} = \hat{\pi}_{20} + \hat{\pi}_{21} X_{1t} + \hat{\pi}_{22} X_{2t} \end{cases} \quad (9\text{-}32)$$

于是有

$$\begin{cases} Y_{1t} = \hat{Y}_{1t} + e_{1t} \\ Y_{2t} = \hat{Y}_{2t} + e_{2t} \end{cases} \tag{9-33}$$

式中，e_{1t}、e_{2t} 分别是 v_{1t}、v_{2t} 的 OLS 估计量，即残差。

第二阶段，将式（9-33）代入被估计结构式方程（9-30）右边的内生变量，得

$$\begin{cases} Y_{1t} = \beta_{12}\hat{Y}_{2t} + \gamma_{11} + \gamma_{12}X_{1t} + \mu_{1t}^* \\ Y_{2t} = \beta_{21}\hat{Y}_{1t} + \gamma_{21} + \gamma_{22}X_{2t} + \mu_{2t}^* \end{cases} \tag{9-34}$$

式中

$$\begin{cases} \mu_{1t}^* = \beta_{12}e_{1t} + \mu_{1t} \\ \mu_{2t}^* = \beta_{21}e_{2t} + \mu_{2t} \end{cases} \tag{9-35}$$

对模型式（9-34）中每一个方程分别使用 OLS 法，求得结构式参数的估计值，便是 TSLS 估计量。

在实际应用 TSLS 法时，第一阶段对简化式方程应用 OLS 法只需求出我们所需要的 $\hat{Y}_{1t}$ 和 $\hat{Y}_{2t}$，并不需要求出 e_{1t} 和 e_{2t} 的值；第二阶段只需用 $\hat{Y}_{1t}$ 和 $\hat{Y}_{2t}$ 代替所估计方程的 Y_{1t} 和 Y_{2t} 即可应用 OLS 法，只不过这里的 μ_{1t}^* 和 μ_{2t}^* 已经不是原来的 μ_{1t} 和 μ_{2t} 了。

综上所述，TSLS 法第一阶段的任务是产生一个工具变量，第二阶段的任务是通过一种特殊形式的工具变量得出结构式参数的一致估量。

9.3.3 二阶段最小二乘法的基本条件

应用二阶段最小二乘法估计联立方程模型的结构式参数，需要满足一些基本条件，主要包括：

（1）作为估计对象的结构式方程必须是可识别的。

（2）结构式方程的随机误差项必须满足 OLS 的基本假定（即零均值、同方差、序列不相关的假定）。否则，内生解释变量的简化式方程的随机误差项 v_t 就不能满足 OLS 的要求，造成二阶段最小二乘法失效。

（3）所有的 k 个前定变量与随机误差项并不相关，并且前定变量之间不存在严重的多重相关性。后者要求待估计结构式方程中的前定变量之间、前定变量与内生解释变量的估计量之间以及整个模型中的前定变量之间不存在完全的多重共线性，以免对简化式参数和结构式参数估计造成不利影响。

（4）样本容量 n 要足够大，至少要有 $n > k$，以保证简化式方程的估计量有意义。

（5）相对于样本观测数据的个数太少，则在第一阶段应用 OLS 时就不可能求出简化式参数的有效估计量，进而给结构式参数的估计带来不良后果。

9.3.4 二阶段最小二乘法的计量性质

在满足以上条件时，应用 TSLS 法对联立方程模型进行估计，其结构式参数估计量具有以下性质：

（1）在小样本条件下，结构式参数估计量是有偏的；当样本容量趋于无穷大时，结构式参数估计量的偏误趋于 0，即二阶段最小二乘结构式参数估计量是渐进无偏的。

（2）二阶段最小二乘结构式估计量是一致的估计量。

（3）对于恰好识别方程，TSLS 法和 ILS 法的估计结果是等价的。

（4）TSLS 法的估计精度与第一阶段简化式方程的拟合优度密切相关。如果第一阶段的拟合优度较低，则简化式方程 $\hat{Y}$ 并不能如实反映内生变量 Y 的变化，这样在结构式方程中也就无法替代 Y 对被解释变量的影响情况。

9.4 二阶段最小二乘法的主分量法

当用 TSLS 法估计联立方程计量经济学模型的结构方程时，第一阶段需要把方程中作为解释变量的内生变量对所有先决变量进行回归。在实际应用中，当模型规模较小时，一般不会出现问题；但是对于中型或者大型模型，先决变量的数目通常非常多，而可利用的样本观测值却十分有限，就可能出现先决变量的数目超过样本观测值数目的情况，导致第一阶段回归的失败。这种问题是常常会遇到的。

9.4.1 主分量法的基本思路

所谓主分量法，就是利用较少数目的新的变量 F（称为主分量）来代表较多数目的先决变量 X 的方法。X 中各变量的样本值已表示成样本均值的离差形式，F 中的主分量要通过 X 中各变量的线性组合得到。现假设

$$X = (X_1, X_2, \cdots, X_k)$$
$$F = (F_1, F_2, \cdots, F_m) \tag{9-36}$$

则有

$$F_j = \sum_{i=1}^{k} \alpha_{ij} X_i = X a_j \qquad (j = 1, 2, \cdots, m) \tag{9-37}$$

其中

$$\boldsymbol{\alpha}_j = (\alpha_{1j}, \alpha_{2j}, \cdots, \alpha_{kj})' \tag{9-38}$$

得出的主分量要满足两个条件：①主分量之间不相关；②F_1 能最大限度地表达 X 的总变差，而 F_2 能最大限度地表达未被 F_1 表达的 X 的总变差，以此类推。前一条是为了使主分量之间无多重共线性，可以通过使主分量之间相互正交来实现；后一条是为了使 X 的总变差尽可能由前面的主分量来表达，可以通过依次使主分量的变差最大化来实现。

对于第一个主分量 F_1，使其变差最大化得

$$\max(F_1' F_1) = a_1' X' X a_1 \tag{9-39}$$

要选择一个使 $F_1' F_1$ 达到最大的 a_1。但是，显然必须对 a_1 施加一定约束，否则 $F_1' F_1$ 可能无限大，因此把 a_1 规格化，即

$$a_1' a_1 = 1 \tag{9-40}$$

于是，问题变为在式（9-40）的约束下求式（9-39）达到最大的 a_1。

构造如下拉格朗日函数

$$P = a_1' X' X a_1 - \lambda_1 (a_1' a_1 - 1) \tag{9-41}$$

使其对 a_1 的偏导数为 0，则有

$$\frac{\partial P}{\partial a_1} = 2 X' X a_1 - 2 \lambda_1 a_1 = 0 \tag{9-42}$$

即

$$(X'X)a_1 = \lambda_1 a_1 \tag{9-43}$$

所以，a_1 是 $X'X$ 对应于特征值 λ_1 的特征向量。由式(9-39)~式(9-41)求得

$$\max(F_1'F_1) = \lambda_1 a_1' a_1 = \lambda_1 \tag{9-44}$$

因此，必须取 λ_1 为 $X'X$ 的最大特征值，而 a_1 为对应的特征向量。

对于第二个主分量 F_2，类似地有

$$\max(F_2'F_2) = a_2'X'Xa_2 \tag{9-45}$$

满足约束

$$a_2'a_2 = 1$$
$$F_2'F_1 = 0$$

后一约束是满足正交性要求的。由于

$$F_2'F_1 = a_2'X'Xa_1 = \lambda_1 a_2' a_1 \tag{9-46}$$

所以，$F_2'F_1 = 0$ 当且仅当。构造拉格朗日函数

$$P = a_2'X'Xa_2 - \lambda_2(a_2'a_2 - 1) - \mu(a_2'a_1) \tag{9-47}$$

对 a_2 求偏导数并令其为 0，可得

$$\frac{\partial P}{\partial a_2} = 2X'Xa_2 - 2\lambda_2 a_2 - \mu a_1 = 0 \tag{9-48}$$

左乘 a_1'，得

$$2a_1'X'Xa_2 - 2a_1'\lambda_2 a_2 - a_1'\mu a_1 = 0 \tag{9-49}$$

即

$$2a_1'X'Xa_2 - \mu = 0 \tag{9-50}$$

但由于

$$a_1'X'Xa_2 = \lambda_1 a_1' a_2 = 0 \tag{9-51}$$

所以

$$\mu = 0 \tag{9-52}$$

于是式（9-48）变为

$$X'Xa_2 - \lambda_2 a_2 = 0 \tag{9-53}$$

显然，要取 λ_2 为 $X'X$ 的第二个最大特征值，a_2 为对应的特征向量。

应用上述方法依次求出 $X'X$ 的前 m 个最大特征值 $\lambda_1, \lambda_2, \cdots, \lambda_m$，并把所得到的特征向量用于下列正交矩阵表示

$$A = (a_1, a_2, \cdots, a_m) \tag{9-54}$$

主分量矩阵 F 可表示为

$$F = XA \tag{9-55}$$

并且有

$$F'F = A'X'XA = \begin{pmatrix} \lambda_1 & & & \\ & \lambda_2 & & \\ & & \ddots & \\ & & & \lambda_m \end{pmatrix} \tag{9-56}$$

不难看出，X 的主分量最多为 k 个，所以 $m \leq k$。由于 $X'X$ 为 k 阶半正定对称矩阵，因而它有 k 个非负特征值，依次为 $\lambda_1, \lambda_2, \cdots, \lambda_k$。$X$ 的总变差之和占 X 总变差的比例为

$$\sum x_{1t}^2 + \sum x_{2t}^2 + \cdots + \sum x_{kt}^2 = \mathrm{tr}(X'X) = \sum \lambda_i \qquad (9\text{-}57)$$

于是，m 个主分量的变差之和占 X 总变差的比例为

$$\frac{\sum_{i=1}^m \lambda_i}{\sum_{i=1}^k \lambda_i}$$

由此可知，如果 X 的秩 r 小于 k，那么 $X'X$ 将有 $k-r$ 个特征值为 0，则 X 的总变差完全可用 r 个主分量来表达；如果 X 的秩等于 k，那么 $X'X$ 的某些特征值可能接近于 0，则 X 的总变差的大部分可以用少量的主分量来表达。

9.4.2 主分量法的使用

在应用主分量法对联立方程模型进行 TSLS 估计时，要把各变量的样本值表示成同样本平均值的离差形式。对第 i 个结构方程

$$Y_i = Y_0 B_0 + X_0 \Gamma_0 + U_i \qquad (9\text{-}58)$$

其中包含的先决变量数目一般不会很多，大量的先决变量属于方程中未包含的先决变量 X_0^*。显然，为了确保识别，用于代替 X_0^* 的主分量的个数应不少于 Y_0 中的内生变量的个数 g_i。设 X_0^* 的主分量矩阵为 F，并记

$$Z = (X_0 F) \qquad (9\text{-}59)$$

将原来第一阶段的 Y_0 对 X 进行回归变为对 Z 进行回归，经 OLS 估计得

$$\hat{Y}_0 = Z(Z'Z)^{-1} Z' Y_0 \qquad (9\text{-}60)$$

TSLS 估计变为

$$\begin{pmatrix} \hat{B}_0 \\ \hat{\Gamma}_0 \end{pmatrix} = \begin{pmatrix} Y_0' Z(Z'Z)^{-1} Z' Y_0 & Y_0' X_0 \\ X_0' Y_0 & X_0' X_0 \end{pmatrix}^{-1} \begin{pmatrix} Y_0' Z(Z'Z)^{-1} Z' Y_i \\ X_0' Y_i \end{pmatrix} \qquad (9\text{-}61)$$

另外，为了保证 Z 不存在多重共线性，必须避免 F 中的主分量与 X_0 高度相关。为此，可以用最大的 θ_j 来选择 F 中的主分量。这里

$$\theta_j = \lambda_j (1 - R_j^2) \qquad j = 1, 2, \cdots, k - k_i \qquad (9\text{-}62)$$

式中，R_j 是第 j 个主分量 F_j 对 X_0 回归的复相关系数。

$$R_j^2 = \frac{F_j' X_0 (X_0' X_0)^{-1} X_0' F_j}{F_j' F_j} \qquad (9\text{-}63)$$

由于 $F_j' F_j = \lambda_j$，所以

$$\theta_j = F_j' (I - X_0 (X_0' X_0)^{-1} X_0') F_j \qquad (9\text{-}64)$$

由此选出的主分量与 X_0 相关性很小，从而保证了 Z 不存在多重共线性。

9.5 三阶段最小二乘法

为了克服单一方程估计法的参数估计不是有效估计的不足，充分利用模型结构信息，计量经济学家们提出了在一个估计过程中同时确定所有结构式方程参数的系统估计方法。常用的系统估计方法有三阶段最小二乘法和完全信息最大似然法。本节介绍三阶段最小二乘法。

9.5.1 三阶段最小二乘法的基本思路

三阶段最小二乘法是泽尔纳（Zellner）和西尔（Theil）于 1962 年提出的一种系统估计方法，被认为是能克服各个结构式方程随机误差项同期相关问题的估计方法。其基本思路是在 TSLS 的基础上加以推广，当完成 TSLS 之后，再在第三步进行广义最小二乘估计（GLS），故称为三阶段最小二乘（3SLS）法。

9.5.2 三阶段最小二乘法的基本步骤

第一阶段：用 OLS 法估计结构式模型中每一个内生变量的简化式方程，得到每个内生变量的估计。

第二阶段：再次用 OLS 法估计变量替换后的结构式模型，即把第一阶段所得的各内生解释变量的估计值替换成结构式模型中的内生解释变量，用 OLS 法得到结构式参数估计量，由此获得结构式模型中各方程随机误差项的方差和协方差的估计。以上与 TSLS 法相同。

第三阶段：采用 GLS 法对以单一方程形式表现的转化后的联立方程组模型进行估计。首先，将原始联立方程组模型结构，按前面所介绍的方法转换为单一方程形式表示；其次，为克服转换后单一方程随机误差项的异方差和自相关问题，用各方程随机误差项方差和协方差的估计值对单一方程表现形式进行变换，使其随机误差项满足 OLS 假设；最后，用 OLS 法估计变化模型，得到 3SLS 的参数估计量。

例如，设联立方程模型为

$$y_{1t} = \beta_{12} y_{2t} + \gamma_{11} x_{1t} + \gamma_{12} x_{2t} + \mu_{1t} \tag{9-65}$$

$$y_{2t} = \beta_{21} y_{1t} + \gamma_{23} x_{3t} + \mu_{2t} \quad (t = 1, 2, \cdots, n) \tag{9-66}$$

式中，y_{1t}、y_{2t} 是内生变量；x_1、x_2 和 x_3 是外生变量。求各参数 3SLS 的估计。

首先，将原模型简化为简化式模型，有

$$y_{1t} = \pi_{11} x_{1t} + \pi_{12} x_{2t} + \pi_{23} x_{3t} + v_{1t} \tag{9-67}$$

$$y_{2t} = \pi_{21} x_{1t} + \pi_{22} x_{2t} + \pi_{23} x_{3t} + v_{2t} \tag{9-68}$$

用 OLS 法分别估计式（9-67）和式（9-68），得

$$y_{1t} = \hat{y}_{1t} + \hat{v}_{1t} \tag{9-69}$$

$$y_{2t} = \hat{y}_{2t} + \hat{v}_{2t} \tag{9-70}$$

式中，$\hat{y}_{1t}$ 和 $\hat{y}_{2t}$ 分别是 y_{1t} 和 y_{2t} 的估计值。

其次，将 $\hat{y}_{1t}$ 和 $\hat{y}_{2t}$ 代入式（9-65）和式（9-66），做变量代换

$$y_{1t} = \beta_{12} \hat{y}_{2t} + \gamma_{11} x_{1t} + \gamma_{12} x_{2t} + \mu'_{1t} \tag{9-71}$$

$$y_{2t} = \beta_{21} \hat{y}_{1t} + \gamma_{23} x_{3t} + \mu'_{2t} \tag{9-72}$$

式中

$$\mu'_{1t} = \mu_{1t} + \beta_{12} \hat{v}_{2t} \tag{9-73}$$

$$\mu'_{2t} = \mu_{2t} + \beta_{21} \hat{v}_{1t} \tag{9-74}$$

用 OLS 法分别估计式（9-71）和式（9-72），e_{1t}、e_{2t} 分别是各自 OLS 的残差。求 $\mathrm{Var}(\mu'_{1t})$、$\mathrm{Var}(\mu'_{2t})$ 和 $\mathrm{Cov}(\mu'_{1t}、\mu'_{2t})$ 的估计量。

$$\hat{\mathrm{Var}}(\mu'_{1t}) = \hat{\sigma}_1^2 = \frac{1}{n} \sum_{t=1}^{n} e_{1t}^2$$

$$\hat{\mathrm{Var}}(\mu'_{2t}) = \hat{\sigma}_2^2 = \frac{1}{n}\sum_{t=1}^n e_{2t}^2$$

$$\hat{\mathrm{Cov}}(\mu'_{1t},\mu'_{2t}) = \hat{\sigma}_{12}^2 = \frac{1}{n}\sum_{t=1}^n e_{1t}e_{2t}$$

最后，用 GLS 法估计单一方程形式表现的联立方程模型。

(1) 将式 (9-65) 和式 (9-66) 转化成适用于同时估计的形式

$$y_i = \beta_{12}z_{1i} + \gamma_{11}z_{2i} + \gamma_{12}z_{3i} + \beta_{12}z_{4i} + \gamma_{23}z_{5i} + \mu_i \tag{9-75}$$

式中

$$y_i = \begin{cases} y_{1t} & i=t \\ y_{2t} & i=n+t \end{cases} \quad z_{1i} = \begin{cases} y_{2t} & i=t \\ 0 & i=n+t \end{cases} \quad z_{2i} = \begin{cases} x_{1t} & i=t \\ 0 & i=n+t \end{cases} \quad z_{3i} = \begin{cases} x_{2t} & i=t \\ 0 & i=n+t \end{cases}$$

$$z_{4i} = \begin{cases} 0 & i=t \\ y_{1t} & i=n+t \end{cases} \quad z_{5i} = \begin{cases} 0 & i=t \\ x_{3t} & i=n+t \end{cases} \quad \mu_i = \begin{cases} \mu_{1t} & i=t \\ \mu_{2t} & i=n+t \end{cases}$$

在转换过程中，将观测值重新标号，指定 $i=1,2,\cdots,n$ 为原第一个方程的观测值样本，$i=n+1, n+2, \cdots, 2n$ 为原第二个方程的观测值样本，这时转换后模型的随机误差项 μ_i 为异方差和自相关的。

(2) 对式 (9-75) 进行变换，使 μ_i 变换为同方差和序列无关的随机误差项，即有

$$y_i^* = \beta_{12}z_{1i}^* + \gamma_{11}z_{2i}^* + \gamma_{12}z_{3i}^* + \beta_{12}z_{4i}^* + \gamma_{23}z_{5i}^* + \mu_i^* \tag{9-76}$$

式中

$$y_i^* = \begin{cases} \dfrac{y_i}{\sigma_1\sqrt{1-\rho_{12}^2}} - \dfrac{\rho_{12}y_{n+i}}{\sigma_2\sqrt{1-\rho_{12}^2}} & i=1,2,\cdots,n \\ \dfrac{y_i}{\sigma_2} & i=n+1, n+2, \cdots, 2n \end{cases} \tag{9-77}$$

$$z_{ji}^* = \begin{cases} \dfrac{z_{ji}}{\sigma_1\sqrt{1-\rho_{12}^2}} - \dfrac{\rho_{12}z_{ji}}{\sigma_2\sqrt{1-\rho_{12}^2}} & i=1,2,\cdots,n \\ \dfrac{z_{ji}}{\sigma_2} & i=n+1, n+2, \cdots, 2n \end{cases} \quad (j=1,2,3,4,5) \tag{9-78}$$

$$\mu_i^* = \begin{cases} \dfrac{\mu_i}{\sigma_1\sqrt{1-\rho_{12}^2}} - \dfrac{\rho_{12}\mu_i}{\sigma_2\sqrt{1-\rho_{12}^2}} & i=1,2,\cdots,n \\ \dfrac{\mu_i}{\sigma_2} & i=n+1, n+2, \cdots, 2n \end{cases} \tag{9-79}$$

式中

$$\rho_{12} = \frac{\sigma_{12}}{\sigma_1\sigma_2}$$

可以证明式 (9-76) 中的 μ_i^* 是同方差和序列无关的。

(3) 将 $\hat{\sigma}_1^2$、$\hat{\sigma}_2^2$ 和 $\hat{\sigma}_{12}$ 代入式 (9-78) 和式 (9-79) 中，用 OLS 法得到式 (9-76) 的参数估计量，即得各参数的 3SLS 估计。

9.5.3 三阶段最小二乘法的使用条件

应用 3SLS 法估计联立方程模型参数，必须满足以下四个条件：

(1) 联立方程模型中每个结构式方程都是可识别的,特别允许是过度识别的。若模型中某些方程是不可识别的,则应予以重新设定,使模型中的全部方程都可识别,其中不包括恒等式方程。

(2) 联立方程模型中的所有结构式方程都必须正确设定,否则设定误差会在结构式方程中传导,从而影响整个模型中的所有参数估计量。

(3) 各个方程的随机误差项满足零均值、同方差和序列不相关的假设。

(4) 不同结构式方程的随机误差项是同期相关的,若各个方程的误差项互不相关,则3SLS 简化为 TSLS。

9.5.4 三阶段最小二乘法与二阶段最小二乘法的比较

(1) 3SLS 是 TSLS 的推广和发展。3SLS 和 TSLS 在各个阶段均采用 OLS,而 3SLS 的前两个阶段就是用 TSLS 对每个结构式方程逐个进行估计。

(2) 当联立方程模型中的所有结构式方程都是可识别的,并且各个结构式方程随机误差项的方差—协方差矩阵为非奇异,则 3SLS 估计量是一致性估计量,并且比 TSL 估计量更有效。为了保证方差—协方差矩阵为非奇异,要求各结构式方程必须是可识别的。模型中的恒等式不参加估计过程。这是由于恒等式不是随机方程,将使方差—协方差矩阵中出现零行和零列,使之成为奇异矩阵。

9.6 有限信息估计方法

前述 OSL 估计等都是以残差平方和最小,即以最小二乘原则作为选择参数模型的标准。有限信息估计方法是与此不同的另一类联立方程模型的单方程估计方法。

9.6.1 最小方差比法

考虑联立方程模型的第 i 个结构方程

$$Y_i = Y_0 B_0 + X_0 \Gamma_0 + U_i \tag{9-80}$$

记

$$Y_0^i = (Y_i \ Y_0)$$

$$B_0^i = \begin{pmatrix} 1 \\ -B_0 \end{pmatrix} \tag{9-81}$$

上式改写为

$$Y_0^i B_0^i = X_0 \Gamma_0 + U_i \tag{9-82}$$

定义

$$Z = Y_0^i B_0^i \tag{9-83}$$

Z 是 n 维列向量,它是出现在第 i 个结构方程中的内生变量的线性组合,其组合系数是未知参数 B_0^i。如果把 Z 对 X_0 回归,残差平方和为

$$\begin{aligned}
& (Z - X_0(X_0'X_0)^{-1}X_0'Z)'(Z - X_0(X_0'X_0)^{-1}X_0'Z) \\
&= Z'Z - Z'X_0(X_0'X_0)^{-1}X_0'Z \\
&= B_0^{i'} Y_0^{i'} Y_0^i B_0^i - B_0^{i'} Y_0^{i'} X_0(X_0'X_0)^{-1} X_0' Y_0^i B_0^i \\
&= B_0^{i'} R_0 B_0^i
\end{aligned} \tag{9-84}$$

式中

$$R_0 = Y_0^{i\prime}(I - X_0(X_0'X_0)^{-1}X')Y_0^i \tag{9-85}$$

同样，如果把 Z 对所有先决变量 $X = (X_0 X_0^*)$ 回归，残差平方和为

$$B_0^{i\prime} R B_0^i$$

式中

$$R = Y_0^{i\prime}(I - X(X'X)^{-1}X')Y_0^i \tag{9-86}$$

由于第二个回归除包含第一个回归的解释变量 X_0 外，又增加了解释变量 X_0^*，所以第二个回归的残差平方和必不超过（一般要小于）第一个回归的残差平方和。按结构方程式 (9-82)，Z 应当由 X_0 来解释，而与 X_0^* 无关，因而要求第一个回归的残差平方和要尽可能与第二个回归的残差平方和接近。最小方差比就是要选择 B_0^i 的估计值 $\hat{B}_0^i$，极小化比值

$$l = \frac{\hat{B}_0^{i\prime} R_0 \hat{B}_0^i}{\hat{B}_0^{i\prime} R \hat{B}_0^i} \tag{9-87}$$

求 l 对 $\hat{B}_0^i$ 的偏导数，得

$$\frac{\partial l}{\partial \hat{B}_0^i} = \frac{(\hat{B}_0^{i\prime} R \hat{B}_0^i)(2 R_0 \hat{B}_0^i) - (\hat{B}_0^{i\prime} R_0 \hat{B}_0^i)(2 R \hat{B}_0^i)}{(\hat{B}_0^{i\prime} R \hat{B}_0^i)^2}$$

$$= \frac{2}{\hat{B}_0^{i\prime} R \hat{B}_0^i}(R_0 - lR)\hat{B}_0^i \tag{9-88}$$

令

$$\frac{\partial l}{\partial \hat{B}_0^i} = 0 \tag{9-89}$$

得到

$$(R_0 - lR)\hat{B}_0^i = 0 \tag{9-90}$$

如果上述方程的行列式满足

$$|R_0 - lR| = 0 \tag{9-91}$$

则式 (9-90) 有非零解。最小方差比法要先求解关于 l 的多项式方程式 (9-91)，求出 l 的最小根 $\hat{l}$ 代入式 (9-90)。由

$$(R_0 - \hat{l}R)\hat{B}_0^i = 0 \tag{9-92}$$

求出估计式 $\hat{B}_0^i$（注意到 $\hat{B}_0^i$ 的第一个元素为 1）。现定义

$$\hat{Z} = Y_0^i \hat{B}_0^i \tag{9-93}$$

把 $\hat{Z}$ 对 X_0 回归，用 OLS 法估计求得 Γ_0 的估计式为

$$\hat{\Gamma}_0 = (X_0'X_0)^{-1}X_0'Y_0^i \hat{B}_0^i \tag{9-94}$$

可以证明，用最小方差比法得到的参数估计满足一致性，其在小样本下是有偏的，在大样本下时渐进无偏和渐进有效的。

9.6.2 有限信息最大似然法

仍研究第 i 个结构方程

$$Y_i = Y_0 B_0 + X_0 \Gamma_0 + U_i \tag{9-95}$$

并改写为式 (9-92)。该方程的内生变量对应的简化式模型为

$$Y_0^i = X\Pi_0^i + V_0^i \tag{9-96}$$

或

$$Y_0^i = X_0\Pi_{01}^i + X_0^*\Pi_{02}^i + V_0^i \tag{9-97}$$

对式 (9-97) 两端右乘 B_0^i，得

$$Y_0^i B_0^i = X_0\Pi_{01}^i B_0^i + X_0^*\Pi_{02}^i B_0^i + V_0^i B_0^i \tag{9-98}$$

把此式与式 (9-92) 进行比较，有

$$\Pi_{01}^i B_0^i = \Gamma_0 \tag{9-99}$$

$$\Pi_{02}^i B_0^i = 0 \tag{9-100}$$

式 (9-99) 和式 (9-100) 构成了对简化式模型式 (9-97) 中的简化式参数的约束。

设简化式模型式 (9-92) 中的随机扰动项是正态变量，它们的均值为 0，协方差矩阵为 Ω_0。假定不存在非同期相关，则 V_0^i 的似然函数为

$$L(V_0^i) = (2\pi)^{-ng_1/2} \cdot |\Omega_0|^{-n/2} \exp\left[-\frac{1}{2}\operatorname{tr}(\Omega_0^{-1} V_0^{i\prime} V_0^i)\right] \tag{9-101}$$

由于

$$V_0^i = Y_0^i - X_0\Pi_{01}^i - X_0^*\Pi_{02}^i \tag{9-102}$$

所以

$$L(Y_0^i) = L(V_0^i) \tag{9-103}$$

于是得 Y_0^i 的似然函数为

$$\begin{aligned}L(Y_0^i) &= (2\pi)^{-ng_1/2} \cdot |\Omega_0|^{-n/2} \exp\left[-\frac{1}{2}\operatorname{tr}(\Omega_0^{-1} V_0^{i\prime} V_0^i)\right] \\ &= (2\pi)^{-ng_1/2} \cdot |\Omega_0|^{-n/2} \exp\left\{-\frac{1}{2}\operatorname{tr}[\Omega_0^{-1}(Y_0^i - X_0\Pi_{01}^i - X_0^*\Pi_{02}^i)'(Y_0^i - X_0\Pi_{01}^i - X_0^*\Pi_{02}^i)]\right\}\end{aligned} \tag{9-104}$$

取对数得

$$\ln L(Y_0^i) = -\frac{ng_1}{2}\ln(2\pi) - \frac{n}{2}\ln|\Omega_0| - \frac{1}{2}\operatorname{tr} \\ [\Omega_0^{-1}(Y_0^i - X_0\Pi_{01}^i - X_0^*\Pi_{02}^i)'(Y_0^i - X_0\Pi_{01}^i - X_0^*\Pi_{02}^i)] \tag{9-105}$$

显然，对似然函数求最大值等价于对式 (9-105) 求极大值。为了使由似然函数求最大值得到的参数估计量满足前面的约束，在最大化似然函数时必须以式 (9-95) 作为约束条件。式 (9-99) 并不影响有待最大化的似然函数。事实上，Π_{01}^i 和 B_0^i 的估计值确定以后，有式 (9-99) 可求得 Γ_0 的一个估计量。有限信息最大似然法就是在式 (9-100) 的约束条件下对式 (9-105) 最大化，得到 B_0^i 的估计值，再由式 (9-94) 得到 Γ_0 的估计值。由有限信息最大似然法将推导出与最小方差比法等价的估计式。

9.7 完全信息最大似然法

9.7.1 完全信息最大似然法的基本思路

完全信息最大似然法（Full Information Maximum Likelihood，FIML）是另一种联立方程

模型的系统估计方法。它通过使整个联立方程系统的似然函数取最大来同时估计模型的所有结构参数。

9.7.2 完全信息最大似然法的基本步骤

对于联立方程计量经济学模型

$$YB + X\Gamma = U \tag{9-106}$$

把关于第 t 组样本数据的方程记为

$$Y_t B + X_t \Gamma = U_t \quad (t = 1, 2, \cdots, n) \tag{9-107}$$

式中

$$Y_t = (y_{1t}, y_{2t}, \cdots, y_{gt})$$
$$X_t = (x_{1t}, x_{2t}, \cdots, x_{gt})$$
$$U_t = (u_{1t}, u_{2t}, \cdots, u_{gt}) \tag{9-108}$$

设 U_t 中的随机误差项均为正态变量,它们的均值为 0,协方差矩阵 Σ,即

$$U_t \sim N(0, \Sigma) \tag{9-109}$$

则 U_t 的概率密度函数为

$$P(U_t) = (2\pi)^{-ng/2} \cdot |\Sigma|^{-n/2} \exp\left(-\frac{1}{2} U_t \Sigma^{-1} U_t'\right) \tag{9-110}$$

假定 $U_1, U_2, \cdots, U_n$ 相互独立,则它们的联合概率密度函数为

$$P(U_1, U_2, \cdots, U_n) = (2\pi)^{-ng/2} |\Sigma|^{-n/2} \exp\left[-\frac{1}{2} \sum_{t}^{n} (U_t \Sigma^{-1} U_t')\right]$$

$$= (2\pi)^{-ng/2} |\Sigma|^{-n/2} \exp\left[-\frac{1}{2} \mathrm{tr}(U \Sigma^{-1} U')\right]$$

$$= (2\pi)^{-ng/2} |\Sigma|^{-n/2} \exp\left[-\frac{1}{2} \mathrm{tr}(\Sigma^{-1} U' U)\right] \tag{9-111}$$

于是得 U 的似然函数为

$$L(U) = (2\pi)^{-ng/2} |\Sigma|^{-n/2} \exp\left[-\frac{1}{2} \mathrm{tr}(\Sigma^{-1} U' U)\right] \tag{9-112}$$

由于

$$L(Y) = L(U) \frac{\partial(U)}{\partial(Y)} = L(U) |B|^n \tag{9-113}$$

因而得 Y 的似然函数为

$$L(Y) = (2\pi)^{-ng/2} |B|^n |\Sigma|^{-n/2} \exp\left\{-\frac{1}{2} \mathrm{tr}[\Sigma^{-1} (YB + X\Gamma)'(YB + X\Gamma)]\right\} \tag{9-114}$$

对 Y 的似然函数取对数得

$$\ln L(Y) = c + n\ln|B| - \frac{n}{2}\ln|\Sigma| - \frac{1}{2}\mathrm{tr}[\Sigma^{-1}(YB + X\Gamma)'(YB + X\Gamma)] \tag{9-115}$$

式中,c 为常数。

式 (9-115) 是待定参数 B、Γ 和 Σ 的函数。为了最大化 $\ln L(Y)$,把式 (9-115) 对 Σ^{-1}、B 和 Γ 求偏导数,并令其分别为 0,由微分法则

$$\frac{\partial \ln(A)}{\partial A} = A'^{-1} \qquad \frac{\partial \ln(A)}{\partial A^{-1}} = A' \qquad \frac{\partial \ln(AB)}{\partial A} = B'$$

得到

$$\frac{\partial \ln L(Y)}{\partial \Sigma^{-1}} = \frac{n}{2}\Sigma - \frac{1}{2}(YB + X\Gamma)'(YB + X\Gamma) = 0 \quad (9\text{-}116)$$

$$\frac{\partial \ln L(Y)}{\partial B} = nB'^{-1} - Y'(YB + X\Gamma)\Sigma^{-1} = 0 \quad (9\text{-}117)$$

$$\frac{\partial \ln L(Y)}{\partial \Gamma} = -X'(YB + X\Gamma)\Sigma^{-1} = 0 \quad (9\text{-}118)$$

由式（9-116）得

$$\Sigma = n^{-1}(YB + X\Gamma)'(YB + X\Gamma) \quad (9\text{-}119)$$

对式（9-117）两端左乘 B'、右乘 Σ，并把式（9-119）代入，得

$$(YB + X\Gamma)'(YB + X\Gamma) - B'Y'(YB + X\Gamma) = 0 \quad (9\text{-}120)$$

式（9-119）和式（9-120）是关于 B 和 Γ 的方程组。考虑到 B 和 Γ 中的参数并不都是待定参数，其中某些为 0，还有 B 中的参数 $\beta_{ij}(i=1,2,\cdots,g)$ 为 1，现把待定的结构参数记为 Δ，则式（9-119）和式（9-120）构成了对参数 Δ 的方程组，记为

$$f(\Delta) = 0$$

一般 $f(\Delta)$ 是非线性方程组，对它进行求解经常会很困难，需要采用解非线性方程组的迭代算法。常用的方法有牛顿法和阻尼牛顿法。

完全信息最大似然法（FIML）是一致性估计方法，其参数估计量在最小样本下是有偏的，在大样本下是渐进无偏和渐进有效的，且在有些情况下比 3SLS 具有更好的渐进有效性。FIML 法的主要缺点是方法复杂，计算工作量很大，涉及难以处理的非线性方程组的求解问题，所以在现实生活中很少使用这种方法。

9.8 联立方程模型的检验

联立方程计量经济学模型的检验包括两个方面：单个结构方程的检验和总体模型的检验。

9.8.1 单个结构方程的检验

对于模型中的每一个结构方程，单方程计量经济学模型的所有检验都是适用的，而且是必要的。其主要包括经济含义检验、统计检验、计量经济学检验和预测检验。

在使用 TSLS、3SLS 等方法对结构方程进行参数估计后，首先要检验方程参数的经济含义，就是要看参数的符号、大小范围以及参数之间的关系是否具有合理的经济解释。然后要将方程用于样本期和样本期外的预测，检验方程的拟合优度和预测精度。

9.8.2 总体模型的检验

总体模型检验是在单个方程检验之后进行的。在各单个结构方程都通过了所有检验后，对总体模型主要是检验其模拟与预测的精度。常用的检验方法有以下几种：

1. 样本期模拟检验

将样本期外生变量值代入模型，计算各内生变量的估计值，将它们与内生变量的实际观

测值比较，以检验模型对样本观测值的拟合优度。常用的检验统计量为均方百分比误差，用 RMS 表示。在各种拟合优度检验统计量中，一般认为 RMS 具有更普遍的意义，对检验模型的总体拟合优度更为有效。

设 y_t 某个内生变量的观测值，$\hat{y}_t$ 为其估计值，n 为样本容量，那么该内生变量的均方百分比误差为

$$\text{RMS} = \sqrt{\sum_{t=1}^{n} e_t^2 / n} \qquad (9\text{-}121)$$

式中

$$e_t = (y_t - \hat{y}_t)/y_t \quad t = 1, 2, \cdots, n$$

显然，RMS 反映了该内生变量的总体拟合优度。若 RMS = 0，则完全拟合。RMS 当然是越小越好，但没有绝对标准判断模拟实验是否通过。一般认为，在 g_i 个内生变量中，RMS < 5% 的内生变量占 70% 以上且每个内生变量的 RMS 都不超过 10%，则是比较好的模型。如果出现个别内生变量的 RMS 超过 10%，则要加以特别分析说明。

2. 预测检验

建立联立方程计量经济学模型，一般需要花费较长的时间。当模型建成后，样本期以后的时间截面上的内生变量实际观测值已经知晓，这就有条件对模型进行预测检验。

将时间截面上的外生变量值代入模型，计算所有内生变量的估计值，并计算其相对误差

$$\text{RE} = \frac{|y_i - \hat{y}_i|}{y_i} \quad (i = 1, 2, \cdots, g) \qquad (9\text{-}122)$$

式中，y_i 和 $\hat{y}_i$ 分别为第 i 个内生变量的观测值和估计值。

同样也没有绝对的标准判断预测检验是否通过，但如果出现 RE > 5% 的变量数目超过 30%，则必须加以分析和说明。

3. 关键路径检验

一个联立计量经济学模型可能包含许多结构方程，但一个总体结构清晰的模型，应该存在明显的由一部分结构方程构成的关键路径，它们描述了主要经济行为主体的经济活动过程。在一条关键路径中，结构方程之间存在着递推关系。例如，在宏观计量经济学模型中，由固定资产决定社会总产值的生产，由社会总产值解释国民收入，由国民收入决定投资额，由投资额解释固定资产，那么这四个方程构成一个关键路径。沿着关键路径进行误差传递分析，可以检验总体模型的模拟优度与预测精度。

设某关键路径上的方程数为 T，e_i 为第 i 个方程的误差估计量，通常用下面两个统计量来衡量关键路径的模拟或预测精度

$$\text{均方根误差} = \sqrt{\sum_{i=1}^{T} e_i^2 / T} \qquad (9\text{-}123)$$

$$\text{冯·诺依曼比} = \left[\sum_{i=2}^{T} (e_i - e_{i-1})^2 / \sum_{i=1}^{T} e_i^2 \right] \frac{T}{T-1} \qquad (9\text{-}124)$$

显然，均方根误差和冯·诺依曼比越小越好。

4. 滚动预测最终检验

上述几种检验中用于判断总体拟合优度或预测精度的统计量，都是在同一时间截面上计

算得到的。在联立方程模型中,往往存在若干滞后内生变量,这是由经济活动的动态性决定的。由于滞后内生变量的存在,模型预测误差不仅在方程之间传递,而且在不同的时间截面之间传递。所以,对模型进行滚动预测检验是必要的。

给定某一基年的外生变量值和滞后内生变量值,计算基年内生变量的估计值。在其后的时间截面上,只给定外生变量值,滞后内生变量值不用观测,而使用前面的估计值。如此进行连续几个时期的滚动预测。将最终时期的模型预测值与实际观测值进行比较,用其相对误差的大小判断模型的总体精度。可见,最终预测检验是更严格的检验。

总结与习题

1. 本章小结

本章主要讨论了联立方程模型的估计方法和检验的问题。

联立方程模型的估计方法各有利弊,可根据不同的实际情况进行选择;方程模型的检验主要分为单个模型的检验和整体模型的检验两种,可根据选择的模型来选择具体的检验方法。

2. 知识点归纳

(1) 递推模型内生变量只有单向的关系,不能排除解释变量和随机扰动项之间的关系。

(2) 间接最小二乘法要在联立方程结构式模型中的待估方程同时具备恰好识别、随机误差项满足古典回归模型和前定变量之间不存在高度多重共线性情况下可以使用。

(3) 二阶段最小二乘法需要满足的条件较多,对于恰好识别方程,TSLS 和 ILS 的估计结果是等价的。

(4) 3SLS 是 TSLS 的推广和发展,3SLS 在前两阶段就是用 TSLS 对每个结构式方程逐个进行估计。

(5) 完全信息最大似然法(FIML)是一致性估计方法,其参数估计量在大样本下是渐进无偏和渐进有效的,在有些情况下比 3SLS 具有更好的渐进有效性。但其方法复杂,计算工作量很大,在现实生活中很少使用。

3. 习题

(1) 联立方程模型的识别有几种类型?

(2) 间接最小二乘法的适用范围、步骤、计量特性是什么?

(3) 二阶段最小二乘法的基本思路、主要步骤、基本条件、计量性质是什么?

(4) 使用 TSLS 估计较大模型时,可能遇到什么困难?解决这类问题的估计方法的关键是什么?

(5) 考察下面的模型

$$C_t = b_0 + b_1 Y_t + b_2 C_{t-1} + \mu_t$$
$$I_t = a_0 + a_1 Y_t + a_2 Y_{t-1} + a_3 r_t + v_t$$
$$Y_t = C_t + I_t$$

式中,I 为投资;Y 为收入;C 为消费;r 为利率。

1) 指出模型的内生变量和前定变量。

2) 分析各行为方程的识别状况。

3) 选择最适合于估计可识别方程的估计方法。

（6）我国的工资、消费、价格模型被设定为

$$W_t = \alpha_1 + \alpha_2 I_t + \mu_{1t}$$
$$C_t = \beta_1 + \beta_2 I_t + \beta_3 W_t + \mu_{2t}$$
$$P_t = r_1 + r_2 I_t + r_3 W_t + r_4 C_t + \mu_{3t}$$

式中，I 为固定资产投资；W 为国有企业职工年平均工资；C 为居民消费水平指数；P 为价格指数。C、P 均以上一年为 100%，样本数据如表 9-2 所示。

表 9-2 样本数据

年份	固定资产投资（I）/亿元	职工年均工资（W）/元	消费水平指数（C）(%)	价格指数（P）(%)
1975	544.94	613	101.9	100.2
1976	523.94	605	101.8	100.3
1977	549.3	602	100.9	102
1978	669.72	644	105.1	100.7
1979	699.36	705	106.7	102
1980	745.9	803	109.5	106
1981	667.51	812	106.8	102.4
1982	945.31	831	105.4	101.9
1983	851.96	865	107.1	101.5
1984	1185.18	1034	11.4	102.8
1985	1680.51	1213	113.2	109.8
1986	1979.5	1414	104.9	106

试回答以下问题：

1）该方程组是否可识别？

2）选用适当的方法估计模型的未知参数（要求：分别用 OLS 和 TSLS 两种方法估计参数）。

3）比较所选方法估计的结果。

（7）考虑以下货币供求模型：

货币需求

$$M_t^d = \beta_0 + \beta_1 Y_t + \beta_2 R_t + \beta_3 P_t + \mu_{1t}$$

货币供给

$$M_t^s = \alpha_0 + \alpha_1 Y_t + \mu_{2t}$$

式中，M 为货币；Y 为收入；R 为利率；P 为价格；μ_{1t} 与 μ_{2t} 为误差项；R 和 P 是前定变量。

1）需求函数可识别吗？

2）供给函数可识别吗？

3）你会采用什么方法去估计可识别方程中的参数？为什么？

4）假设把供给函数加以修改，多加进两个解释变量 Y_{t-1} 和 M_{t-1}，会出现什么识别问题？你还会采用你在 3）中使用的方法吗？为什么？

（8）对于计量经济学模型

$$y_{1t} = \beta_{12} y_{2t} + \gamma_{11} x_{1t} + \mu_{1t}$$
$$y_{2t} = \beta_{21} y_{1t} + \gamma_{22} x_{2t} + \gamma_{23} x_{3t} + \mu_{2t}$$

其简化式参数的普通最小二乘估计为

$$\begin{pmatrix} \hat{\pi}_{11} & \hat{\pi}_{12} \\ \hat{\pi}_{21} & \hat{\pi}_{22} \end{pmatrix} = \begin{pmatrix} 5 & 2 \\ 10 & 5 \end{pmatrix}$$

试根据简化式参数的估计值计算结构式参数的估计值。

（9）由三个方程构成的连利方程计量经济学模型，包含四个外生变量。模型的一个结构方程为

$$y_{1t} = \beta_{12} y_{2t} + \beta_{13} y_{3t} + \gamma_{11} x_{1t} + \mu_{1t}$$

由样本数据计算出的矩阵为

$$Y'Y = \begin{pmatrix} 20 & 15 & -5 \\ 15 & 60 & -45 \\ -5 & -45 & 70 \end{pmatrix}$$

$$X'X = \begin{pmatrix} 1 & 0 & 0 & 0 \\ 0 & 2 & 0 & 0 \\ 0 & 0 & 4 & 0 \\ 0 & 0 & 0 & 5 \end{pmatrix}$$

$$Y'X = \begin{pmatrix} 2 & 2 & 4 & 5 \\ 0 & 4 & 12 & -5 \\ 0 & -2 & -12 & 10 \end{pmatrix}$$

求这个方程结构参数的 2SLS 估计值，并估计它们的方差。

（10）对于下列模型

$$y_{1t} = \beta_{12} y_{2t} + \gamma_{11} x_{1t} + \mu_{1t}$$
$$y_{2t} = \beta_{21} y_{1t} + \gamma_{22} x_{2t} + \gamma_{23} x_{3t} + \mu_{2t}$$

由样本数据计算出的矩阵如表 9-3 所示。

表9-3 样本数据矩阵

	y_1	y_2	x_1	x_2	x_3
y_1	100	200	30	20	40
y_2	200	900	0	50	60
x_1	30	0	100	0	0
x_2	20	50	0	50	0
x_3	40	60	0	0	40

对两个结构方程先进行 OLS 检验，再进行 TSLS 检验，然后对两者的结果进行比较。

（11）某农产品的市场供求模型为

$$D_t = \alpha_1 + \alpha_2 P_t + \alpha_3 Y_t + \mu_t$$
$$S_t = \beta_1 + \beta_2 P_t + \beta_3 \overline{P}_{t-1} + \beta_4 t + \nu_t$$
$$D_t = S_t$$

式中，Y_t 为消费者收入；$\overline{P}_{t-1}$ 为收购价格；t 为时间。

样本数据如表 9-4 所示。

表 9-4 样本数据

t	$D_t = S_t$	P_t	Y_t	$\overline{P}_{t-1}$	t	$D_t = S_t$	P_t	Y_t	$\overline{P}_{t-1}$
1	99.5	100.3	87.4	99.0	11	95.4	93.1	75.1	81.0
2	99.2	104.3	97.6	99.1	12	92.4	99.8	76.9	69.6
3	102.2	103.4	96.7	99.1	13	94.5	102.9	84.6	70.9
4	101.5	104.5	99.2	99.1	14	99.8	99.8	90.6	81.4
5	104.2	99.0	99.8	110.8	15	105.8	95.1	103.1	102.3
6	103.2	99.5	100.5	109.2	16	100.2	99.5	105.1	105.0
7	104.0	101.1	103.2	105.6	17	100.5	86.5	96.4	110.5
8	100.0	104.8	107.8	109.8	18	99.9	104.0	104.4	92.5
9	100.3	96.4	96.6	109.7	19	105.2	105.8	110.7	89.3
10	102.0	91.2	89.9	100.6	20	106.2	113.5	127.1	93.0

使用 TSLS 法估计该模型。

（12）如果一个联立方程计量经济学模型是恰好识别的，证明结构参数的 3SLS 估计与间接最小二乘估计等价。

附　录

附录 A　标准正态分布表

$$\Phi(x) = \int_{-\infty}^{x} \frac{1}{\sqrt{2\pi}} e^{-\frac{x^2}{2}} dx$$

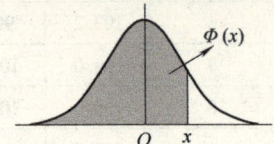

x	0.00	0.01	0.02	0.03	0.04	0.05	0.06	0.07	0.08	0.09
0.00	0.500000	0.503989	0.507978	0.511966	0.515953	0.519939	0.523922	0.527903	0.531881	0.535856
0.10	0.539828	0.543795	0.547758	0.551717	0.555670	0.559618	0.563559	0.567495	0.571424	0.575345
0.20	0.579260	0.583166	0.587064	0.590954	0.594835	0.598706	0.602568	0.606420	0.610261	0.614092
0.30	0.617911	0.621720	0.625516	0.629300	0.633072	0.636831	0.640576	0.644309	0.648027	0.651732
0.40	0.655422	0.659097	0.662757	0.666402	0.670031	0.673645	0.677242	0.680822	0.684386	0.687933
0.50	0.691462	0.694974	0.698468	0.701944	0.705401	0.708840	0.712260	0.715661	0.719043	0.722405
0.60	0.725747	0.729069	0.732371	0.735653	0.738914	0.742154	0.745373	0.748571	0.751748	0.754903
0.70	0.758036	0.761148	0.764238	0.767305	0.770350	0.773373	0.776373	0.779350	0.782305	0.785236
0.80	0.788145	0.791030	0.793892	0.796731	0.799546	0.802337	0.805105	0.807850	0.810570	0.813267
0.90	0.815940	0.818589	0.821214	0.823814	0.826391	0.828944	0.831472	0.833977	0.836457	0.838913
1.00	0.841345	0.843752	0.846136	0.848495	0.850830	0.853141	0.855428	0.857690	0.859929	0.862143
1.10	0.864334	0.866500	0.868643	0.870762	0.872857	0.874928	0.876976	0.879000	0.881000	0.882977
1.20	0.884930	0.886861	0.888768	0.890651	0.892512	0.894350	0.896165	0.897958	0.899727	0.901475
1.30	0.903200	0.904902	0.906582	0.908241	0.909877	0.911492	0.913085	0.914657	0.916207	0.917736
1.40	0.919243	0.920730	0.922196	0.923641	0.925066	0.926471	0.927855	0.929219	0.930563	0.931888
1.50	0.933193	0.934478	0.935745	0.936992	0.938220	0.939429	0.940620	0.941792	0.942947	0.944083
1.60	0.945201	0.946301	0.947384	0.948449	0.949497	0.950529	0.951543	0.952540	0.953521	0.954486
1.70	0.955435	0.956367	0.957284	0.958185	0.959070	0.959941	0.960796	0.961636	0.962462	0.963273
1.80	0.964070	0.964852	0.965620	0.966375	0.967116	0.967843	0.968557	0.969258	0.969946	0.970621
1.90	0.971283	0.971933	0.972571	0.973197	0.973810	0.974412	0.975002	0.975581	0.976148	0.976705
2.00	0.977250	0.977784	0.978308	0.978822	0.979325	0.979818	0.980301	0.980774	0.981237	0.981691
2.10	0.982136	0.982571	0.982997	0.983414	0.983823	0.984222	0.984614	0.984997	0.985371	0.985738
2.20	0.986097	0.986447	0.986791	0.987126	0.987455	0.987776	0.988089	0.988396	0.988696	0.988989
2.30	0.989276	0.989556	0.989830	0.990097	0.990358	0.990613	0.990863	0.991106	0.991344	0.991576
2.40	0.991802	0.992024	0.992240	0.992451	0.992656	0.992857	0.993053	0.993244	0.993431	0.993613
2.50	0.993790	0.993963	0.994132	0.994297	0.994457	0.994614	0.994766	0.994915	0.995060	0.995201

(续)

x	0.00	0.01	0.02	0.03	0.04	0.05	0.06	0.07	0.08	0.09
2.60	0.995339	0.995473	0.995604	0.995731	0.995855	0.995975	0.996093	0.996207	0.996319	0.996427
2.70	0.996533	0.996636	0.996736	0.996833	0.996928	0.997020	0.997110	0.997197	0.997282	0.997365
2.80	0.997445	0.997523	0.997599	0.997673	0.997744	0.997814	0.997882	0.997948	0.998012	0.998074
2.90	0.998134	0.998193	0.998250	0.998305	0.998359	0.998411	0.998462	0.998511	0.998559	0.998605
3.00	0.998650	0.998694	0.998736	0.998777	0.998817	0.998856	0.998893	0.998930	0.998965	0.998999
3.10	0.999032	0.999065	0.999096	0.999126	0.999155	0.999184	0.999211	0.999238	0.999264	0.999289
3.20	0.999313	0.999336	0.999359	0.999381	0.999402	0.999423	0.999443	0.999462	0.999481	0.999499
3.30	0.999517	0.999534	0.999550	0.999566	0.999581	0.999596	0.999610	0.999624	0.999638	0.999651
3.40	0.999663	0.999675	0.999687	0.999698	0.999709	0.999720	0.999730	0.999740	0.999749	0.999758
3.50	0.999767	0.999776	0.999784	0.999792	0.999800	0.999807	0.999815	0.999822	0.999828	0.999835
3.60	0.999841	0.999847	0.999853	0.999858	0.999864	0.999869	0.999874	0.999879	0.999883	0.999888
3.70	0.999892	0.999896	0.999900	0.999904	0.999908	0.999912	0.999915	0.999918	0.999922	0.999925
3.80	0.999928	0.999931	0.999933	0.999936	0.999938	0.999941	0.999943	0.999946	0.999948	0.999950
3.90	0.999952	0.999954	0.999956	0.999958	0.999959	0.999961	0.999963	0.999964	0.999966	0.999967
4.00	0.999968	0.999970	0.999971	0.999972	0.999973	0.999974	0.999975	0.999976	0.999977	0.999978
4.10	0.999979	0.999980	0.999981	0.999982	0.999983	0.999983	0.999984	0.999985	0.999985	0.999986
4.20	0.999987	0.999987	0.999988	0.999988	0.999989	0.999989	0.999990	0.999990	0.999991	0.999991
4.30	0.999991	0.999992	0.999992	0.999993	0.999993	0.999993	0.999993	0.999994	0.999994	0.999994
4.40	0.999995	0.999995	0.999995	0.999995	0.999996	0.999996	0.999996	0.999996	0.999996	0.999996
4.50	0.999997	0.999997	0.999997	0.999997	0.999997	0.999997	0.999997	0.999998	0.999998	0.999998
4.60	0.999998	0.999998	0.999998	0.999998	0.999998	0.999998	0.999998	0.999998	0.999999	0.999999
4.70	0.999999	0.999999	0.999999	0.999999	0.999999	0.999999	0.999999	0.999999	0.999999	0.999999
4.80	0.999999	0.999999	0.999999	0.999999	0.999999	0.999999	0.999999	0.999999	0.999999	0.999999
4.90	1.000000	1.000000	1.000000	1.000000	1.000000	1.000000	1.000000	1.000000	1.000000	1.000000

注：本表对于 x 给出正态分布函数 $\Phi(x)$ 的数值。例，对于 $x=1.33$，$\Phi(x)=0.908241$

附录 B t 分布表

$$P\{t(n) > t_\alpha(n)\} = \alpha$$

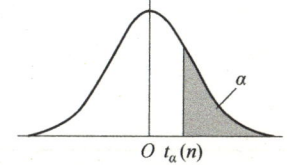

自由度 n	$\alpha=0.10$	0.05	0.025	0.01	0.005	自由度 n	$\alpha=0.10$	0.05	0.025	0.01	0.005
1	3.0777	6.3138	12.7062	31.8205	63.6567	3	1.6377	2.3534	3.1824	4.5407	5.8409
2	1.8856	2.9200	4.3027	6.9646	9.9248	4	1.5332	2.1318	2.7764	3.7469	4.6041

(续)

自由度 n	$\alpha=0.10$	0.05	0.025	0.01	0.005	自由度 n	$\alpha=0.10$	0.05	0.025	0.01	0.005
5	1.4759	2.0150	2.5706	3.3649	4.0321	26	1.3150	1.7056	2.0555	2.4786	2.7787
6	1.4398	1.9432	2.4469	3.1427	3.7074	27	1.3137	1.7033	2.0518	2.4727	2.7707
7	1.4149	1.8946	2.3646	2.9980	3.4995	28	1.3125	1.7011	2.0484	2.4671	2.7633
8	1.3968	1.8595	2.3060	2.8965	3.3554	29	1.3114	1.6991	2.0452	2.4620	2.7564
9	1.3830	1.8331	2.2622	2.8214	3.2498	30	1.3104	1.6973	2.0423	2.4573	2.7500
10	1.3722	1.8125	2.2281	2.7638	3.1693	31	1.3095	1.6955	2.0395	2.4528	2.7440
11	1.3634	1.7959	2.2010	2.7181	3.1058	32	1.3086	1.6939	2.0369	2.4487	2.7385
12	1.3562	1.7823	2.1788	2.6810	3.0545	33	1.3077	1.6924	2.0345	2.4448	2.7333
13	1.3502	1.7709	2.1604	2.6503	3.0123	34	1.3070	1.6909	2.0322	2.4411	2.7284
14	1.3450	1.7613	2.1448	2.6245	2.9768	35	1.3062	1.6896	2.0301	2.4377	2.7238
15	1.3406	1.7531	2.1314	2.6025	2.9467	36	1.3055	1.6883	2.0281	2.4345	2.7195
16	1.3368	1.7459	2.1199	2.5835	2.9208	37	1.3049	1.6871	2.0262	2.4314	2.7154
17	1.3334	1.7396	2.1098	2.5669	2.8982	38	1.3042	1.6860	2.0244	2.4286	2.7116
18	1.3304	1.7341	2.1009	2.5524	2.8784	39	1.3036	1.6849	2.0227	2.4258	2.7079
19	1.3277	1.7291	2.0930	2.5395	2.8609	40	1.3031	1.6839	2.0211	2.4233	2.7045
20	1.3253	1.7247	2.0860	2.5280	2.8453	41	1.3025	1.6829	2.0195	2.4208	2.7012
21	1.3232	1.7207	2.0796	2.5176	2.8314	42	1.3020	1.6820	2.0181	2.4185	2.6981
22	1.3212	1.7171	2.0739	2.5083	2.8188	43	1.3016	1.6811	2.0167	2.4163	2.6951
23	1.3195	1.7139	2.0687	2.4999	2.8073	44	1.3011	1.6802	2.0154	2.4141	2.6923
24	1.3178	1.7109	2.0639	2.4922	2.7969	45	1.3006	1.6794	2.0141	2.4121	2.6896
25	1.3163	1.7081	2.0595	2.4851	2.7874						

附录 C χ^2 分布表

$$P\{\chi^2(n) > \chi^2_\alpha(n)\} = \alpha$$

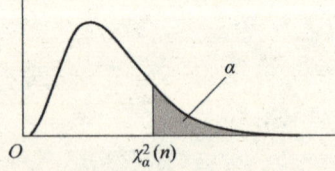

n	$\alpha=0.995$	0.99	0.975	0.95	0.90	0.75	0.25	0.10	0.05	0.025	0.01	0.005
1	—	—	0.001	0.004	0.016	0.102	1.323	2.706	3.841	5.024	6.635	7.879
2	0.010	0.020	0.051	0.103	0.211	0.575	2.773	4.605	5.991	7.378	9.210	10.597
3	0.072	0.115	0.216	0.352	0.584	1.213	4.108	6.251	7.815	9.348	11.345	12.838
4	0.207	0.297	0.484	0.711	1.064	1.923	5.385	7.779	9.488	11.143	13.277	14.860
5	0.412	0.554	0.831	1.145	1.610	2.675	6.626	9.236	11.070	12.833	15.086	16.750

(续)

n	α=0.995	0.99	0.975	0.95	0.90	0.75	0.25	0.10	0.05	0.025	0.01	0.005
6	0.676	0.872	1.237	1.635	2.204	3.455	7.841	10.645	12.592	14.449	16.812	18.548
7	0.989	1.239	1.690	2.167	2.833	4.255	9.037	12.017	14.067	16.013	18.475	20.278
8	1.344	1.646	2.180	2.733	3.490	5.071	10.219	13.362	15.507	17.535	20.090	21.955
9	1.735	2.088	2.700	3.325	4.168	5.899	11.389	14.684	16.919	19.023	21.666	23.589
10	2.156	2.558	3.247	3.940	4.865	6.737	12.549	15.987	18.307	20.483	23.209	25.188
11	2.603	3.053	3.816	4.575	5.578	7.584	13.701	17.275	19.675	21.920	24.725	26.757
12	3.074	3.571	4.404	5.226	6.304	8.438	14.845	18.549	21.026	23.337	26.217	28.300
13	3.565	4.107	5.009	5.892	7.042	9.299	15.984	19.812	22.362	24.736	27.688	29.819
14	4.075	4.660	5.629	6.571	7.790	10.165	17.117	21.064	23.685	26.119	29.141	31.319
15	4.601	5.229	6.262	7.261	8.547	11.037	18.245	22.307	24.996	27.488	30.578	32.801
16	5.142	5.812	6.908	7.962	9.312	11.912	19.369	23.542	26.296	28.845	32.000	34.267
17	5.697	6.408	7.564	8.672	10.085	12.792	20.489	24.769	27.587	30.191	33.409	35.718
18	6.265	7.015	8.231	9.390	10.865	13.675	21.605	25.989	28.869	31.526	34.805	37.156
19	6.844	7.633	8.907	10.117	11.651	14.562	22.718	27.204	30.144	32.852	36.191	38.582
20	7.434	8.260	9.591	10.851	12.443	15.452	23.828	28.412	31.410	34.170	37.566	39.997
21	8.034	8.897	10.283	11.591	13.240	16.344	24.935	29.615	32.671	35.479	38.932	41.401
22	8.643	9.542	10.982	12.338	14.041	17.240	26.039	30.813	33.924	36.781	40.289	42.796
23	9.260	10.196	11.689	13.091	14.848	18.137	27.141	32.007	35.172	38.076	41.638	44.181
24	9.886	10.856	12.401	13.848	15.659	19.037	28.241	33.196	36.415	39.364	42.980	45.559
25	10.520	11.524	13.120	14.611	16.473	19.939	29.339	34.382	37.652	40.646	44.314	46.928
26	11.160	12.198	13.844	15.379	17.292	20.843	30.435	35.563	38.885	41.923	45.642	48.290
27	11.808	12.879	14.573	16.151	18.114	21.749	31.528	36.741	40.113	43.195	46.963	49.645
28	12.461	13.565	15.308	16.928	18.939	22.657	32.620	37.916	41.337	44.461	48.278	50.993
29	13.121	14.256	16.047	17.708	19.768	23.567	33.711	39.087	42.557	45.722	49.588	52.336
30	13.787	14.953	16.791	18.493	20.599	24.478	34.800	40.256	43.773	46.979	50.892	53.672
31	14.458	15.655	17.539	19.281	21.434	25.390	35.887	41.422	44.985	48.232	52.191	55.003
32	15.134	16.362	18.291	20.072	22.271	26.304	36.973	42.585	46.194	49.480	53.486	56.328
33	15.815	17.074	19.047	20.867	23.110	27.219	38.058	43.745	47.400	50.725	54.776	57.648
34	16.501	17.789	19.806	21.664	23.952	28.136	39.141	44.903	48.602	51.966	56.061	58.964
35	17.192	18.509	20.569	22.465	24.797	29.054	40.223	46.059	49.802	53.203	57.342	60.275
36	17.887	19.233	21.336	23.269	25.643	29.973	41.304	47.212	50.998	54.437	58.619	61.581
37	18.586	19.960	22.106	24.075	26.492	30.893	42.383	48.363	52.192	55.668	59.893	62.883
38	19.289	20.691	22.878	24.884	27.343	31.815	43.462	49.513	53.384	56.896	61.162	64.181
39	19.996	21.426	23.654	25.695	28.196	32.737	44.539	50.660	54.572	58.120	62.428	65.476
40	20.707	22.164	24.433	26.509	29.051	33.660	45.616	51.805	55.758	59.342	63.691	66.766
41	21.421	22.906	25.215	27.326	29.907	34.585	46.692	52.949	56.942	60.561	64.950	68.053
42	22.138	23.650	25.999	28.144	30.765	35.510	47.766	54.090	58.124	61.777	66.206	69.336
43	22.859	24.398	26.785	28.965	31.625	36.436	48.840	55.230	59.304	62.990	67.459	70.616
44	23.584	25.148	27.575	29.787	32.487	37.363	49.913	56.369	60.481	64.201	68.710	71.893
45	24.311	25.901	28.366	30.612	33.350	38.291	50.985	57.505	61.656	65.410	69.957	73.166

附录 D F 分布表

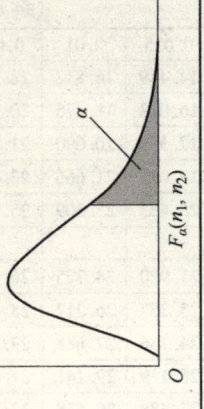

$$P\{F(n_1, n_2) > F_\alpha(n_1, n_2)\} = \alpha$$

($\alpha = 0.10$)

n_2\n_1	1	2	3	4	5	6	7	8	9	10	12	15	20	24	30	40	60	120	∞
1	39.86	49.50	53.59	55.83	57.24	58.20	58.91	59.44	59.86	60.19	60.71	61.22	61.74	62.00	62.26	62.53	62.79	63.06	63.33
2	8.53	9.00	9.16	9.24	9.29	9.33	9.35	9.37	9.38	9.39	9.41	9.42	9.44	9.45	9.46	9.47	9.47	9.48	9.49
3	5.54	5.46	5.39	5.34	5.31	5.28	5.27	5.25	5.24	5.23	5.22	5.20	5.18	5.18	5.17	5.16	5.15	5.14	5.13
4	4.54	4.32	4.19	4.11	4.05	4.01	3.98	3.95	3.94	3.92	3.90	3.87	3.84	3.83	3.82	3.80	3.79	3.78	3.76
5	4.06	3.78	3.62	3.52	3.45	3.40	3.37	3.34	3.32	3.30	3.27	3.24	3.21	3.19	3.17	3.16	3.14	3.12	3.10
6	3.78	3.46	3.29	3.18	3.11	3.05	3.01	2.98	2.96	2.94	2.90	2.87	2.84	2.82	2.80	2.78	2.76	2.74	2.72
7	3.59	3.26	3.07	2.96	2.88	2.83	2.78	2.75	2.72	2.70	2.67	2.63	2.59	2.58	2.56	2.54	2.51	2.49	2.47
8	3.46	3.11	2.92	2.81	2.73	2.67	2.62	2.59	2.56	2.54	2.50	2.46	2.42	2.40	2.38	2.36	2.34	2.32	2.29
9	3.36	3.01	2.81	2.69	2.61	2.55	2.51	2.47	2.44	2.42	2.38	2.34	2.30	2.28	2.25	2.23	2.21	2.18	2.16
10	3.29	2.92	2.73	2.61	2.52	2.46	2.41	2.38	2.35	2.32	2.28	2.24	2.20	2.18	2.16	2.13	2.11	2.08	2.06
11	3.23	2.86	2.66	2.54	2.45	2.39	2.34	2.30	2.27	2.25	2.21	2.17	2.12	2.10	2.08	2.05	2.03	2.00	1.97
12	3.18	2.81	2.61	2.48	2.39	2.33	2.28	2.24	2.21	2.19	2.15	2.10	2.06	2.04	2.01	1.99	1.96	1.93	1.90
13	3.14	2.76	2.56	2.43	2.35	2.28	2.23	2.20	2.16	2.14	2.10	2.05	2.01	1.98	1.96	1.93	1.90	1.88	1.85
14	3.10	2.73	2.52	2.39	2.31	2.24	2.19	2.15	2.12	2.10	2.05	2.01	1.96	1.94	1.91	1.89	1.86	1.83	1.80
15	3.07	2.70	2.49	2.36	2.27	2.21	2.16	2.12	2.09	2.06	2.02	1.97	1.92	1.90	1.87	1.85	1.82	1.79	1.76
16	3.05	2.67	2.46	2.33	2.24	2.18	2.13	2.09	2.06	2.03	1.99	1.94	1.89	1.87	1.84	1.81	1.78	1.75	1.72
17	3.03	2.64	2.44	2.31	2.22	2.15	2.10	2.06	2.03	2.00	1.96	1.91	1.86	1.84	1.81	1.78	1.75	1.72	1.69
18	3.01	2.62	2.42	2.29	2.20	2.13	2.08	2.04	2.00	1.98	1.93	1.89	1.84	1.81	1.78	1.75	1.72	1.69	1.66
19	2.99	2.61	2.40	2.27	2.18	2.11	2.06	2.02	1.98	1.96	1.91	1.86	1.81	1.79	1.76	1.73	1.70	1.67	1.63
20	2.97	2.59	2.38	2.25	2.16	2.09	2.04	2.00	1.96	1.94	1.89	1.84	1.79	1.77	1.74	1.71	1.68	1.64	1.61
21	2.96	2.57	2.36	2.23	2.14	2.08	2.02	1.98	1.95	1.92	1.87	1.83	1.78	1.75	1.72	1.69	1.66	1.62	1.59
22	2.95	2.56	2.35	2.22	2.13	2.06	2.01	1.97	1.93	1.90	1.86	1.81	1.76	1.73	1.70	1.67	1.64	1.60	1.57
23	2.94	2.55	2.34	2.21	2.11	2.05	1.99	1.95	1.92	1.89	1.84	1.80	1.74	1.72	1.69	1.66	1.62	1.59	1.55

(续)

($\alpha = 0.10$)

n_1 \ n_2	1	2	3	4	5	6	7	8	9	10	12	15	20	24	30	40	60	120	∞
24	2.93	2.54	2.33	2.19	2.10	2.04	1.98	1.94	1.91	1.88	1.83	1.78	1.73	1.70	1.67	1.64	1.61	1.57	1.53
25	2.92	2.53	2.32	2.18	2.09	2.02	1.97	1.93	1.89	1.87	1.82	1.77	1.72	1.69	1.66	1.63	1.59	1.56	1.52
26	2.91	2.52	2.31	2.17	2.08	2.01	1.96	1.92	1.88	1.86	1.81	1.76	1.71	1.68	1.65	1.61	1.58	1.54	1.50
27	2.90	2.51	2.30	2.17	2.07	2.00	1.95	1.91	1.87	1.85	1.80	1.75	1.70	1.67	1.64	1.60	1.57	1.53	1.49
28	2.89	2.50	2.29	2.16	2.06	2.00	1.94	1.90	1.87	1.84	1.79	1.74	1.69	1.66	1.63	1.59	1.56	1.52	1.48
29	2.89	2.50	2.28	2.15	2.06	1.99	1.93	1.89	1.86	1.83	1.78	1.73	1.68	1.65	1.62	1.58	1.55	1.51	1.47
30	2.88	2.49	2.28	2.14	2.05	1.98	1.93	1.88	1.85	1.82	1.77	1.72	1.67	1.64	1.61	1.57	1.54	1.50	1.46
40	2.84	2.44	2.23	2.09	2.00	1.93	1.87	1.83	1.79	1.76	1.71	1.66	1.61	1.57	1.54	1.51	1.47	1.42	1.38
60	2.79	2.39	2.18	2.04	1.95	1.87	1.82	1.77	1.74	1.71	1.66	1.60	1.54	1.51	1.48	1.44	1.40	1.35	1.29
120	2.75	2.35	2.13	1.99	1.90	1.82	1.77	1.72	1.68	1.65	1.60	1.55	1.48	1.45	1.41	1.37	1.32	1.26	1.19
∞	2.71	2.30	2.08	1.94	1.85	1.77	1.72	1.67	1.63	1.60	1.55	1.49	1.42	1.38	1.34	1.30	1.24	1.17	1.00

($\alpha = 0.05$)

n_1 \ n_2	1	2	3	4	5	6	7	8	9	10	12	15	20	24	30	40	60	120	∞
1	161.45	199.50	215.71	224.58	230.16	233.99	236.77	238.88	240.54	241.88	243.91	245.95	248.01	249.05	250.10	251.14	252.20	253.25	254.31
2	18.51	19.00	19.16	19.25	19.30	19.33	19.35	19.37	19.38	19.40	19.41	19.43	19.45	19.45	19.46	19.47	19.48	19.49	19.50
3	10.13	9.55	9.28	9.12	9.01	8.94	8.89	8.85	8.81	8.79	8.74	8.70	8.66	8.64	8.62	8.59	8.57	8.55	8.53
4	7.71	6.94	6.59	6.39	6.26	6.16	6.09	6.04	6.00	5.96	5.91	5.86	5.80	5.77	5.75	5.72	5.69	5.66	5.63
5	6.61	5.79	5.41	5.19	5.05	4.95	4.88	4.82	4.77	4.74	4.68	4.62	4.56	4.53	4.50	4.46	4.43	4.40	4.36
6	5.99	5.14	4.76	4.53	4.39	4.28	4.21	4.15	4.10	4.06	4.00	3.94	3.87	3.84	3.81	3.77	3.74	3.70	3.67
7	5.59	4.74	4.35	4.12	3.97	3.87	3.79	3.73	3.68	3.64	3.57	3.51	3.44	3.41	3.38	3.34	3.30	3.27	3.23
8	5.32	4.46	4.07	3.84	3.69	3.58	3.50	3.44	3.39	3.35	3.28	3.22	3.15	3.12	3.08	3.04	3.01	2.97	2.93
9	5.12	4.26	3.86	3.63	3.48	3.37	3.29	3.23	3.18	3.14	3.07	3.01	2.94	2.90	2.86	2.83	2.79	2.75	2.71
10	4.96	4.10	3.71	3.48	3.33	3.22	3.14	3.07	3.02	2.98	2.91	2.85	2.77	2.74	2.70	2.66	2.62	2.58	2.54
11	4.84	3.98	3.59	3.36	3.20	3.09	3.01	2.95	2.90	2.85	2.79	2.72	2.65	2.61	2.57	2.53	2.49	2.45	2.40
12	4.75	3.89	3.49	3.26	3.11	3.00	2.91	2.85	2.80	2.75	2.69	2.62	2.54	2.51	2.47	2.43	2.38	2.34	2.30
13	4.67	3.81	3.41	3.18	3.03	2.92	2.83	2.77	2.71	2.67	2.60	2.53	2.46	2.42	2.38	2.34	2.30	2.25	2.21
14	4.60	3.74	3.34	3.11	2.96	2.85	2.76	2.70	2.65	2.60	2.53	2.46	2.39	2.35	2.31	2.27	2.22	2.18	2.13
15	4.54	3.68	3.29	3.06	2.90	2.79	2.71	2.64	2.59	2.54	2.48	2.40	2.33	2.29	2.25	2.20	2.16	2.11	2.07

(续)

($\alpha = 0.05$)

n_2 \ n_1	1	2	3	4	5	6	7	8	9	10	12	15	20	24	30	40	60	120	∞
16	4.49	3.63	3.24	3.01	2.85	2.74	2.66	2.59	2.54	2.49	2.42	2.35	2.28	2.24	2.19	2.15	2.11	2.06	2.01
17	4.45	3.59	3.20	2.96	2.81	2.70	2.61	2.55	2.49	2.45	2.38	2.31	2.23	2.19	2.15	2.10	2.06	2.01	1.96
18	4.41	3.55	3.16	2.93	2.77	2.66	2.58	2.51	2.46	2.41	2.34	2.27	2.19	2.15	2.11	2.06	2.02	1.97	1.92
19	4.38	3.52	3.13	2.90	2.74	2.63	2.54	2.48	2.42	2.38	2.31	2.23	2.16	2.11	2.07	2.03	1.98	1.93	1.88
20	4.35	3.49	3.10	2.87	2.71	2.60	2.51	2.45	2.39	2.35	2.28	2.20	2.12	2.08	2.04	1.99	1.95	1.90	1.84
21	4.32	3.47	3.07	2.84	2.68	2.57	2.49	2.42	2.37	2.32	2.25	2.18	2.10	2.05	2.01	1.96	1.92	1.87	1.81
22	4.30	3.44	3.05	2.82	2.66	2.55	2.46	2.40	2.34	2.30	2.23	2.15	2.07	2.03	1.98	1.94	1.89	1.84	1.78
23	4.28	3.42	3.03	2.80	2.64	2.53	2.44	2.37	2.32	2.27	2.20	2.13	2.05	2.01	1.96	1.91	1.86	1.81	1.76
24	4.26	3.40	3.01	2.78	2.62	2.51	2.42	2.36	2.30	2.25	2.18	2.11	2.03	1.98	1.94	1.89	1.84	1.79	1.73
25	4.24	3.39	2.99	2.76	2.60	2.49	2.40	2.34	2.28	2.24	2.16	2.09	2.01	1.96	1.92	1.87	1.82	1.77	1.71
26	4.23	3.37	2.98	2.74	2.59	2.47	2.39	2.32	2.27	2.22	2.15	2.07	1.99	1.95	1.90	1.85	1.80	1.75	1.69
27	4.21	3.35	2.96	2.73	2.57	2.46	2.37	2.31	2.25	2.20	2.13	2.06	1.97	1.93	1.88	1.84	1.79	1.73	1.67
28	4.20	3.34	2.95	2.71	2.56	2.45	2.36	2.29	2.24	2.19	2.12	2.04	1.96	1.91	1.87	1.82	1.77	1.71	1.65
29	4.18	3.33	2.93	2.70	2.55	2.43	2.35	2.28	2.22	2.18	2.10	2.03	1.94	1.90	1.85	1.81	1.75	1.70	1.64
30	4.17	3.32	2.92	2.69	2.53	2.42	2.33	2.27	2.21	2.16	2.09	2.01	1.93	1.89	1.84	1.79	1.74	1.68	1.62
40	4.08	3.23	2.84	2.61	2.45	2.34	2.25	2.18	2.12	2.08	2.00	1.92	1.84	1.79	1.74	1.69	1.64	1.58	1.51
60	4.00	3.15	2.76	2.53	2.37	2.25	2.17	2.10	2.04	1.99	1.92	1.84	1.75	1.70	1.65	1.59	1.53	1.47	1.39
120	3.92	3.07	2.68	2.45	2.29	2.18	2.09	2.02	1.96	1.91	1.83	1.75	1.66	1.61	1.55	1.50	1.43	1.35	1.25
∞	3.84	3.00	2.60	2.37	2.21	2.10	2.01	1.94	1.88	1.83	1.75	1.67	1.57	1.52	1.46	1.39	1.32	1.22	1.00

($\alpha = 0.025$)

n_2 \ n_1	1	2	3	4	5	6	7	8	9	10	12	15	20	24	30	40	60	120	∞
1	647.79	799.50	864.16	899.58	921.85	937.11	948.22	956.66	963.28	968.63	976.71	984.87	993.10	997.25	1001.41	1005.60	1009.80	1014.02	1018.26
2	38.51	39.00	39.17	39.25	39.30	39.33	39.36	39.37	39.39	39.40	39.41	39.43	39.45	39.46	39.46	39.47	39.48	39.49	39.50
3	17.44	16.04	15.44	15.10	14.88	14.73	14.62	14.54	14.47	14.42	14.34	14.25	14.17	14.12	14.08	14.04	13.99	13.95	13.90
4	12.22	10.65	9.98	9.60	9.36	9.20	9.07	8.98	8.90	8.84	8.75	8.66	8.56	8.51	8.46	8.41	8.36	8.31	8.26
5	10.01	8.43	7.76	7.39	7.15	6.98	6.85	6.76	6.68	6.62	6.52	6.43	6.33	6.28	6.23	6.18	6.12	6.07	6.02
6	8.81	7.26	6.60	6.23	5.99	5.82	5.70	5.60	5.52	5.46	5.37	5.27	5.17	5.12	5.07	5.01	4.96	4.90	4.85
7	8.07	6.54	5.89	5.52	5.29	5.12	4.99	4.90	4.82	4.76	4.67	4.57	4.47	4.41	4.36	4.31	4.25	4.20	4.14

(续)

($\alpha = 0.025$)

n_2 \ n_1	1	2	3	4	5	6	7	8	9	10	12	15	20	24	30	40	60	120	∞
8	7.57	6.06	5.42	5.05	4.82	4.65	4.53	4.43	4.36	4.30	4.20	4.10	4.00	3.95	3.89	3.84	3.78	3.73	3.67
9	7.21	5.71	5.08	4.72	4.48	4.32	4.20	4.10	4.03	3.96	3.87	3.77	3.67	3.61	3.56	3.51	3.45	3.39	3.33
10	6.94	5.46	4.83	4.47	4.24	4.07	3.95	3.85	3.78	3.72	3.62	3.52	3.42	3.37	3.31	3.26	3.20	3.14	3.08
11	6.72	5.26	4.63	4.28	4.04	3.88	3.76	3.66	3.59	3.53	3.43	3.33	3.23	3.17	3.12	3.06	3.00	2.94	2.88
12	6.55	5.10	4.47	4.12	3.89	3.73	3.61	3.51	3.44	3.37	3.28	3.18	3.07	3.02	2.96	2.91	2.85	2.79	2.72
13	6.41	4.97	4.35	4.00	3.77	3.60	3.48	3.39	3.31	3.25	3.15	3.05	2.95	2.89	2.84	2.78	2.72	2.66	2.60
14	6.30	4.86	4.24	3.89	3.66	3.50	3.38	3.29	3.21	3.15	3.05	2.95	2.84	2.79	2.73	2.67	2.61	2.55	2.49
15	6.20	4.77	4.15	3.80	3.58	3.41	3.29	3.20	3.12	3.06	2.96	2.86	2.76	2.70	2.64	2.59	2.52	2.46	2.40
16	6.12	4.69	4.08	3.73	3.50	3.34	3.22	3.12	3.05	2.99	2.89	2.79	2.68	2.63	2.57	2.51	2.45	2.38	2.32
17	6.04	4.62	4.01	3.66	3.44	3.28	3.16	3.06	2.98	2.92	2.82	2.72	2.62	2.56	2.50	2.44	2.38	2.32	2.25
18	5.98	4.56	3.95	3.61	3.38	3.22	3.10	3.01	2.93	2.87	2.77	2.67	2.56	2.50	2.44	2.38	2.32	2.26	2.19
19	5.92	4.51	3.90	3.56	3.33	3.17	3.05	2.96	2.88	2.82	2.72	2.62	2.51	2.45	2.39	2.33	2.27	2.20	2.13
20	5.87	4.46	3.86	3.51	3.29	3.13	3.01	2.91	2.84	2.77	2.68	2.57	2.46	2.41	2.35	2.29	2.22	2.16	2.09
21	5.83	4.42	3.82	3.48	3.25	3.09	2.97	2.87	2.80	2.73	2.64	2.53	2.42	2.37	2.31	2.25	2.18	2.11	2.04
22	5.79	4.38	3.78	3.44	3.22	3.05	2.93	2.84	2.76	2.70	2.60	2.50	2.39	2.33	2.27	2.21	2.14	2.08	2.00
23	5.75	4.35	3.75	3.41	3.18	3.02	2.90	2.81	2.73	2.67	2.57	2.47	2.36	2.30	2.24	2.18	2.11	2.04	1.97
24	5.72	4.32	3.72	3.38	3.15	2.99	2.87	2.78	2.70	2.64	2.54	2.44	2.33	2.27	2.21	2.15	2.08	2.01	1.94
25	5.69	4.29	3.69	3.35	3.13	2.97	2.85	2.75	2.68	2.61	2.51	2.41	2.30	2.24	2.18	2.12	2.05	1.98	1.91
26	5.66	4.27	3.67	3.33	3.10	2.94	2.82	2.73	2.65	2.59	2.49	2.39	2.28	2.22	2.16	2.09	2.03	1.95	1.88
27	5.63	4.24	3.65	3.31	3.08	2.92	2.80	2.71	2.63	2.57	2.47	2.36	2.25	2.19	2.13	2.07	2.00	1.93	1.85
28	5.61	4.22	3.63	3.29	3.06	2.90	2.78	2.69	2.61	2.55	2.45	2.34	2.23	2.17	2.11	2.05	1.98	1.91	1.83
29	5.59	4.20	3.61	3.27	3.04	2.88	2.76	2.67	2.59	2.53	2.43	2.32	2.21	2.15	2.09	2.03	1.96	1.89	1.81
30	5.57	4.18	3.59	3.25	3.03	2.87	2.75	2.65	2.57	2.51	2.41	2.31	2.20	2.14	2.07	2.01	1.94	1.87	1.79
40	5.42	4.05	3.46	3.13	2.90	2.74	2.62	2.53	2.45	2.39	2.29	2.18	2.07	2.01	1.94	1.88	1.80	1.72	1.64
60	5.29	3.93	3.34	3.01	2.79	2.63	2.51	2.41	2.33	2.27	2.17	2.06	1.94	1.88	1.82	1.74	1.67	1.58	1.48
120	5.15	3.80	3.23	2.89	2.67	2.52	2.39	2.30	2.22	2.16	2.05	1.94	1.82	1.76	1.69	1.61	1.53	1.43	1.31
∞	5.02	3.69	3.12	2.79	2.57	2.41	2.29	2.19	2.11	2.05	1.94	1.83	1.71	1.64	1.57	1.48	1.39	1.27	1.00

($\alpha = 0.01$)

n_2 \ n_1	1	2	3	4	5	6	7	8	9	10	12	15	20	24	30	40	60	120	∞
1	4052	5000	5403	5625	5764	5859	5928	5981	6022	6056	6106	6157	6209	6235	6261	6287	6313	6339	6366
2	98.50	99.00	99.17	99.25	99.30	99.33	99.36	99.37	99.39	99.40	99.42	99.43	99.45	99.46	99.47	99.47	99.48	99.49	99.50

(续)

($\alpha = 0.01$)

n_1 \ n_2	1	2	3	4	5	6	7	8	9	10	12	15	20	24	30	40	60	120	∞
3	34.12	30.82	29.46	28.71	28.24	27.91	27.67	27.49	27.35	27.23	27.05	26.87	26.69	26.60	26.50	26.41	26.32	26.22	26.13
4	21.20	18.00	16.69	15.98	15.52	15.21	14.98	14.80	14.66	14.55	14.37	14.20	14.02	13.93	13.84	13.75	13.65	13.56	13.46
5	16.26	13.27	12.06	11.39	10.97	10.67	10.46	10.29	10.16	10.05	9.89	9.72	9.55	9.47	9.38	9.29	9.20	9.11	9.02
6	13.75	10.92	9.78	9.15	8.75	8.47	8.26	8.10	7.98	7.87	7.72	7.56	7.40	7.31	7.23	7.14	7.06	6.97	6.88
7	12.25	9.55	8.45	7.85	7.46	7.19	6.99	6.84	6.72	6.62	6.47	6.31	6.16	6.07	5.99	5.91	5.82	5.74	5.65
8	11.26	8.65	7.59	7.01	6.63	6.37	6.18	6.03	5.91	5.81	5.67	5.52	5.36	5.28	5.20	5.12	5.03	4.95	4.86
9	10.56	8.02	6.99	6.42	6.06	5.80	5.61	5.47	5.35	5.26	5.11	4.96	4.81	4.73	4.65	4.57	4.48	4.40	4.31
10	10.04	7.56	6.55	5.99	5.64	5.39	5.20	5.06	4.94	4.85	4.71	4.56	4.41	4.33	4.25	4.17	4.08	4.00	3.91
11	9.65	7.21	6.22	5.67	5.32	5.07	4.89	4.74	4.63	4.54	4.40	4.25	4.10	4.02	3.94	3.86	3.78	3.69	3.60
12	9.33	6.93	5.95	5.41	5.06	4.82	4.64	4.50	4.39	4.30	4.16	4.01	3.86	3.78	3.70	3.62	3.54	3.45	3.36
13	9.07	6.70	5.74	5.21	4.86	4.62	4.44	4.30	4.19	4.10	3.96	3.82	3.66	3.59	3.51	3.43	3.34	3.25	3.17
14	8.86	6.51	5.56	5.04	4.69	4.46	4.28	4.14	4.03	3.94	3.80	3.66	3.51	3.43	3.35	3.27	3.18	3.09	3.00
15	8.68	6.36	5.42	4.89	4.56	4.32	4.14	4.00	3.89	3.80	3.67	3.52	3.37	3.29	3.21	3.13	3.05	2.96	2.87
16	8.53	6.23	5.29	4.77	4.44	4.20	4.03	3.89	3.78	3.69	3.55	3.41	3.26	3.18	3.10	3.02	2.93	2.84	2.75
17	8.40	6.11	5.18	4.67	4.34	4.10	3.93	3.79	3.68	3.59	3.46	3.31	3.16	3.08	3.00	2.92	2.83	2.75	2.65
18	8.29	6.01	5.09	4.58	4.25	4.01	3.84	3.71	3.60	3.51	3.37	3.23	3.08	3.00	2.92	2.84	2.75	2.66	2.57
19	8.18	5.93	5.01	4.50	4.17	3.94	3.77	3.63	3.52	3.43	3.30	3.15	3.00	2.92	2.84	2.76	2.67	2.58	2.49
20	8.10	5.85	4.94	4.43	4.10	3.87	3.70	3.56	3.46	3.37	3.23	3.09	2.94	2.86	2.78	2.69	2.61	2.52	2.42
21	8.02	5.78	4.87	4.37	4.04	3.81	3.64	3.51	3.40	3.31	3.17	3.03	2.88	2.80	2.72	2.64	2.55	2.46	2.36
22	7.95	5.72	4.82	4.31	3.99	3.76	3.59	3.45	3.35	3.26	3.12	2.98	2.83	2.75	2.67	2.58	2.50	2.40	2.31
23	7.88	5.66	4.76	4.26	3.94	3.71	3.54	3.41	3.30	3.21	3.07	2.93	2.78	2.70	2.62	2.54	2.45	2.35	2.26
24	7.82	5.61	4.72	4.22	3.90	3.67	3.50	3.36	3.26	3.17	3.03	2.89	2.74	2.66	2.58	2.49	2.40	2.31	2.21
25	7.77	5.57	4.68	4.18	3.85	3.63	3.46	3.32	3.22	3.13	2.99	2.85	2.70	2.62	2.54	2.45	2.36	2.27	2.17
26	7.72	5.53	4.64	4.14	3.82	3.59	3.42	3.29	3.18	3.09	2.96	2.81	2.66	2.58	2.50	2.42	2.33	2.23	2.13
27	7.68	5.49	4.60	4.11	3.78	3.56	3.39	3.26	3.15	3.06	2.93	2.78	2.63	2.55	2.47	2.38	2.29	2.20	2.10
28	7.64	5.45	4.57	4.07	3.75	3.53	3.36	3.23	3.12	3.03	2.90	2.75	2.60	2.52	2.44	2.35	2.26	2.17	2.06
29	7.60	5.42	4.54	4.04	3.73	3.50	3.33	3.20	3.09	3.00	2.87	2.73	2.57	2.49	2.41	2.33	2.23	2.14	2.03
30	7.56	5.39	4.51	4.02	3.70	3.47	3.30	3.17	3.07	2.98	2.84	2.70	2.55	2.47	2.39	2.30	2.21	2.11	2.01
40	7.31	5.18	4.31	3.83	3.51	3.29	3.12	2.99	2.89	2.80	2.66	2.52	2.37	2.29	2.20	2.11	2.02	1.92	1.80
60	7.08	4.98	4.13	3.65	3.34	3.12	2.95	2.82	2.72	2.63	2.50	2.35	2.20	2.12	2.03	1.94	1.84	1.73	1.60
120	6.85	4.79	3.95	3.48	3.17	2.96	2.79	2.66	2.56	2.47	2.34	2.19	2.03	1.95	1.86	1.76	1.66	1.53	1.38
∞	6.63	4.61	3.78	3.32	3.02	2.80	2.64	2.51	2.41	2.32	2.18	2.04	1.88	1.79	1.70	1.59	1.47	1.32	1.00

附录 E DW 检验临界值表

($\alpha = 0.05$)

T	$k=2$		$k=3$		$k=4$		$k=5$		$k=6$	
	d_L	d_U	d_L	d_U	d_L	d_U	d_L	d_U	d_L	d_U
15	1.08	1.36	0.95	1.54	0.82	1.75	0.69	1.97	0.56	2.21
16	1.10	1.37	0.98	1.54	0.86	1.73	0.74	1.93	0.62	2.15
17	1.13	1.38	1.02	1.54	0.90	1.71	0.78	1.90	0.67	2.10
18	1.16	1.39	1.05	1.53	0.93	1.69	0.82	1.87	0.71	2.06
19	1.18	1.40	1.08	1.53	1.97	1.68	0.86	1.85	0.75	2.02
20	1.20	1.41	1.10	1.54	1.00	1.68	0.90	1.83	0.79	1.99
21	1.22	1.42	1.13	1.54	1.03	1.67	0.93	1.81	0.83	1.96
22	1.24	1.43	1.15	1.54	1.05	1.66	0.96	1.80	0.86	1.94
23	1.26	1.44	1.17	1.54	1.08	1.66	0.99	1.79	0.90	1.92
24	1.27	1.45	1.19	1.55	1.10	1.66	1.01	1.78	0.93	1.90
25	1.29	1.45	1.21	1.55	1.12	1.66	1.04	1.77	0.95	1.89
26	1.30	1.46	1.22	1.55	1.14	1.65	1.06	1.76	0.98	1.88
27	1.32	1.47	1.24	1.56	1.16	1.65	1.08	1.76	1.01	1.86
28	1.33	1.48	1.26	1.56	1.18	1.65	1.10	1.75	1.03	1.85
29	1.34	1.48	1.27	1.56	1.20	1.65	1.12	1.74	1.05	1.84
30	1.35	1.49	1.28	1.57	1.21	1.65	1.14	1.74	1.07	1.83
31	1.36	1.50	1.30	1.57	1.23	1.65	1.16	1.74	1.09	1.83
32	1.37	1.50	1.31	1.57	1.24	1.65	1.18	1.73	1.11	1.82
33	1.38	1.51	1.32	1.58	1.26	1.65	1.19	1.73	1.13	1.81
34	1.39	1.51	1.33	1.58	1.27	1.65	1.21	1.73	1.15	1.81
35	1.40	1.52	1.34	1.58	1.28	1.65	1.22	1.73	1.16	1.80
36	1.41	1.52	1.35	1.59	1.29	1.65	1.24	1.73	1.18	1.80
37	1.42	1.53	1.36	1.59	1.31	1.66	1.25	1.72	1.19	1.80
38	1.43	1.54	1.37	1.59	1.32	1.66	1.26	1.72	1.21	1.79
39	1.43	1.54	1.38	1.60	1.33	1.66	1.27	1.72	1.22	1.79
40	1.44	1.54	1.39	1.60	1.34	1.66	1.29	1.72	1.23	1.79
45	1.48	1.57	1.43	1.62	1.38	1.67	1.34	1.72	1.29	1.78
50	1.50	1.59	1.46	1.63	1.42	1.67	1.38	1.72	1.34	1.77
55	1.53	1.60	1.49	1.64	1.45	1.68	1.41	1.72	1.38	1.77
60	1.55	1.62	1.51	1.65	1.48	1.69	1.44	1.73	1.41	1.77
65	1.57	1.63	1.54	1.66	1.50	1.70	1.47	1.73	1.44	1.77
70	1.58	1.64	1.55	1.67	1.52	1.70	1.49	1.74	1.46	1.77
75	1.60	1.65	1.57	1.68	1.54	1.71	1.51	1.74	1.49	1.77
80	1.61	1.66	1.59	1.69	1.56	1.72	1.53	1.74	1.51	1.77
85	1.62	1.67	1.60	1.70	1.57	1.72	1.55	1.75	1.52	1.77
90	1.63	1.68	1.61	1.70	1.59	1.73	1.57	1.75	1.54	1.78
95	1.64	1.69	1.62	1.71	1.60	1.73	1.58	1.75	1.56	1.78
100	1.65	1.69	1.63	1.72	1.61	1.74	1.59	1.76	1.57	1.78

注：1. α 表示检验水平；T 表示样本容量；k 表示回归模型中解释变量个数（包括常数项）。

2. d_U 和 d_L 分别表示 DW 检验上临界值和下临界值。

参 考 文 献

[1] 范德成,刘春梅,张效丽.计量经济学 [M].哈尔滨:哈尔滨工程大学出版社,2000.
[2] 傅征.计量经济学实验基础教程 [M].武汉:武汉工业大学出版社,2010.
[3] 高铁梅.计量经济分析方法与建模 [M].北京:清华大学出版社,2009.
[4] 李子奈,等.计量经济学模型方法论 [M].北京:清华大学出版社,2010.
[5] 李子奈,叶阿忠.高级应用计量经济学 [M].北京:清华大学出版社,2012.
[6] 潘文卿,李子奈,等.计量经济学习题集 [M].北京:高等教育出版社,2005.
[7] 庞皓,李南成.计量经济学 [M].成都:西南财经大学出版社,2007.
[8] 孙敬水.计量经济学教程 [M].北京:清华大学出版社,北京交通大学出版社,2005.
[9] 唐国兴.计量经济学——理论、方法和模型 [M].上海:复旦大学出版社,1988.
[10] 王文博.计量经济学 [M].西安:西安交通大学出版社,2004.
[11] 王少平,杨继生.计量经济学 [M].北京:高等教育出版社,2012
[12] 王燕.应用时间序列分析 [M].北京:中国人民大学出版社,2008.
[13] 王振龙,胡永宏.应用时间序列分析 [M].北京:科学出版社,2007.
[14] 杨沏华.计量经济学 [M].北京:经济管理出版社,2008.
[15] 袁建文.计量经济学实验教程 [M].北京:科学出版社,2008.
[16] 张龙,王文博,曹培慎.计量经济学 [M].北京:清华大学出版社,北京交通大学出版社,2010.
[17] 张寿,于清文.计量经济学 [M].上海:上海交通大学出版社,1984.
[18] 张晓峒.计量经济学基础 [M].天津:南开大学出版社,2001.
[19] 朱平芳.现代计量经济学 [M].上海:上海财经大学出版社,2004.
[20] Damodar N Gujarati. Basic Econometrics [M]. 4th ed. New York:McGraw – Hill Higher Education, 2003.
[21] Griffiths W E, Hill R C, Judge G G. Learning and Practicing Econometrics [M]. New Jersey:John Wiley & Sons Johnston, 1993.
[22] Goldberger A S. A Guide to Econometrics [M]. 4th ed. Cambridge:The MIT Press, 1998.
[23] Ghosh S K. Econometrics:Theory and Applications [M]. Englewood Cliff:Prentice – Hall, 1991.
[24] Jeffrey M. Woodldridge, Introductory Econometrics:A Modern Approach [M]. 4th ed. Beijing:Tsinghua University Press, 2009.
[25] Wooldridge J M. Econometric Analysis of Cross Section and Panel Data [M]. Cambridge:The MIT Press, 2001.
[26] Wooldridge J M. Introductory Econometrics:a Modern Approach [M]. 5th ed. Stamford:Cengage Learning, 2012.
[27] Karen M. Container Intelligence Monthly [R]. London:Clarkson Research Services Limited, 2011.
[28] 蔡瑞胸.金融时间序列分析 [M].潘家柱,译.北京:机械工业出版社,2006.
[29] 沃尔特·恩德斯应用计量经济学:时间序列分析 [M].杜江,谢志超,译.北京:高等教育出版社,2006.
[30] 刘家国,曹静,李根,徐小峰.Eviews 统计分析在计量经济学中的应用 [M].北京:机械工业出版社,2014.